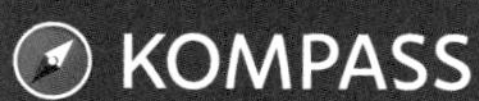

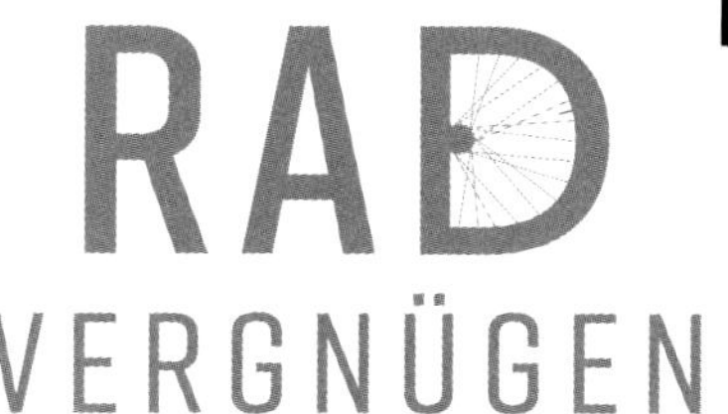

VERGNÜGEN

KÄRNTEN

21 1/2 TAGESTOUREN FEIERABEND-RIDES WOCHENEND-BIKEAWAYS

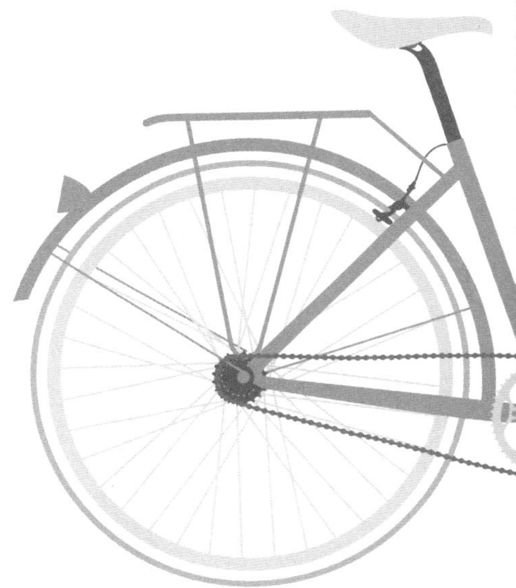

EINFACH RAUS!

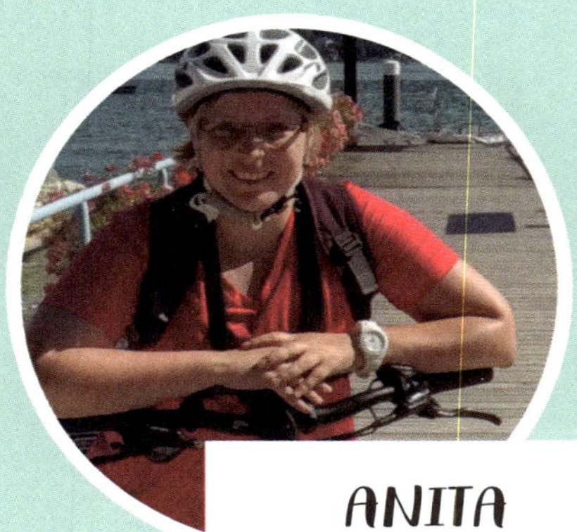

ANITA ARNEITZ

Schon als Kind sauste die Autorin mit dem Rad ins Strandbad zum See. Heute hat sich der Radius dank der E-Bikes erweitert und so sind auch die grenzüberschreitenden Touren nach Slowenien und Italien kein Problem. Genuss statt Kilometer ist ihre Devise, am liebsten mit einer aussichtsreichen Pause direkt am Ufer. Ihre Tipps von unterwegs teilt sie auch online auf ihrem eigenen Reiseblog.

LIEBE LESERIN, LIEBER LESER,

mein Herz gehört der Alpen-Adria-Region und meiner Heimat rund um den Wörthersee. Nichts ist schöner als die türkis-blauen Farbenspiele von Kärntens Seen und Flüssen, gefolgt von einem orangefarbenen Sonnenuntergangsfeuerwerk über den Berggipfeln. Die Kombination ist einfach einzigartig, dazu kommen die typisch kärntnerischen Köstlichkeiten am Wegesrand, die zum Genießen und Verweilen einladen.
Viele der großen Seen und Flüssen sind durch die Fernradwege der Kärntner Seen-Schleife und des Drauradwegs ideal erschlossen. Die 21 ½ Touren in diesem Band können daher auf gut ausgebaute Radwege zurückgreifen. Wer möchte, kann eine Woche entspannt durch das Land radeln und erlebt jeden Tag eine neue Landschaft. Nicht nur im Sommer! Im Frühjahr verzaubern schneeweiße Blüten, im Herbst der Indian Summer mit bunten Blättern.
Die Touren eignen sich für Stadt-, Trekking- und E-Bike. Auf nicht asphaltierte Abschnitte weise ich bei den Touren hin, aber sie sind locker mit jedem normalen Rad befahrbar. Kurze Feierabend- und interessante Tagestouren präsentieren meine Lieblingsplätze, während die zweitägigen Wochenendtouren sogar bis nach Italien und Slowenien führen. Schließlich vereint sich in Kärnten das Beste aus drei Kulturkreisen!

Viel Spaß beim Entdecken,

Anita Arneitz

INHALT

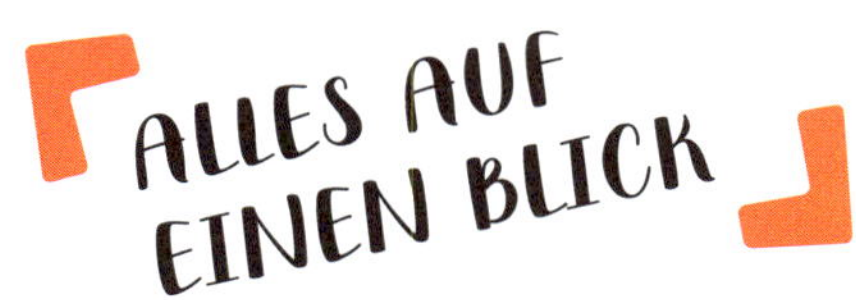

TOUREN

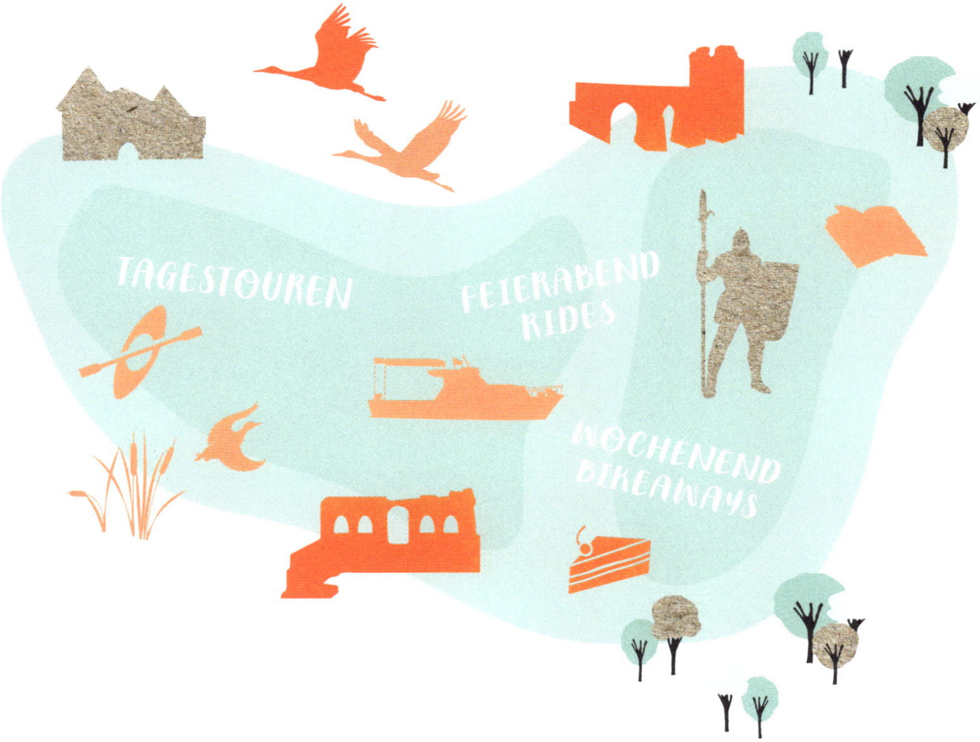

TAGESTOUREN

FEIERABEND RIDES

WOCHENEND BIKEAWAYS

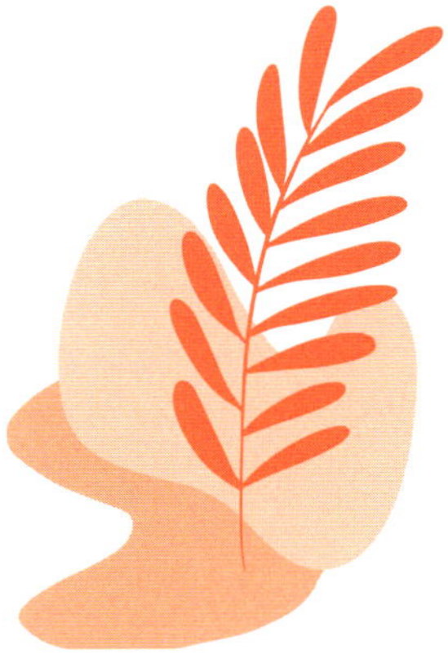

DEINE ORIENTIERUNG

APP & GPX-DOWNLOAD

Alle 21 ½ Touren in der KOMPASS App: Dort findest du Livetracking, GPS-Ortung, Offline-Karten und -Touren, Navigation zum Start und viele weitere nützliche Features. Einfach QR-Code scannen und Tour starten. Los geht's!

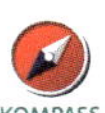

GPX-Tracks zum Download: www.kompass.de/gpx
Für das Navigationsgerät deiner Wahl haben wir alle Touren auch als GPX-Track auf unserer Homepage.

FEIERABEND-RIDES

RAUF AUFS RAD ZUM RUNTERKOMMEN

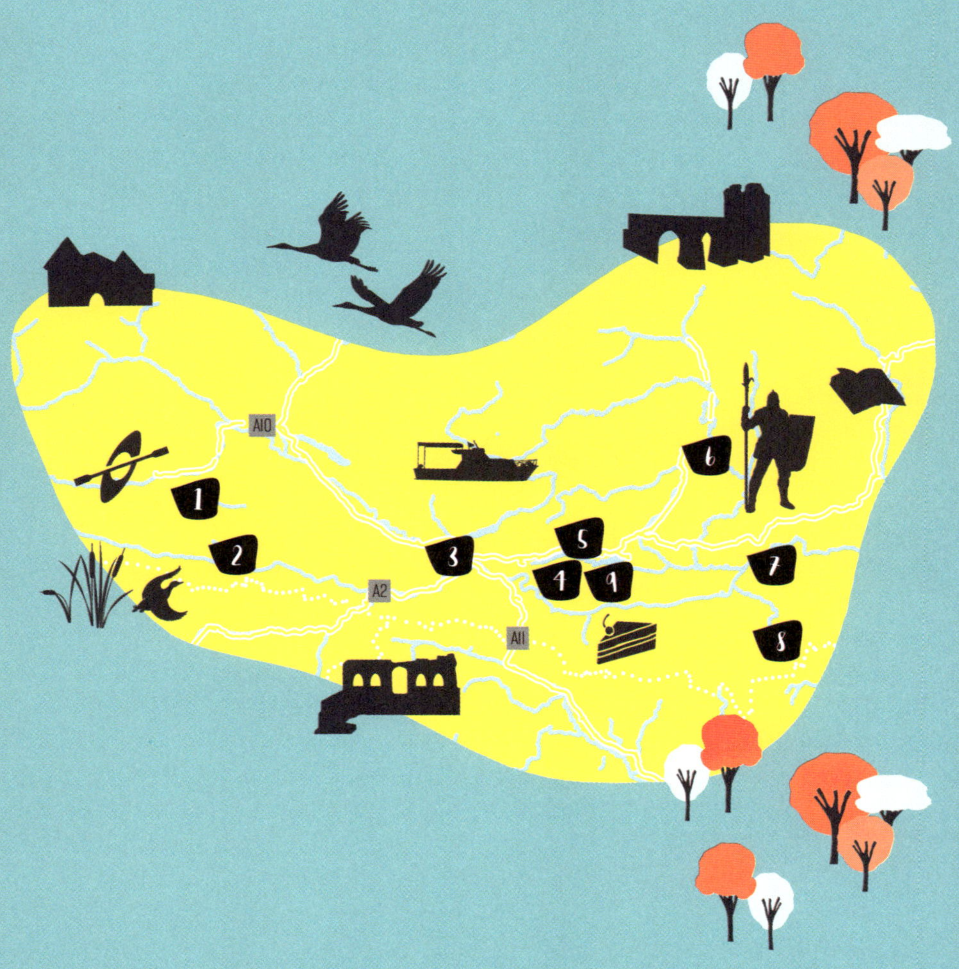

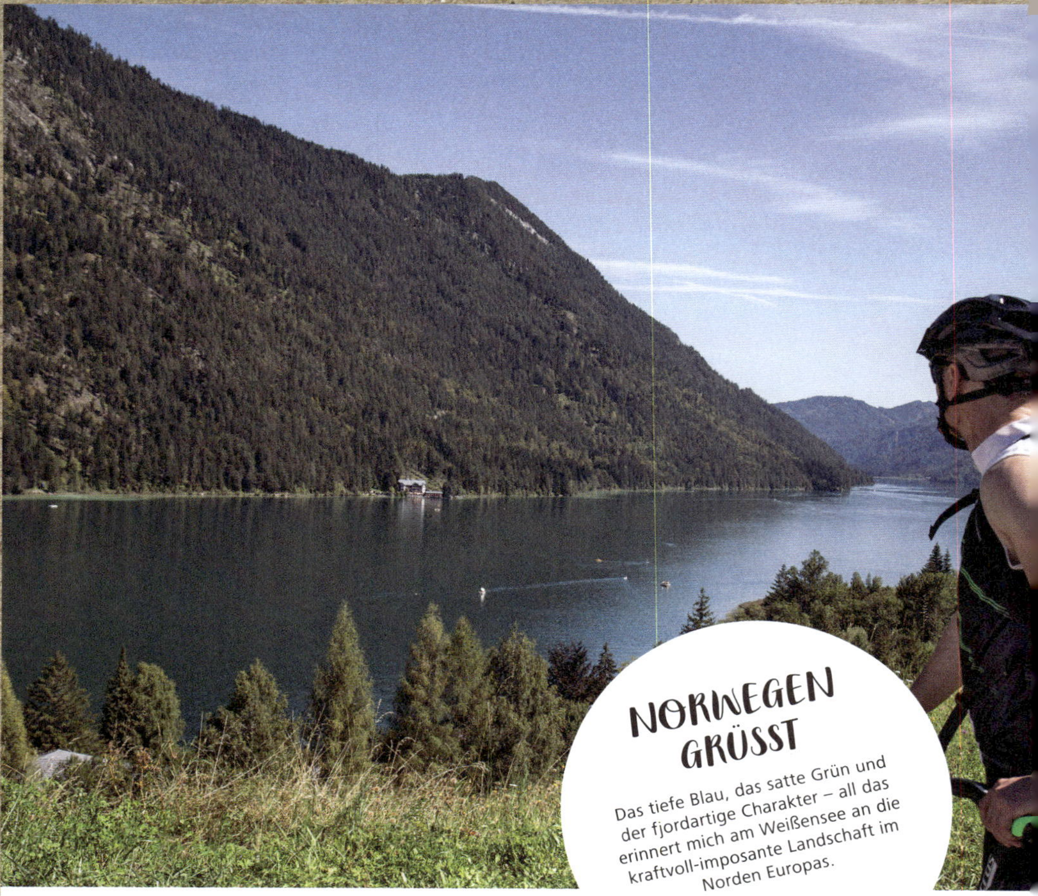

NORWEGEN GRÜSST

Das tiefe Blau, das satte Grün und der fjordartige Charakter – all das erinnert mich am Weißensee an die kraftvoll-imposante Landschaft im Norden Europas.

> **1 /** Start und Ende der Tour ist bei der Tourismusinfo Weißensee

> **2 /** Innehalten unter freiem Himmel in der Hoffnungskirche Naggl

> **3 /** An Bord gehen an der Schiffsanlegestelle Naggl

> **4 /** Ankommen am Ronacherfels

> **5 /** Dem Bootsbauer Domenig über die Schulter schauen

> **6 /** Fangfrischen Weißenseefisch probieren

> **7 /** Den Ausblick genießen auf der Techendorf Brücke

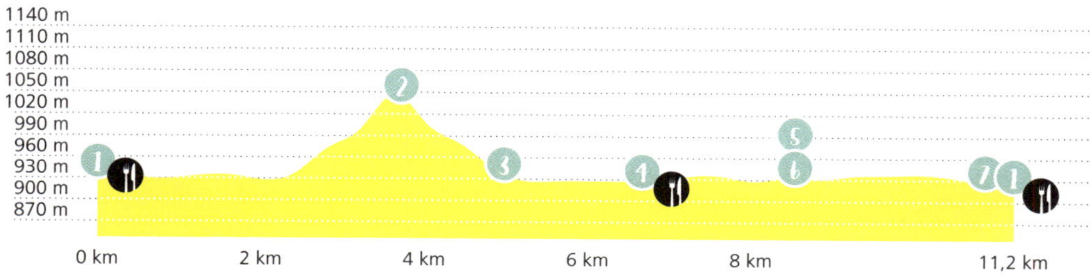

SCHATT- UND SUNNSEITN

Mit Bike und Boot im Westen des Weißensees

Smaragdgrünes Wasser, glasklar bis auf den Grund, umrahmt von den Bergen: der Weißensee gehört wohl zu den schönsten Berg-Badeseen. Bei dieser Tour nähern wir uns seinem Zauber ganz sanft und entschleunigt.

11 Kilometer
185 Höhenmeter ▲
185 Höhenmeter ▼
1 Stunde
Rundtour

Sommerperspektiven

Die meisten kennen den Weißensee vom Winter, wenn der See zufriert und mit rund 6,5 Quadratkilometern Fläche zur größten Natureisbahn Europas wird. Aber auch der Sommer ist im Naturpark Weißensee reizvoll. Vor allem, weil dann das Wasser in der fjordähnlichen Landschaft glasklar ist und du beim Schwimmen den Fischen am Grund zusehen kannst. Bei einer Radtour rund um den Weißensee hast du immer wieder die Gelegenheit schnell mal in den See zu hüpfen und dich abzukühlen. Unsere Bike-Bootstour beginnt bei der 1 / Tourismusinfo Weißensee (Mo–Fr 8.30–12.30, 13.30–17 Uhr, Techendorf 78, 9762 Techendorf).

CHARAKTER
Sportlich ○○○○○
Abkühlung ●●●●●
Schlemmen ●●●●○
Panorama ●●●●●

TOURENINFO / Die Tour verläuft zwar nicht auf einem Radweg, aber auf sehr ruhigen Nebenstraßen. Daher ist sie etwas für die ganze Familie. Badesachen mitnehmen, unterwegs bieten sich immer wieder Gelegenheiten für eine Abkühlung im Wasser.

◄ links / Gewaltig und eindrucksvoll – der Panoramablick über den Weißensee

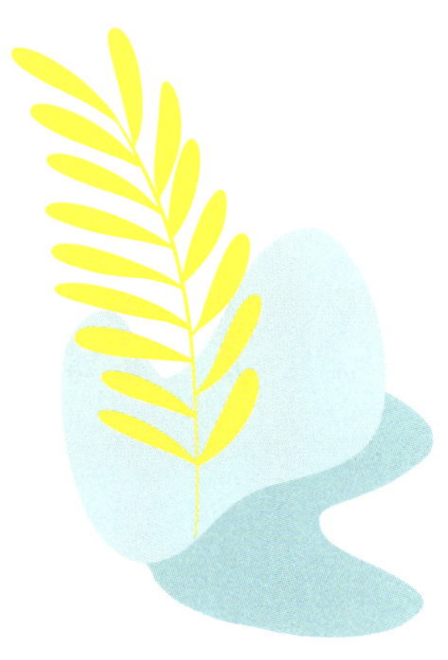

Gleich nebenan gibt das Restaurant Schuler mit Sonnenterrasse für einen Kaffee oder größeren Hunger (Di–So 10–20.30 Uhr, Techendorf 54, 9762 Techendorf). Wir schnappen unsere Räder und biegen bei der Tourismusinfo rechts ab und folgen der Straße immer geradeaus bis nach Naggl. Unterwegs kommen wir am Strandbad und Rastplätzen direkt am Wasser vorbei. Auch verschiedene Kunstwerke, die Bezug nehmen zu Sagen aus der Region, säumen den Weg. Wenn du Almluft schnuppern möchtest, kannst du mit der Seilbahn hoch zur Naggler Alm fahren und mit dem Mountainbike hinunterdüsen. Wir gehen es heute gemütlicher an und strampeln ohne große Anstrengung dahin. Denn für etwas ist der Weißensee bekannt: das Entschleunigen in der Natur.

AUTOLOS

Im Naturpark Weißensee wird der autofreien Anreise Vorrang gegeben. Mit Bus, E-Leihauto, Rad oder Schiff bist du super mobil rund um den See.

Schattseitn-Schönheit

Wir radeln jetzt die Schattseite des Weißensees entlang und lassen die Häuser schnell hinter uns. Auf der Strecke gibt es nur die Natur und uns. Einfach herrlich! Fast übersehen wir dabei in Naggl die Abzweigung rechts hinauf zur 2 / Hoffnungskirche Naggl. Dazu musst du direkt bei der 3 / Schiffsanlegestelle Naggl hoch in den Wald. Der Anstieg ist ein wenig knackig, aber durch die serpentinenhafte Straße locker zu meistern. Oben angekommen hast du einen gewaltigen Ausblick hinunter auf den Weißensee. Von hier siehst du auch schon die türkisen Farbspiele des Wassers. An manchen Stellen siehst du bis zu sechs Meter in die Tiefe. Das liegt am unheimlich klarem und sauberem Wasser. Seinen Namen hat der Weißensee von den Seekreide-Bänken, die aus angeschwemmten Kalkpartikeln aus den Bergen entstanden sind. Diese sorgen unter anderem auch für die schöne Farbe des Wassers. Jedes Hotel hat hier seinen eigenen privaten Badestrand. Das ist Luxus pur im Urlaub! Aber zurück zur Hoffnungskirche Naggl. Diese ist ein Ort der Stille und steht für

---

➤ **rechts oben / Die Hoffnungskirche in Naggl**
➤ **rechts Mitte / Der Radweg entlang des Sees**

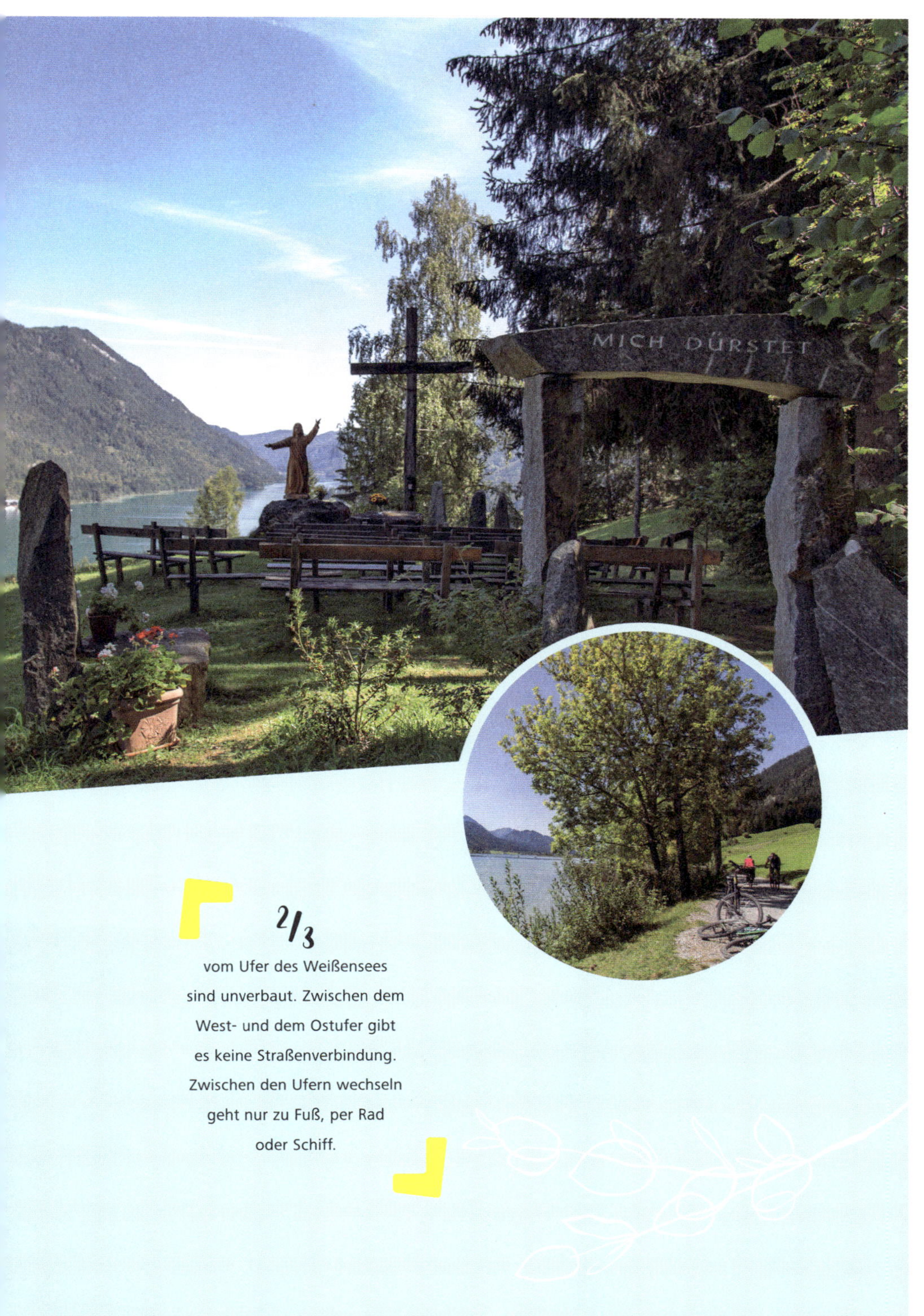

2/3

vom Ufer des Weißensees sind unverbaut. Zwischen dem West- und dem Ostufer gibt es keine Straßenverbindung. Zwischen den Ufern wechseln geht nur zu Fuß, per Rad oder Schiff.

SÜDUFER

Entlang des Radweges am Südufer kannst du immer wieder stoppen und am flachen Ufer mit deinen Füßen durch das Wasser waten.

alle offen. Sie ist quasi eine Freiluftkirche und kommt ganz ohne Dach aus. Ein besonderer Ort beim Waldrand mit wunderschönem Ausblick. Deshalb wird der Ort auch gerne für Trauungen genutzt. Wir lassen die Räder wieder abwärtsrollen und bremsen uns bei der Schiffsanlegestelle ein, denn wir wollen an das andere Ufer. Praktischerweise fahren gleich mehrere Linienschiffe am See, die auch gerne die Radler mitnehmen. Vor der Abfahrt solltest du aber die aktuellen Abfahrtszeiten checken, damit du nicht lange auf das Schiff warten musst. Die Überfahrt zur 4 / Schiffsanlegestelle Ronacherfels auf der Sunnseitn des Sees bietet noch mal eine Reihe an schönen Fotomotiven.

MIT DEM RAD ÜBERS WASSER

Sunnseitn-Radeln

Beim Ronacherfels auf der Südseite gibt es direkt bei der Schiffsanlegestelle ein Café (Neusach 40, 9762 Neusach) mit großer Terrasse und vielen liebevollen kitschigen Dekorationen. Wenn du einen Platz auf der Terrasse bekommst, solltest du die Gelegenheit nützen. Hier könnte man stundenlang einfach nur dasitzen und

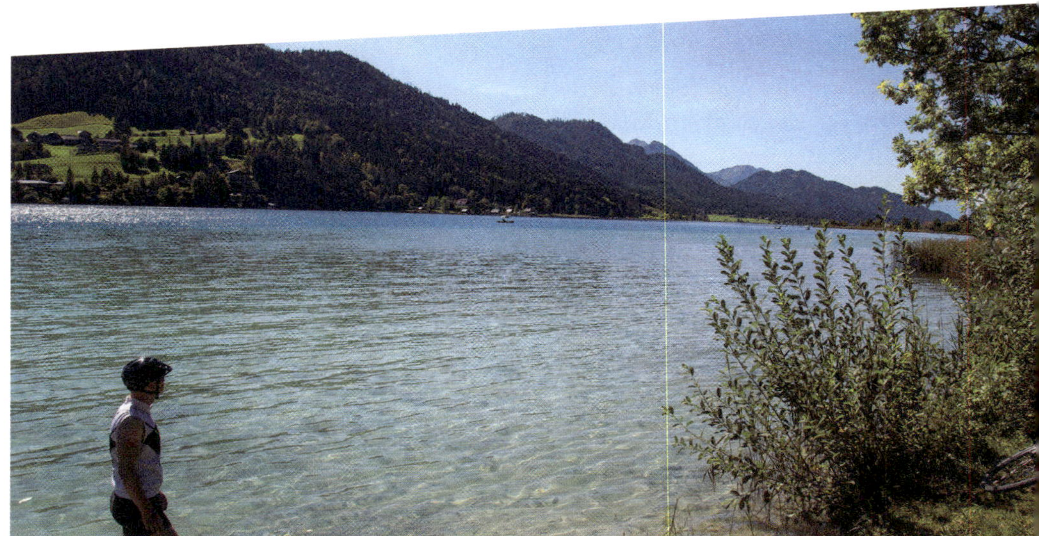

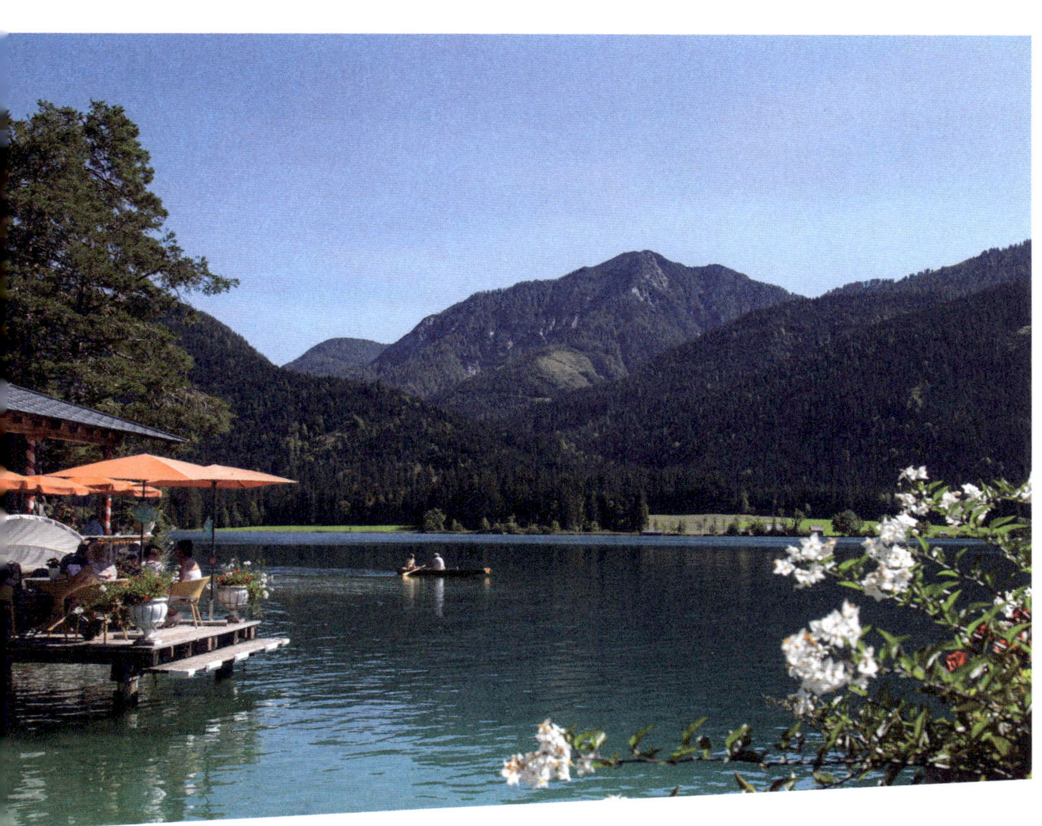

hinaus auf das Wasser schauen. Irgendwann reißen wir uns doch los vom Anblick und steigen wieder auf das Rad. Wir fahren die Schotterstraße durch den Wald entlang und werden begleitet von blühenden Wiesen. Noch einmal halten wir unterwegs, um uns im Wasser abzukühlen. Dann beginnt ab dem Mühlbach wieder die Zivilisation. Wir kehren beim 5 / Bootsbauer Domenig (Neusach 30, 9762 Neusach) ein und schauen ihm ein wenig bei der Arbeit über die Schulter. Noch per Hand werden hier die Holzruderboote hergestellt, aber auch Kanus und Stand-Up-Paddle-Boards hat er schon gemacht. Als Mitbringsel für zu Hause gibt es bei ihm zum Beispiel Dekofiguren, Holzketten oder Holzgürtel zu kaufen. Im Sommer betreibt er auch einen Bootsverleih. Du kannst dir also hier direkt ein Boot ausborgen und damit selber eine Runde am See drehen. Eine andere Möglichkeit, um den Naturpark Weißensee auf sanfte Weise zu erleben, ist eine Kutschenfahrt. Angeboten wird das von mehreren Pferdehöfen. Die Pferde lieben die für den Weißensee typischen

930

Meter Seehöhe – damit ist der Weißensee einer der höchstgelegenen Badeseen in den Alpen. Im Sommer wird das Wasser bis zu angenehmen 23 Grad warm.

< links / Beim Radweg am Südufer am besten halten und baden gehen
^ oben / Das Café Ronacherfels ist ein romantisches Plätzchen

TV-LIEBLING

1987 wurden am Weißensee Szenen für den James-Bond-Film „Der Hauch des Todes" gedreht.

Feuchtwiesen. Buchen kannst du eine Kutschenfahrt direkt über die Tourismusinfo. Egal ob Kutschenfahrt oder Radausflug, die Bewegung an der frischen Luft tut gut. Dazu trägt das milde Reizklima bei, denn der Weißensee ist auch ein heilklimatischer Luftkurort.

ANGELN MIT DEM PROFI

Aus dem Wasser

In Neusach zu Hause ist auch Martin Müller vom 6 / Weißenseefisch (Di–Fr 10–14 Uhr, Neusach 106, 9762 Neusach). Er ist Fischökologe und Berufsfischer am Weißensee. Seit Jahrzehnten kümmert er sich um den Fischbestand und verkauft frischen Weißenseefisch. Hecht, Karpfen, Schleie, Zander, See- und Bachforelle oder Äsche fühlen sich im Gewässer wohl – und sind alles Wildfänge. Er ist auch erster Ansprechpartner in Sachen Angeln. Wenn du auch mal dein Glück beim Angeln versuchen möchtest, der Profifischer zeigt dir beim Angelguiding, wie es richtig geht. Der Weißensee hat eine Sichttiefe bis zu sechs Metern und das bei einer Wasserqualität, die dem Trinkwasser gleichkommt. Gut zu wissen: Fischerkarten gelten für den gesamten See und für Angler gibt es eigene Services wie zum Beispiel die Möglichkeit zum Einfrieren des Fangs. Legendär ist das internationale Preisangeln um die „Goldene Forelle vom Weißensee" im Frühling und sogar im Winter wird die Angel ausgeworfen: Dazu werden einfach Löcher ins Eis gesägt und daneben Platz genommen. Auch geradelt wird im Winter am Eis. Und sollte trotz allem kein Petri Heil in Sicht sein, kannst du noch immer in einem der vielen Lokale rund um den See ein regionales Fischgericht bestellen. Wir packen uns gleich direkt vom Fischer Müller ein paar Köstlichkeiten in den Radrucksack und machen uns wieder auf dem Weg nach Techendorf. Es geht immer geradeaus. Verfahren ist am Weißensee unmöglich. Schließlich gibt es nur wenige Straßen. Der Weg auf der Südseite ist noch einmal um ein Stückchen schöner und wir erhaschen viele Panoramaansichten vom Westufer. In Techendorf biegen wir in der Ortsmitte auf die 7 / Techendorf Brücke ab und sind wieder bei unserem Ausgangspunkt, wo wir noch mal den herrlichen Blick auf den fjordartigen See genießen.

200

Kilometer Eisschnelllauf in Rekordzeit: Mehrere Tausend Teilnehmer kommen im Jänner an den Weißensee, um sich auf dem zugefrorenen See zu messen – damit gehört die Alternative 11-Städte-Tour zu den größten Eisschnelllauf-Events der Welt.

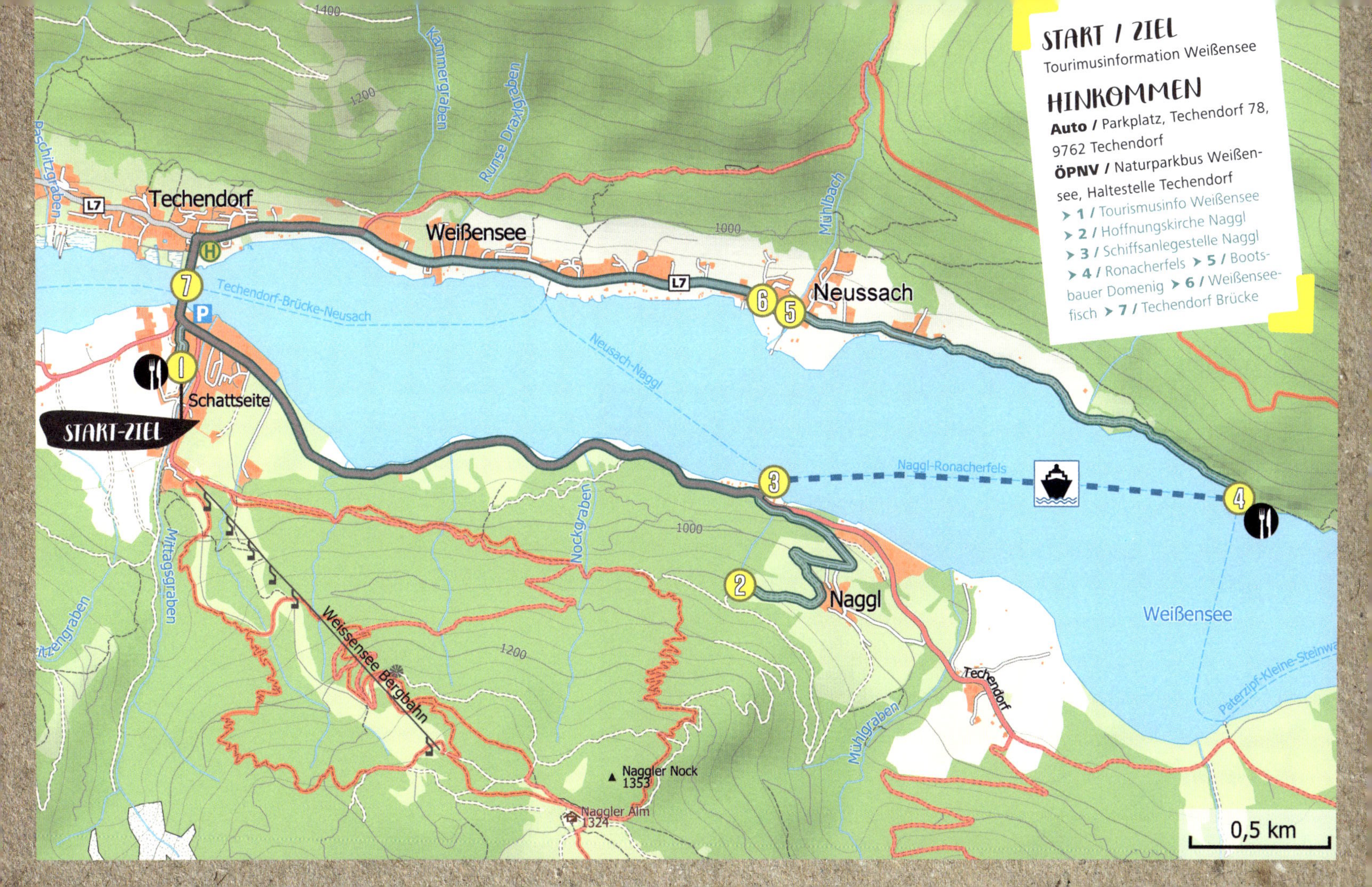
START / ZIEL
Tourimusinformation Weißensee
HINKOMMEN
Auto / Parkplatz, Techendorf 78, 9762 Techendorf
ÖPNV / Naturparkbus Weißensee, Haltestelle Techendorf
➤ 1 / Tourismusinfo Weißensee
➤ 2 / Hoffnungskirche Naggl
➤ 3 / Schiffsanlegestelle Naggl
➤ 4 / Ronacherfels ➤ 5 / Bootsbauer Domenig ➤ 6 / Weißenseefisch ➤ 7 / Techendorf Brücke
START-ZIEL
Techendorf
Weißensee
Neussach
Schattseite
Naggl
Techendorf-Brücke-Neusach
Neusach-Naggl
Naggl-Ronacherfels
Weißensee
Weissensee Bergbahn
Naggler Nock
1353
Naggler Alm
1324
Mittagsgraben
Nockgraben
Mühlgraben
Mühlbach
Runse Draxlgraben
Kammergraben
Paschitzgraben
Paterzipf-Kleine-Steinwa
L7
1000
1200
1400
0,5 km

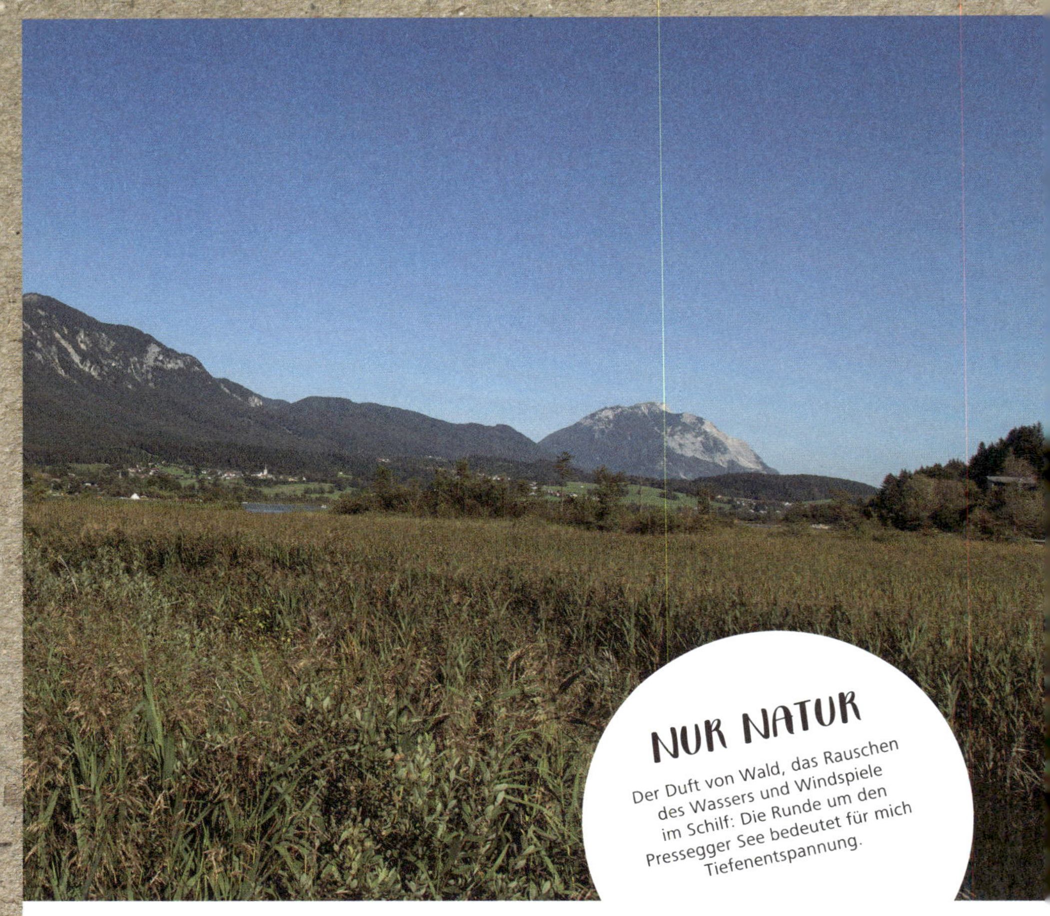

NUR NATUR

Der Duft von Wald, das Rauschen des Wassers und Windspiele im Schilf: Die Runde um den Pressegger See bedeutet für mich Tiefenentspannung.

> **1 /** Wir starten und enden beim Bahnhof Hermagor

> **2 /** Süßen Proviant besorgen in der Konditorei Semmelrock

> **3 /** Sich orientieren am Rastplatz an der Gail

> **4 /** Radpionieren begegnen im Gailtaler Heimatmuseum

> **5 /** Wandern durch die Garnitzenklamm

> **6 /** See-Begegnung im Strandbad Presseggen

> **7 /** Familienspaß im 1. Kärntner Erlebnispark

> **8 /** Im Schilflabyrinth den Weg suchen

> **9 /** Zwischen Schilf und Wasser spazieren auf dem Slow Trail

725 m
700 m
675 m
650 m
625 m
600 m
575 m
550 m
525 m
500 m

0 km 5 km 10 km 15 km 20 km 25 km 28,7 km

IM MEER AUS SCHILF

Durchs grüne Gailtal um den Pressegger See

Alles im grünen Bereich! Bei dieser Tour zieht es uns von Hermagor in den Süden bis zur Garnitzenklamm, dann folgen wir der Gail bis zum Schilfgürtel, rutschen vergnügt in den Pressegger See und wechseln zum Abschluss aufs Flamingo-Tretboot.

29 Kilometer
200 Höhenmeter ▲
200 Höhenmeter ▼
2:15 Stunden
Rundtour

Ausflug zum Wasser

Graue Wolken und mystische Nebelstreifen über den Wäldern. Wer morgens beim 1 / Bahnhof Hermagor ankommt, der auch der Endpunkt unserer Rundtour ist, wird manchmal von einem Sommerregen überrascht. Aber deswegen gleich die gesamte Tour ins Wasser fallen lassen? Auf keinen Fall. Stattdessen lieber die Regenjacke überziehen und einen kleinen Abstecher ins Stadtzentrum von Hermagor machen. Dazu überqueren wir beim Bahnhof die Gailtalstraße und fahren die Bahnhofstraße entlang. An deren Ende biegen wir links und fahren über

CHARAKTER

Sportlich ●●○○○
Abkühlung ●●●●○
Schlemmen ●●●○○
Panorama ●●●○○

TOURENINFO / Die Tour verläuft überwiegend auf ruhigen Radwegen und Nebenstraßen, nur kurz sind Radler auf größeren Straßen und Feldwegen unterwegs. Der Untergrund reicht von Asphalt bis Schotter. Badesachen einpacken!

◄ links / Der Pressegger See ist bekannt für seinen großen Schilfgürtel

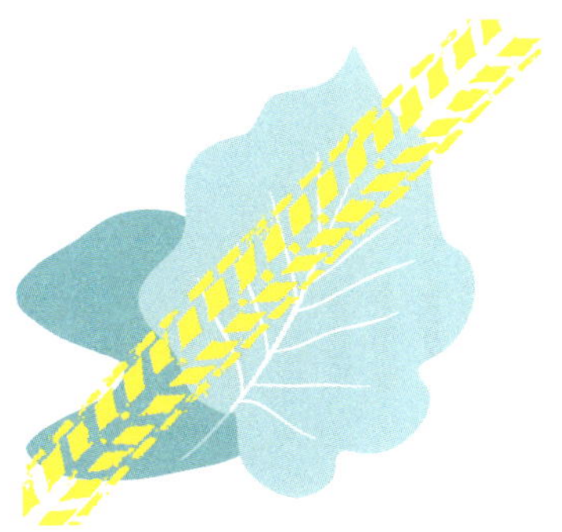

die kleine Brücke bis zur 2 / Konditorei Semmelrock (Mo–Fr 7–19, So 8–19 Uhr, Gasserplatz 6, 9620 Hermagor). Das familiengeführte Café ist ein Muss für alle, die Lebkuchen – zu jeder Jahreszeit! – und allerlei Süßes lieben. Wenn du richtig großen Hunger hast, solltest du beim Wirtshaus Bärenwirt (Küche Do–Mo 11.30 bis 14 Uhr, 17 bis 20 Uhr, Hauptstraße 17, 9620 Hermagor) einkehren oder sogar im „Kleinen Bären" eine Nacht verbringen. Kulinarisch wirst du hier von Familie Ressi verwöhnt, die unglaublich gut kochen und regelmäßig Feinschmecker ins Schwärmen bringen. Zurück zur eigentlichen Tour geht es über den Gasserplatz und rechts nach der Brücke hinein in die Eggerstraße. Hier folgen wir dem Radweg R3B geradeaus über den Kreisverkehr bis Neudorf, wo wir leicht rechts in den Radweg R3 bzw. R3A einbiegen. Kurz vor der Brücke über den Fluss verbindet sich der Radweg wieder mit der Straße. Nach der Brücke findest du zu linker Hand einen schönen 3 / Rastplatz an der Gail mit Bänken und Tisch. Inzwischen hat der Regen aufgehört und der Himmel wird heller.

GAILER NAME

Das Tal hat seinen Namen von der Gail, einem Nebenfluss der Drau. Einst war der lateinische Name des Flusses „Gila", was Aufschäumende oder Heftige bedeutet.

Vom Museum zur Klamm

Wir fahren jetzt auf dem R3A in Richtung Süden zum 4 / Gailtaler Heimatmuseum. Dazu biegen wir auf Höhe von Möderndorf rechts zur Kirche ab, danach geht es links die kleine Straße weiter und bei der ersten Abzweigung gleich wieder rechts. Beim Schild „Radler willkommen" biegen wir rechts zum Museum ab und sind überrascht vom hübsch gestalteten Vorplatz mit den schattigen Rastplätzen unter den alten Obstbäumen. Länger als geplant verweilen wir im Schloss Möderndorf, in dem das Museum untergebracht ist und fahren auf dem gleichen Weg zurück zum Radweg. Auf der Egger Straße fahren wir über den kleinen Anstieg weiter bis zur 5 / Garnitzenklamm, einem Ausflugsziel für die ganze Familie. Auf

---

➤ rechts oben / Überraschendes im Gailtaler Heimatmuseum entdecken
➤ rechts Mitte / Rastplatz an der Gail

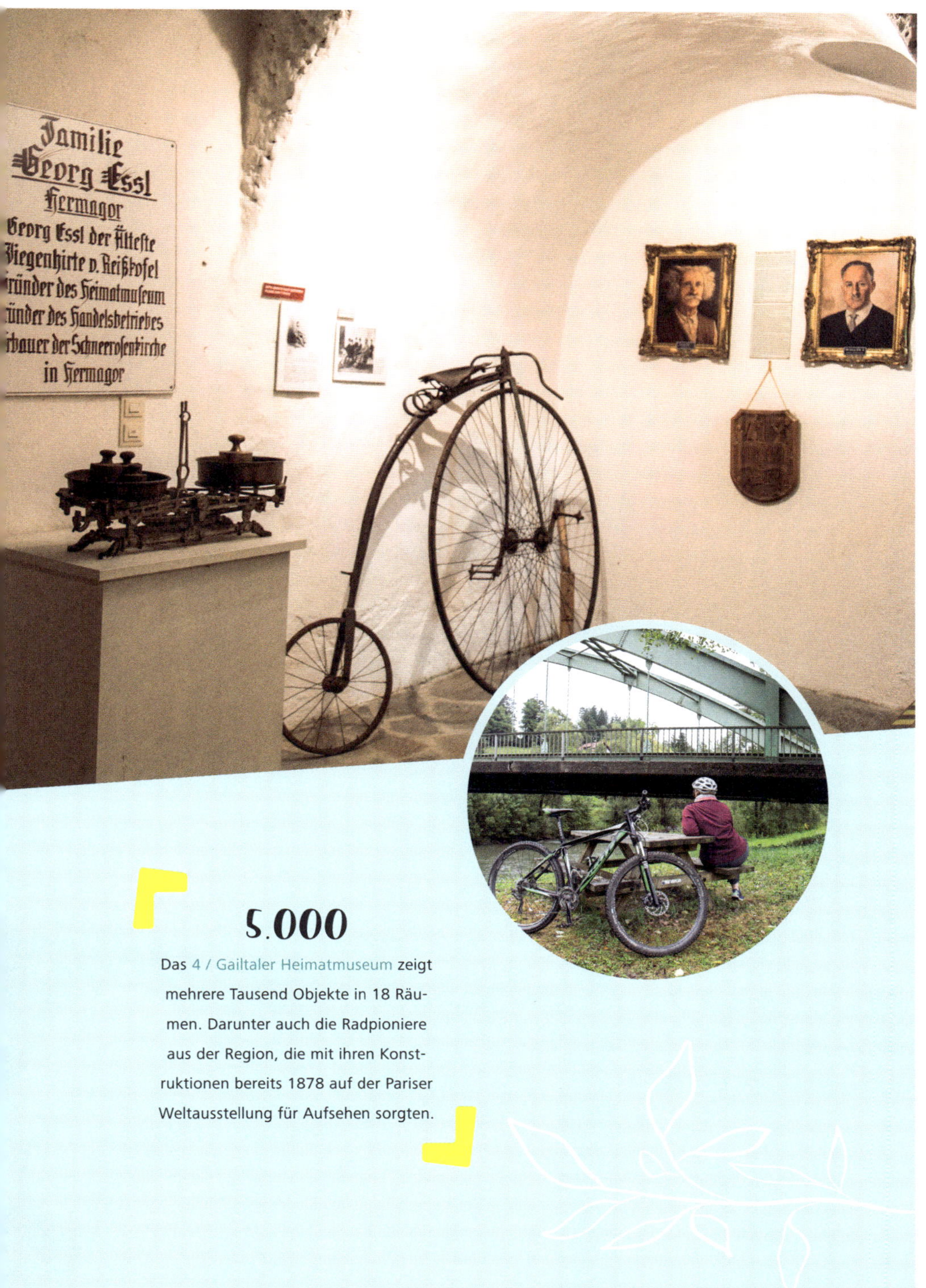

5.000

Das 4 / Gailtaler Heimatmuseum zeigt mehrere Tausend Objekte in 18 Räumen. Darunter auch die Radpioniere aus der Region, die mit ihren Konstruktionen bereits 1878 auf der Pariser Weltausstellung für Aufsehen sorgten.

ACTION FÜR FAMILIEN

Wasserrutschen, Baggerland, Trampolin: Kids können sich im **7 / Erlebnispark** nicht nur austoben, sondern auch einen Tag am Strand verbringen.

dem Rückweg nehmen wir dann rechts die Abzweigung in den Wald auf den Radweg 3A. Asphalt wechselt zu Schotter und an manchen Stellen ist es etwas holprig. Das macht aber nichts. Umso schöner ist die Natur rund um den Weg herum. Vor dem Flussufer biegen wir rechts ab und folgen dem Verlauf der Gail einige Kilometer entlang bis zur Brücke in Görtschach. Die Strecke entschleunigt und wir genießen die Ruhe rund um uns. Beim Überqueren der Brücke werfen wir einen der letzten Blicke auf den Fluss und fahren dann leicht aufwärts links den Radweg R3 entlang. Nach einem kurzen Stück wechselt der Radweg auf die Egger Landesstraße und wir folgen deren Verlauf rechts hinauf in Richtung Förolach. Die Räder rollen wieder auf Asphalt.

FLAMINGOS MITTEN IN KÄRNTEN

Erlebnisse beim See

Noch vor der stark befahrenen Gailtaler Bundesstraße biegen wir links ab und folgen dem Radweg nach Presseggen; ein kurzes Stück wieder auf Schotterweg. In Presseggen radeln wir bei der

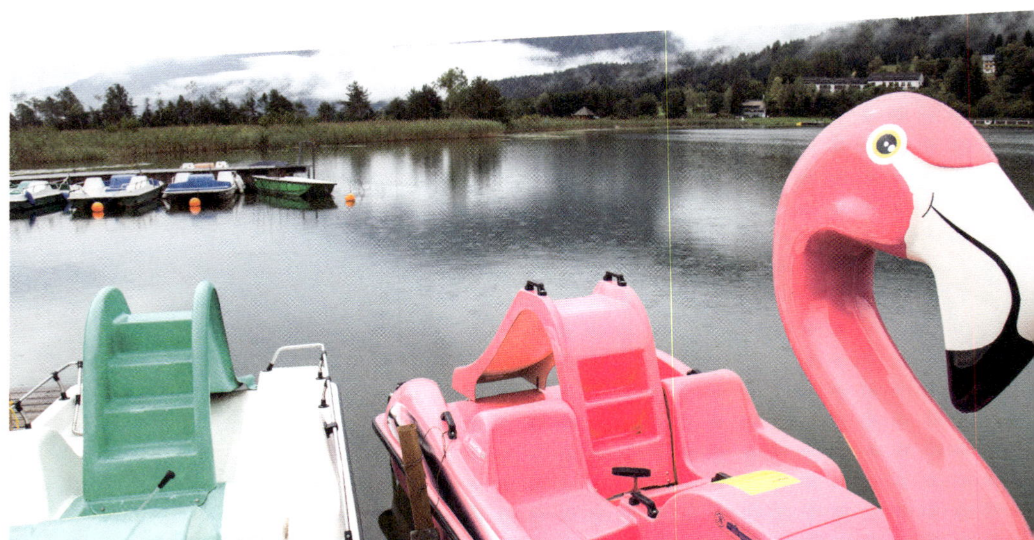

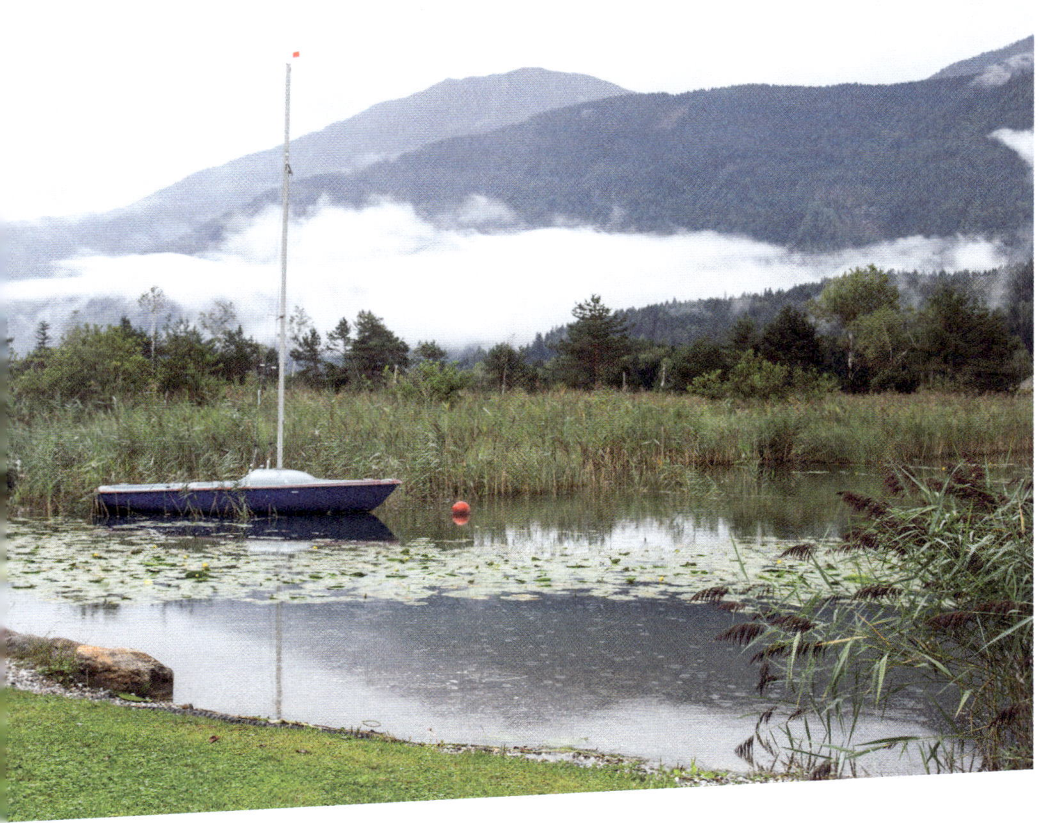

Kirche vorbei und biegen links hinunter zum See. Unser nächstes Ziel: Das 6 / Strandbad Presseggen mit der Seestube „Zum Alois" (tgl. 10.30–22, außer Mo+Do 8.30–22 Uhr, Presseggen 521, 9615 Presseggen). Die Seeterrasse ist ein schöner Ort für eine Rast – egal ob für ein Eis oder etwas mehr. Außerdem ist das Strandbad familienfreundlich gestaltet mit flachen Uferbereichen und kleiner Rutsche. Du kannst vor Ort ein stylisches pinkes Flamingo-Tretboot ausleihen und noch eine Runde über den See strampeln. Dabei genießt du super schöne Ausblicke auf das Schilf und die Seerosen. Nach der Erfrischung schwingen wir uns wieder auf die Räder und folgen dem R3. Nach einer Rechtskurve führt der Radweg auf der Landesstraße durch den Ort, vorbei am 1. Kärntner 7 / Erlebnispark (im Sommer tgl. 9–18 Uhr). Langsam geht hier der Uferbereich wieder in den Schilfgürtel über

3 METER

Bis zu drei Meter hoch wird das Schilf rund um den Pressegger See. Nach dem Neusiedler See ist es die zweitgrößte Schilffläche Österreichs und seit 1970 ein Landschaftsschutzgebiet.

< links / Badespaß mit Flamingo im Strandbad
^ oben / Naturidylle am Pressegger See

CHILLIG WANDERN

Bitte absteigen heißt es am 9 / Slow Trail. Das sind gemütliche Wanderwege mit maximal zehn Kilometer Länge und besonders schönen Aussichtsplätzen.

VERSTECKEN-SPIELEN IM SCHILF

55

Rund 55 Hektar groß ist der Pressegger See. Damit ist er Kärntens neuntgrößter See und bei Familien beliebt. Während es in den Strandbereichen eher laut zugeht, ist es im Schilfgürtel angenehm ruhig. Deshalb brüten hier auch seltene Vogelarten.

und der Radweg zweigt links zum 8 / Schilflabyrinth ab. Wie lange brauchst du, um aus dem Schilflabyrinth wieder herauszukommen? Der kleine Stopp macht Groß und Klein Spaß. Hier kannst du auch das Rad abstellen und dem 9 / Slow Trail durch den Schilfgürtel entlangspazieren. Nach Regen kann es durchaus sein, dass auf dem Weg an manchen Stellen Wasser steht. Lass dich davon nicht abschrecken und hüpf einfach über die Pfützen oder zieh die Schuhe aus. Der Kneipp-Effekt ist hier inklusive! Der Slow Trail durch das Schilf ist eben ein echtes Naturerlebnis. Weil der Pressegger See zu den Seen mit einer geringeren Tiefe zählt, ist dieser dicht mit Wasserpflanzen bewachsen z.B. mit Teichrosen oder Tannenwedel. Dazu kommt natürlich der größte in Kärnten zusammenhängende Schilfgürtel, der in seiner Form einzigartig ist. Beim Spaziergang entlang des Slow Trails bekommst du einen Eindruck davon. Je nach Jahreszeit präsentiert sich der Schilfbereich immer wieder anders und du kannst hier wunderbar den einen oder anderen seltenen Vogel beobachten. Allerdings zeigen sich diese gerne erst, wenn es etwas ruhiger ist. Kleine Rastplätze laden zum Entschleunigen und Pausemachen ein. Nach diesem Halt machen wir uns wieder auf den Weg zurück nach Hermagor. Wir folgen dem R3 und biegen rechts nach Untervellach ab. Ab hier geht es die Landesstraße geradeaus weiter. In Obervellach fahren wir von der Straße auf den Radweg und folgen diesem zurück bis nach Hermagor. Nach der Tour kannst du im beschaulichen Städtchen noch wunderbar entspannen und in einem der Gastgarten den Tag genießen. Aber auch ein Bummel durch die Geschäfte im Zentrum ist verlockend.

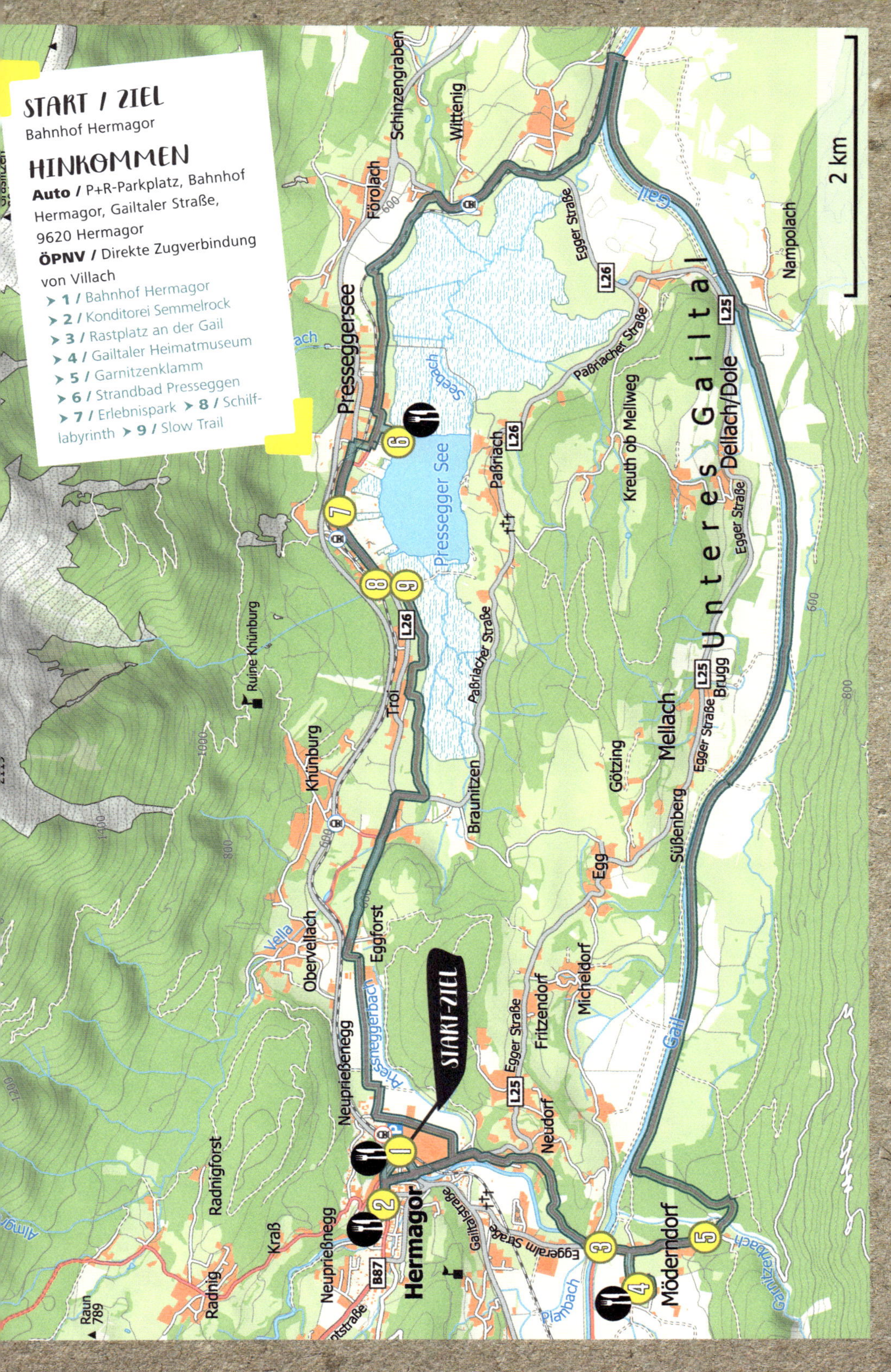
START / ZIEL
Bahnhof Hermagor
HINKOMMEN
Auto / P+R-Parkplatz, Bahnhof Hermagor, Gailtaler Straße, 9620 Hermagor
ÖPNV / Direkte Zugverbindung von Villach
➤ 1 / Bahnhof Hermagor
➤ 2 / Konditorei Semmelrock
➤ 3 / Rastplatz an der Gail
➤ 4 / Gailtaler Heimatmuseum
➤ 5 / Garnitzenklamm
➤ 6 / Strandbad Presseggen
➤ 7 / Erlebnispark ➤ 8 / Schilflabyrinth ➤ 9 / Slow Trail
START-ZIEL
2 km

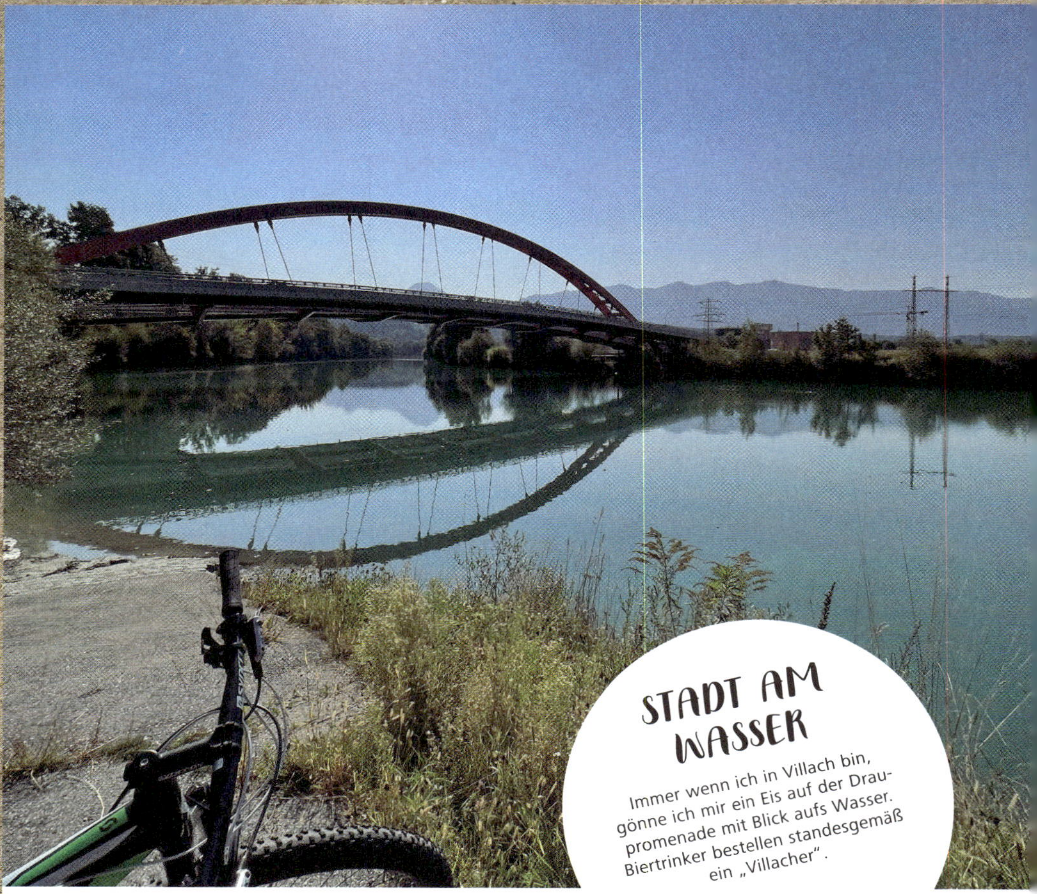

STADT AM WASSER

Immer wenn ich in Villach bin, gönne ich mir ein Eis auf der Draupromenade mit Blick aufs Wasser. Biertrinker bestellen standesgemäß ein „Villacher".

➤ **1 /** Wir starten und enden am Parkplatz in St. Magdalen

➤ **2 /** Prost in der Brauerei Villach und im Brauhof

➤ **3 /** Panoramablicke ans andere Ufer auf der Drauländе

➤ **4 /** Mehr über die Geschichte erfahren im Museum der Stadt Villach

➤ **5 /** Ein Abstecher auf die Fußgängerzone am Hauptplatz

➤ **6 /** Buntes Blütenmeer bei der Kirche im Stadtpark

➤ **7 /** Ein Blick auf die Heiligenkreuzkirche

➤ **8 /** Kurze Pause beim Fluss Gail

➤ **9 /** Schwungvoll auf der Friedensbrücke über die Drau

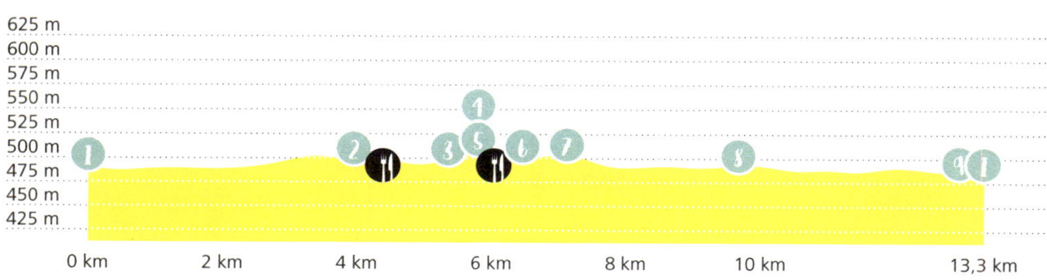

BIKEN IN DER BIERSTADT

Sightseeingtour mit Einkehr quer durch Villach

Farbenfrohe Fassaden, blühende Beete und eine Brauerei mitten in der Stadt: In Villach gibt es richtig viel zu entdecken. Bei dieser Tour kommen wir bei den wichtigsten Sehenswürdigkeiten vorbei und lernen die entspannte Atmosphäre der Stadt kennen. Abwechslungsreich und leicht.

13 Kilometer
65 Höhenmeter ▲
65 Höhenmeter ▼
1 Stunde
Rundtour

Citytrip am Sattel

Etwas außerhalb der Innenstadt beginnt und endet unsere Tour am 1 / Parkplatz in St. Magdalen. In dem Stadtviertel haben sich neben Gewerbebetrieben in den vergangenen Jahren vor allem junge Hightechunternehmen, Forschungseinrichtungen und die Fachhochschule angesiedelt. Entsprechend sind die Gebäude modern geplant und das Gebiet architektonisch geplant. Wenn du möchtest kannst du dem Fluss Drau entlang eine kleine Runde durch die Siedlung drehen. Unsere eigentliche Tour führt dich aber in die entgegengesetzte Richtung – stadteinwärts. Dazu fahren wir beim Parkplatz

CHARAKTER

Sportlich ●○○○○
Abkühlung ●○○○○
Schlemmen ●●●●○
Panorama ●●●○○

TOURENINFO / Die Tour führt zum Teil auf Radwegen und zum Teil auf Straßen quer durch die Stadt und ist relativ einfach zu meistern.

◂ links / Schöne Aussicht auf die Drau bei Villach

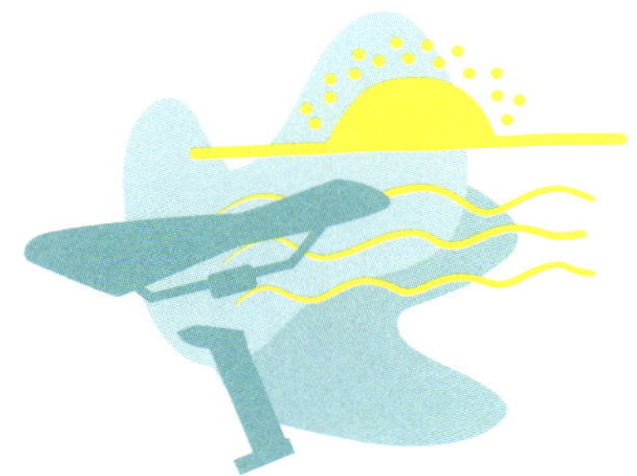

nicht auf die Straße, sondern nehmen direkt den Verbindungsweg zum Radweg. Wie biegen links zum Rastplatz bei der Friedensbrücke ab und sausen unter der Brücke hindurch. Der Abschnitt in die Innenstadt gehört zum Drauradweg R1 und ist entsprechend gut ausgebaut. Wir radeln immer dem Ufer der Drau entlang durch das Grün am Wasserboden bis zur Ossiacher Zeile. Dort biegen wir links ab und folgen der stark befahrenen Straße bis auf die Höhe St.Magdalenerstraße. Hier überqueren wir die Straße und fahren zu linker Hand in der Nikolaigasse weiter direkt beim Krankenhaus vorbei. Beim Europaplatz siehst du bereits die architektonisch auffallendenden Gebäude vom Congress Center und dem Hotel. Hier biegen wir bei der Abfahrt zur Tiefgarage rechts in die Brauhausgasse ein und folgen dieser bis zur 2 / Brauerei Villach (Brauhausgasse 6, 9500 Villach). Angeschlossen an die Brauerei liegt auch der Brauhof (Mo–Sa 10.30–23 Uhr, Bahnhofstraße 8, 9500 Villach), in dem du die verschiedene Biere verkosten und natürlich etwas essen kannst.

BRONZEFIGUREN IN DER STADT

Der Narr steht für den Villacher Fasching, das Trachtenpärchen für den Kirchtag und der Braumeister für die Biertradition.

Fährst du über den Europaplatz zur Drau, kommst du zu rechter Hand direkt zum LAGANA Restaurant am Fluss (direkt am Drauradweg). Hier gibt es mit Blick auf das Wasser Snacks und Getränke aus dem Container – und alle Infos rund ums Radeln und Paddeln in der Stadt. Blickst du hier über die Draubrücke und die bunten Fassaden der Häuser hinweg, sticht ein naheliegender Berg mit Sendemast ins Auge. Das ist der Dobratsch, sozusagen der Hausberg der Villacher.

Aus dem ehemaligen Skigebiet ist inzwischen ein Naturparadies für Tiere und Wanderer geworden. Wenn du Zeit hast, lohnt sich ein Abstecher mit dem Bus zum Gipfel – oder du nimmst die Kehren bergauf sportlich und trittst in die Pedale. Heute geht es aber gemütlich weiter.

➤ **rechts oben / Die mediterran anmutende Innenstadt**
➤ **rechts Mitte / Auf dem Weg zur Villacher Brauerei**

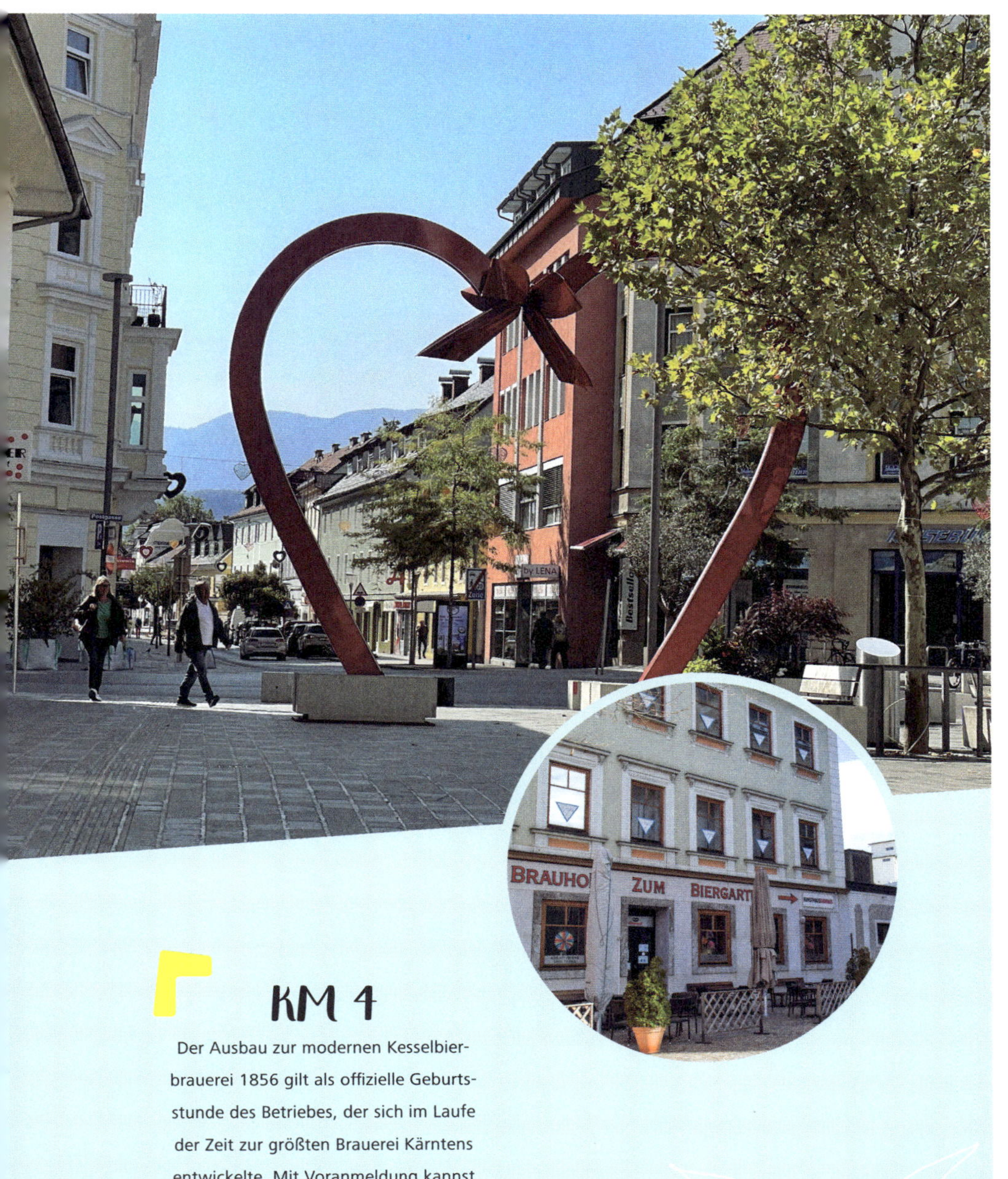

KM 4

Der Ausbau zur modernen Kesselbierbrauerei 1856 gilt als offizielle Geburtsstunde des Betriebes, der sich im Laufe der Zeit zur größten Brauerei Kärntens entwickelte. Mit Voranmeldung kannst du an einer Führung teilnehmen, um zu sehen, wie mitten in der 2 / Brauerei Villach gebraut wird.

1873

wurde das 4 / Museum der Stadt Villach bereits von Bauunternehmer Carl Andreas Picco gegründet und ist eines der ältesten und größten Stadtmuseen Österreichs.

PAUSIEREN UNTER PALMEN MITTEN IN VILLACH

Das Herz der Stadt

Wir fahren die Nikolaigasse bis zu ihrem Ende weiter und biegen links zum Bahnhof ab. Das wäre ein alternativer Startpunkt der Tour, wenn du mit den öffentlichen Verkehrsmitteln anreisen möchtest. Vorbei am Bahnhofsgebäude fahren wir geradeaus über den Kreisverkehr bis zur Grünfläche auf der linken Seite. Hier biegen wir in die Draupromenade ab und fahren über die Alpe-Adria-Brücke ans andere Ufer, wo wir gleich links über die Ringmauerstraße auf die 3 / Drauländе abbiegen. Das eröffnet wieder einen neuen Blick auf die Stadt. Geradeaus geht es bis zur Markthalle weiter, dann biegen wir rechts in die Widmanngasse ab und rumpeln über die Pflastersteine bergauf bis zum Kirchenplatz. Unterwegs kannst du das 4 / Museum der Stadt Villach (Di–So 10–16.30 Uhr, Widmanngasse 38, 9500 Villach) besuchen. Neben der Dauerausstellung und dem Relief von Kärnten gibt es

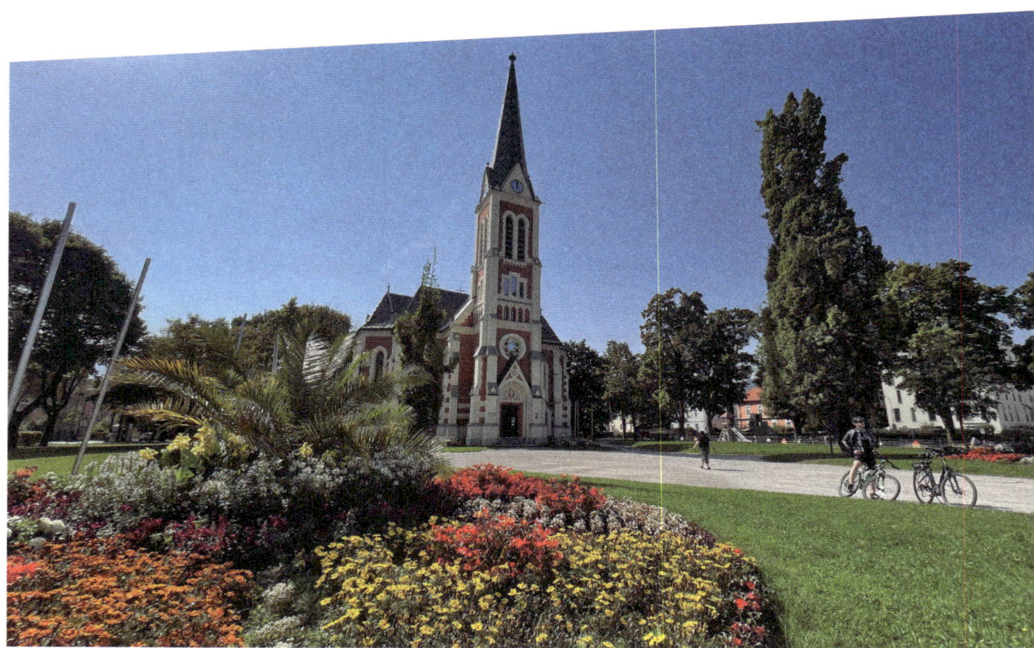

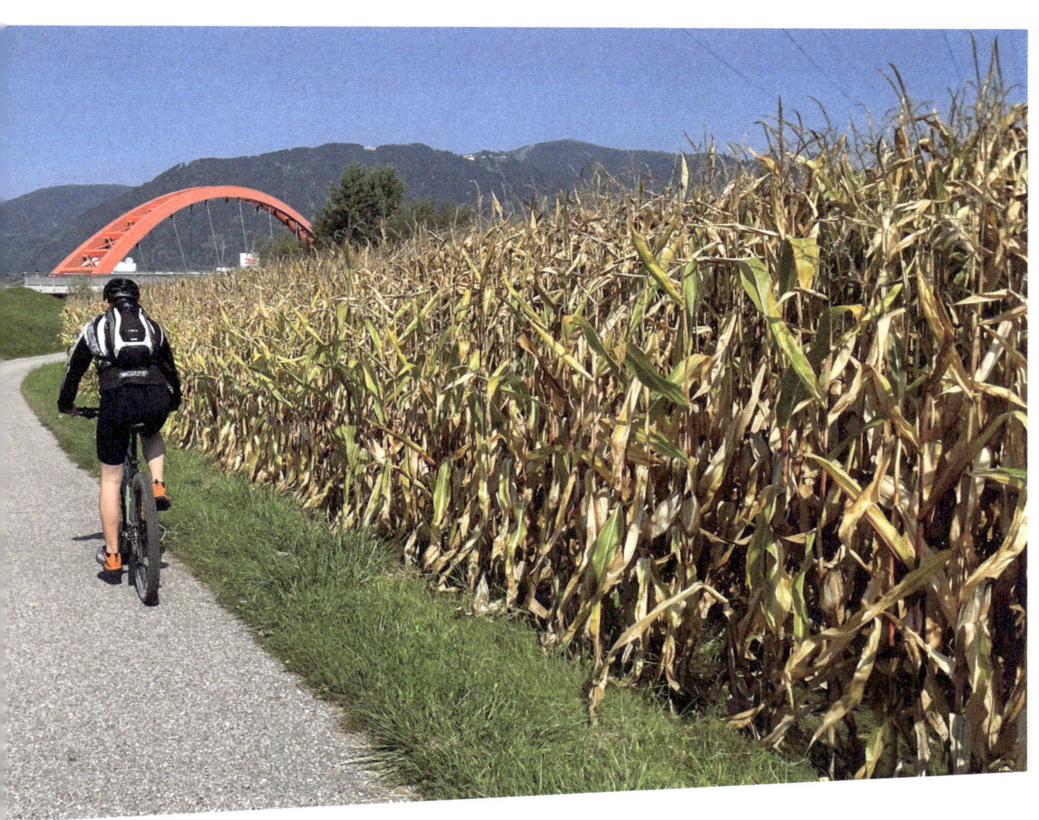

immer wieder spannende Sonderausstellungen über die Stadt. Am Kirchenplatz angekommen kannst du einen Abstecher auf den 5 / Hauptplatz machen und ein wenig durch die Fußgängerzone bummeln oder eine köstliche Torte in der Konditorei Rainer (Mai–Okt. tgl. 7.30–18.30 Uhr, Oberer Kirchenpl. 5, 9500 Villach) probieren. Mittags gibt es sehr gute und preislich attraktive Gerichte und Menüs – auch zum Mitnehmen. Wir rollen vorbei an kleinen Läden, Secondhand-Shops, Kaffeeröstereien und Gasthäusern. Die Hälfte der Tour ist geschafft. Es geht weiter geradeaus bis zur Pestalozzistraße, in die wir links abbiegen und bis zur 6 / Kirche im Stadtpark farhren. Du kannst hier zwischen Palmen und blühenden Blumen eine Pause machen und die Sonne genießen.

MARKT

Jeden Mittwoch und Samstag von 7 bis 13 Uhr kommen regionale Produzenten aus dem Alpe-Adria-Raum in die Stadt, um ihre Waren an der 3 / Drauländе zu verkaufen.

Zum anderen Fluss

Das historische Zentrum der Stadt ist geprägt vom Fluss Drau. Aber Villach ist auch von einem zweiten Fluss umrahmt – von der Gail. Diese

‹ links / Die Kirche im Stadtpark ist umgeben von bunten Blüten
^ oben / Architektonisch auffallend ist die rote Friedensbrücke

ROTE DRAUBRÜCKE

Die 9 / Friedensbrücke ist gefinkelt konstruiert: Die Fahrbahnen sind zwischen den Stahlbögen abgesenkt und der Radweg wirkt sozusagen als Zugband.

vereint sich mit der Drau nahe von unserem Ausgangs- und Endpunkt. Um sie etwas besser kennenzulernen, schwingen wir uns wieder auf den Sattel und fahren bis zur Ossiacher Zeile. Dort überqueren wir die Straße und fahren rechts bis zur 7 / Heiligenkreuzkirche. Die spätbarocke Kirche ist eine Wallfahrtskirche und fällt mit ihren Türmen sowie der altrosa Farbe markant im Stadtbild auf. Der Legende nach wurde am Kirchenstandort ein Kruzifix gefunden, das aus einer Mauer herauswuchs. Dadurch gewann die Kirche im 18. Jahrhundert an Bedeutung für die Bevölkerung. Wir blicken noch einmal über das Wasser der Drau und biegen nach der Heiligenkreuzkirche in die Peraustraße ein, von wo wir uns durch das Wohngebiet schlängeln.

AM SCHLUSS NOCH ETWAS RUHE IN DER NATUR

Stadtumfahrung im Grünen

Die Blumenstraße und Margaritenstraße bringen uns direkt zur Infineonstraße. Wir fahren rechts weg und geradeaus über den Kreisverkehr das Firmengelände entlang. Am Ende der Straße biegen wir links in den Karawankenweg ein und wechseln auf den Radweg. Die Beschilderung kurz vor der Brücke ist etwas verwirrend, aber wir halten uns noch vor der Brücke links und fahren hier auf den Radweg auf. Nach dem Trubel in der Stadt tut die Natur jetzt richtig gut. Auf der linken Seite begleitet uns der Fluss 8 / Gail und wir erspähen am anderen Flussufer die Ortschaft Maria Gail mit der Kirche. Entlang der Strecke bietet sich eine weitere kurze Pause an. Wir fahren der Markierung immer dem Radweg entlang, bis dieser einen Bogen weg von der Gail hin zur Drau macht. Auf den letzten Kilometern haben wir einen schönen Blick auf die rote 9 / Friedensbrücke und überqueren den Fluss. Am anderen Ende der Brücke fahren wir rechts zum Rastplatz ab. Hier ist die letzte Gelegenheit für eine Rast direkt beim Wasser, bevor wir durch die Unterführung wieder zurück zum 1 / Parkplatz in St. Magdalen fahren, dem Ausgangspunkt unserer Tour. Du willst in Verlängerung gehen? Dann kannst du im Anschluss das Ende von Tour 19 dranhängen. Nur ein paar Kilometer weiter kommst du zum Silbersee und etwas weiter zur 9 / Wernberger Drauschleife. Zwei grüne Wasseroasen ganz nah an der Stadt.

25 BIS 29

Grad warm ist das Thermalwasser in Villach. In der modernen Kärnten Therme (Kadischenallee 25, 9504 Warmbad-Villach) kannst du deine Muskeln nach der Tour entspannen.

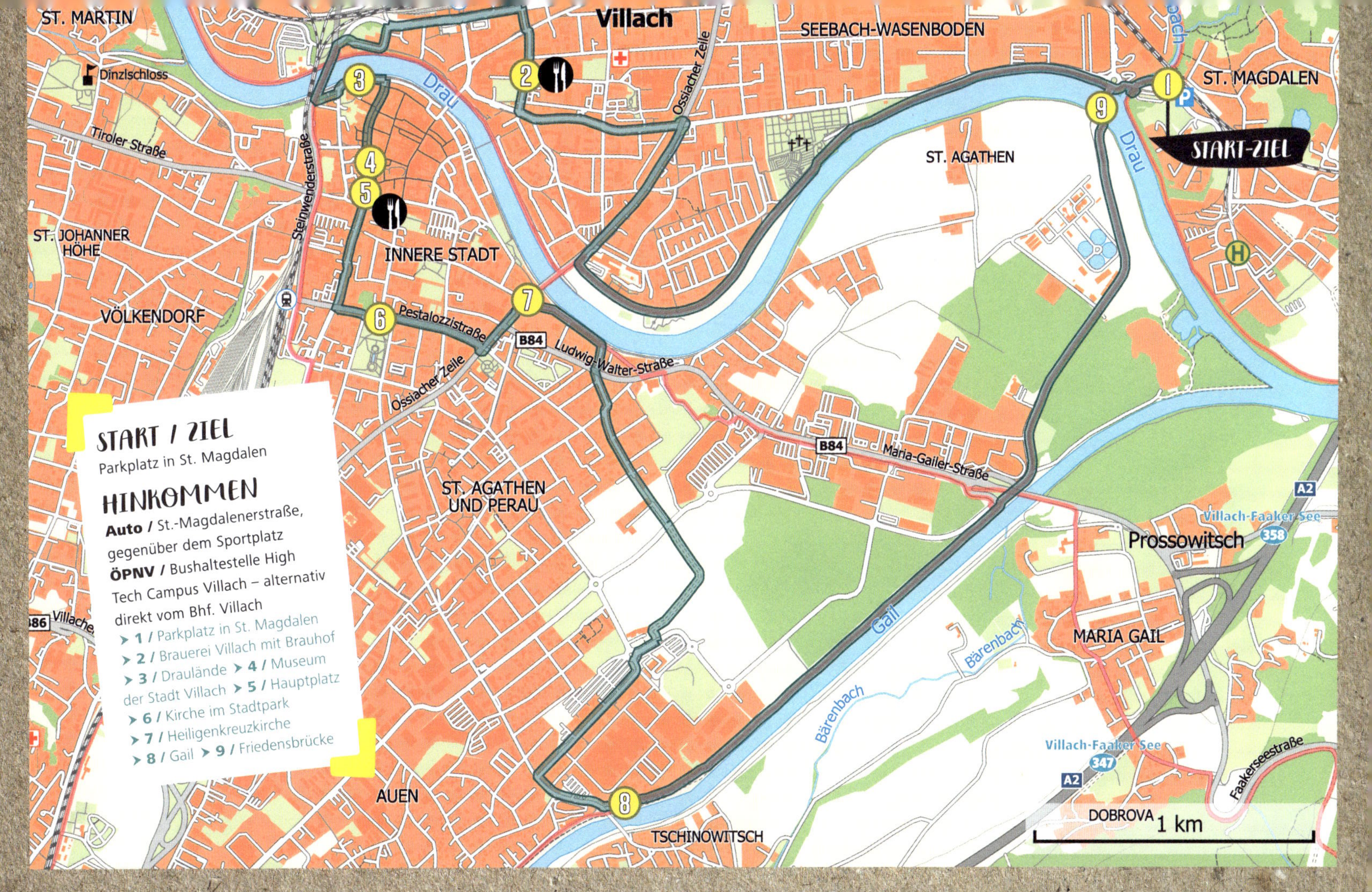

START / ZIEL

Parkplatz in St. Magdalen

HINKOMMEN

Auto / St.-Magdalenerstraße, gegenüber dem Sportplatz

ÖPNV / Bushaltestelle High Tech Campus Villach – alternativ direkt vom Bhf. Villach

- **1 /** Parkplatz in St. Magdalen
- **2 /** Brauerei Villach mit Brauhof
- **3 /** Draulände **4 /** Museum der Stadt Villach **5 /** Hauptplatz
- **6 /** Kirche im Stadtpark
- **7 /** Heiligenkreuzkirche
- **8 /** Gail **9 /** Friedensbrücke

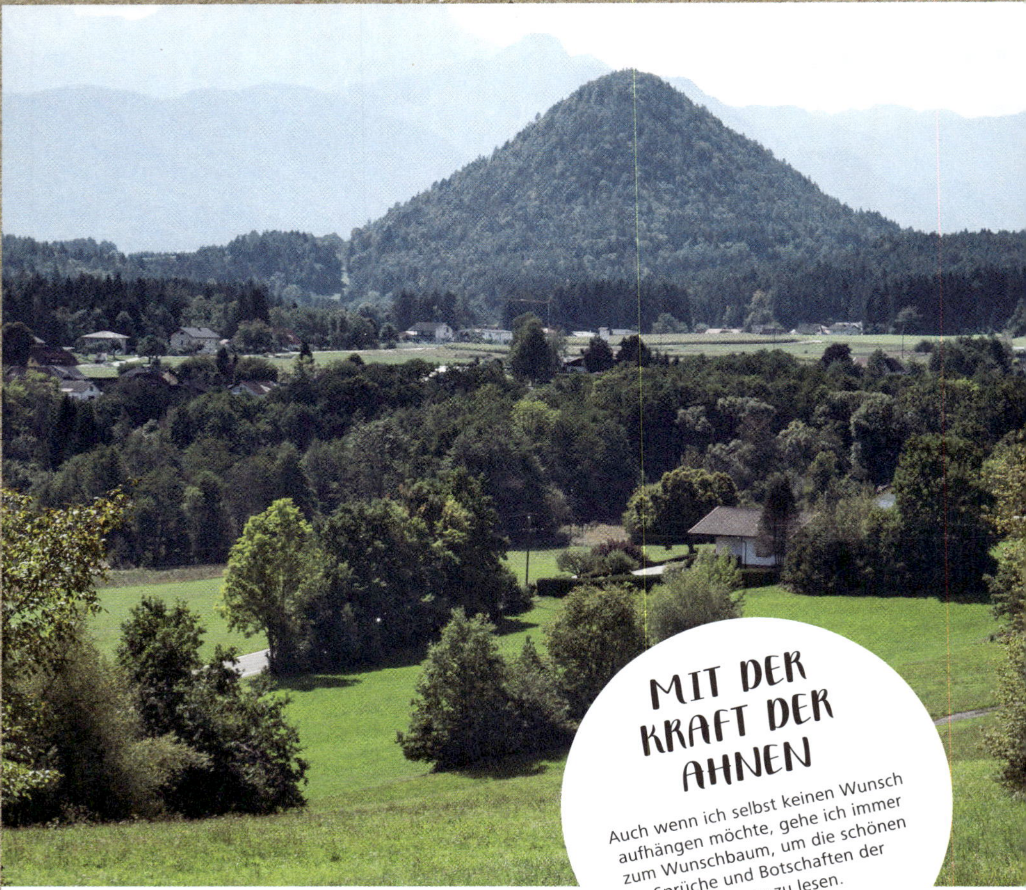

MIT DER KRAFT DER AHNEN

Auch wenn ich selbst keinen Wunsch aufhängen möchte, gehe ich immer zum Wunschbaum, um die schönen Sprüche und Botschaften der anderen zu lesen.

➤ **1 /** Start- und Endpunkt beim Gemeindeparkplatz Schiefling

➤ **2 /** Bei der Kirche St. Michael vorbeiradeln

➤ **3 /** Fotostopp beim Flugzeug auf der Wiese

➤ **4 /** Die Ruhe finden beim Trattnigteich mitten im Wald

➤ **5 /** In den Wörthersee hüpfen im Strandbad Schiefling

➤ **6 /** An der Drau eine Pause einlegen

➤ **7 /** Panoramabild von der Humnitz-Kirche

➤ **8 /** Wandern zu den Ausgrabungen auf den Kathreinkogel

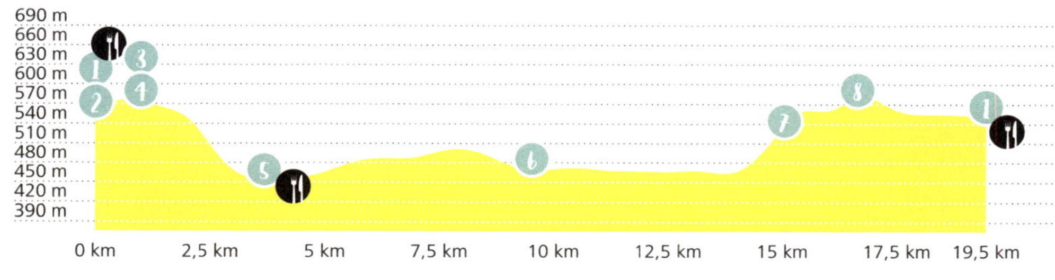

WÜNSCHE IM GEPÄCK

Einmal rund um den Kathreinkogel

Bei dieser Tour rund um den Kathreinkogel zwischen Wörthersee und Drau können durchaus Wünsche wahr werden. Schon 7.000 Jahre vor Christus war der kleine Berg besiedelt und seit jeher werden ihm von den Einheimischen besondere Kräfte zugesprochen.

20 Kilometer
270 Höhenmeter ▲
270 Höhenmeter ▼
2 Stunden
Rundtour

Dorf, See, Berg

Am 1 / Gemeindeparkplatz Schiefling (Keutschacher Straße gegenüber vom Gemeindeamt und Feuerwehr) packen wir die Räder aus und beginnen unsere Tour. Hier kommen wir am Ende auch wieder zurück. Über den Fahrradstreifen überqueren wir die Keutschacher Straße und biegen nach dem Brahms-Denkmal links in den Radweg ab. Nach der Bäckerei und dem Café nehmen wir vis-à-vis vom Supermarkt rechts die Kirchenstraße. Gleich zu Beginn geht es kurz ein steiles Stück bergauf bis zur 2 / Kirche St. Michael.

CHARAKTER
Sportlich ●●●●○
Abkühlung ●●●○○
Schlemmen ●○○○○
Panorama ●●●●○

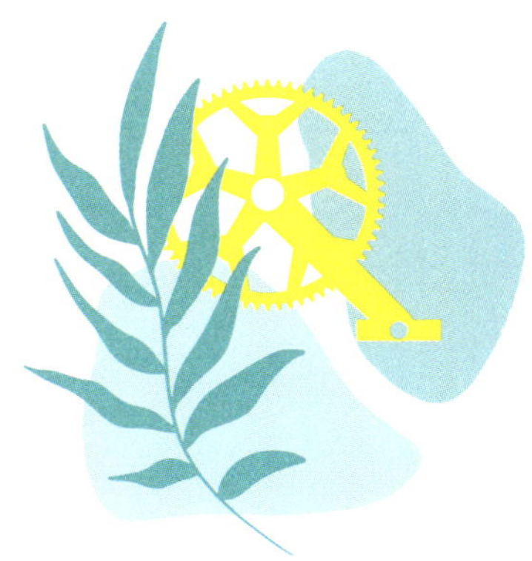

TOURENINFO / Die Strecke verläuft überwiegend auf asphaltierten Straßen und Schotterwegen. Es gibt kaum abgetrennte Radstreifen. Am markantesten ist der stetige Anstieg von St. Egyden hinauf zum Kathreinkogel. Badesachen und Jause mitnehmen!

◂ links / Der waldreiche Kathreinkogel sticht mit seiner Form ins Auge

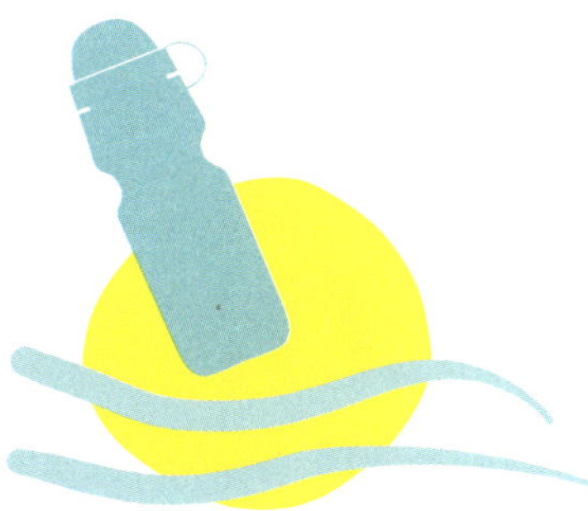

Auf der linken Seite siehst du während der Fahrt auch die Jausenstation Putzihof (Di–So 10–20 Uhr, Lindenweg 14, 9535 Schiefling) mit einem schönem Gastgarten. Auf der Höhe des Denkmals biegen wir rechts in den Sonnenweg ein und folgen diesem immer geradeaus bis zum 3 / Flugzeug auf der Wiese, das hier dekorativ neben alten Obstbäumen geparkt wurde und ein spannendes Fotomotiv abgibt. Wenn du gerne einen Abstecher zu einem schönen Waldteich machen möchtest, kannst du bei dieser Kreuzung geradeaus weiter zum 4 / Trattnigteich fahren, bei dem es auch eine Möglichkeit zum Baden gibt. Du erreichst diesen nach rund zwei Kilometern. Das Gebiet am Fuße des Pyramidenkogels ist ein Geheimtipp für Wanderer, denn direkt beim Trattnigteich führt auch der Wörthersee-Rundwanderweg vorbei, der ein Stückchen weiter in Richtung Reifnitz auf Höhe vom Teixlkreuz eine schöne Aussicht auf den Wörthersee bietet. Allerdings ist der Weg nichts für Radfahrer.

WALDBAD

Der 4 / Trattnigteich ist ein kleiner Badeteich mitten im Wald. Beim Wanderweg findest du kurz vor der Steigung auf der Wiese zwei Sonnenliegen aus Holz.

Stippvisite am Wörthersee

Wir fahren bei der Kreuzung, wo das Flugzeug steht, links in den Aussichtsweg hinein und lassen die Räder bergabwärts vorbei an Bauernhöfen und grasenden Kühen sausen. Wir halten uns rechts und folgen der Auenstraße durch den Campingplatz bis zu ihrem Ende direkt am Südufer des Wörthersees. Dort wechseln wir für ein paar Kilometer links auf den Wörtherseeweg R4 und fahren in Richtung Velden parallel zur Straße. Wir kommen am 5 / Strandbad Schiefling (Auen 175, 9535 Schiefling) vorbei, einem familienfreundlichen Strandbad mit Pizzeria. Am Ende der Süduferstraße biegen wir links in die Rosegger Straße ein. Auf der Höhe des Kreisverkehrs in Selpritsch hast du mehrere

---

➤ **rechts oben / Die Kirche in Schiefling**
➤ **rechts Mitte / Unterwegs kommen wir bei einem alten Flugzeug vorbei**

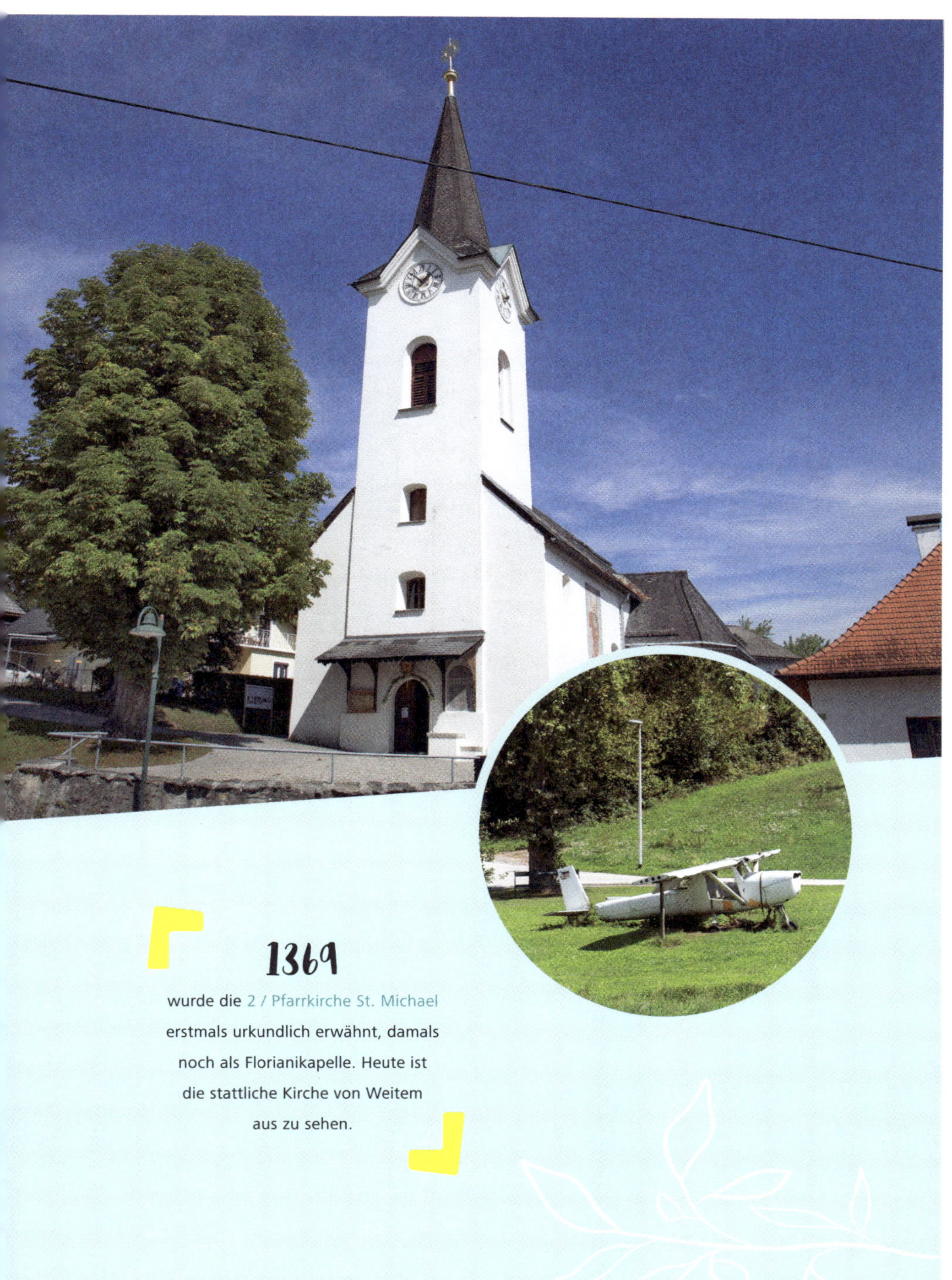

1369

wurde die 2 / Pfarrkirche St. Michael erstmals urkundlich erwähnt, damals noch als Florianikapelle. Heute ist die stattliche Kirche von Weitem aus zu sehen.

JAUSE KAUFEN!

Bevor es ins Rosental geht, solltest du in Selpritsch bei der Writsche-Bauernhof-Box noch etwas zu trinken und Proviant einkaufen.

Möglichkeiten, um noch Proviant zu kaufen. Nach der Tankstelle biegen wir links in die St.-Egydenerstraße ab und verlassen den belebten Teil der Tour. Wir bleiben jetzt für einige Kilometer auf der Straße und folgen ihrem Verlauf nach der Siedlung bergab. Alte Wälder begleiten uns und weichen im Tal angekommen einer weitläufigen, lieblichen Landschaft. Auf der rechten Seite siehst du bereits einen Seitenarm der 6 / Drau. Hier gibt es auch einen kleinen Rastplatz. Um die Einwohner vor Hochwasser zu schützen, wurden am Ufer kleine Mauern errichtet.

HERRLICHE AUSBLICKE AUF DIE LANDSCHAFT

Weg vom Trubel

Wir sind jetzt im beschaulichen Rosental in der kleinen Gemeinde St. Egyden angekommen. Die fruchtbaren Böden werden von den Bauern bestellt und die Ebene mit den Karawanken im Süden bildet ein herrliches Landschaftsbild. Wir biegen bei der

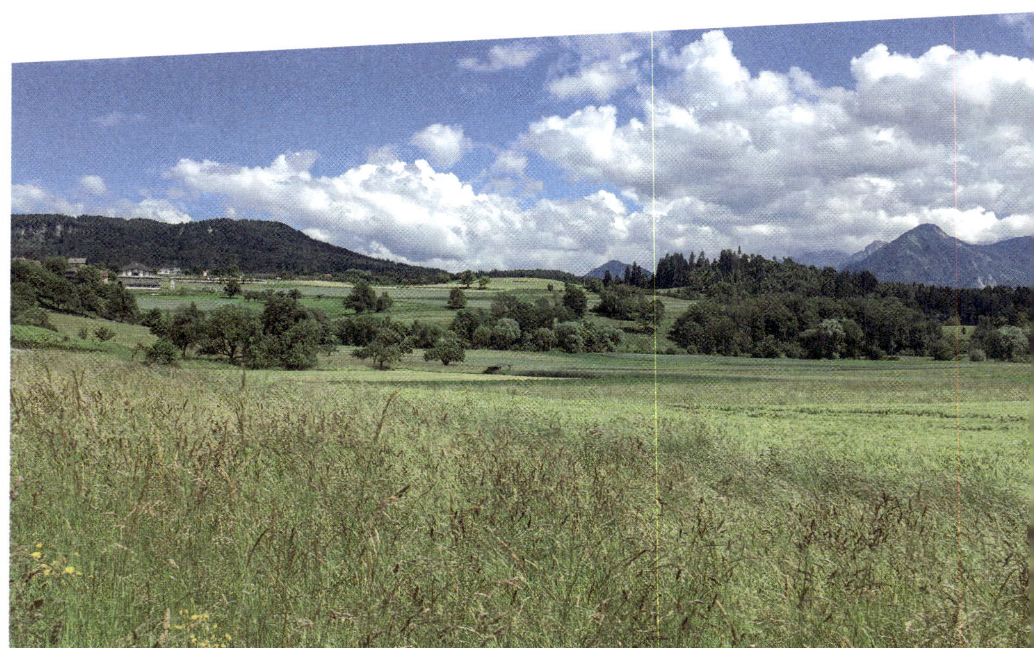

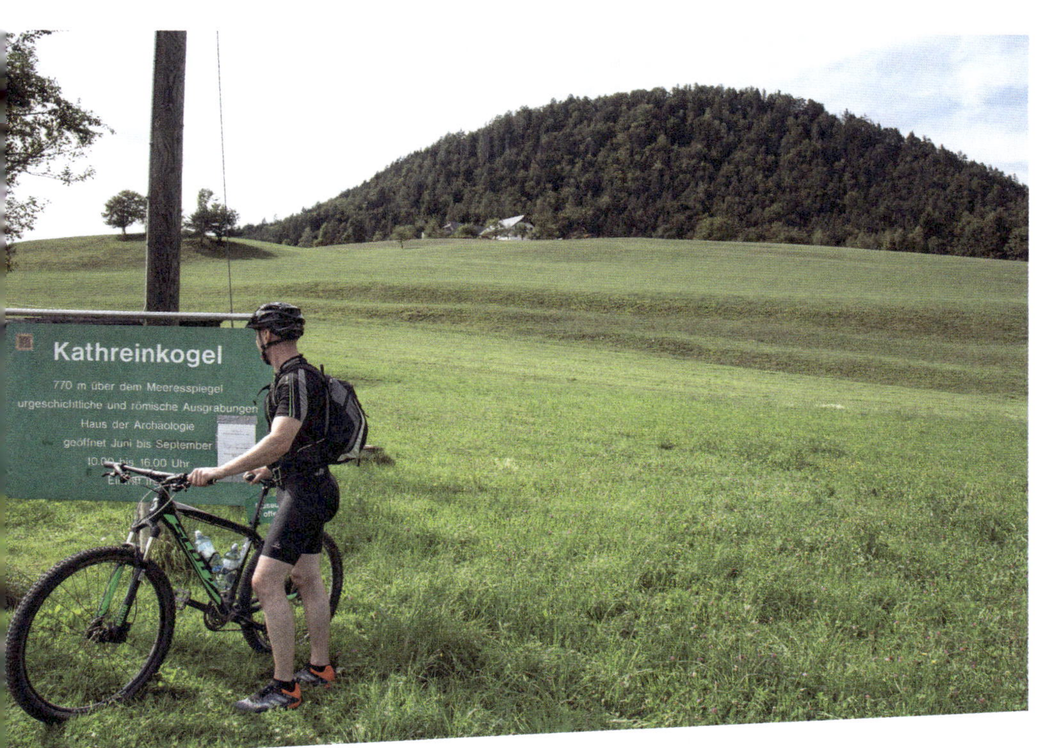

Drau rechts in den Latschacherweg ein und verlassen die Straße. Kleine Nebenstraßen und Feldwege führen uns der Drau entlang. Wir nehmen die Abzweigung zum Hotel Pachernighof und biegen beim Cricket Club rechts ab. Folge dem Schotterweg immer geradeaus nach Pulpitsch. Das ist eine kleine Siedlung bei der wir links in den Dieschitzer Weg einbiegen und immer gerade aus weiterfahren. Dort wo der Weg von der Drau wegführt, halten wir uns rechts. Vor der St.-Egydenerstraße biegen wir rechts ab und fahren noch ein kleines Stück der Drau entlang. Bei der Treffner Straße biegen wir links in Richtung St. Egyden ab. Bei dieser Kurve heißt es in die Pedale treten. Es folgt nämlich ein knackiger Anstieg hinauf zum Ortszentrum. Auf der Anhöhe siehst du zu rechter Hand etwas versteckt im Wald auf einem Hügel die 7 / Humnitz-Kirche. Wenn du möchtest, kannst du dorthin noch einen kleinen Abstecher machen. Wir biegen nach dem Friedhof rechts auf die St.-Egydenerstraße ab und fahren noch ein paar Meter bergauf. Auf der Höhe von Kindergarten und Feuerwehr biegen wir links nach Schiefling. Wir folgen dem

KM 10

Die weiten Felder in St. Egyden bei der 6 / Drau sind vor allem im Sommer ein tolles Fotomotiv mit den dahinterliegenden Karawanken.

‹ links / Das fruchtbare Land von St. Egyden neben der Drau ^ oben / Vom ehemaligen Gasthaus Kreuzwirt geht es hinauf auf den Kathreinkogel

WC MIT AUSSICHT

Auf dem 8 / Kathreinkogel wurde mitten im Wald ein ökologisches Panoramaklo aufgestellt. Bei der „Sitzung" kannst du durch eine große Glasscheibe den Ausblick genießen.

Verlauf der Farrendorfer Straße, die ebenfalls leicht bergaufgeht. Der letzte kurze Anstieg führt durch ein Wäldchen, von dem du schon das ehemalige Gasthaus Kreuzwirt auf der rechten Seite erkennen kannst.

AUF DEN SPUREN DER JUNGSTEINZEIT RADELN

Ausgrabungen am Berg

Hier beginnt der Wanderweg hinauf auf den 8 / Kathreinkogel. Nach einer Dreiviertelstunde bist du am Gipfel, wo du die bedeutenden archäologischen Ausgrabungen und ein kleines Museum besuchen kannst. Hinter der Kirche gibt es einen Aussichtsplatz mit Blick auf den Wörthersee und einen Wunschbaum, wo die Menschen auf Holztäfelchen geschriebene Wünsche auf dem Baum hängen, damit sie in Erfüllung gehen. Die ersten Siedlungen auf dem 772 Meter hohen Berg gehen bis in die Jungsteinzeit zurück. Das „Haus der Archäologie" ist im Juli und August täglich von 10 bis 16 Uhr bei schönem Wetter geöffnet, der Eintritt ist frei. Es ist ein Berg voller Geheimnisse.

ERBE DER KELTEN

Bereits die Kelten verwendeten in der Region das Emmerkorn. Heute wird daraus das Schieflinger Steinzeitbier gebraut, erhältlich u.a. im Ortsladen.

Gemütliches Ende

Zurück am Parkplatz steigen wir auf unsere Räder und folgen der Farrendorfer Straße in Richtung Schiefling. Wir kommen an einem kleinen Steinbruch vorbei und erkennen Feuchtwiesen und einen kleinen Bach am Straßenrand, bevor wir in St. Kathrein durch ein kleines Wäldchen fahren. Ab Farrendorf nimmt die Anzahl der Häuser wieder zu und wir sehen in der Weite schon den markanten Aussichtsturm des Pyramidenkogels. Wir fahren immer geradeaus weiter und kommen an hübsch geschmückten Bauernhöfen vorbei, unter anderem bei der „Furtasch-Huabn" auf der linken Seite. Einem Hof, der von der Gemeinde renoviert und für Veranstaltungen genutzt wird. Noch einmal kurz bergab und ein paar Meter auf die Anhöhe – schon sind wir zurück im Ortszentrum und biegen rechts in die Keutschacher Straße ein. Jetzt brauchen die Räder nur mehr ein kleines Stück zu rollen und wir sind an unserem Ausgangspunkt angelangt.

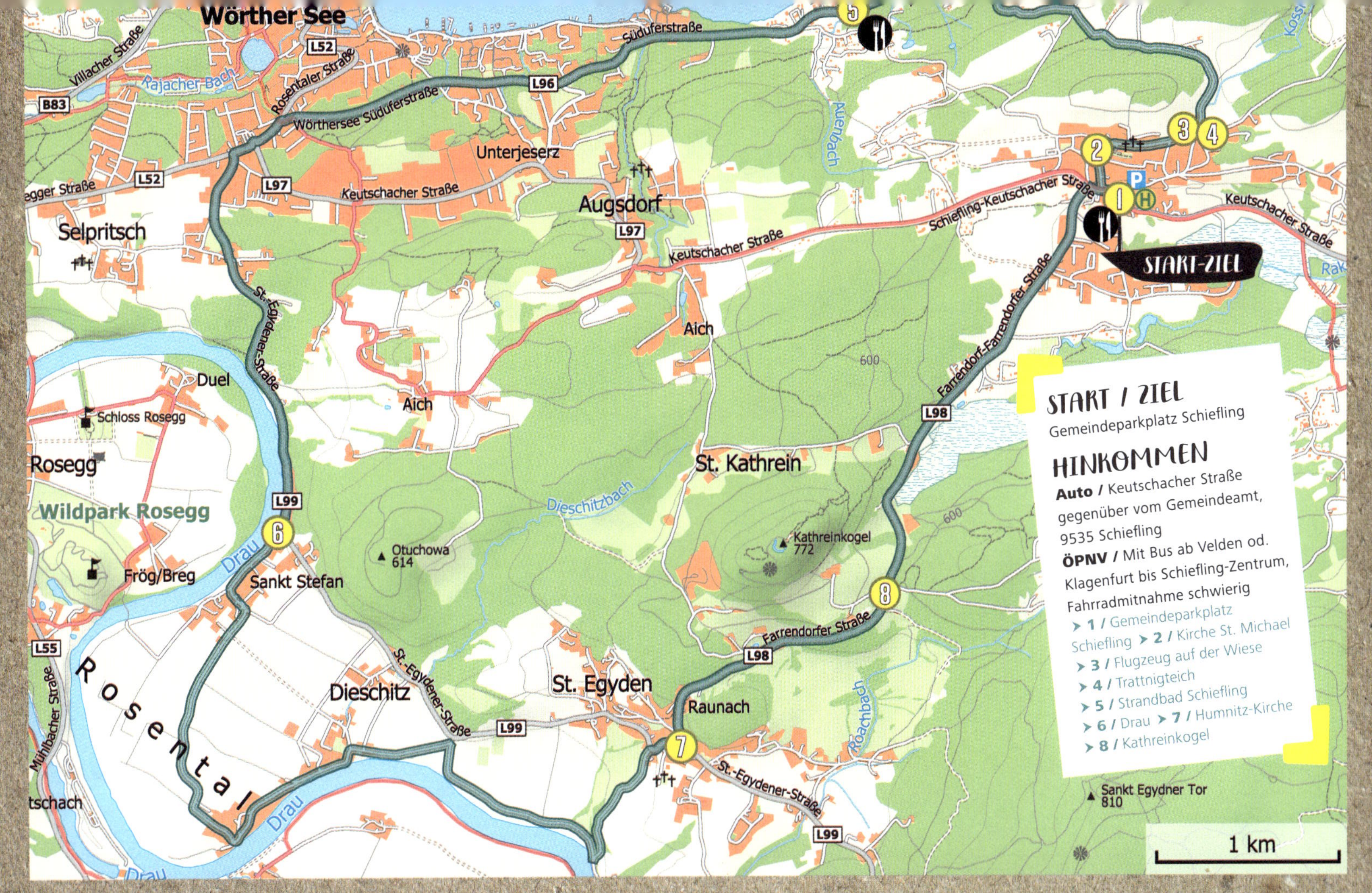

START / ZIEL
Gemeindeparkplatz Schiefling
HINKOMMEN
Auto / Keutschacher Straße gegenüber vom Gemeindeamt, 9535 Schiefling
ÖPNV / Mit Bus ab Velden od. Klagenfurt bis Schiefling-Zentrum, Fahrradmitnahme schwierig
› 1 / Gemeindeparkplatz Schiefling › 2 / Kirche St. Michael
› 3 / Flugzeug auf der Wiese
› 4 / Trattnigteich
› 5 / Strandbad Schiefling
› 6 / Drau › 7 / Humnitz-Kirche
› 8 / Kathreinkogel
START-ZIEL
Wörther See
Südüferstraße
Wörthersee Südüferstraße
Rosentaler Straße
Villacher Straße
Rajacher Bach
Auenbach
Unterjeserz
Augsdorf
Keutschacher Straße
Schiefling-Keutschacher Straße
Selpritsch
Aich
St. Egydener-Straße
Farrendorf-Farrendorfer Straße
Farrendorfer Straße
Duel
Schloss Rosegg
Rosegg
Wildpark Rosegg
Fröig/Breg
Drau
Sankt Stefan
Otuchowa 614
Dieschitzbach
St. Kathrein
Kathreinkogel 772
Dieschitz
St. Egyden
Raunach
Roachbach
Rosental
Mühlbacher Straße
Sankt Egydner Tor 810
1 km

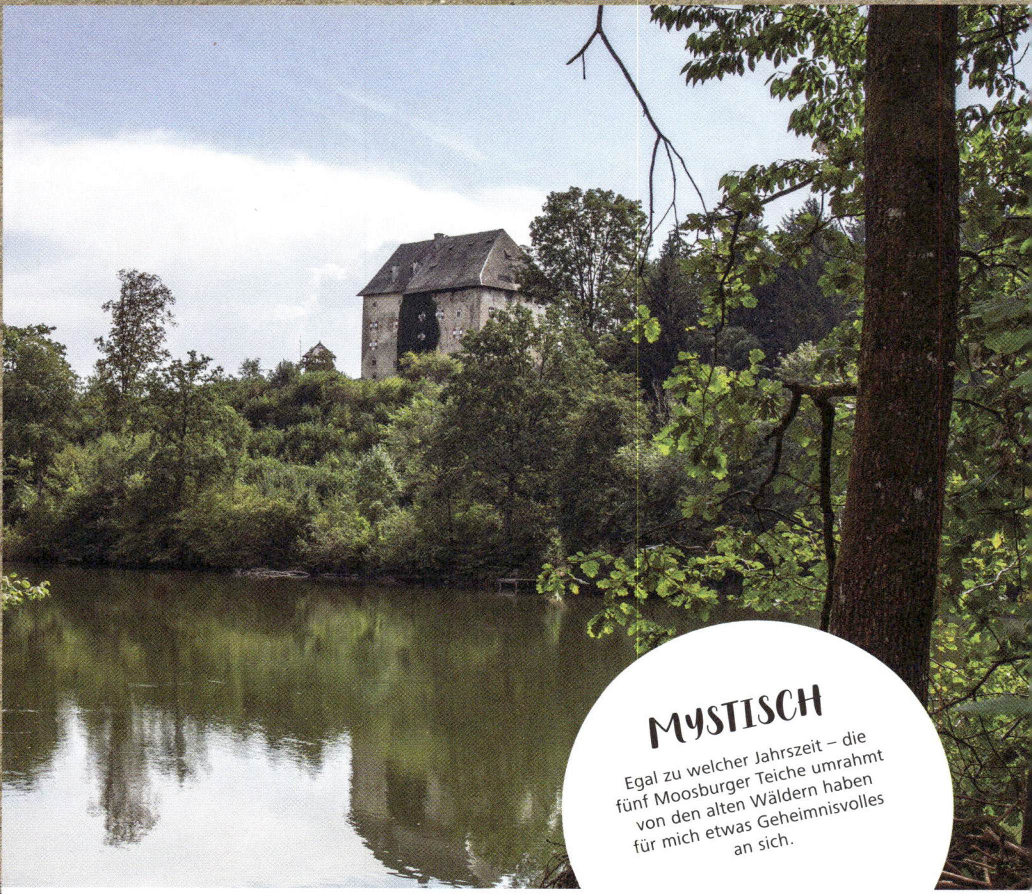

MYSTISCH

Egal zu welcher Jahrszeit – die fünf Moosburger Teiche umrahmt von den alten Wäldern haben für mich etwas Geheimnisvolles an sich.

➤ **1 /** Der Bahnhof Pörtschach ist Start- und Endpunkt dieser Tour

➤ **2 /** Kurzer Stopp im Schloss Leonstain

➤ **3 /** Verschnaufen beim Schloss Tigring

➤ **4 /** Geschichtsträchtig radeln an der Römerstraße mit Gleisrillen und Meilenstein

➤ **5 /** In der Sonne sitzen beim Aussichtspunkt St. Peter

➤ **6 /** Glückssprüchen begegnen bei der Kirche Moosburg

➤ **7 /** Kaiser Arnulf kennenlernen im Karolingermuseum

➤ **8 /** Herrschaftliches Fotomotiv: Schloss Moosburg

➤ **9 /** Ausrasten bei den Moosburger Teichen

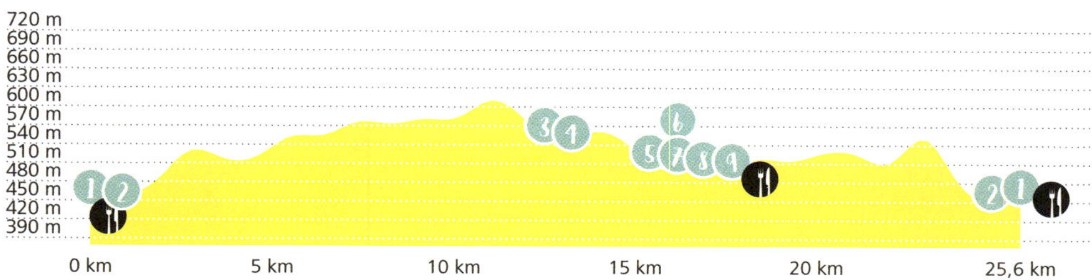

KAROLINGER-RUNDE

Auf historischen Straßen in Moosburg

Von den Römern bis zu den Karolingern: Geschichte und Natur begleiten uns bei dieser Tour rund um Moosburg und seine Teiche. Wir starten in Pörtschach mit ein wenig Wadentraining und enden gemütlich bergabrollend mit Schlossblicken.

26 Kilometer
440 Höhenmeter ▲
440 Höhenmeter ▼
2 Stunden
Rundtour

Muskelkraft für den Start

Los geht es vom 1 / Bahnhof Pörtschach über den Bahnhofplatz vorbei am Restaurant Sissi (Apr.–Mai Mi–So 11.30–22 Uhr, Juni–Aug. Di–So 11.30–22.30 Uhr, Sept. Mi–So 11.30–22 Uhr, Hauptstraße 160, 9210 Pörtschach), wo gute Kärntner Hausmannskost serviert wird, zur Hauptstraße, wo wir rechts abbiegen. Wenn du für unterwegs noch Proviant einkaufen möchtest, kannst du links einen Abstecher zur Bäckerei & Café Wienerroither (tgl. 7–19 Uhr, Hauptstraße 145, 9210 Pörtschach) machen. Hier gibt es eines der besten Frühstücke und Mehlspei-

CHARAKTER
Sportlich ●●●●●
Abkühlung ●●○○○
Schlemmen ●●○○○
Panorama ●●●●○

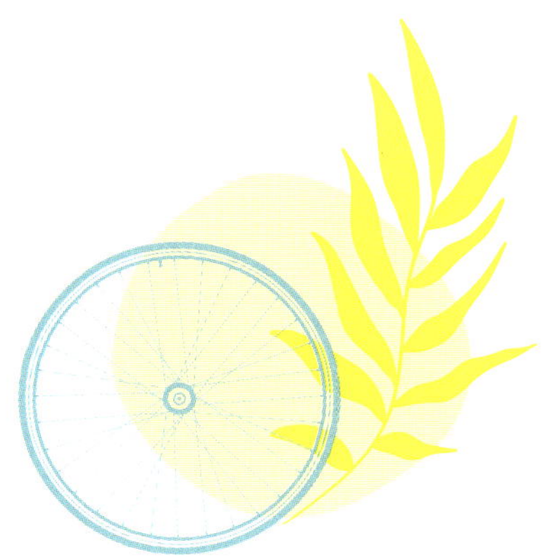

TOURENINFO / Der Abschnitt von Pörtschach nach Moosburg führt über eine stark befahrene Straße. Wer mit Kindern unterwegs ist, lässt diesen Abschnitt aus und startet direkt vom Parkplatz in Moosburg auf den ruhigeren Nebenstraßen. Badesachen einpacken!

◂ **links / Blick vom Mühlteich auf das Schloss Moosburg**

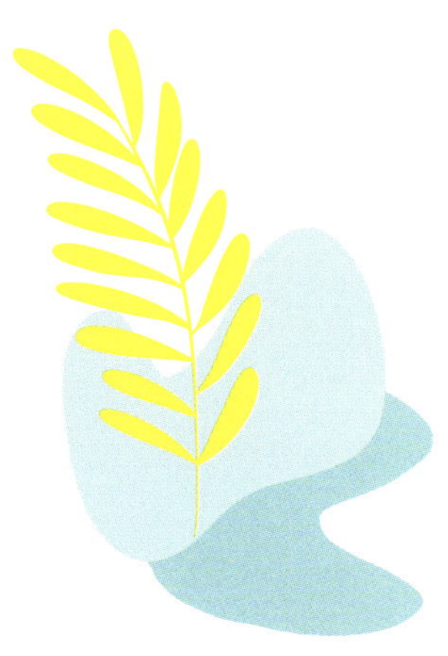

sen rund um den Wörthersee. Danach folgst du der Hauptstraße ans andere Ende des Ortes bis zum markanten 2 / Schloss Leonstain. Hier kannst du dein Rad in den Innenhof schieben und findest beim alten Baum die Brahms-Büste. Der berühmte Komponist verbrachte einige Zeit am Wörthersee und ließ sich von der Landschaft zu neuen Werken inspirieren. Wir biegen nach dem Schloss rechts in die Leonstainerstraße ein und folgen dieser leicht links hoch zum Parkplatz und wechseln über die Seeburger auf die Landesstraße. Jetzt heißt es Waden schmieren und durchbeißen: Wir fahren die Moosburger Straße ein ganzes Stück hoch – immer geradeaus. Dieser Straßenabschnitt ist relativ stark befahren – Obacht beim Radeln!

ABSCHLAG!

Falls du mal Golfschläger gegen Lenker tauschen willst – in der zweiten Hälfte der Tour radeln wir direkt bei der 18- und 9-Loch-Golfanlage in Moosburg vorbei.

Abbiegen aufs Land

Nach der langen Geraden biegen wir in Stallhofen kurz vor dem Golfplatz leicht links in die Golfstraße ein. Nach Wäldern und Äckern wandelt sich die Landschaft jetzt zu linker Hand in Streuobstwiesen und zu rechter Hand in eine gepflegte Golfanlage. Wir folgen der Golfstraße hoch und biegen dann links in den Knasweg ab und strampeln hoch zur Kirche und weiter geradeaus bis zur Kreuzung mit der Turracher Bundesstraße. Diese überqueren wir und folgen dem Weg durch Micheldorf auf den Nassweg bis nach Klein St. Veit. Dazu biegen wir bei der Klein-St.Veiter-Straße rechts ab und lassen die Räder abwärts bis zur Abzweigung Schlossallee rollen. Der anstrengende Teil ist geschafft. Die zweite Hälfte der Runde geht leicht bergab oder eben dahin. Wir biegen in die Schlossallee ein und rollen dann durch ein kleines Wäldchen direkt auf 3 / Schloss Tigring zu. Vor uns eröffnet sich ein herrliches Panorama. Unterhalb des Schlosses kannst du zwischen den Wäldern auch den kleinen Tigringer See und den Strußnigteich erkennen. Wir rollen die Schlossstraße

---

➤ **rechts oben / Schloss Leonstain in Pörtschach mit Brahms-Büste**
➤ **rechts Mitte / Schloss Tigring thront mit Panoramablick auf einem Hügel**

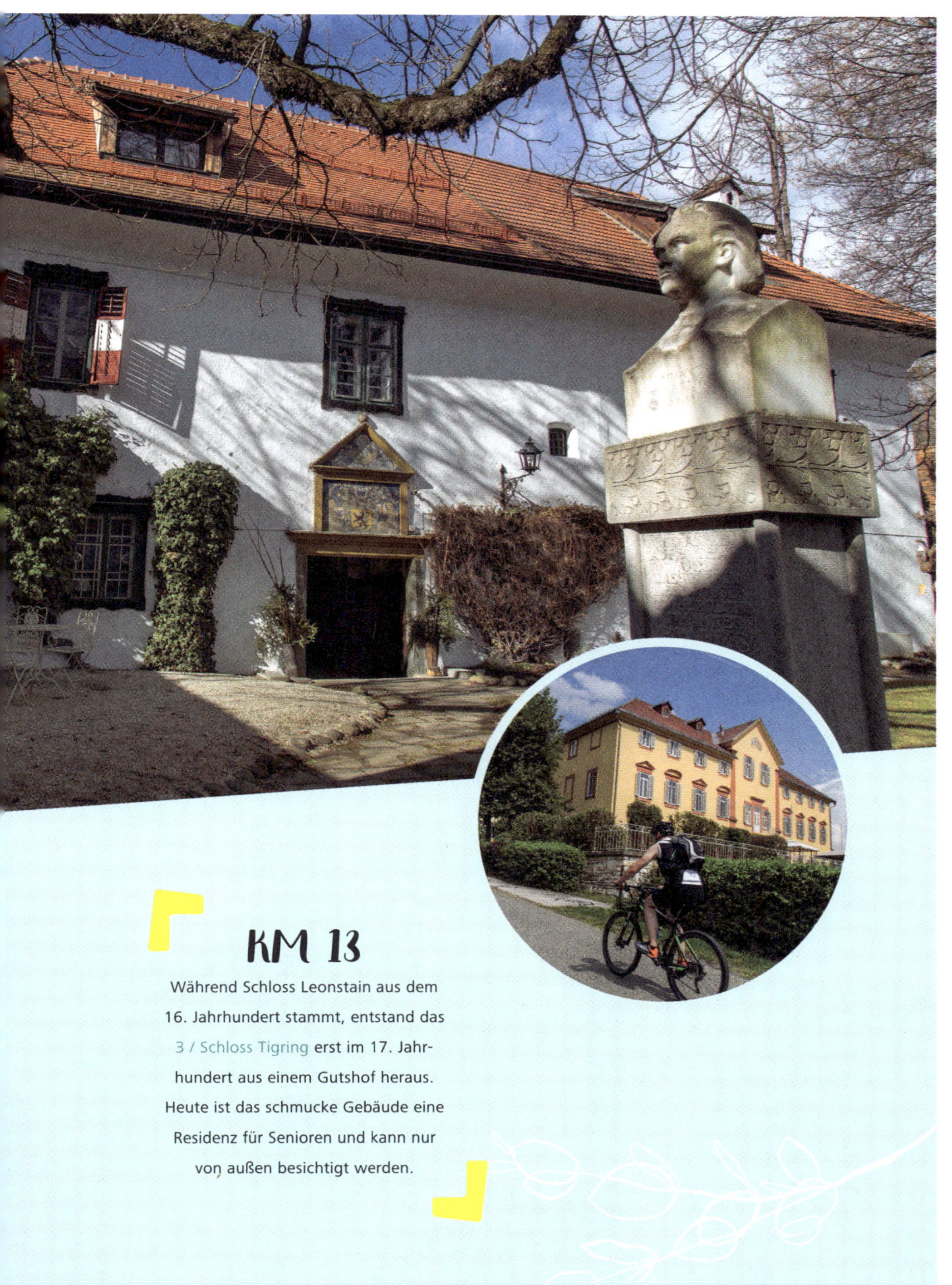

KM 13

Während Schloss Leonstain aus dem 16. Jahrhundert stammt, entstand das 3 / Schloss Tigring erst im 17. Jahrhundert aus einem Gutshof heraus. Heute ist das schmucke Gebäude eine Residenz für Senioren und kann nur von außen besichtigt werden.

15 JH. V. CHR.

Entlang der alten 4 / Römerstraße wurden in Moosburg Steine und Reliefs aufgestellt, die durch einen Rundwanderweg miteinander verbunden sind.

abwärts und bremsen uns beim Malleberg ein. Hier siehst du bei der Weggabelung einen Teil der alten 4 / Römerstraße mit den Gleisrillen und einem Meilenstein. Beeindruckend, dass hier bereits die Römer entlangkamen. Bei dem Denkmal nehmen wir rechts die Abzweigung und folgen der Straße auf und ab. Auf der rechten Seite kommt ein schöner Rastplatz. Am Karolingerweg 1 entdeckst du die Überreste einer Flechtwerkstein-Kirche aus der Karolingerzeit.

BERGAB GEHT'S MIT WEITBLICK

Seerosen und Schilf

Auf der Nebenstraße sind wenig Autos unterwegs und so halten wir nach der Ortschaft St. Peter beim Bergabfahren beim 5 / Aussichtspunkt St. Peter und genießen den Ausblick auf Moosburg und das Schloss. Beim Weiterfahren halten wir uns rechts entlang des Radweges und nehmen beim Kreisverkehr die Unterführung nach Moosburg. Beim Supermarkt biegen wir links in die Feldkirchner Straße ein und halten bei der 6 / Kirche Moosburg. Vis-à-vis gibt es einen hübschen Platz mit Rastbänken, Springbrunnen

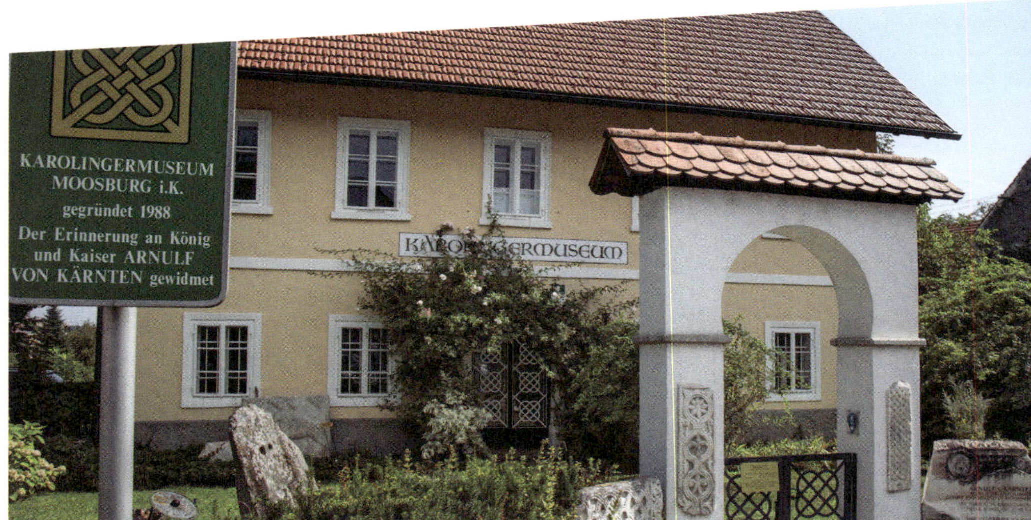

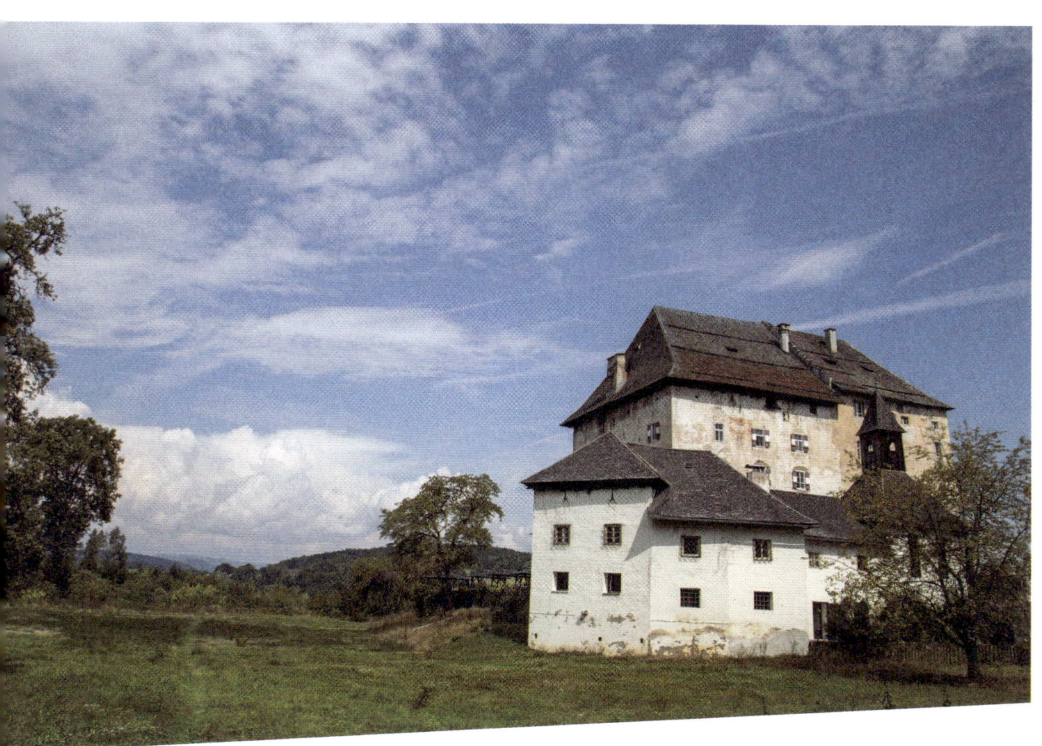

und ein altes Fahrrad mit Blumenschmuck. Es sind nur noch ein paar Meter bis zum 7 / Karolingermuseum (15. Jun.–15. Sept. Mo–Sa 10–12, 15.30–18.30, So 10–12 Uhr, sonst auf Anfrage, Krumpendorfer Straße 3, 9062 Moosburg) auf der linken Straßenseite. Moosburg ist die Karolingergemeinde in Österreich. Die Mutter von Kaiser Arnulf soll aus dem Ort stammen und der junge Kaiser soll hier aufgewachsen sein. Entsprechend wird das Erbe der Karolinger hochgehalten und sogar bei einem jährlichen Fest gefeiert. Welche Bedeutung die Karolingerzeit für die Entwicklung Europas im Frühmittelalter hatte, erfährst du im Museum. Es ist eine liebevoll zusammengetragene Sammlung rund um die Geschichte und bringt einem die Zeit der Karolinger näher.

ZEITREISE

Das 7 / Karolingermuseum zeigt auf zwei Stockwerken Interessantes aus der Karolinger- und Römerzeit. In der Nähe liegt auch ein frühmittelalterliches Gräberfeld mit Funden aus dem neunten Jahrhundert.

Von der Burg zum Schloss

Nach dem Besuch des Museums schwingen wir uns wieder auf das Rad und fahren die Straße zurück durch den Ort. Vor dem Parkplatz biegen wir links zum 8 / Schloss Moosburg ab. Auf Schotter geht es zwei Kurven steil bergauf zum historischen

< links / Das Karolinger-Museum in Moosburg
^ oben / Kurze Pause beim Schloss Moosburg

KM 16

Das 8 / Schloss Moosburg aus dem 15. Jahrhundert ist heute ein Hotel. Auf der tiefer gelegenen Schlosswiese finden im Sommer immer wieder Konzerte statt.

Prachtstück mit Kapelle. Noch heute macht das Schloss Moosburg einen wuchtigen Eindruck, wie es so auf den Felsen thront. Unweit davon befindet sich auch die sogenannte Arnulfsfeste oder Hetzelburg, die noch älter als das Schloss ist. Allerdings kannst du heute nur noch an den Ruinen erahnen, wie wehrhaft die Festung mit mehr als zwei Meter dicken Mauern einst gewesen sein muss. Erstmals wurde die Arnulfsfeste 879 urkundlich erwähnt. Nach dem Bau des Schlosses verfiel sie aber immer mehr. Wir machen uns wieder auf den Weg zurück zur Feldkirchner Straße und fahren auf dieser links bis zur Pörtschacher Straße und biegen links ab zu den 9 / Moosburger Teichen. Die fünf Teiche sind ein zauberhaftes Landschaftsschutzgebiet. Unaufgeregt liegen sie eingebettet zwischen den Wäldern. Aber gerade das macht sie so besonders. Es ist ein Ort der Ruhe, ideal zum Herunterkommen. Beim Mühlteich gibt es eine Holzterrasse mit Blick auf das Schloss, wo du in der Sonne entspannen kannst. Einen schönen Gastgarten und gute Küche bietet der Dammwirt (Do–Di 11–22 Uhr, Pörtschacher Str. 7, 9062 Moosburg) auf der anderen Uferseite. Wir folgen der kurvig-engen Straße bis zum Golfplatz und biegen danach auf die Landesstraße nach Pörtschachab. Etwas Vorsicht ist auf diesem Teil der Strecke geboten, da manche Autofahrer doch recht schnell um die Ecke biegen. Noch hungrig? Auf der Rückfahrt kannst du beim Buschenschank Falkner (Jun.–Sept., Mi–So 17–21 Uhr, Thurnerweg 1, 9062 Moosburg) einkehren. Solche Buschenschenken sind ideal für eine kalte Jause oder eine kleine Erfrischung unterwegs. Das letzte Stück zum 1 / Bahnhof Pörtschach ist gleich wie zu Beginn der Tour. Allerdings etwas weniger anstrengend, weil die Räder jetzt immer wieder mal abwärtsrollen. In Pörtschach angekommen kannst du noch einen Abstecher zum Wörthersee und der Promenade auf der Halbinsel machen. Hier findest du viele gemütliche Parkbänke zum Füßehochlegen und kannst den Ausblick auf das Wasser genießen.

IM BUSCHENSCHANK DEN FEIERABEND EINLÄUTEN

PLATSCH!

Baden und Fischen ist im Mühlteich direkt unter dem 8 / Schloss Moosburg möglich. Aufgrund des moorigen Untergrunds hat das Wasser eine bräunliche Farbe. Für Wohnmobile gibt es einen kleinen Campingplatz direkt beim Teich.

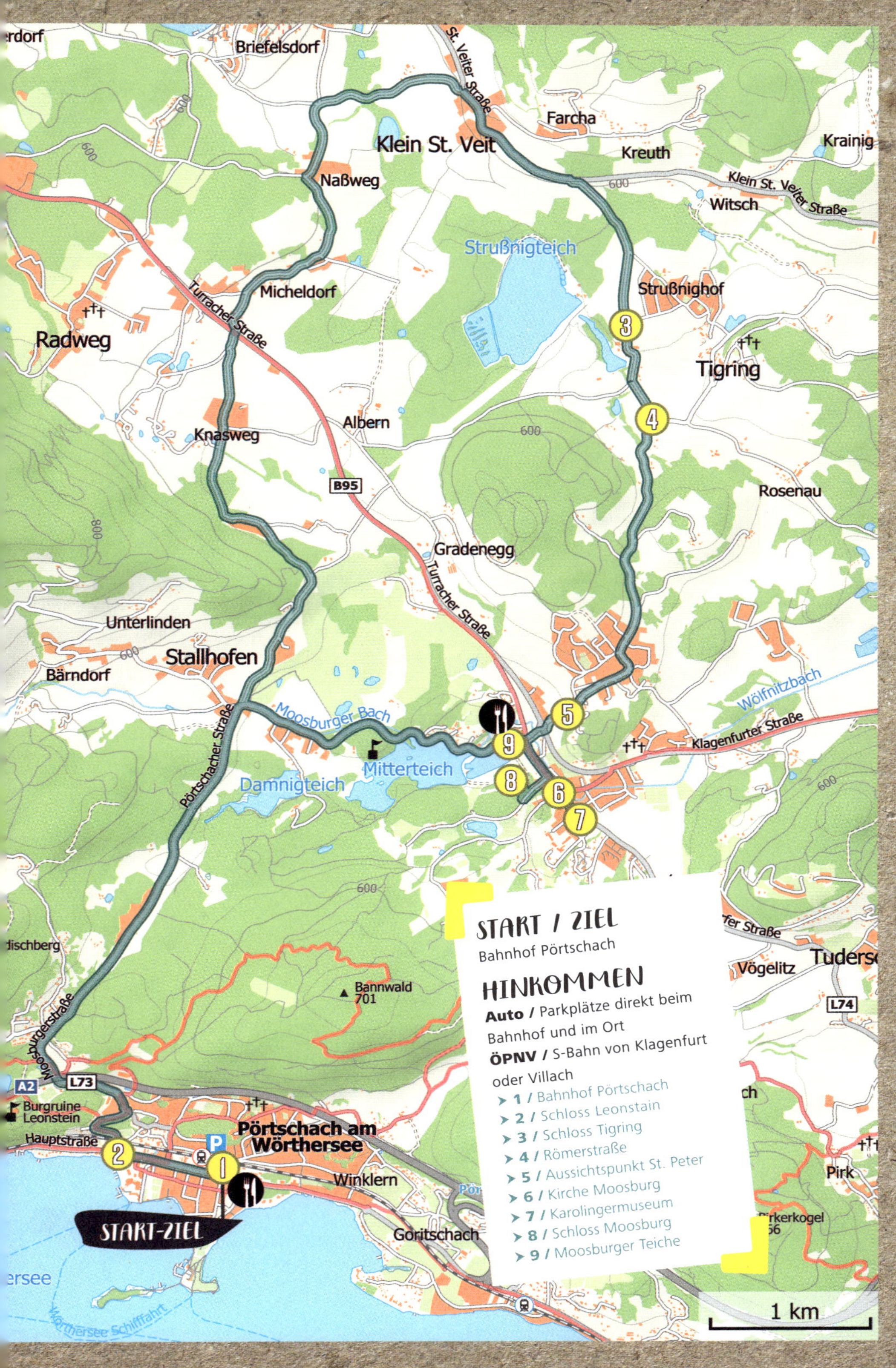

START / ZIEL
Bahnhof Pörtschach
HINKOMMEN
Auto / Parkplätze direkt beim Bahnhof und im Ort
ÖPNV / S-Bahn von Klagenfurt oder Villach
1 / Bahnhof Pörtschach
2 / Schloss Leonstain
3 / Schloss Tigring
4 / Römerstraße
5 / Aussichtspunkt St. Peter
6 / Kirche Moosburg
7 / Karolingermuseum
8 / Schloss Moosburg
9 / Moosburger Teiche
START-ZIEL
Briefelsdorf
St. Veiter Straße
Farcha
Klein St. Veit
Kreuth
Krainig
Naßweg
Klein St. Veiter Straße
Witsch
Strußnigteich
Strußnighof
Micheldorf
Turracher Straße
Radweg
Tigring
Knasweg
Albern
B95
Rosenau
Gradenegg
Turracher Straße
Unterlinden
Stallhofen
Bärndorf
Wölfnitzbach
Moosburger Bach
Klagenfurter Straße
Pörtschacher Straße
Mitterteich
Damnigteich
Bannwald
701
Vögelitz
L74
Moosburgerstraße
L73
A2
Burgruine Leonstein
Hauptstraße
Pörtschach am Wörthersee
Winklern
Goritschach
Pirk
Wörthersee Schifffahrt
1 km

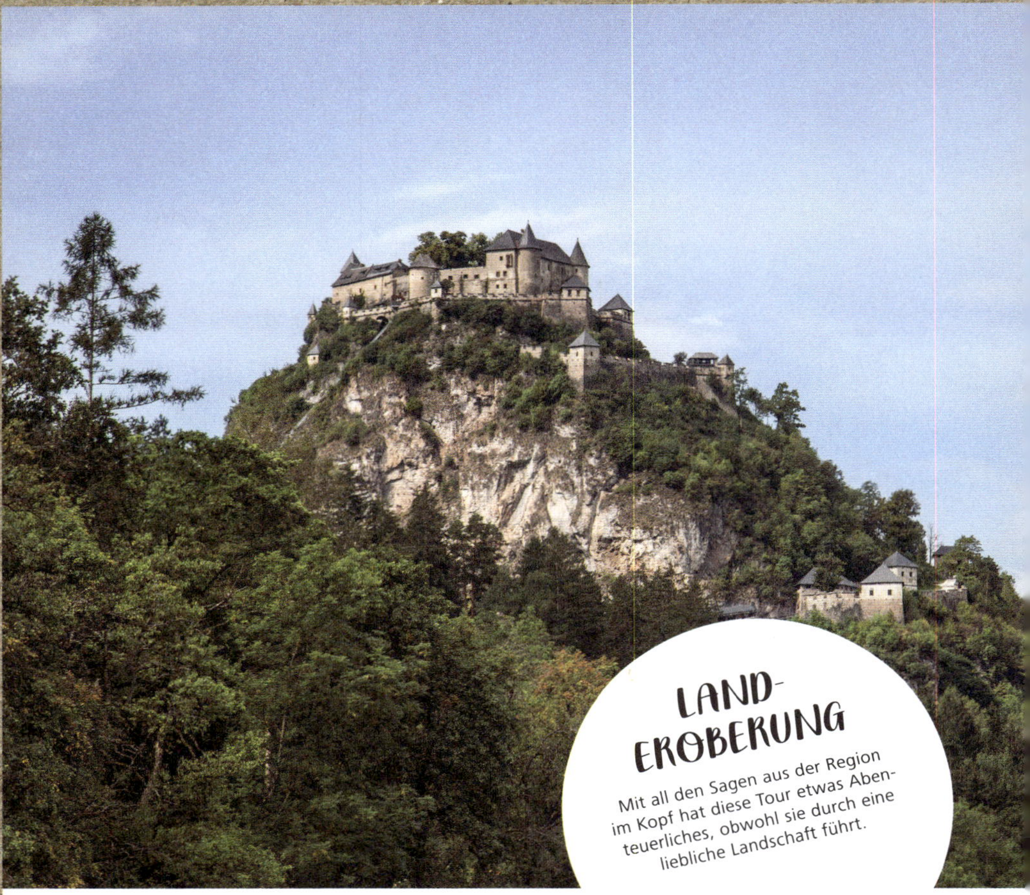

LAND-EROBERUNG

Mit all den Sagen aus der Region im Kopf hat diese Tour etwas Abenteuerliches, obwohl sie durch eine liebliche Landschaft führt.

➤ **1 /** Wir starten und enden beim Stift St. Georgen am Längsee

➤ **2 /** Angriff auf Burg Hochosterwitz

➤ **3 /** Burg ausspähen bei der Kirche St. Martin

➤ **4 /** Seitenwechsel über die Gurk

➤ **5 /** Bio-Saft tanken im Hofladen Mabura

➤ **6 /** Durch den gefürchteten Wolschart-Wald zur Wallfahrtskirche

➤ **7 /** Ein nasser Hüpfer zum Baden in den Längsee

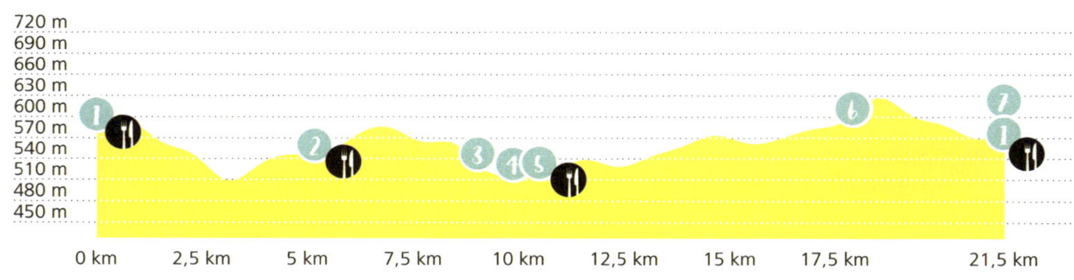

RÄUBER UND RITTER

Burg-Belagerung Hochosterwitz mit Längsee

Im Stift St. Georgen schwingen wir uns beherzt auf den Sattel und rollen direkt auf Burg Hochosterwitz zu, einer der wichtigsten Sehenswürdigkeiten Kärntens. Wir umrunden die Burg und fahren vorbei an der Gurk durch den Räuberwald zurück zum Längsee.

22 Kilometer
225 Höhenmeter ▲
335 Höhenmeter ▼
2 Stunden
Rundtour

An die Pedale!

Beim 1 / Stift St. Georgen am Längsee bereiten wir unseren strategischen Angriff vor: Die Räder werden aus dem Auto gepackt, die Rüstung in Form des Radhelmes sitzt und die Geheimwaffe, alias der E-Bike-Akku, ist bereit für den Einsatz. Achtung Spoiler: Unsere Burg-Belagerung wird hier später glücklich enden. Aber zuerst heißt es noch eine kleine Runde durch den Stiftsgarten drehen und etwas Proviant für die mutigen Pedalritter besorgen, dann geht es auch schon los. Wir nehmen mit Schwung die kleine Anhöhe hinauf zur Kirche und nehmen

CHARAKTER
Sportlich ●●●○○
Abkühlung ●●○○○
Schlemmen ●●○○○
Panorama ●●●●●

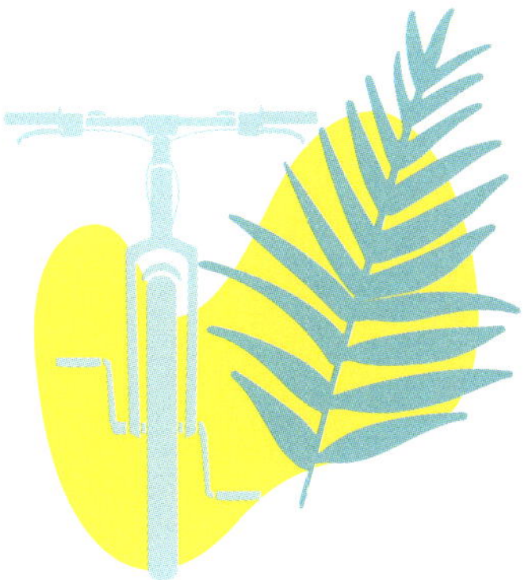

TOURENINFO / Kurze Abschnitte auf Landesstraßen, der Rest auf Nebenstraßen mit Asphalt, Schotter und Wiese. Kurze Steigungen. Für Familien ohne Anhänger geeignet. Badesachen nicht vergessen.

◂ links / Von Weitem zu sehen – Burg Hochosterwitz

rechts die Schloßallee, von der wir kurz vor der Bundesstraße links abzweigen und uns auf Nebenstraßen durch die kleine Ortschaft St. Georgen arbeiten. Kurz danach überqueren wir die Längseestraße und wechseln auf den schmalen Radstreifen neben der Landesstraße, der zum Teil etwas holprig ist. Aber zum Glück geht es parallel zur Straße immer abwärts. Die Räder rollen quasi wie von alleine durch Fiming bis zum Gasthaus Schumi (Di 17–23, Mi–Sa 11–23, So 9–16 Uhr, Reipersdorf 4, 9313 St. Georgen am Längsee), in dem du ritterlich gut mit regionaler Wirtshausküche verköstigt wirst. Es geht geradeaus über die Straße in Richtung Bahnhof und einmal durch die Unterführung hindurch. Die nächsten Kilometer wird nicht mehr abgebogen. Es geht schnurstracks gerade auf Asphalt. Nach dem kleinen Anstieg hast du den ersten von vielen herrlichen Panoramablicken auf die 2 / Burg Hochosterwitz, deshalb die Kamera griffbereit halten.

KNUSPRIGES BROT

Freitag bis Sonntag gibt es von 7 bis 11 Uhr in der Stiftsbäckerei im 1 / Stift St. Georgen am Längsee frisches Gebäck aus dem Steinofen.

Einmal um die Burg

Erst am Ende der Straße biegen wir links auf die Landesstraße ab. Aber Achtung! Hier gibt es keinen eigenen Radweg und die Auto fahren mit hoher Geschwindigkeit vorbei. Wir müssen allerdings nur kurz auf der eher stark befahrenen Straße bleiben. Nach dem Parkplatz können wir gleich rechts in die Nebenstraße nach St. Sebastian einbiegen und sind wieder weg vom Verkehr. Wenn du die Burg Hochosterwitz besuchen willst, fährst du hingegen auf der Landesstraße noch ein paar Meter weiter zum Haupteingang mit der Kassa. Für uns geht's wieder etwas bergauf und dann links weg in Richtung Maigern. Bei der Kirche St. Sebastian bist du ein paar Meter zu weit gefahren. Der Weg zwischen den Bauernhöfen und Häusern ist etwas verwinkelt, aber nach einer Rechtskurve und einer Linkskurve, kommst du wieder auf den

---

➤ **rechts oben / Stift St. Georgen am Längsee**
➤ **rechts Mitte / Der Längsee lädt zum Baden ein**

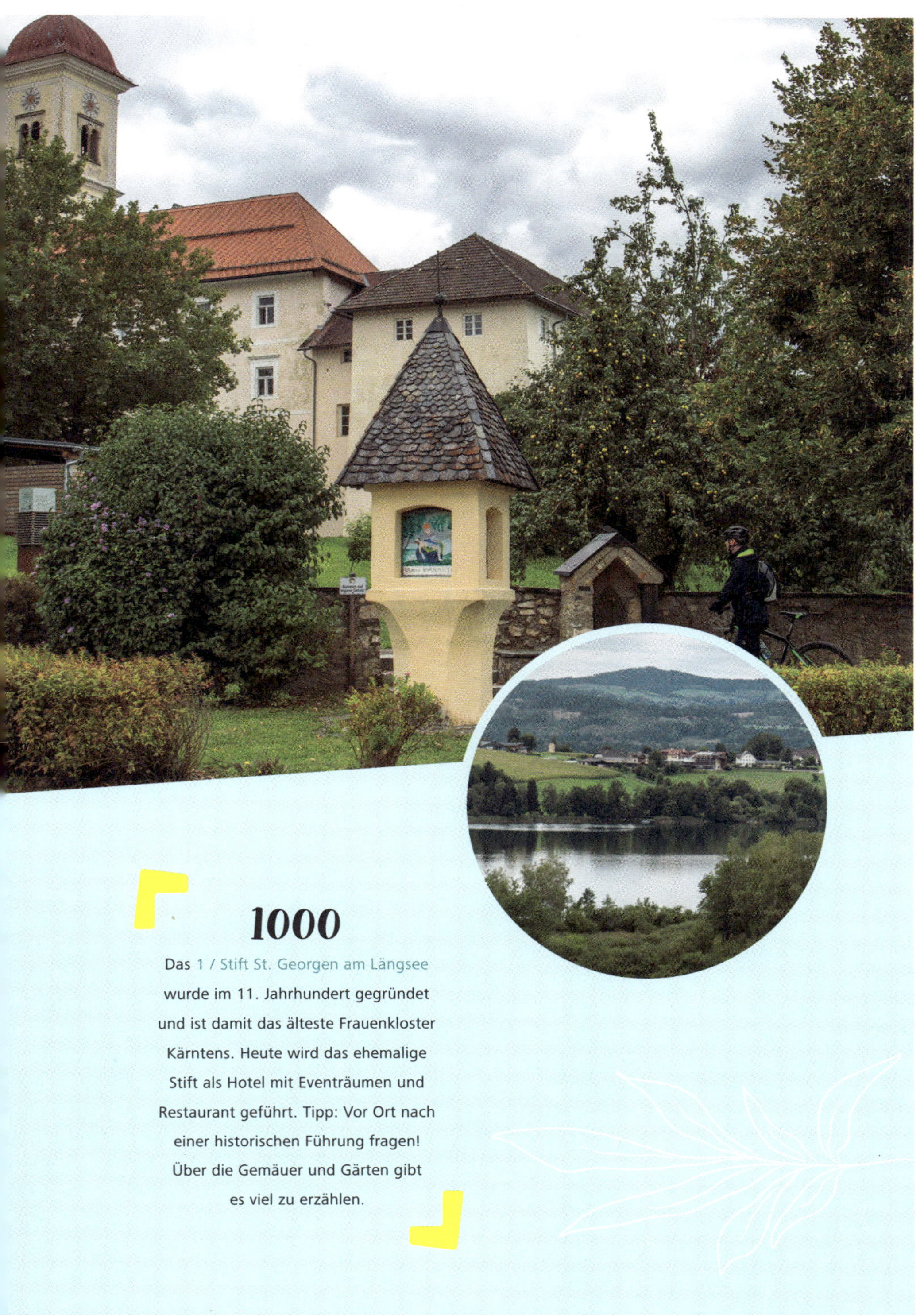

1000

Das 1 / Stift St. Georgen am Längsee wurde im 11. Jahrhundert gegründet und ist damit das älteste Frauenkloster Kärntens. Heute wird das ehemalige Stift als Hotel mit Eventräumen und Restaurant geführt. Tipp: Vor Ort nach einer historischen Führung fragen! Über die Gemäuer und Gärten gibt es viel zu erzählen.

SAFTLADEN

Fruchtige Erfrischungen gibt es im **5 / Hofladen Mabura**. In der Manufaktur werden Bio-Säfte ohne Zucker mit Wasser aus der eigenen Bergquelle hergestellt.

direkten Weg mach Maigern und radelst bei einer Herde Büffel mitten durch Wiesen und Felder. Es ist eine Fahrt zwischen Weilern und Wäldern. Wir nähern uns der Rückseite der Burg Hochosterwitz und lassen unsere Räder nach einer Linkskurve hinunter zur 3 / Kirche St. Martin laufen. Kurz nach der Kirche, am Beginn der Allee, hast du einen der schönsten Ausblicke auf die Burg. Am Ende der Allee musst du dich einbremsen und die Seeberg-Bundesstraße überqueren. Hier schießen die Autos mit hoher Geschwindigkeit um die Kurve, daher lieber zweimal schauen und hinhören.

BEI DEN BÜFFELN

Flussrauschen-Begleitung

Bei dem Marterl kannst du auf der Rastbank Platz nehmen und noch einmal die Burg Hochosterwitz aus einer anderen Perspektive inspizieren. Keine Sorge. Ab jetzt ist der Straßenverlauf ruhig. Wir

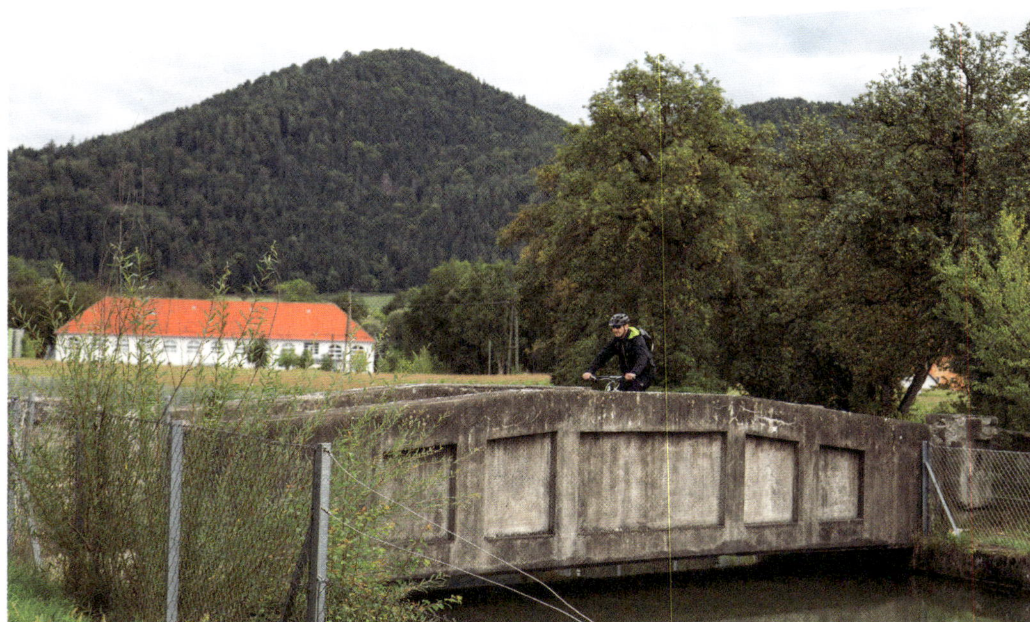

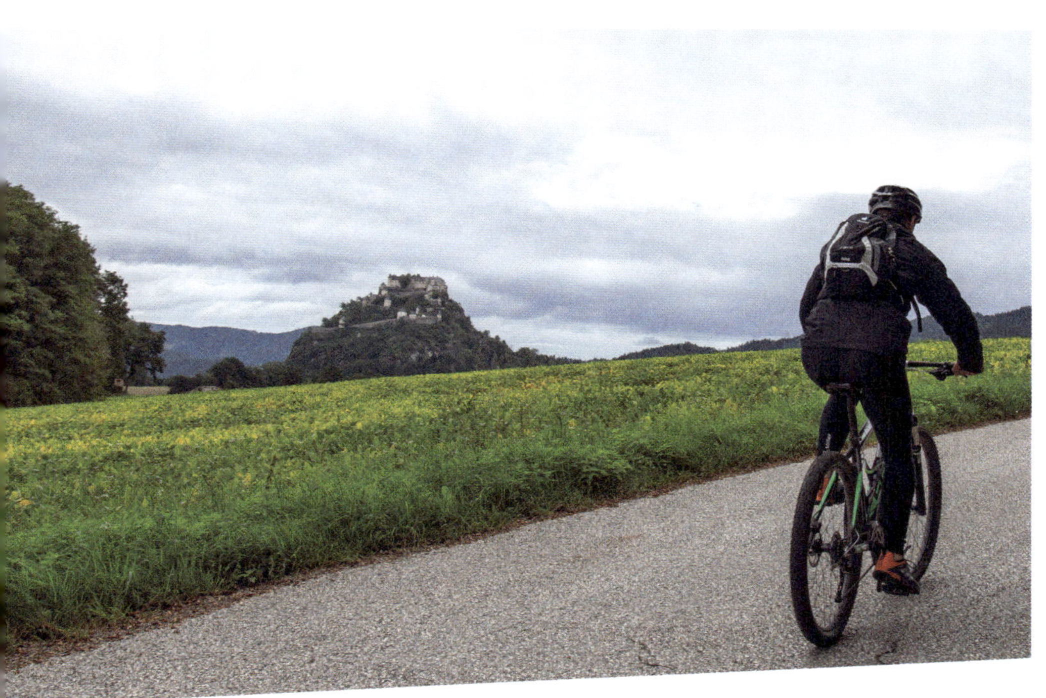

fahren gerade aus weiter. Dort wo der Fluss aufgestaut ist, nehmen wir leicht rechts den schmalen Weg und fahren über die alte Brücke aus Stein über die 4 / Gurk. Einfach idyllisch entlang dem Wasser und den Streubobstwiesen! Bei der nächsten Abzweigung fahren wir links und sehen bereits den großen Bio-Hof. Hier bleiben wir kurz stehen und holen uns im 5 / Hofladen Mabura (Mo–Do 9–16, Fr 9–13 Uhr, Unterbruckendorf 15, 9314 Launsdorf) fruchtige Säfte aus der Region. Kannst du schon das Rauschen der Gurk hören? Wir werden den Fluss gleich später überqueren. Zuerst fahren wir aber geradeaus weiter und halten uns bei der Abzweigung rechts. Jetzt sind wir kurz auf der Krappfelder Straße, überqueren wieder eine Eisenbahnkreuzung und zweigen in den Radweg R7B ein. Nach der nächsten Eisenbahnkreuzung nehmen wir links die Abbiegespur und folgen der kleineren Straße entlang dem R7B. Es geht immer leicht bergauf.

14

Die 14 Tore sind charakteristisch für die 2 / Burg Hochosterwitz und bilden zusammen ein ausgeklügeltes System, um Feinde abzuwehren. Mach es wie die Ritter – verzichte auf den Lift und spaziere den Burgweg hoch. Jedes Tor ist anders und einzigartig!

Ab durch den Wald

Aufpassen heißt es nur bei Weindorf, wenn es wieder bergab geht. Hier fahren wir nicht links den R7B weiter, sondern biegen

---

< links / Brücke über den Fluss Gurk
^ oben / Burg Hochosterwitz und seine eindrucksvollen Burgtore

WALDRÄUBER

Einst war der 6 / Wolschart-Wald wegen Wölfen und Räuber gefürchtet. Der „Krapfenbäck Simmerle" war eine Art Robin Hood und wurde von Franzosen erhängt.

IDYLLISCHE RAST

vorher links in den Waldweg ein. Die Abzweigung ist leicht zu übersehen und im ersten Moment ein wenig abschreckend, weil es wirklich ein Feldweg durch den Wald ist. Aber mit jedem Rad leicht schaffbar, weil der Weg flach ist und ohne Wurzeln oder sonstige Hindernisse auskommt. Nach ein paar Kilometern wird der Weg breiter und ist gut mit Schotter ausgebaut. Also nur ein kleines Stück Abenteuer, das landschaftlich recht schön ist. Auf der Höhe Stammersdorf halten wir uns links und folgen dem beliebten Spazierweg neben dem Wasser immer geradeaus durch den Wald. Wir sind jetzt im 6 / Wolschart-Wald angekommen.

2 BÄDER

Am 7 / Längsee kannst du dich entweder im Strandbad oder im modernen Stiftsbad im Wasser abkühlen. Beide Bäder bieten eine herrliche Naturkulisse umgeben von Schilf und Seerosen.

Durch geheimnisvolle Wälder

Nach einer längeren Geraden zweigt der Weg im Wald stark links ab. Jetzt heißt es nochmal in die Pedale treten. Es geht ein kurzes, knackiges Stück bergauf. Oben angekommen lädt bereits ein kleiner Rastplatz bei der Wallfahrtskirche Maria Wolschart zum Verschnaufen ein. Die kleinere Holzkapelle am Waldrand stammt aus dem 18. Jahrhundert. Die Kirche selbst ist neugotisch und etwas jünger. Ein idyllischer Platz zum Innehalten! Wir folgen dem Waldweg weiter und fahren leicht abwärts in Richtung Drasendorf. Unterwegs hast du eine schöne Aussicht auf den Längsee. In Drasendorf halten wir uns rechts und folgen der Dorfstraße bergab. Die letzte Etappe rollen die Räder fast wie von alleine am 7 / Längsee vorbei direkt auf Stift St. Georgen zu. Wenn du möchtest, kannst du noch einen Abstecher zum Seeufer machen. Oder du holst nochmals Schwung für die paar Meter hinauf zum 1 / Stift und genießt vom Kräutergarten oder der Terrasse des Á-la-Carte-Restaurants (tgl., Schlossallee 6, 9313 Sankt Georgen am Längsee) aus den Blick auf den See. Gegenüber erkennst du sicher die Weingärten. Seit einigen Jahren bauen hier Winzer erfolgreich Wein an. Im Stift hast du die Gelegenheit, einen der regionalen Weine zu kosten und den Längsee mit allen Sinnen kennenzulernen. Die Kärntner Weine sind auf dem Vormarsch und haben bereits einige Auszeichnungen bekommen.

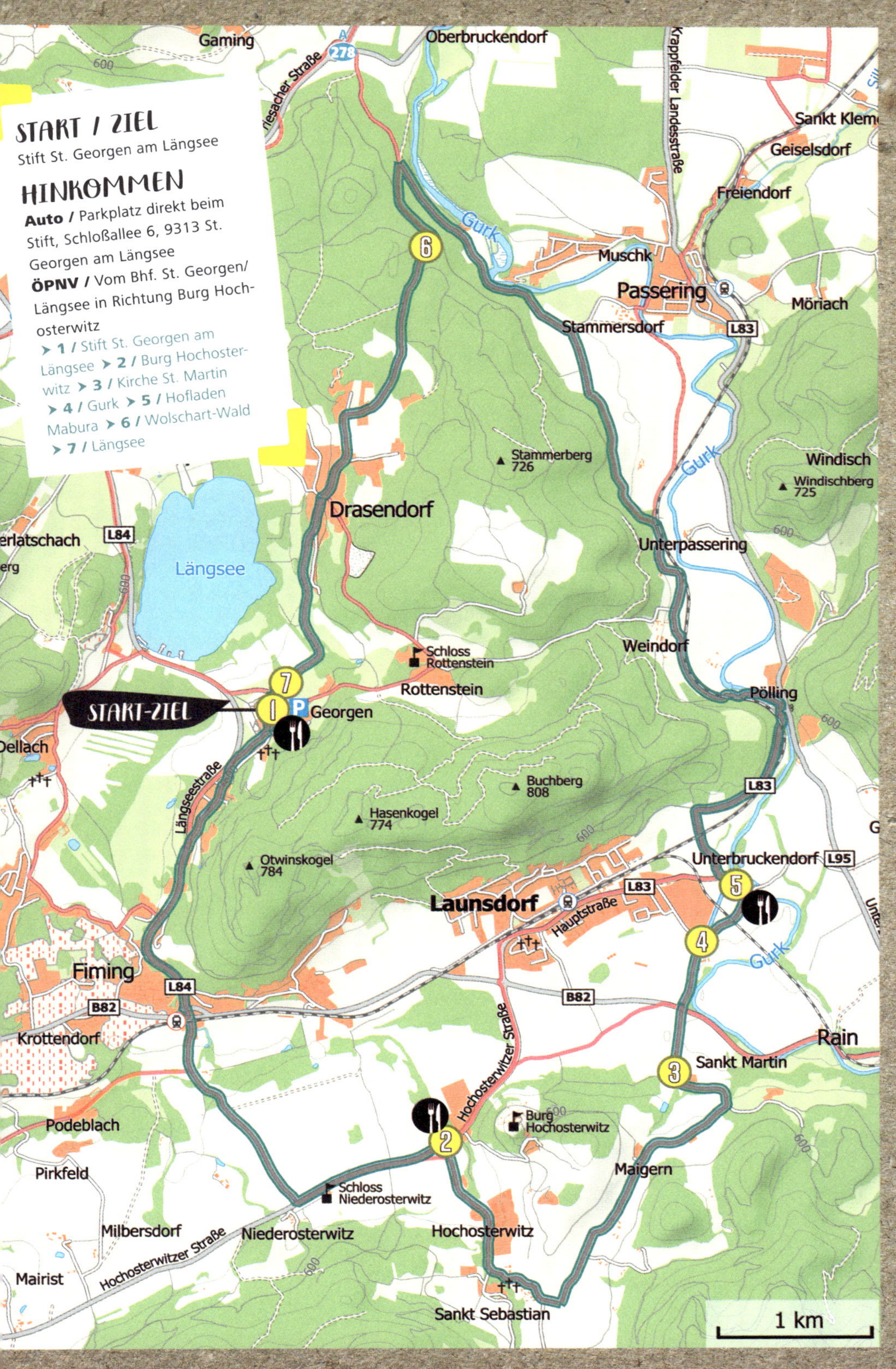

START / ZIEL
Stift St. Georgen am Längsee
HINKOMMEN
Auto / Parkplatz direkt beim Stift, Schloßallee 6, 9313 St. Georgen am Längsee
ÖPNV / Vom Bhf. St. Georgen/ Längsee in Richtung Burg Hochosterwitz
➤ 1 / Stift St. Georgen am Längsee ➤ 2 / Burg Hochosterwitz ➤ 3 / Kirche St. Martin ➤ 4 / Gurk ➤ 5 / Hofladen Mabura ➤ 6 / Wolschart-Wald ➤ 7 / Längsee
START-ZIEL
Gaming
Oberbruckendorf
Krappfelder Landesstraße
Sankt Klem
Geiselsdorf
Freiendorf
Gurk
Muschk
Passering
Möriach
Stammersdorf
L83
Stammerberg 726
Windisch
Windischberg 725
Drasendorf
Unterpassering
erlatschach
L84
Längsee
Weindorf
Schloss Rottenstein
Rottenstein
Pölling
Georgen
Dellach
Buchberg 808
Hasenkogel 774
Längseestraße
Otwinskogel 784
Unterbruckendorf
L95
Laundsdorf
Hauptstraße
Fiming
B82
Krottendorf
Rain
Sankt Martin
Hochosterwitzer Straße
Burg Hochosterwitz
Podeblach
Maigern
Pirkfeld
Schloss Niederosterwitz
Milbersdorf
Niederosterwitz
Hochosterwitz
Mairist
Sankt Sebastian
1 km

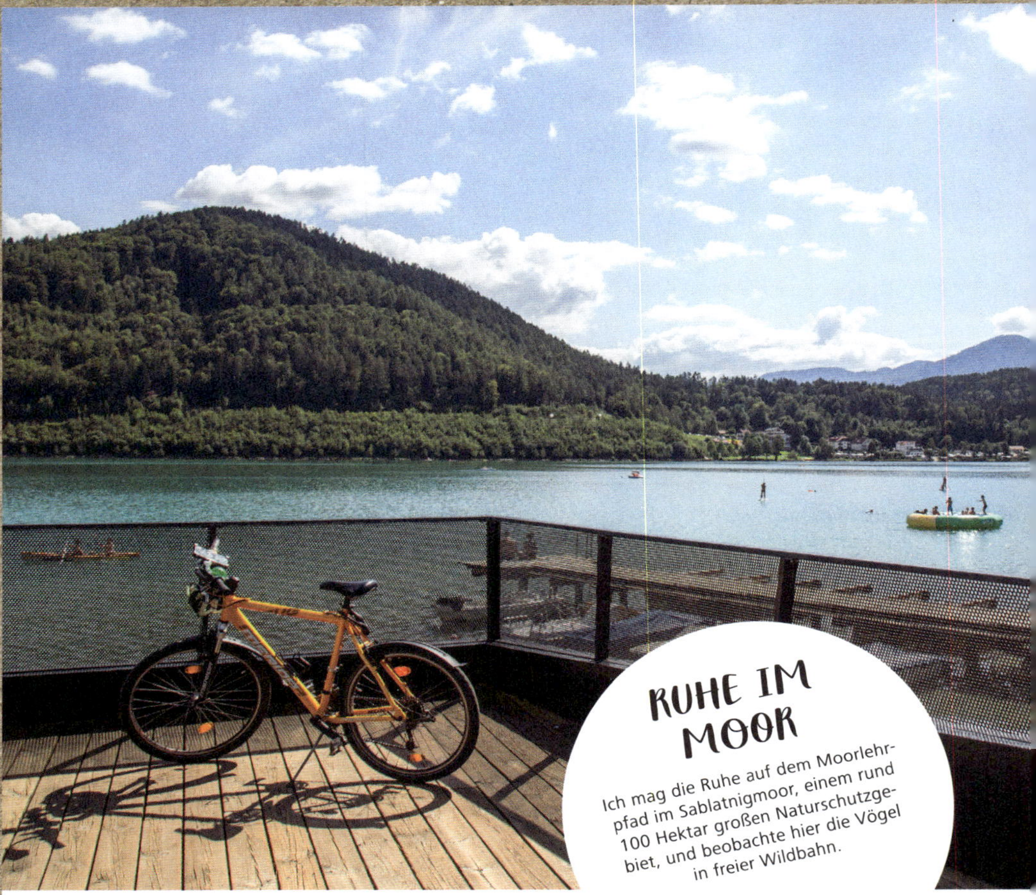

RUHE IM MOOR

Ich mag die Ruhe auf dem Moorlehrpfad im Sablatnigmoor, einem rund 100 Hektar großen Naturschutzgebiet, und beobachte hier die Vögel in freier Wildbahn.

➤ **1 /** Beginn und Ende unserer Tour ist die Tourismusinfo Klopeiner See

➤ **2 /** Action und Spaß haben in der Walderlebniswelt

➤ **3 /** Die Natur rund um den Kleinsee genießen

➤ **4 /** Abstecher hinauf auf den aussichtsreichen Kitzelberg

➤ **5 /** Bunte Exoten im Vogelpark beobachten

➤ **6 /** Einen Sprung in den Turnersee wagen

➤ **7 /** Einmal kurz ins Sablatnigmoor wandern

➤ **8 /** Flanieren und Eis essen auf der Seepromenade Klopeiner See

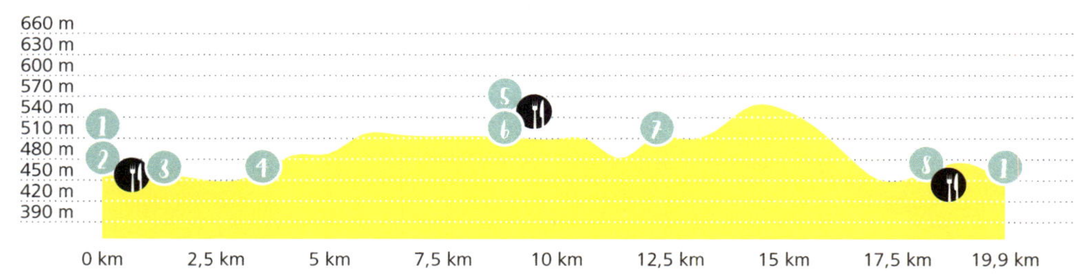

3 SEEN SEHEN

Vom Klopeiner See über den Kleinsee zum Turnersee

Bei der Landpartie vom Klopeiner See zum Kleinsee und Turnersee geht es idyllisch zu: Wir radeln durch Wälder, vorbei an Schilfgürteln und Bauernhöfen. Dazwischen lockt jeder See mit einem Sprung ins warme Wasser.

20 Kilometer
295 Höhenmeter ▲
295 Höhenmeter ▼
1:30 Stunden
Rundtour

Aufsteigen beim Klopeiner See

Die gemütliche Rundtour beginnt und endet beim Radinfopoint der 1 / Tourismusinfo Klopeiner See (Mo–Fr 9–17, Sa–So 9–13 und 14–17 Uhr, Schulstraße 10, 9122 St. Kanzian). Direkt nebenan befindet sich die 2 / Walderlebniswelt Klopeiner See mit Baumwipfelweg, Indoor-Spielehaus, Flying-Fox-Garten u.v.m. (April–Okt. tgl. 10–17 Uhr, Juli–Aug. tgl. 9–18 Uhr, Schulstraße 8, 9122 St. Kanzian). Zuerst radeln wir auf der Hauptstraße ein paar Hundert Meter leicht bergab, durch den Kreisverkehr und entlang der Westuferstraße. Wir passieren das Ortsschild Seelach. Die 3-Seen-

CHARAKTER
Sportlich ●○○○○
Abkühlung ●●●●●
Schlemmen ●●●○○
Panorama ●●●●○

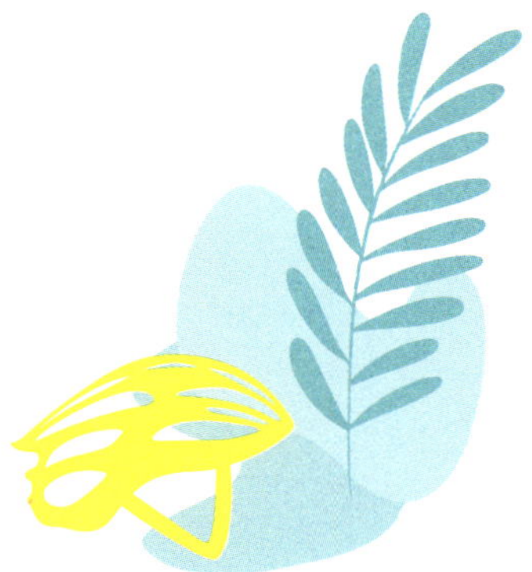

TOURENINFO / Die 3-Seen-Tour verläuft durchgehend auf wenig befahrenen Bundes- und Landesstraßen. Nur ein kurzes Stück an der Nordseite des Klopeiner Sees gibt es einen eigenen Fahrradstreifen. Daher ist die Tour gut für Familien geeignet. E-Bike-Ladestelle beim Moskito-Strandbad am 6 / Turnersee. Badesachen einpacken!

◂ links / Georgi-Steg am Klopeiner See

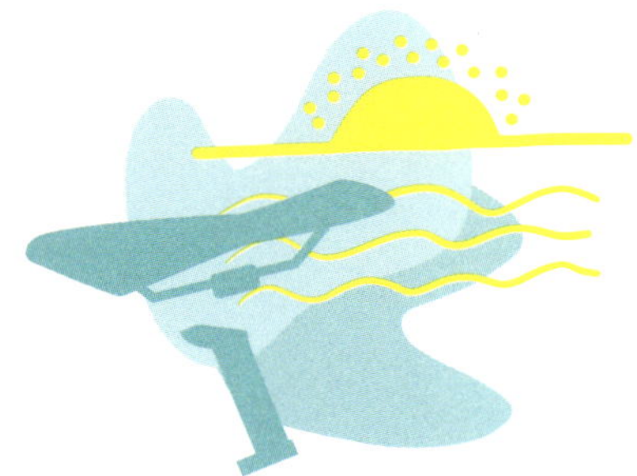

Tour ist ab hier noch nicht ausgeschildert. Um zu unserem ersten Etappenziel zu kommen, dem 3 / Kleinsee, der vom Klopeiner See nur etwa 300 Meter Luftlinie entfernt ist, gibt es zwei Möglichkeiten: Entweder wir biegen gleich bei der nächsten Kreuzung rechts in den Seenweg ab oder radeln noch ein Stück entlang des Westufers bis zur Privatpension Seerose und biegen dort rechts in den Kleinseeweg ab.

Schnell zum Kleinsee

Der Seenweg führt vorbei an mehreren Restaurants und Souvenirgeschäften und vereinigt sich dann mit dem Kleinseeweg etwas weiter nördlich. Nicht abschrecken lassen, diese Ecke wirkt recht touristisch. Wenn du gerne einen Badestopp beim Kleinsee einlegen möchtest, solltest du die Variante mit dem Kleinseeweg wählen, denn dieser führt direkt an einer der wenigen Zugangsmöglichkeiten zum Kleinsee vorbei, während der Seenweg nur kurze Ausblicke auf den Kleinsee freigibt. Ein Großteil des Kleinsee-Ufers besteht aus einem breiten Schilfgürtel. Welche Variante du auch wählst, nach dem Seenweg und Kleinseeweg wieder aufeinandertreffen, biegt die Route bei der nächsten Möglichkeit links in den Schedamweg Richtung Stein im Jauntal und Littermoos ab. Es folgen kurze Ausblicke auf den Kleinsee, kleine Bauernhöfe, Maisfelder und Wiesen. Gleich bei der nächsten Häusersiedlung geht es links Richtung Steinerberg und St. Primus, vorbei am Erlebnisbauernhof Urak und mehreren Pensionen.

BADEWANNE

In Sachen Wassertemperatur hat ganz klar der 1 / Klopeiner See die Nase vorn: Im Sommer schafft er bis zu 29 Grad als größter Badeseen der Region Südkärnten.

An den Ponys vorbei

Nach der zweiten Häusersiedlung folgt eine scharfe Linkskurve und bei der nächsten Möglichkeit radeln wir rechts den Schotterweg entlang. An der nächsten Kreuzung zur Landesstraße L123 beim

---

➤ **rechts oben / Der Kleinsee in St. Kanzian**
➤ **rechts Mitte / Eines von vielen Marterln entlang der Strecke**

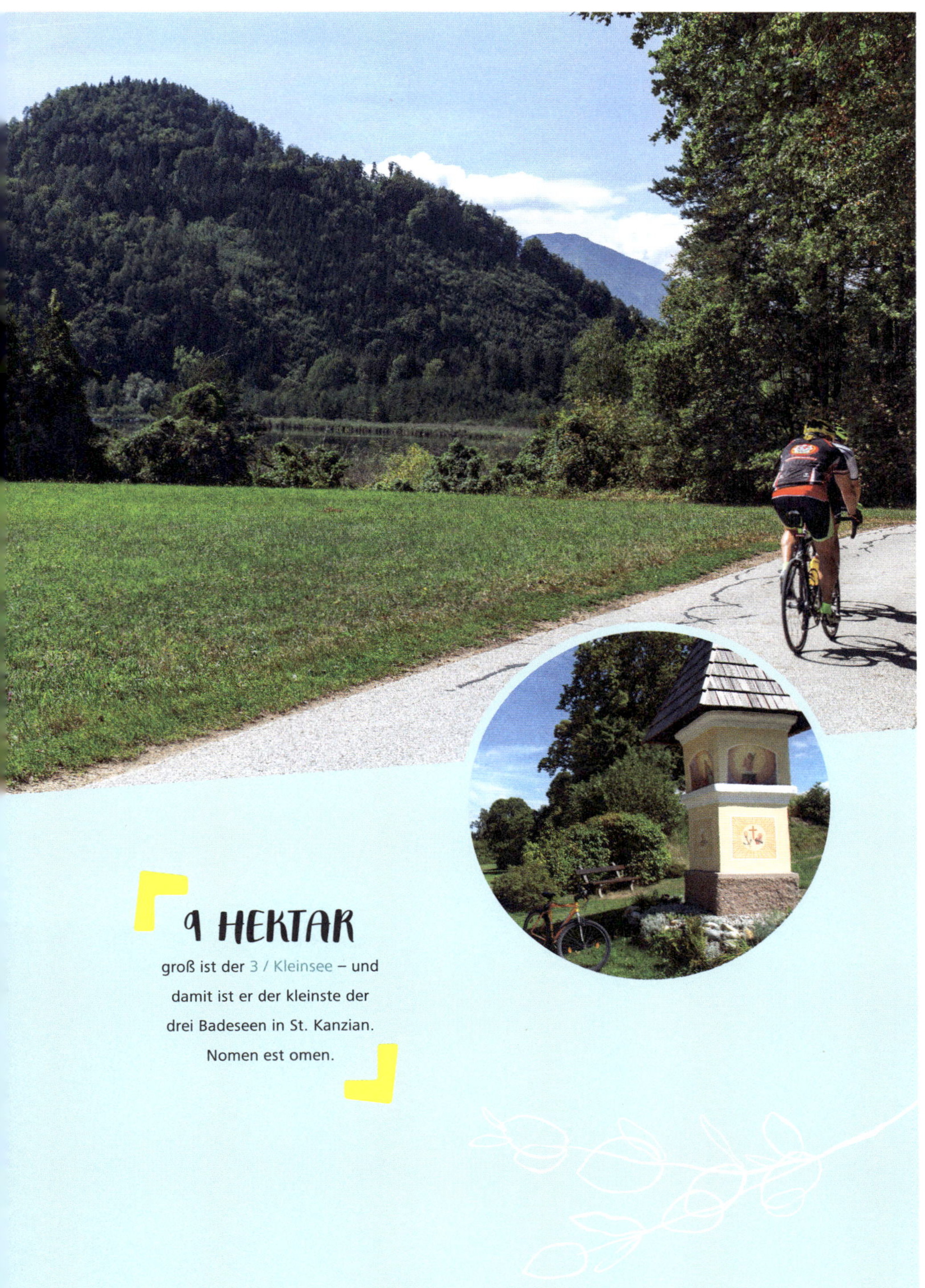

9 HEKTAR

groß ist der 3 / Kleinsee – und damit ist er der kleinste der drei Badeseen in St. Kanzian. Nomen est omen.

BUNTE VÖGEL

Hier im 5 / Vogelpark tummeln sich mehr als 300 heimische und exotische Vogelarten – mit Streichelzoo, Café und Kinderspielplatz mitten im Wald.

Ponyhof-Gasthof-Pension Nachbar (ganzjährig geöffnet, Steinerberg 1, 9122 St. Kanzian), einem Eldorado für große und kleine Pferdeliebhaber, steht das erste Mal ein Hinweisschild auf den 3-Seen-Weg. Hier kannst du die Tour mit einem Abstecher auf den 4 / Kitzelberg verbinden, von wo du einen traumhaften Blick auf den Klopeiner See hast. Wir radeln rund dreieinhalb Kilometer leicht bergauf entlang der Landesstraße L123 durch den Wald bis St. Primus. Obwohl die Route auf der Hauptstraße verläuft, ist die Landschaft sehr idyllisch. Auf dem Weg liegt die Buschenschank Nusshof (St. Veit im Jauntal 9, 9122 St. Kanzian) und mehrere Bauernhöfe mit Ab-Hof-Verkauf.

HIGHLIGHT FÜR KINDER: BIKEPARK AM STRANDBAD

Exotische Vögel

Gleich nach St. Primus folgt eine große Straßenkreuzung, die wir queren und geradeaus weiter Richtung Gösselsdorfer See radeln. Wir sind am 6 / Turnersee angekommen, der sich, wie alle Seen in dieser Region, hinter einem dichten Schilfband versteckt. Für Familien lohnt es sich, einen Abstecher zum Vogelpark zu unter-

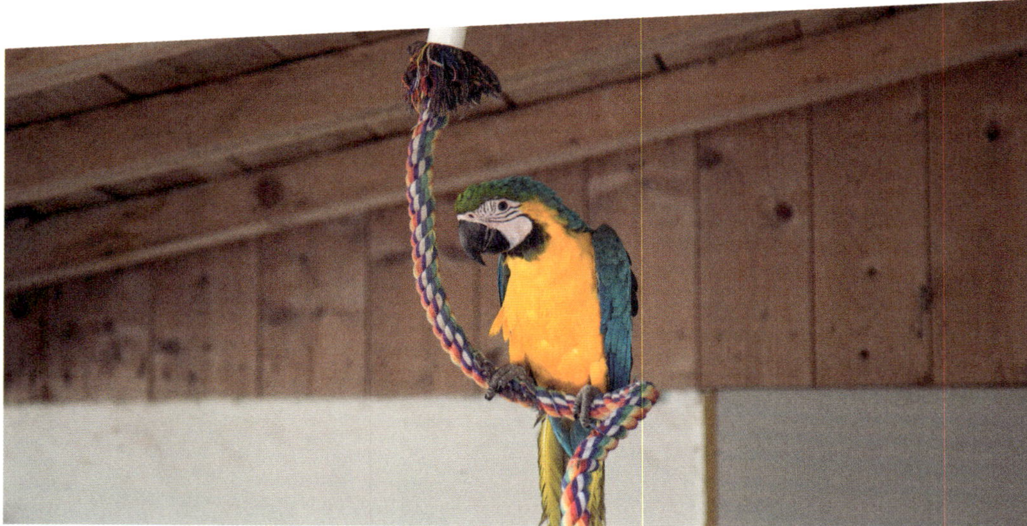

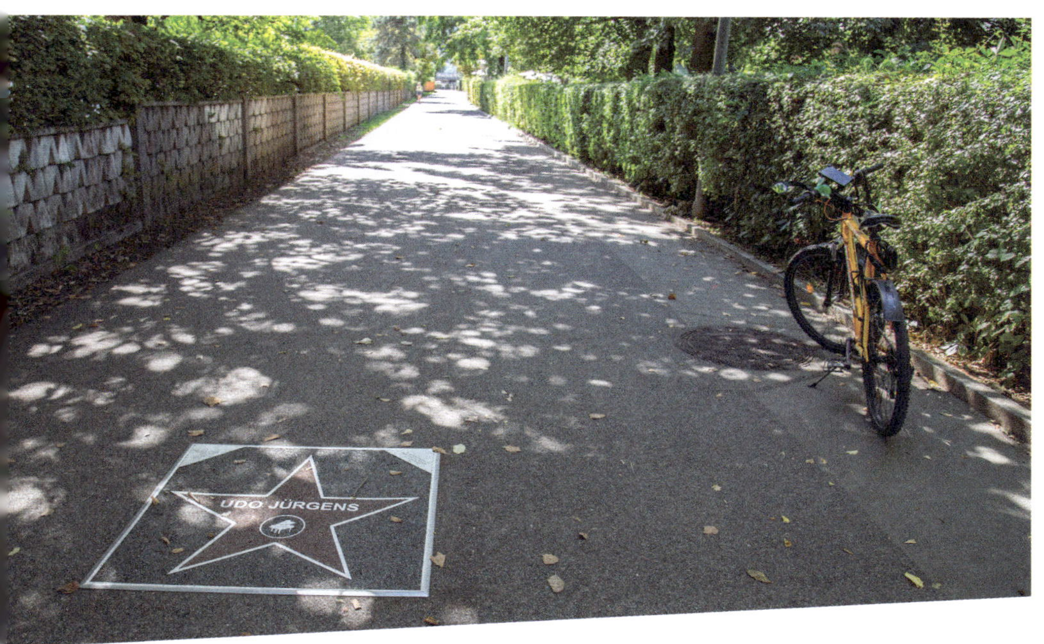

nehmen, der nur etwa 800 Meter von der großen Kreuzung entfernt ist (April–Sept. 9–18, Oktober 10–16 Uhr, Vogelparkweg 8, 9123 St. Primus). Bei der Kreuzung weisen Schilder auf den 5 / Vogelpark hin. Um den Vogelpark zu besuchen, biegen wir bei der großen Kreuzung links ab, bis wir auf das nächste Hinweisschild stoßen, das in die Vesielacher Straße weist. Wenn wir die Hauptstraße weiter entlangradeln würden, könnten wir am Turnersee das Strandbad Hribernig (St. Primus 27, 9122 St. Kanzian) und das Moskito-Strandbad (St. Primus 28, 9122 St. Kanzian) besuchen. An beiden naturbelassenen Badestränden gibt es gastronomische Betriebe. Vor dem Moskito-Strandbad wurde zusätzlich ein netter Bikepark für Kinder eingerichtet. Dort gibt es eine Säule mit Werkzeug für Fahrradreparaturen und eine Aufladestation für E-Bikes. Nach dem Einbiegen in die Vesielacher Straße sind wir zwei Kreuzungen weiter beim Vogelpark angekommen.

LITTLE HOLLYWOOD

Auf der 8 / Seepromenade Klopeiner See gibt es auch einen kleinen Walk-of-Fame mit Sternen österreichischer Prominenter und einer Aussichtsplattform.

Turnersee und Moor

Um der 3-Seen-Route weiter zu folgen, radeln wir vom Vogelpark zurück zur Hauptstraße bis zur großen Kreuzung und biegen links in Richtung Gösselsdorfer See ab. Auch hier im Süden des Turnersees gibt es mit dem Strandbad Hobel einen öffentlichen Badebereich (Lauchen-

---

< links / Bewohner des Vogelparks am Turnersee ^ oben / Ein Stern für Udo Jürgens auf der Seepromenade am Klopeiner See

SEE-WELLNESS

Im Strandbad Krainz am Klopeiner See wurde das 3. Badehaus Kärntens errichtet (tgl. 10–21 Uhr, Ostuferstraße 22, 9122 St. Kanzian) mit Saunalandschaft und beheiztem Infinitypool.

FOTOMOTIV-HIGHLIGHTS

holz 30, 9122 St. Kanzian). Wir folgen der Straße, radeln durch die beschauliche Ortschaft Lauchenholz und durch ein Waldstück entlang eines weitläufigen Moorgebietes bis zum Landgasthof Piroutz (Lanzendorf 2, 9122 St. Kanzian). Wir folgen den Schildern in Richtung Eberndorf und Sablatnigmoor. Auf dem Weg treffen wir auf abgeschiedene Siedlungen, Marterln, Kirchen, kleine Bauernhöfe, Buschenschenken, Tiere und auf liebevoll dekorierte Grundstücke. Kamera bereithalten! Ein besonderes Highlight auf dem Weg ist das Naturschutzgebiet 7 / Sablatnigmoor. Golfliebhaber können bei Grabelsdorf einen Abstecher zum Golfpark Klopeinersee unternehmen (Am Golfpark 7, 9122 Grabelsdorf).

WITZIG!

Grün mal anders: Vor dem Eingang der veganen Pension Loving Hut mit Restaurant gibt es zwei große Plakate mit berühmten Veganern und Vegetariern (tgl. 11.30–14.30, 17.30–21.30 Uhr, am See XII 7, 9122 Sankt Kanzian).

See-Verdoppelung

Beim Landgasthof Piroutz gäbe es die Möglichkeit, die 3-Seen-Tour zu einer 6-Seen-Tour zu erweitern für alle, die gerne noch ein Stück weiterradeln möchten. Wir bleiben auf der 3-Seen-Runde. Von Grabelsdorf ist es nicht weit bis zur Südpromenade des Klopeiner Sees. An der Südpromenade radeln wir das erste Mal ein paar Hundert Meter auf einem abgetrennten Radweg. Kurz danach radeln wir von der Ostuferstraße links in den Römerweg, bis wir auf die 8 / Seepromenade des Nordufers stoßen. Ab hier heißt es jedoch: Wer sein Fahrrad liebt, der schiebt! Denn die Seepromenade ist nur für Fußgänger gedacht. Absteigen lohnt sich aber. So kann die Tour gemütlich bei einem Eis und ein paar schönen Ausblicken auf den See mit den typischen langen Holzstegen sowie bunten Sonnenschirmen ausklingen. Bei den Aussichtsplätzen kannst du dich und dein Rad gut für ein Erinnerungsfoto in Szene rücken. Wer lieber weiter auf dem Radweg radeln möchte, bleibt auf der Ostuferstraße und biegt erst am Ende der Straße beim Kreisverkehr links in die Norduferstraße ab. Hier gibt es bis zum Kreisverkehr an der Westuferstraße und der 1 / Tourismusinformation Klopeiner See, dem Startpunkt unserer Rundtour, einen durchgehenden Radweg. Natürlich bietet sich auch von hier aus noch ein kurzer Stopp beim Klopeiner See an.

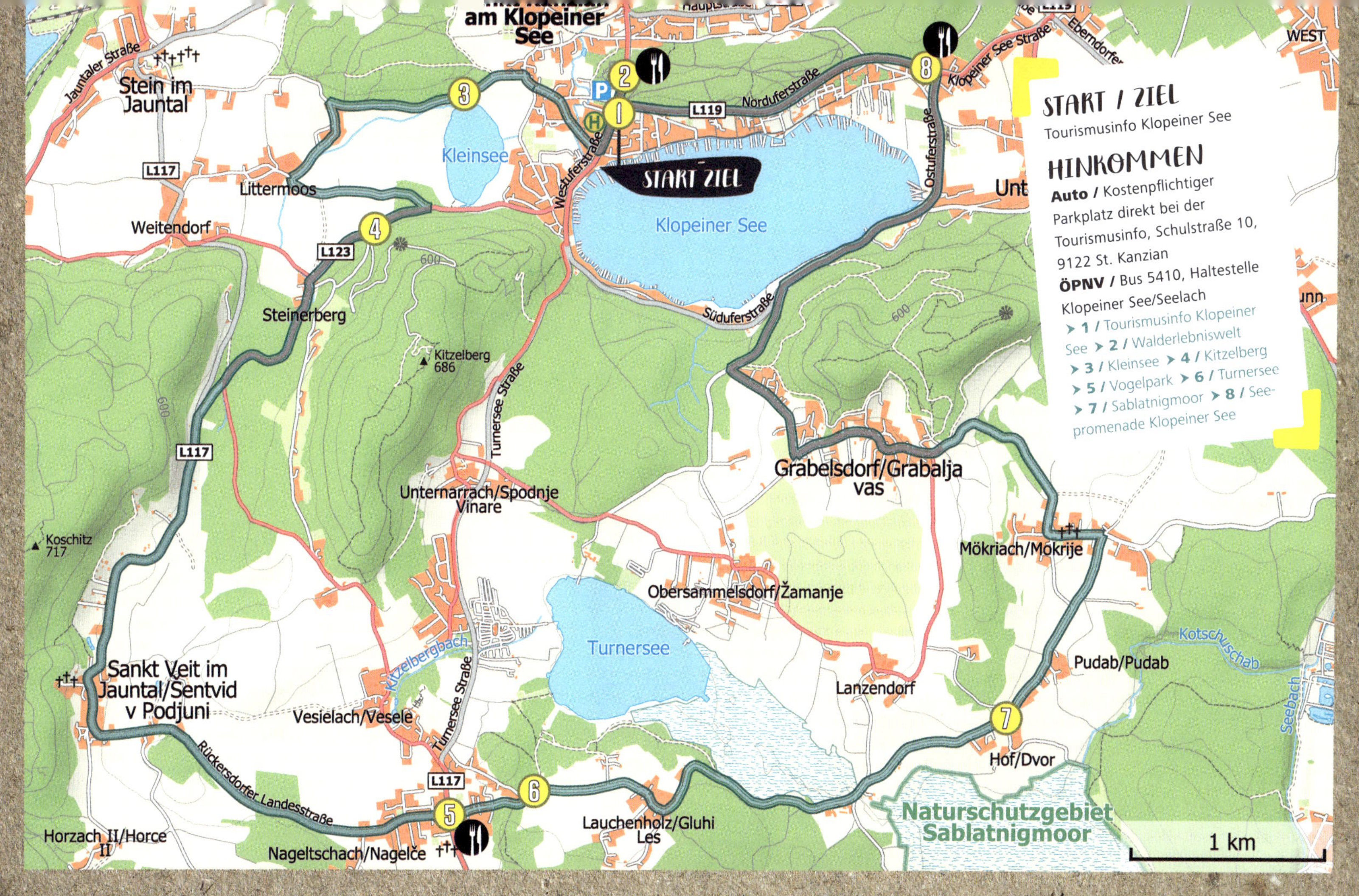

am Klopeiner See
START / ZIEL
Tourismusinfo Klopeiner See
HINKOMMEN
Auto / Kostenpflichtiger Parkplatz direkt bei der Tourismusinfo, Schulstraße 10, 9122 St. Kanzian
ÖPNV / Bus 5410, Haltestelle Klopeiner See/Seelach
➤ 1 / Tourismusinfo Klopeiner See ➤ 2 / Walderlebniswelt ➤ 3 / Kleinsee ➤ 4 / Kitzelberg ➤ 5 / Vogelpark ➤ 6 / Turnersee ➤ 7 / Sablatnigmoor ➤ 8 / Seepromenade Klopeiner See
START ZIEL
Klopeiner See
Kleinsee
Turnersee
Stein im Jauntal
Jauntaler Straße
Littermoos
Weitendorf
Steinerberg
Kitzelberg 686
Koschitz 717
Sankt Veit im Jauntal/Šentvid v Podjuni
Horzach II/Horce II
Nageltschach/Nagelče
Vesielach/Vesele
Rückersdorfer Landesstraße
Unternarrach/Spodnje Vinare
Turnersee Straße
Kitzelbergbach
Lauchenholz/Gluhi Les
Obersammelsdorf/Žamanje
Lanzendorf
Grabelsdorf/Grabalja vas
Mökriach/Mokrije
Pudab/Pudab
Hof/Dvor
Naturschutzgebiet Sablatnigmoor
Kotschuschab
Seebach
Norduferstraße
Ostuferstraße
Westuferstraße
Süduferstraße
Klopeiner See Straße
Eberndorfer
L117
L119
L123
WEST
1 km

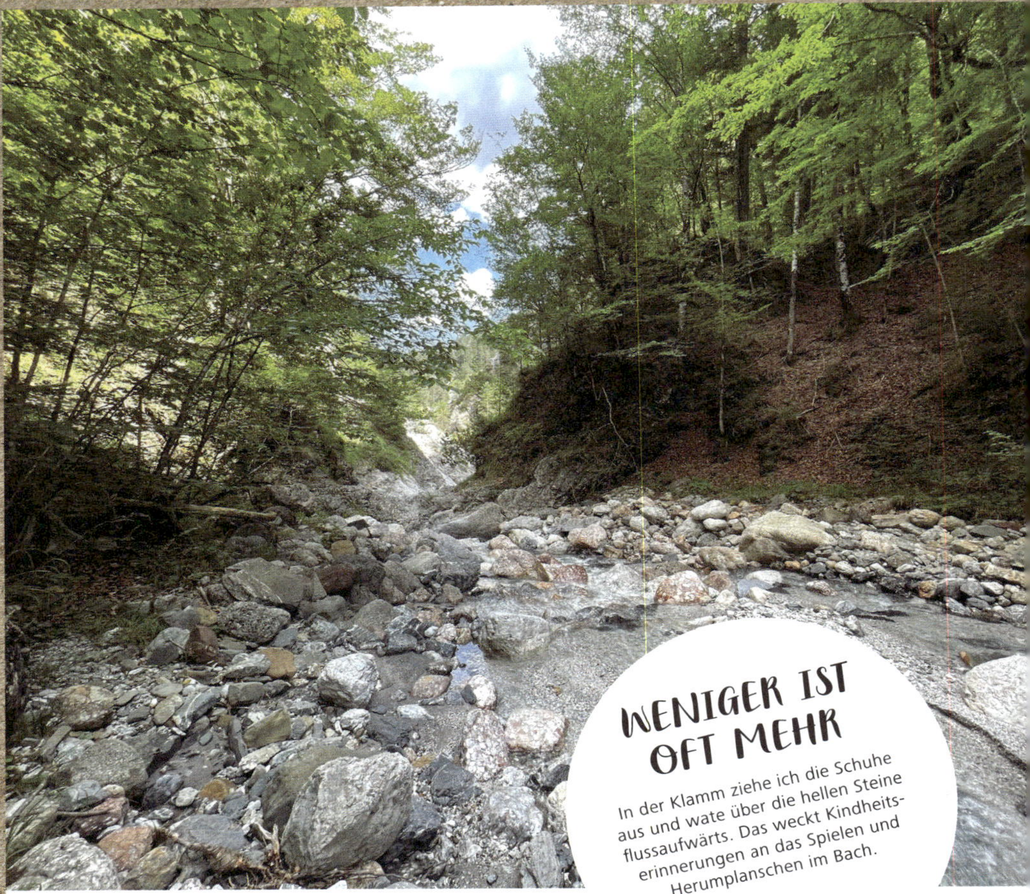

WENIGER IST OFT MEHR

In der Klamm ziehe ich die Schuhe aus und wate über die hellen Steine flussaufwärts. Das weckt Kindheitserinnerungen an das Spielen und Herumplanschen im Bach.

➤ **1 /** Loslegen im Luftkurort Bad Eisenkappel

➤ **2 /** Auf den Hochobir wandern

➤ **3 /** Karawankenfisch: Spezialitäten probieren

➤ **4 /** Mit Honig eindecken in der Imkerei

➤ **5 /** Rechtsdrehendes Wasser abfüllen beim Silberbründl

➤ **6 /** Sich fühlen wir Tarzan im Wald beim Wasserspielplatz

➤ **7 /** Nach Fossilien Ausschau halten im Potok-Graben

➤ **8 /** Extra-Höhenmeter machen zur Trögerner Kirche

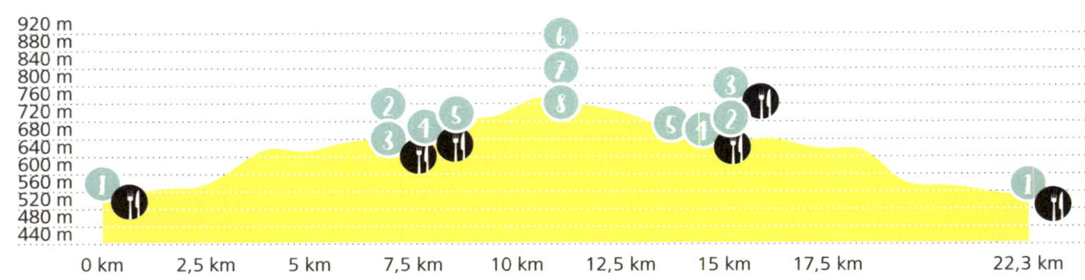

ERZÄHLENDE STEINE

Von Bad Eisenkappel in die Trögerner Klamm und retour

Höhlen, Wasserkaskaden und Fossilen: Aus geologischer Sicht ist die entspannte Tour von Bad Eisenkappel in die Trögerner Klamm und wieder zurück äußerst spannend. Aber selbst wer den Steinen nichts abgewinnen kann, wird von der Gebirgsbachlandschaft begeistert sein.

22 Kilometer
370 Höhenmeter ▲
155 Höhenmeter ▼
1:45 Stunden
Streckentour

Spektakuläres und Superlativen?

Bei dieser Tour geht's es mehr um ein paar ruhige Momente draußen in der Natur. Nichts zu müssen, einfach nur mal sein. Das lädt die eigenen Batterien wieder auf. Wir starten die Tour im Luftkurort 1 / Bad Eisenkappel und cruisen vor der Abfahrt noch ein wenig durch den Ort. Sehenswert ist der in den Hang gebaute Friedhof mit der denkmalgeschützten Johanniskirche. Auf dem Friedhof sind 120 Partisanen der Kärntner Freiheitskämpfer begraben und 34 weitere Opfer, die auf ihren Höfen die Ab-

CHARAKTER

Sportlich ●●●○○
Abkühlung ●●●●●
Schlemmen ●●○○○
Panorama ●●●○○

TOURENINFO / Die Strecke ist durchwegs asphaltiert. Ein Teil verläuft getrennt neben der Straße, direkt in der Klamm teilen sich Wanderer, Radfahrer und einheimische Autofahrer die Straße. An heißen Sommertagen Badesachen mitnehmen!

◂ links / Vom grünen Bad Eisenkappel geht es mitten hinein in die Gesteinswelt der Karawanken

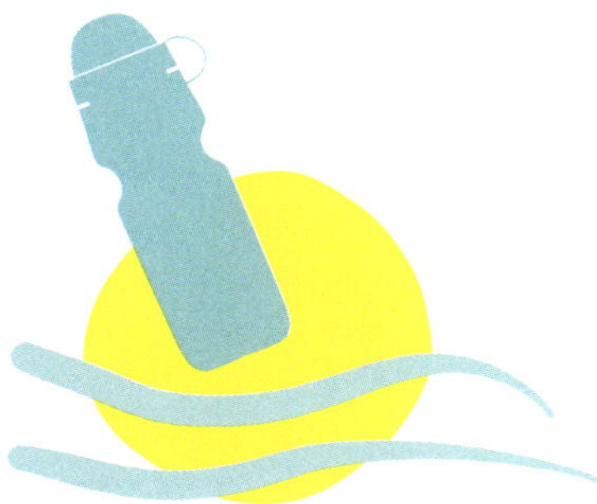

wehrkämpfer unterstützt haben. Den Gefallenen ist ein zentrales Denkmal aus Marmor mit eingravierten Namen gewidmet. Das Gebiet um Eisenkappel erlangte traurige Berühmtheit als Brennpunkt des antifaschistischen Befreiungskampfes. Auch die Michaelskirche im Zentrum von Eisenkappel ist besonders, denn die Pfarrkirche beherbergt moderne, reliefierte Glasfenster des Kärntner Künstlers Valentin Oman aus dem Jahr 2000. Vor der Kirche gibt es einen Trinkwasserbrunnen. Im Café-Restaurant Marktstube Alex (Mo–So 9–24 Uhr, Dienstag Ruhetag, Eisenkappel 24, 9135 Eisenkappel) wird dein Hunger gestillt. Nur wenige Meter von der Pfarrkirche entfernt befindet sich das Ticketbüro und die Abfahrtsstelle zur magischen Obir Tropfsteinhöhle (Apr.–Okt. tgl. 10–15 Uhr, Eisenkappel 7, 9135 Eisenkappel). Wenn du die Höhle besuchen möchtest, musst du vorab das Ticket online oder telefonisch reservieren. Die Straße zur Tropfsteinhöhle ist für private Autos gesperrt. Ein Besuch ist deshalb ausschließlich per Bustransfer ab der Haltestelle in Eisenkappel möglich.

TROPFENDE STEINE

Seit 1903 gibt es Führungen durch die Obir Tropfsteinhöhle, eine der schönsten Höhlen Österreichs, ohne künstliches Entertainment auf 1.078 Meter Seehöhe.

Schluchten-Vorspiel

Nach den Besichtigungen und einer Essenspause zweigen wir nach der Kirche rechts ab und fahren bis zum Kreisverkehr. Dort folgen wir dem Schild und fahren geradeaus weiter in die Trögerner Klamm. Die Route verläuft jetzt auf der wenig befahrenen Landesstraße L131, begleitet vom Ebriachbach. Die Felsen rücken nah an dich heran, sodass du einen ersten Vorgeschmack auf das Klammerlebnis bekommst. Rund 9,5 Kilometer geht es bis zum Klammeingang stetig bergauf, immerhin gibt es doch ein paar Höhenmeter zu überwinden. Aber das ist nicht schlimm. Für die Rückfahrt nehmen wir den gleichen Weg und rollen dann bequem abwärts zurück nach Bad Eisenkappel.

➤ **rechts oben / Unwirklich schön ist die Landschaft im Potok-Graben**
➤ **rechts Mitte / Fossilien finden im Geopark Karawanken**

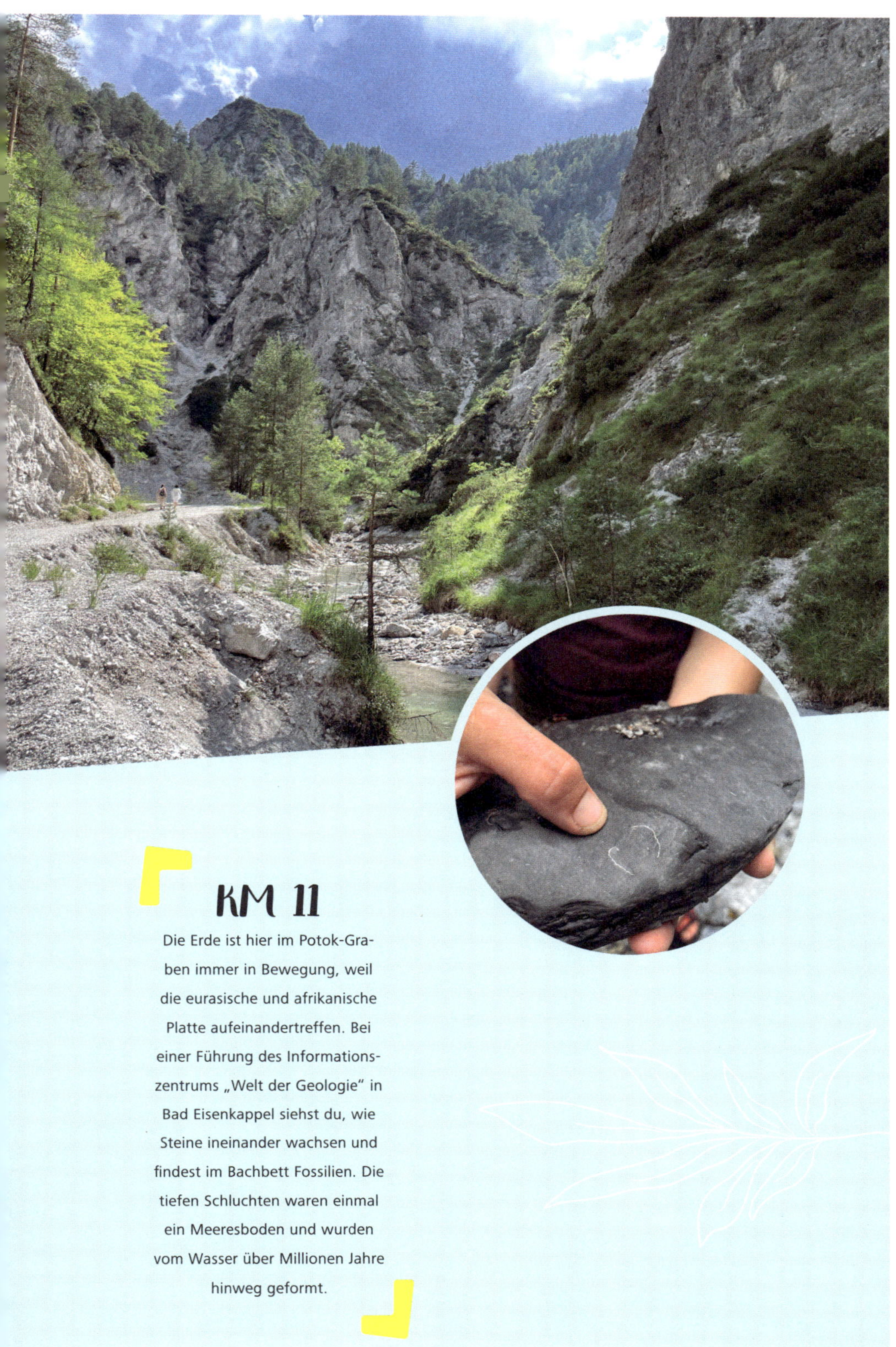

KM 11

Die Erde ist hier im Potok-Graben immer in Bewegung, weil die eurasische und afrikanische Platte aufeinandertreffen. Bei einer Führung des Informationszentrums „Welt der Geologie" in Bad Eisenkappel siehst du, wie Steine ineinander wachsen und findest im Bachbett Fossilien. Die tiefen Schluchten waren einmal ein Meeresboden und wurden vom Wasser über Millionen Jahre hinweg geformt.

FLIEGEN-FISCHEN

Klamm, Ebriachbach, Vellach und Kleine Drau bilden das größte zusammenhängende Fliegenfisch-Revier in Österreich.

Unterwegs kommst du zu rechter Hand bei der Mautstraße zum 2 / Hochobir vorbei. Ziel ist die Eisenkappler Hütte und von dort geht es wandernd weiter auf den Gipfel.

SCHON FAST IN SLOWENIEN

Honig und Fisch am Weg

Kurz nach der Mautstation liegt ebenfalls zu rechter Hand das Gasthaus Kovač (Do–Di 12–22 Uhr, Ebriach 150, 9135 Ebriach). Vielleicht sind dir bereits die zweisprachigen Namen und Schilder aufgefallen. Du befindest dich im zweisprachigen Grenzgebiet zu Slowenien und die Einheimischen legen großen Wert auf das Pflegen der slowenischen Sprache. Deshalb wird zum Weiler Trögern oberhalb der gleichnamigen Klamm auch „Korte" gesagt. Auf der linken Seite kannst du schon die 22 Teiche von der Fischzucht 3 / Karawankenfisch (Ebriach 91, 9135 Eisenkappel-Vellach) erkennen. Die Fische wachsen im kalten Quellwasser auf und sind unglaublich köstlich. Für das Picknick unterwegs eignet sich der Fischaufstrich hervorragend. Falls der Betrieb ge-

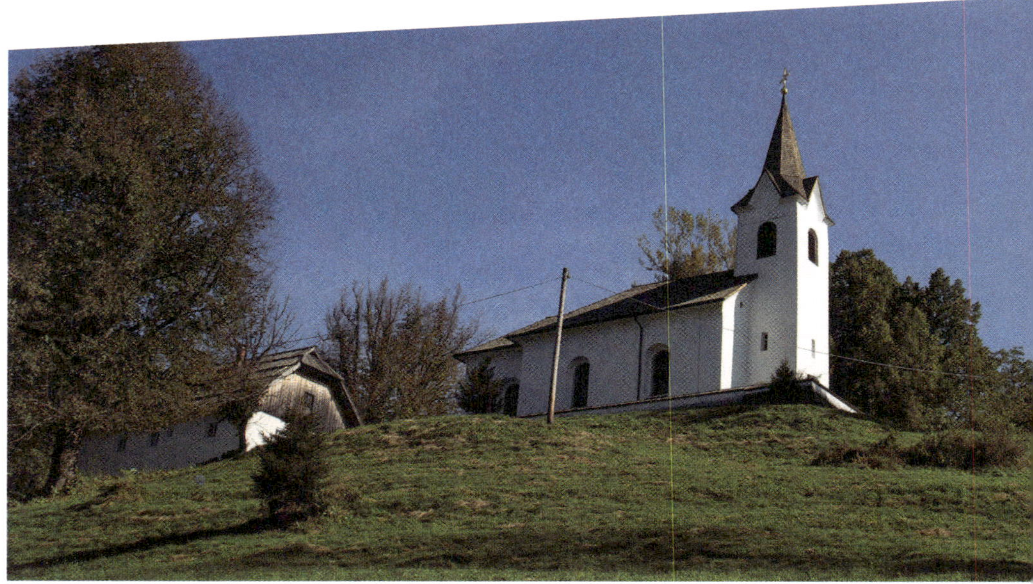

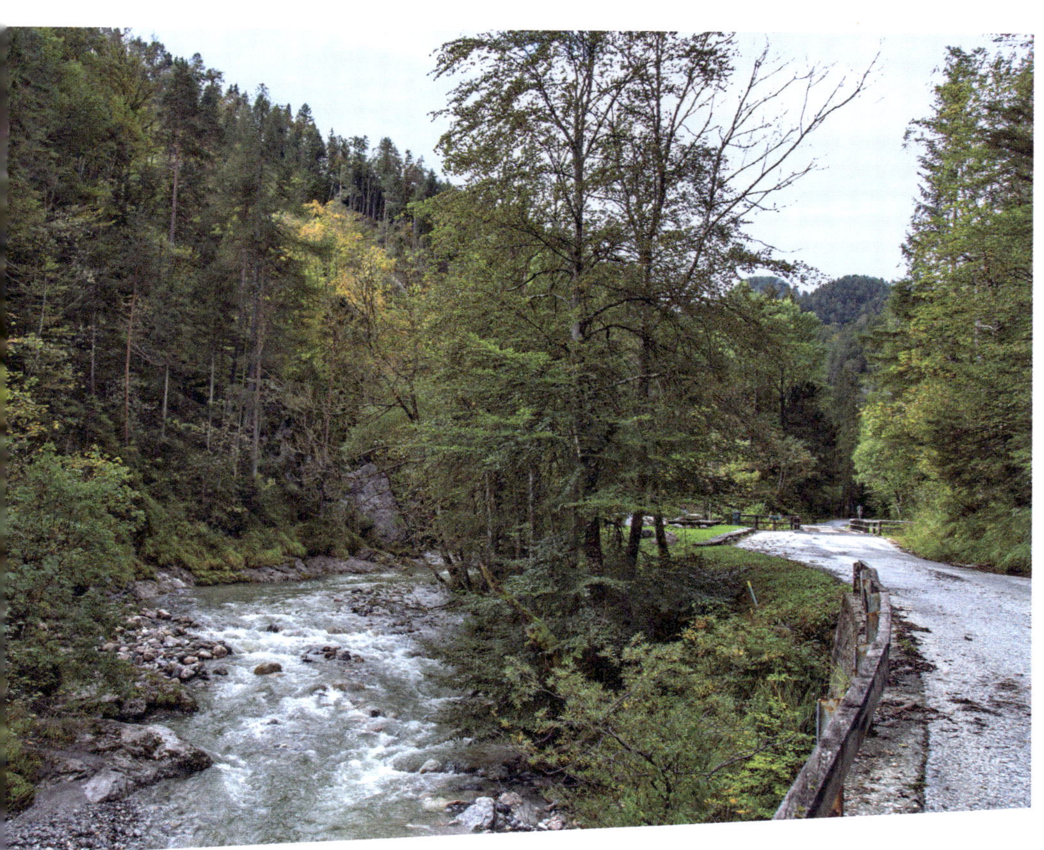

schlossen sein sollte: Beim Adeg-Supermarkt in Bad Eisenkappel bekommst eine Auswahl der Fischprodukte und noch weitere regionale Spezialitäten. Nach der Volksschule Ebriach biegen wir von der Landesstraße links in die Trögerner Straße ab. Gleich zu Beginn siehst du auch die Bienenstöcke der 4 / Imkerei Ročnik (Ebriach 141, 9135 Eisenkappel-Vellach). Wenn du gerne Honig oder andere Produkte mit Honig kaufen möchtest, einfach hinfahren und schauen, ob wer da ist.

114

Schwarzkiefern und Mannaeschen prägen das rund 114 Hektar große Waldgebiet im 7 / Potok-Graben. Hier darf sich der Wald ohne Eingriffe wild entwickeln.

Eintauchen in die Trögerner Klamm: Beeindruckende Felsformationen und Quellen

Kurz nach der Abzweigung „wachsen" die Felsen immer mehr in die Straße herein. Entlang der kurvigen und engen Route gibt es immer wieder Aussichtsplattformen, die den Blick auf das reißende Wasser des klaren und eiskalten Trögernbachs freigeben.

< links / Die Bergkirche in Trögern
^ oben / Erfrischend und glasklares Wasser des Trögerner Baches

STOLLENBIKEN

Dir gefällt die Kombi von Rad und Stein? Dann solltest du in der Nähe mit dem Rad unterirdisch durch den Stollen unter der Petzen fahren. Ein einmaliges Erlebnis!

Und immer wieder säumen kleine Brunnen und Quellen den Weg. Eines der bekanntesten ist das rechtsdrehende 5 / Silberbründl. Du findest es etwas versteckt beim Eingang in die Trögerner Klamm in unmittelbarer Nähe vom Parkplatz. Abzapfen ist kostenfrei. Also, ruhig mal die Wasserflasche für unterwegs auffüllen. Die Straße teilen sich Wanderer, Radfahrer und einheimische Autofahrer. Da häufig ein Wind weht und das Wasser laut rauscht, hören Radfahrer und Wanderer die Autos oft nicht kommen. Nicht erschrecken, wenn es mal aus dem vermeintlichen Nichts heraus hupen sollte. Ein paarmal geht es über eine Holzbrücke, von der du einen schönen Blick auf das glasklare, im Sommer türkisfarbene Wasser hast. An manchen Stellen erinnert der Bach an die slowenische Soča, nur im kleineren Format. An manchen Stellen kannst du barfuß durch das zentimeterhohe Wasser warten, an anderen Stellen ist das Wasser hingegen sehr tief. Wenn du auf Nummer sicher gehen willst, nutze am Ende der Klamm den 6 / Wasserspielplatz zum Herumplanschen. Hier gibt es auch ein Seil, um sich wie Tarzan durch den Wald zu schwingen, und Rastplätze zum Jausnen. Folgst du dem Straßenverlauf weiter leicht bergauf, kommst du zur Abzweigung 8 / Trögerner Kirche. Die Straße führt links ungefähr zwei Kilometer bergauf zur Kirche beim Gut Trögern. Alles ist hier beschaulich ruhig, die Zeit scheint ein Stückchen langsamer zu vergehen.

WASSER IST EINFACH ÜBERALL

FILM-ABEND

Entlang der Tour fährst du durch einige Originaldrehorte aus dem preisgekrönten Jugendfilm „Das schaurige Haus" – die perfekte Einstimmung auf den Radausflug.

Steine und Fossiles

Wir lassen unsere Räder beim Rastplatz stehen und spazieren rechts den Weg hinein ins Naturreservat 7 / Potok-Graben. Hier wird die Landschaft noch etwas unwirklicher, die Felsen strahlen in der Sonne fast weiß und türmen sich weit in den Himmel auf. Wer Kondition hat und ein bisschen Kletterei nicht scheut, schafft es sogar bis zu einem kleinen Wasserfall. Die slowenische Grenze liegt ganz nahe. Dieses Gebiet ist ein Teil des Geopark Karawanken und jeder Stein erzählt eine Geschichte.

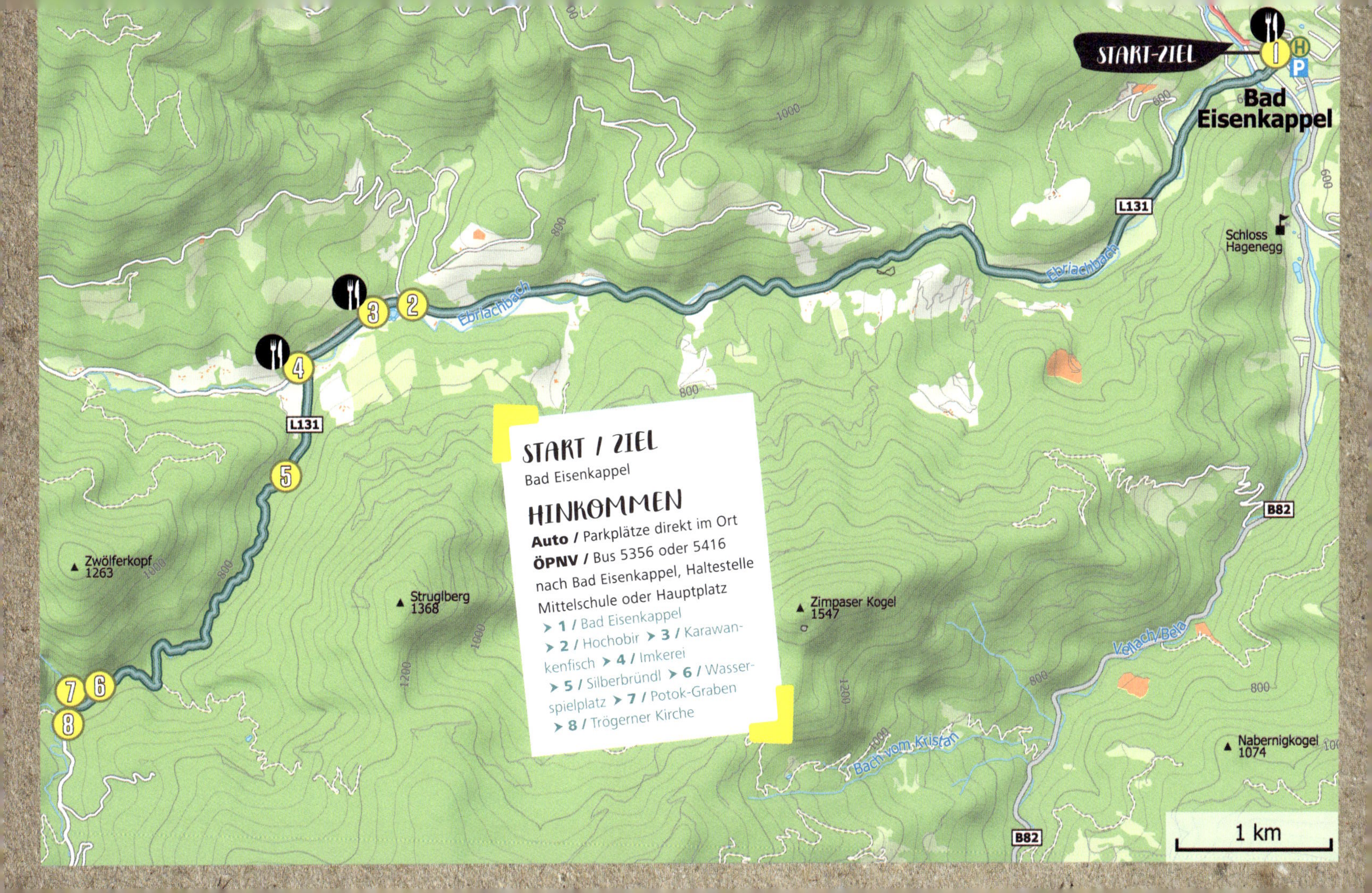

START / ZIEL

Bad Eisenkappel

HINKOMMEN

Auto / Parkplätze direkt im Ort

ÖPNV / Bus 5356 oder 5416 nach Bad Eisenkappel, Haltestelle Mittelschule oder Hauptplatz

➤ **1** / Bad Eisenkappel ➤ **2** / Hochobir ➤ **3** / Karawankenfisch ➤ **4** / Imkerei ➤ **5** / Silberbründl ➤ **6** / Wasserspielplatz ➤ **7** / Potok-Graben ➤ **8** / Trögerner Kirche

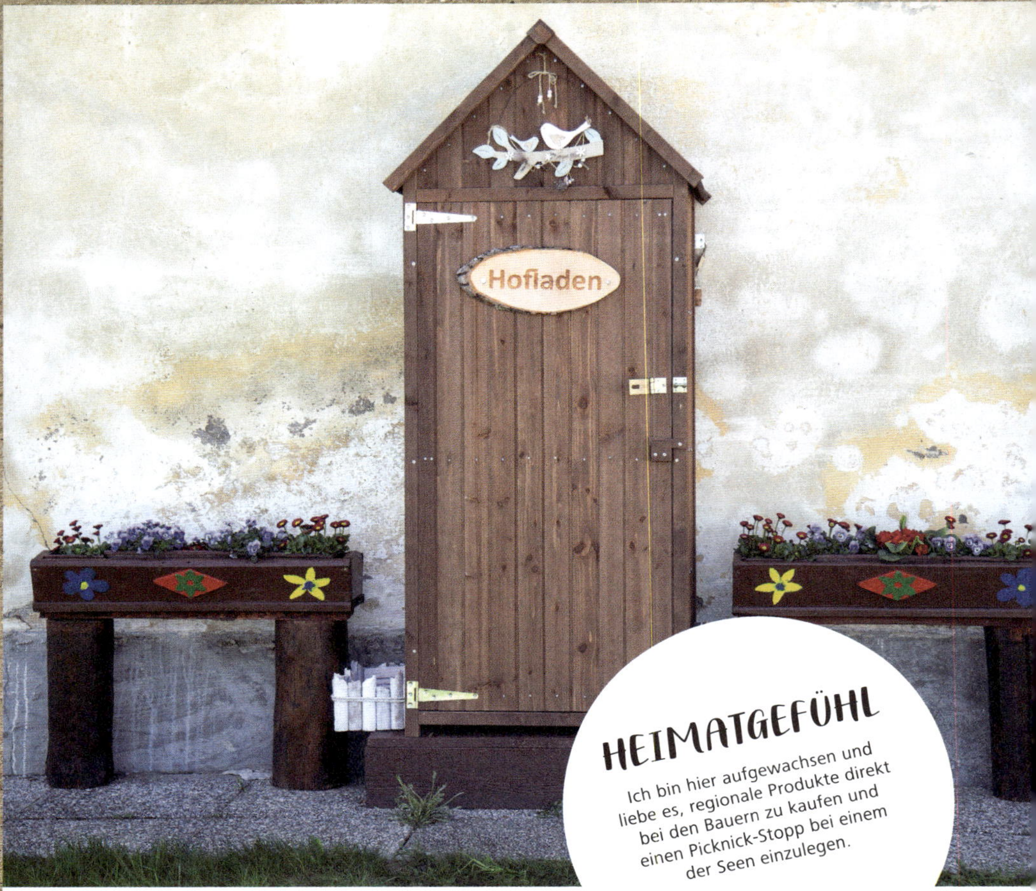

HEIMATGEFÜHL

Ich bin hier aufgewachsen und liebe es, regionale Produkte direkt bei den Bauern zu kaufen und einen Picknick-Stopp bei einem der Seen einzulegen.

➤ **1 /** Am Gemeindeparkplatz in Schiefling ist der Start- und Endpunkt

➤ **2 /** Nudeln und Eierlikör kaufen am Janeschhof

➤ **3 /** Die Natur genießen am Hafnersee

➤ **4 /** Jause kaufen in der Selbstbedienungshütte Keutschach

➤ **5 /** Abstecher hinauf zum Pyramidenkogel

➤ **6 /** Rast machen am Keutschacher See

➤ **7 /** Im Ramsar-Moor Schmetterlinge beobachten

➤ **8 /** Bauernhof-Eis im Bauernhofladen Schludermann schlecken

➤ **9 /** Zirbenpräsente in der Holzmanufaktur Hobelfranz einpacken

➤ **10 /** Die Kraft der Kräuter entdecken in der Kräuterlei

➤ **11 /** In die Vielfalt der Kärntner Produkte im Ortsladen Schiefling eintauchen

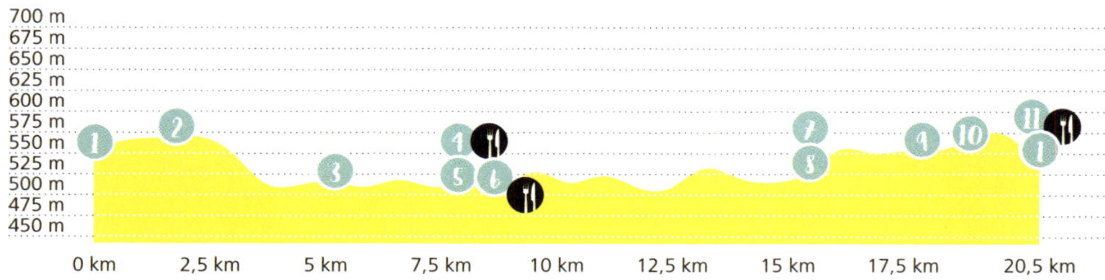

GUSTO-RUNDE

Hofladentour von Schiefling bis zum Keutschacher See

Zwischen Wörthersee und Keutschacher See werden seit Jahrhunderten auf kleinen Höfen landwirtschaftliche Produkte angebaut. Wir radeln von Hofladen zu Selbstbedienungshütte und packen unseren Rucksack voll – auch mit schönen Momenten in der Natur.

21 Kilometer
240 Höhenmeter ▲
240 Höhenmeter ▼
1:30 Stunden
Rundtour

Am Fuße des Pyramidenkogels

Unsere Tour startet und endet beim 1 / Gemeindeparkplatz in Schiefling, einer eher beschaulichen und unbekannten Wörthersee-Gemeinde, wo Landwirtschaft eine lange Tradition hat. Auf dem Radweg überqueren wir die Straße und biegen rechts beim Gemeindeamt in die Pyramidenkogelstraße ein. Jetzt geht es gleich zu Beginn ein bisschen bergauf. Danach bleiben wir geradeaus und lassen die Räder nach Albersdorf rollen. Auf der Höhe Putzihof biegen wir links ab und nehmen danach die nächste Abzweigung rechts hoch.

CHARAKTER
Sportlich ●○○○○
Abkühlung ●●●●○
Schlemmen ●●●●●
Panorama ●●●●○

TOUR, DIE DU SO NIE GEMACHT HÄTTEST

TOURENINFO / Die Tour verläuft überwiegend auf asphaltierten Nebenstraßen und Radwegen. Nur kurze Abschnitte führen über Schotter und Wurzeln. Vorsicht ist beim Überqueren der Landesstraßen geboten. Badesachen mitnehmen!

◄ links / In ihrem Heimatdorf führt die Autorin von Hofladen zu Hofladen

TOUR, DIE DU SO NIE GEMACHT HÄTTEST

Der zweite Bauernhof auf der linken Seite ist der 2 / Janeschhof. Du findest rechts beim Stall eine weiße Tür zum kleinen Hofladen mit Pasta aus eigenen Eiern, Topfen, Würste, Eierlikör und vielem mehr. In vielen Hofläden oder Selbstbedienungshütten entlang der Tour ist nur Bargeldzahlung möglich. Daher nimm genügend Kleingeld mit.

Rund um zwei Seen

Nach dem ersten Shoppingstopp nehmen wir den Weg zurück bis zum Putzihof und fahren hier geradeaus auf dem Albersdorfer Weg bis zur Kirche. Danach geht's steil bergab und bei der stark befahrenen Straßen links auf den Radweg nach Roda. Vor der Bushaltestelle biegen wir rechts in die Penkenstraße ein, danach nehmen wir links den geschotterten Radweg zum 3 / Hafnersee. Ein Stück weiter kommen wir zur 4 / Selbstbedienungshütte Keutschach. Hier geht es beim Kreisverkehr hinauf zum 5 / Pyramidenkogel. Die Straße ist asphaltiert und schlängelt sich in Serpentinen nach oben. Wenn du es lieber gemütlich magst, lässt du den Abstecher aus und fährst über den Kreisverkehr geradeaus. Beim Campingplatz Brückler biegen wir beim Kreisverkehr rechts ab. Nach der kleinen Holzhütte geht rechts ein parkähnlicher Badeplatz weg. Hier kannst du kurz kostenlos eine Runde im 6 / Keutschacher See schwimmen. Ein paar Meter weiter lockt das Café Sunseit'n (Juli–Aug. tgl. 8.30–19 Uhr, sonst Fr–So 8.30–19 Uhr, Mitte Sept.–Ostern geschl., Plaschischen 62, 9074 Keutschach) mit hausgemachten Mehlspeisen oder Gertis Strandbad (tgl. geöffnet im Sommer, Plaschischen 54, 9074 Keutschach am See). Hier kannst du auch SUP-Boards ausleihen und zu den Pfahlbauten paddeln. Die Pfahlbauten sind mit Bojen markiert, bitte bleib außerhalb der Markierung.

GESUNDE FARBE

Der 3 / Hafnersee ist ein kleiner Badesee inmitten des Landschaftsschutzgebietes Keutschacher-Seen-Tal. Seine dunkle Farbe verdankt er dem moorigen Untergrund.

➤ **rechts oben / Das Naturidyll Hafnersee**
➤ **rechts Mitte / Der Pyramidenkogel mit Holzaussichtsturm**

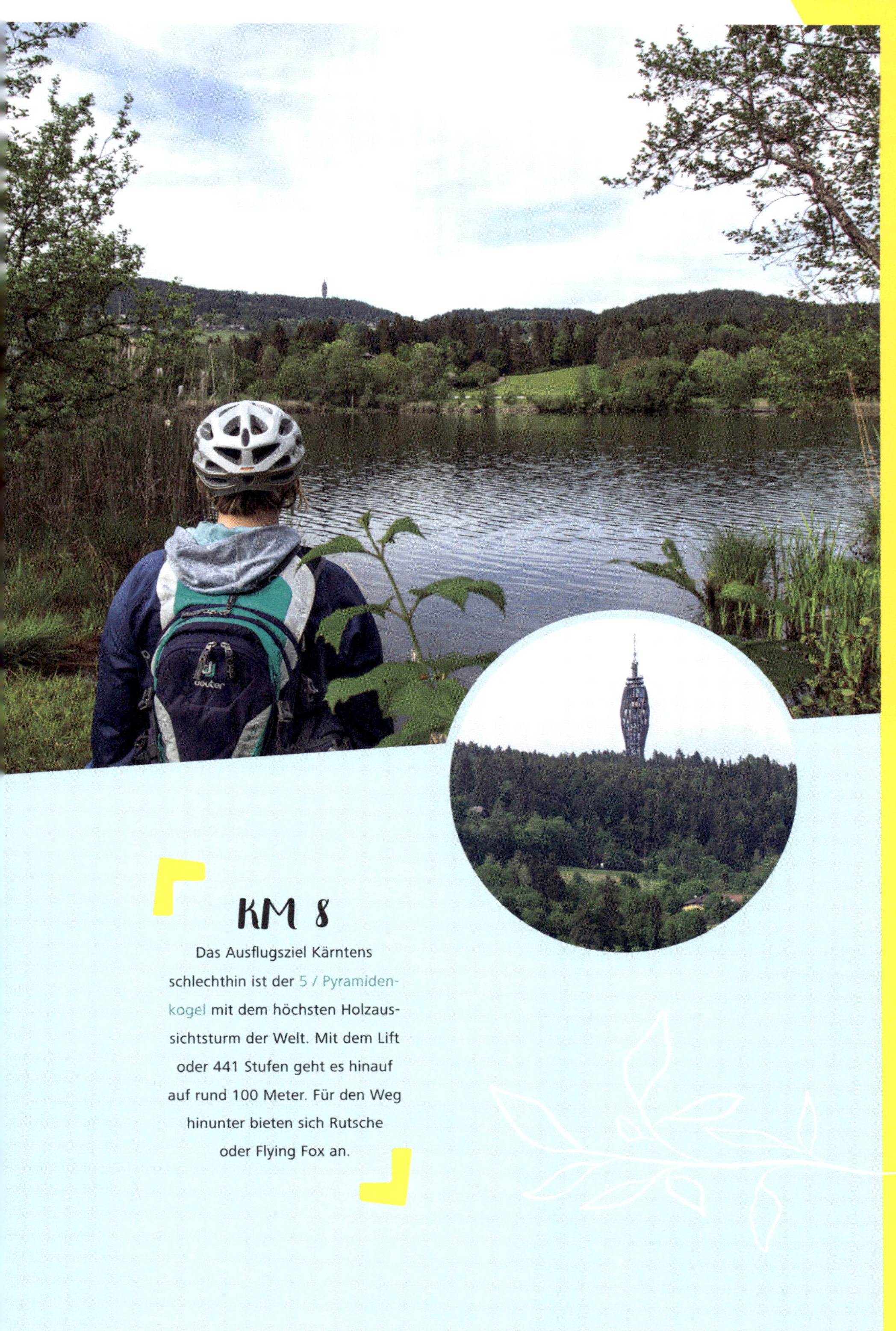

KM 8

Das Ausflugsziel Kärntens schlechthin ist der 5 / Pyramidenkogel mit dem höchsten Holzaussichtsturm der Welt. Mit dem Lift oder 441 Stufen geht es hinauf auf rund 100 Meter. Für den Weg hinunter bieten sich Rutsche oder Flying Fox an.

PRÄHISTORISCHES ERBE

Die Pfahlbauten am 6 / Keutschacher See gehören zum UNESCO-Welterbe. Datiert auf 3946 v. Chr. ist es die älteste bekannte Pfahlbausiedlung Österreichs.

TOUR, DIE DU SO NIE GEMACHT HÄTTEST

Durch Wald und Wiesen

Nach dem Strandbad geht es weiter in südlicher Richtung. Auf der Höhe von Malerei und Campingplatz biegen wir rechts ab und folgen dem Weg um den See. Langsam weicht der Asphalt dem Schotter und im Wald geht es über ein paar Wurzeln und Steine. Keine Sorge, mit ein bisschen Vorsicht ist dieser Abschnitt gut mit jedem Rad schaffbar. Ab und zu kommen einem Wanderer entgegen und immer wieder laden idyllische Buchten im Wald zum Verweilen ein. Kurz vor dem FKK-Campinggelände ist der Weg wieder asphaltiert und führt direkt vorbei an den Campinganlagen. Wir folgen dem Straßenverlauf bis zum Reiterhof und biegen nach der Koppel links in den Radweg ein und fahren auf der Südseite den Hafnersee entlang durch den Wald. Auch hier sind wir ein kurzes Stück auf Schotter und Waldweg unterwegs. Nach der kleinen Brücke über den Bach biegen wir links in die Penkenstraße ein und folgen dieser an Äckern und Feldern vorbei bis zur kleinen Anhöhe. Dort biegen wir links zum 7 / Ramsar-Moor ab und machen beim Beobachtungsturm eine kleine Pau-

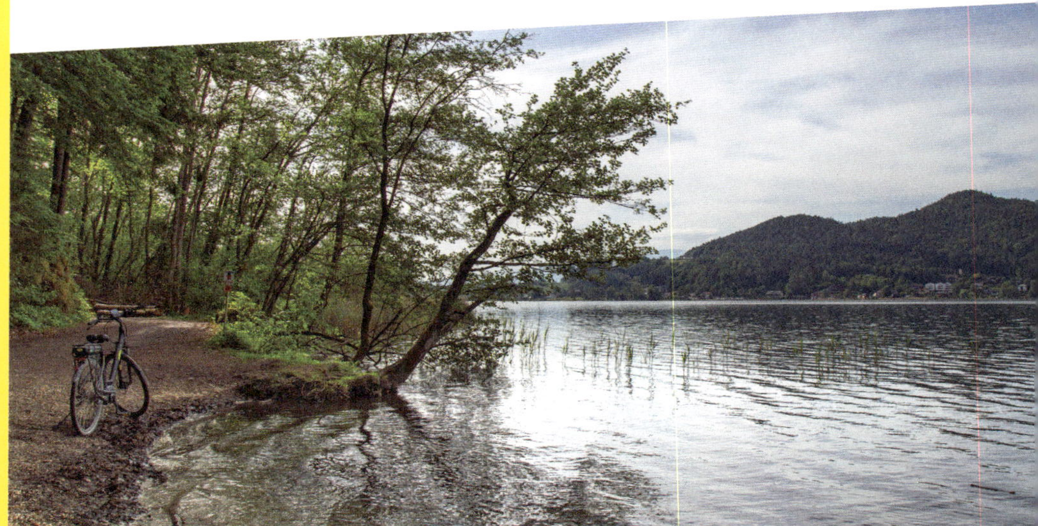

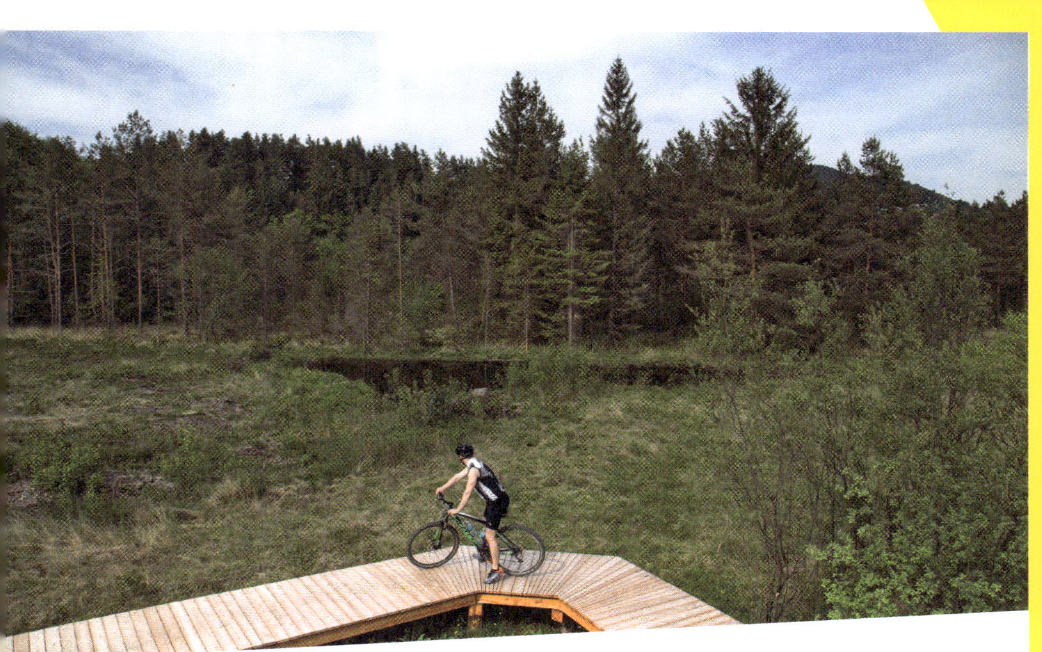

se. Zurück auf der Penkenstraße schnaufen wir ein paar Meter bis zur großen Linde hoch und biegen rechts ab. Schon können wir den 8 / Bauernhofladen Schludermann der Familie Perdacher sehen. Der Hofladen mit der rosaroten Tür ist direkt neben dem Stall und bietet das beste Bauernhof-Eis weit und breit. Du kannst aus vielen verschiedenen Sorten wählen. Eine Besonderheit ist die Eissorte Pohača, eine Hommage an die gleichnamige Germteig-Mehlspeise mit Zimt und Nüssen aus der Region.

Vom Eis zum Holzsouvenir

Wir schlecken das Eis, fahren zurück zur Linde und nehmen die Techelweger Straße in Richtung Farrendorf. Es ist ein idyllisches Stück Natur, das uns hier begleitet. Angenehm schattig ist es unter dem Blätterdach der Bäume und ein feiner moosiger Geruch in der Nase begleitet uns. Nach Wald und Teichen biegen wir links zum Sportplatz ab und radeln vorbei am Bauernhof bis zur Farrendorfer Straße. Dieser folgen wir ein paar Meter und biegen beim nächsten Weg links zur 9 / Holzmanufaktur Hobelfranz ab. Hier gibt es duftende Unikate aus Zirbenholz. Für Franz Pemberger gibt es kaum etwas, was nicht aus Holz denkbar wäre. Angefangen von kleinen Mitbringseln mit lieben Sprüchen bis hin zu Wanduhren oder indi-

KM 15

Im 7 / Ramsar-Moor legen die Ameisenbläulings-Schmetterlinge ihre Eier in die Blüten des Großen Wiesenknopfs, von dem sich die Raupen fallen lassen, um von Ameisen in den Bau getragen zu werden, wo sie überwintern und im nächsten Jahr als Falter ausfliegen.

< links / Pause beim Keutschacher See
^ oben / Natur beobachten im Ramsar-Moor

DIY

Die Radtour lässt sich wunderbar mit einer Kräuterhofführung oder einem Räucherworkshop in der 10 / Kräuterlei verbinden. Vorher anmelden!

viduell gefertigten Stücken. Ist er gerade nicht da, einfach anrufen und dann ermöglicht er auch aus der Ferne einen Blick in das große Sortiment seiner kleinen, aber feinen Manufaktur. Jausenbrettchen und Engel sind nicht schwer und passen noch gut in den Rucksack.

Kräutergeschenke und mehr

Von der Holzmanufaktur fahren wir zurück auf die Farrendorfer Straße und folgen dieser in Richtung Schiefling bis zur nächsten Bushaltestelle. Hier biegen wir bei der „Furtasch Huabn", einem alten gepflegten Bauernhof, links in den Fasanweg ab. Vielleicht ist dir auch gegenüber der Bauernhof mit den vielen künstlerischen Figuren im Garten aufgefallen? Die Künstlerin arbeitet gerne mit Keramik und Beton. Wenn du möchtest, kannst du hier gerne einen Stopp machen und dir von Delani ihre Werke zeigen lassen. Ein paar Meter nach dem Bauernhof geht es auf einem holprigen Hohlweg leicht bergauf zur 10 / Kräuterlei. Lass dich vom Weg nicht abschrecken. Dieser ist nur ein kurzes Stück etwas abenteuerlich mit dem hohen Gras und den Steinen. Nach ein paar Minuten ist es geschafft und du kannst wieder auf Asphalt weiterradeln – oder vorab noch einen Blick in den Hofladen werfen. Von Tee über Räucherwerk bis hin zu Kräutersalzen und hübschen Mitbringseln findest du im renovierten 120-jährigen Stall eine große Auswahl an Kräuterspezialitäten. Viele der wild wachsenden Köstlichkeiten werden auf Wiesen und in den Wäldern gesammelt. Bei der Kräuterlei folgen wir dem Fasanweg und kommen bis zur Hauptstraße. Hier nehmen wir rechts den Radweg ins Ortszentrum, wo wir beim 11 / Ortsladen Schiefling (Mo–Fr 10–18, Sa 8–12 Uhr, Keutschacher Str. 117, 9535 Schiefling) kurz vor dem Gasthaus Pension Bürger (Keutschacher Str. 33, 9535 Schiefling) unseren letzten Stopp einlegen und in Ruhe die Köstlichkeiten der Region gustieren. Erfrischungen gibt es direkt im kleinen angeschlossenen Stehcafé.

GROSSER FAMILIEN-SPASS

Wer mit Kindern unterwegs ist, legt kurz vor dem 11 / Ortsladen Schiefling einen Stopp im Generationenpark mit großem Spielplatz ein, wo sich die Kids nochmal so richtig austoben können.

TOUR, DIE DU SO NIE GEMACHT HÄTTEST

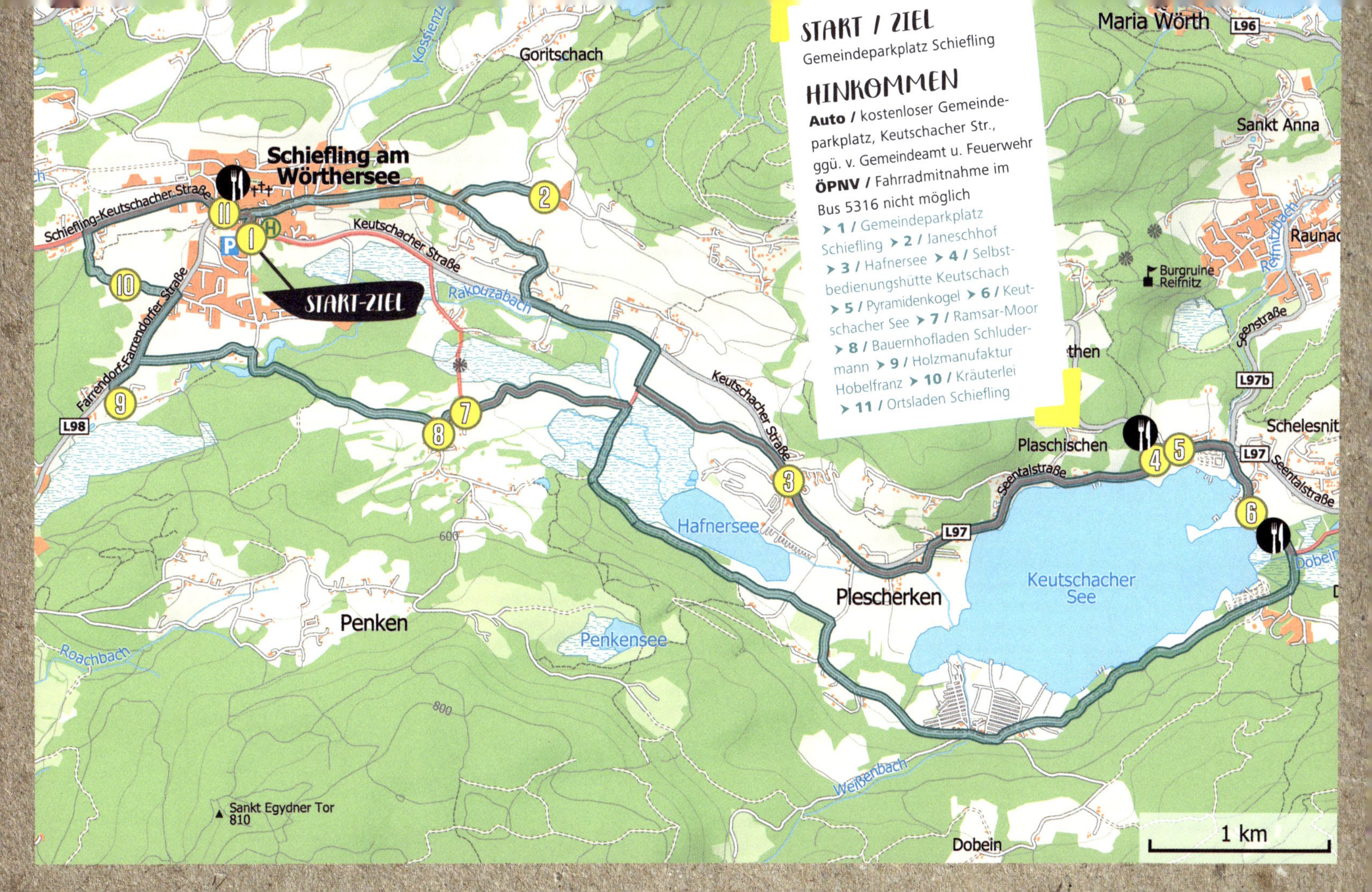

START / ZIEL

Gemeindeparkplatz Schiefling

HINKOMMEN

Auto / kostenloser Gemeindeparkplatz, Keutschacher Str., ggü. v. Gemeindeamt u. Feuerwehr

ÖPNV / Fahrradmitnahme im Bus 5316 nicht möglich

➤ **1 /** Gemeindeparkplatz Schiefling ➤ **2 /** Janeschhof ➤ **3 /** Hafnersee ➤ **4 /** Selbstbedienungshütte Keutschach ➤ **5 /** Pyramidenkogel ➤ **6 /** Keutschacher See ➤ **7 /** Ramsar-Moor ➤ **8 /** Bauernhofladen Schludermann ➤ **9 /** Holzmanufaktur Hobelfranz ➤ **10 /** Kräuterlei ➤ **11 /** Ortsladen Schiefling

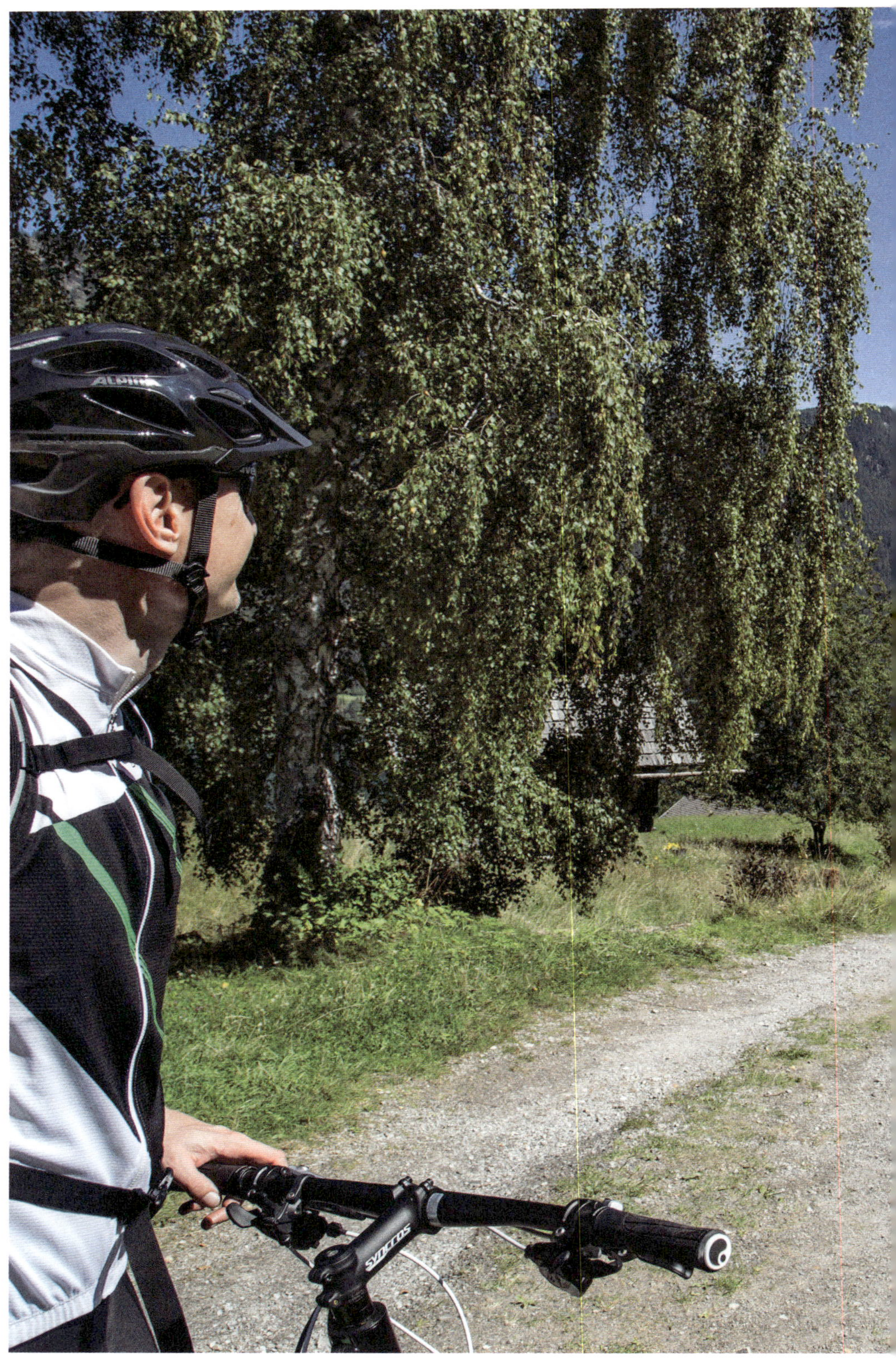
SYNCROS

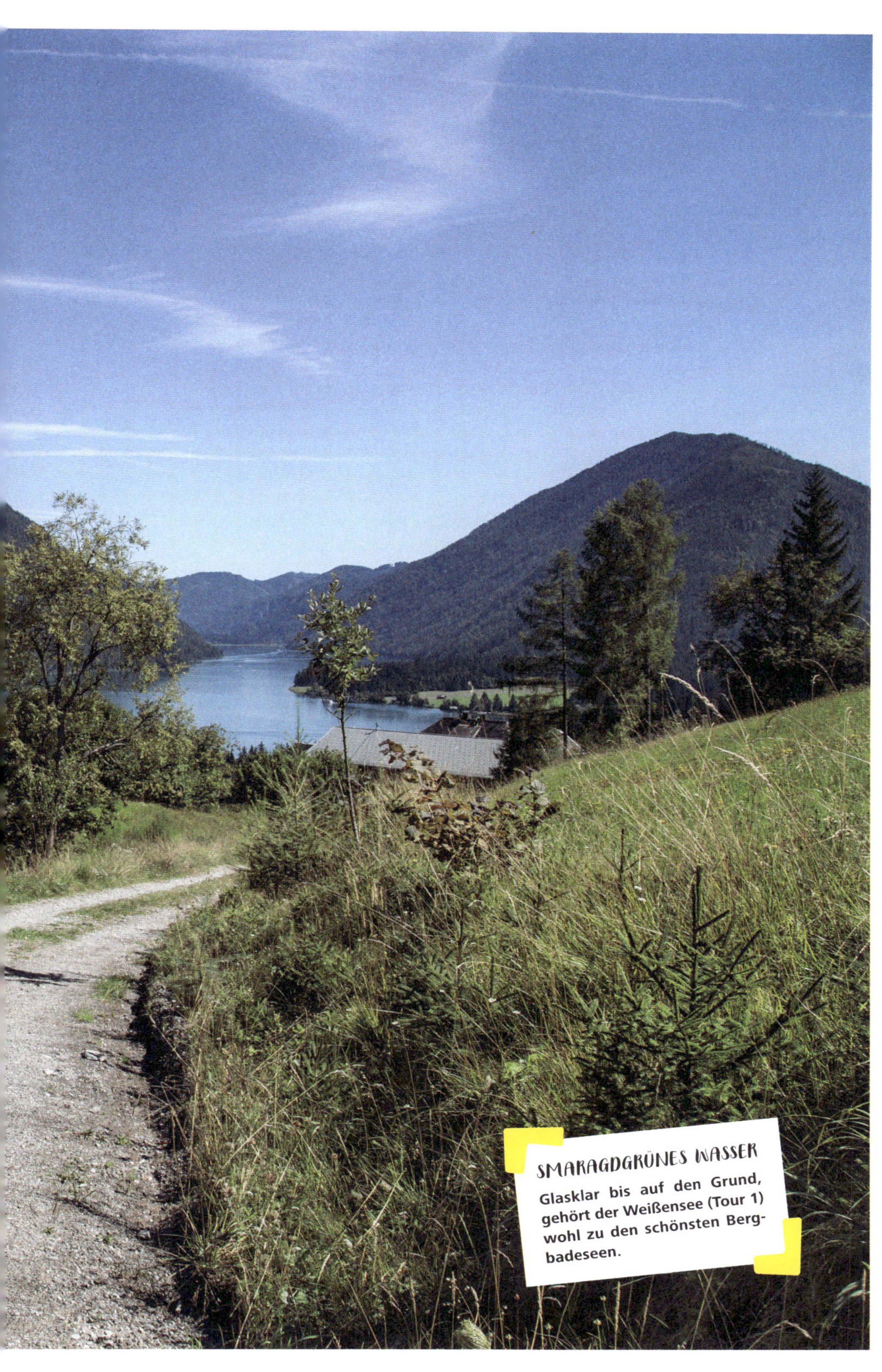

SMARAGDGRÜNES WASSER

Glasklar bis auf den Grund, gehört der Weißensee (Tour 1) wohl zu den schönsten Bergbadeseen.

MEHR ERFAHREN

SPANNENDE TAGESTOUREN, DIE JEDER SCHAFFT

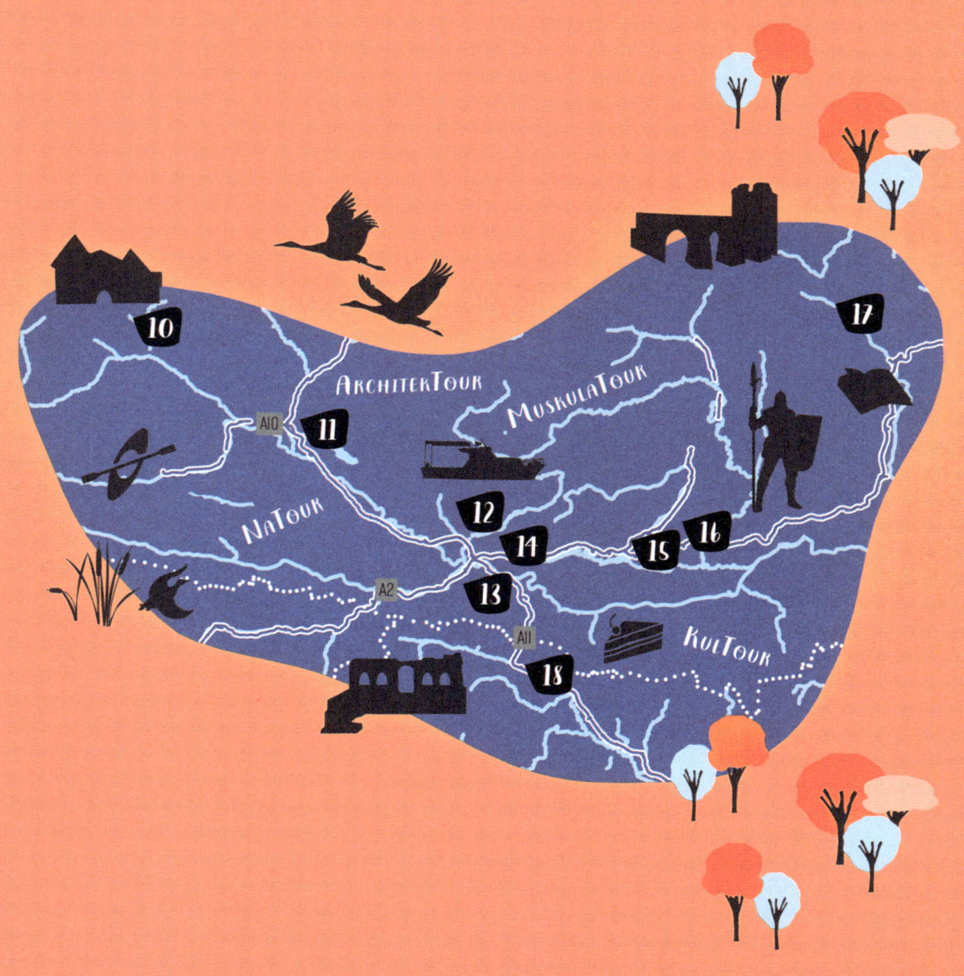

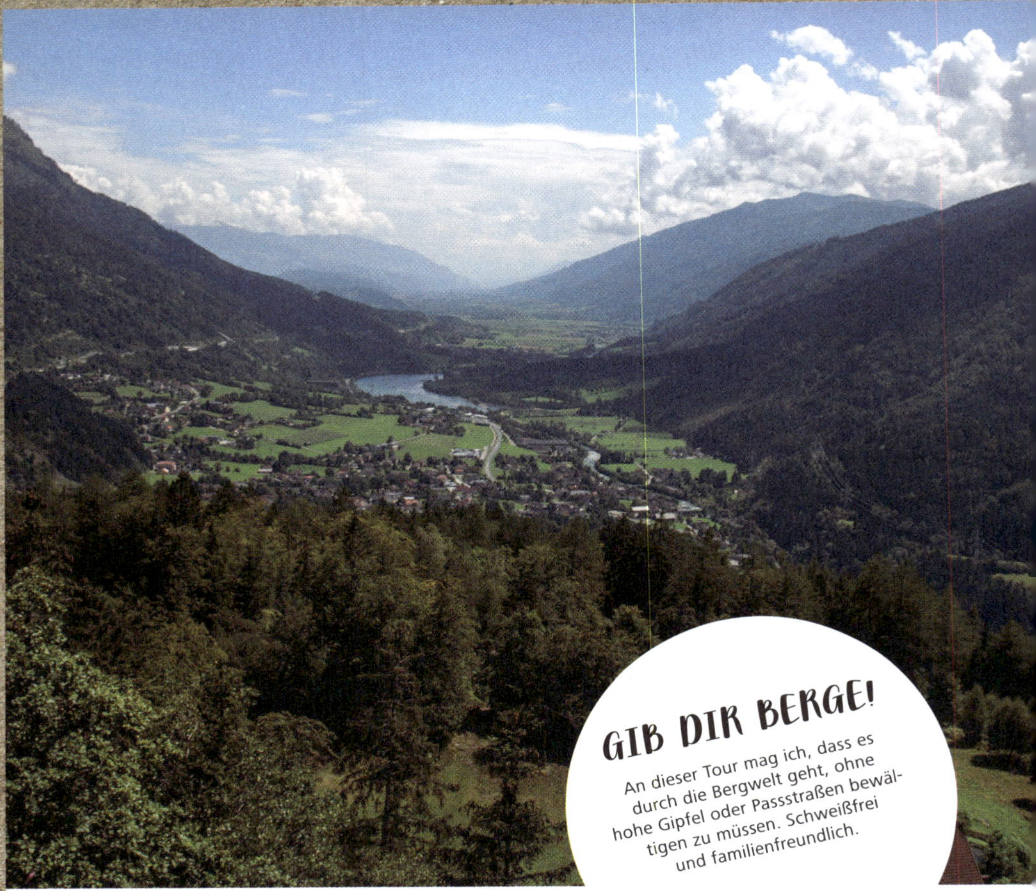

GIB DIR BERGE!

An dieser Tour mag ich, dass es durch die Bergwelt geht, ohne hohe Gipfel oder Passstraßen bewältigen zu müssen. Schweißfrei und familienfreundlich.

➤ 1 / Vom Zug aufs Rad umsatteln in Mallnitz

➤ 2 / Nationalpark Hohe Tauern Besucherzentrum Mallnitz mit vielen Infos

➤ 3 / Kurzer Halt im Slow Food Village Obervellach

➤ 4 / Burg Falkenstein besichtigen

➤ 5 / Abstecher auf den Danielsberg

➤ 6 / Energie tanken beim Wasserfall Bernitzbach

➤ 7 / Erinnerungsfoto beim Stausee Rottau schießen

➤ 8 / Das Kelten- und Römermuseum Argentum besuchen

➤ 9 / Dem Schloss Drauhofen zuwinken

➤ 10 / Abstecher ins Römermuseum Teurnia

➤ 11 / Zurück beim Tauernsprinter in Spittal an der Drau, unser Startpunkt mit dem Zug

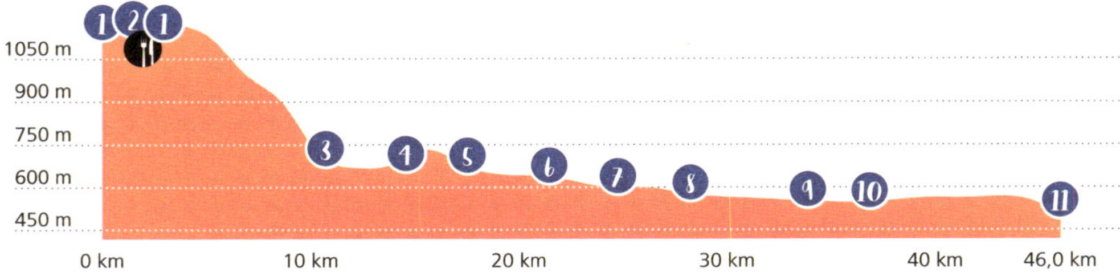

Bergpartie in Oberkärnten

Durchs Mölltal bis nach Spittal an der Drau

Berg, Land, Fluss. Die beeindruckende Bergwelt Oberkärntens begleitet uns auf dieser Tour von Mallnitz auf fast 1.200 Meter Höhe durch das Mölltal bis nach Spittal an der Drau. Unterwegs sehen wir Kirchen, Ruinen und viel Natur.

46 Kilometer
375 Höhenmeter ▲
1010 Höhenmeter ▼
3:30 Stunden
Streckentour

Abwärts radeln

Wir starten unsere Radreise am Bahnhof Spittal an der Drau, von wo der Tauernsprinter, ein spezieller Zug für Radfahrer, in den Sommermonaten täglich nach 1 / Mallnitz fährt. Alternativ ist auch die Anreise von Villach möglich. Beim Verladen der Räder hilft ein Mitarbeiter. Die Strecke ist natürlich auch umgekehrt möglich, allerdings ist dabei etwas mehr Kraft in den Waden notwendig.

Charakter
Sportlich ●○○○○
Abkühlung ●●○○○
Schlemmen ●●●○○
Panorama ●●●●○

Den Berg runter

Bei der Anreise nach Mallnitz bekommen wir bereits einen ersten Vorgeschmack auf die Strecke, die durch idyllische Dörfer und

Toureninfo / Die Tour verläuft überwiegend auf beschilderten Radwegen getrennt vom Verkehr. Gut geeignet für Familien mit Anhänger, nur ein paar moderate Steigungen – außer wer auf den Danielsberg hinauf will! E-Bike-Ladestationen bei den Drauradweg-Wirten. Badesachen nicht vergessen.

‹ links / Der Blick vom Danielsberg hinunter ins Tal

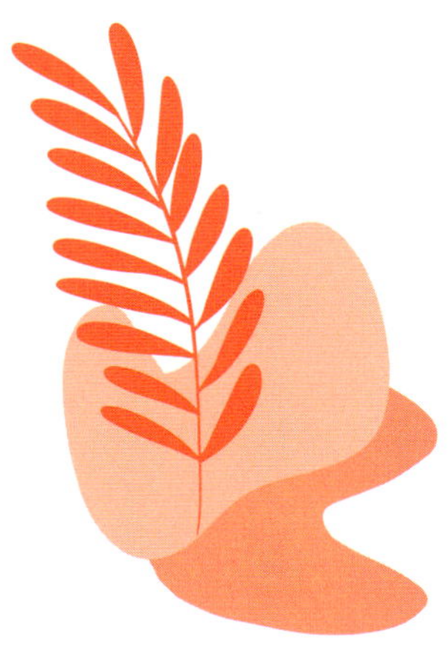

imposante Naturlandschaften führt. Du kommst direkt auf rund 1.200 Meter Höhe an und folgst immer der Beschilderung vom Glocknerradweg R8 bzw. dem Ciclovia Alpe Adria Radweg. Die große Leittafel dafür findest du links vom Bahnhofsgebäude auf der gegenüberliegenden Straßenseite. Nur wenn du mit dem Zug der Autoschleuse Tauernbahn aus dem Gasteiner Tal anreist, siehst du das Schild gleich beim Aussteigen. Auch wenn du schon in Mallnitz bist, solltest du Zeit für einen Besuch des 2 / Nationalpark Hohe Tauern Besucherzentrums (9822 Mallnitz 36) einplanen – mit Panorama-Café.

GIPFEL-AUSFLUG

Die Ankogelbahn bringt dich von der Talstation 1 / Mallnitz auf den 2.636 Meter hohen Ankogel.

Immer der Möll entlang

Unsere Radroute führt, nachdem wir den Bahnhof wieder passiert haben, entlang der Bundesstraße nach Dellach. Auf der Bundesstraße folgt noch ein kurzer Anstieg, bis es dann etwa acht Kilometer rasant bergab geht. Zum Glück ist die Bundesstraße wenig befahren. Etwa 200 Meter nach dem Ortsschild Dürnvellach-Obervellach steht an der rechten Straßenseite ein Hinweisschild zum Glocknerradweg R8. Hier biegen wir links in den Ortskern von 3 / Obervellach ab, der dank der bezaubernden Kirche und dem historischen Marktplatz nicht zu verfehlen ist. Decke dich ruhig mit einer regionalen Jause für später ein! Ab hier ist der Radweg bis Möllbrücke hervorragend ausgeschildert und verläuft bis zur Ortschaft Penk links von der Möll, meistens entlang der Mölltalstraße B 106. Es sind auch zwei kurze Waldstücke dabei. Auf Höhe Stallhofen haben wir einen schönen Blick auf die Wehranlage 4 / Burg Falkenstein, die auf einem Felsgrat über dem Tal thront und zu den ältesten Burgbauten in Kärnten zählt. Hier lohnt sich ein Blick zurück auf die Hohen Tauern und die Kirche von Stallhofen.

➤ **rechts oben / In Mallnitz weisen die Hinweisschilder den Weg**
➤ **rechts Mitte / Ein Blick zurück auf die Kirche Stallhofen**

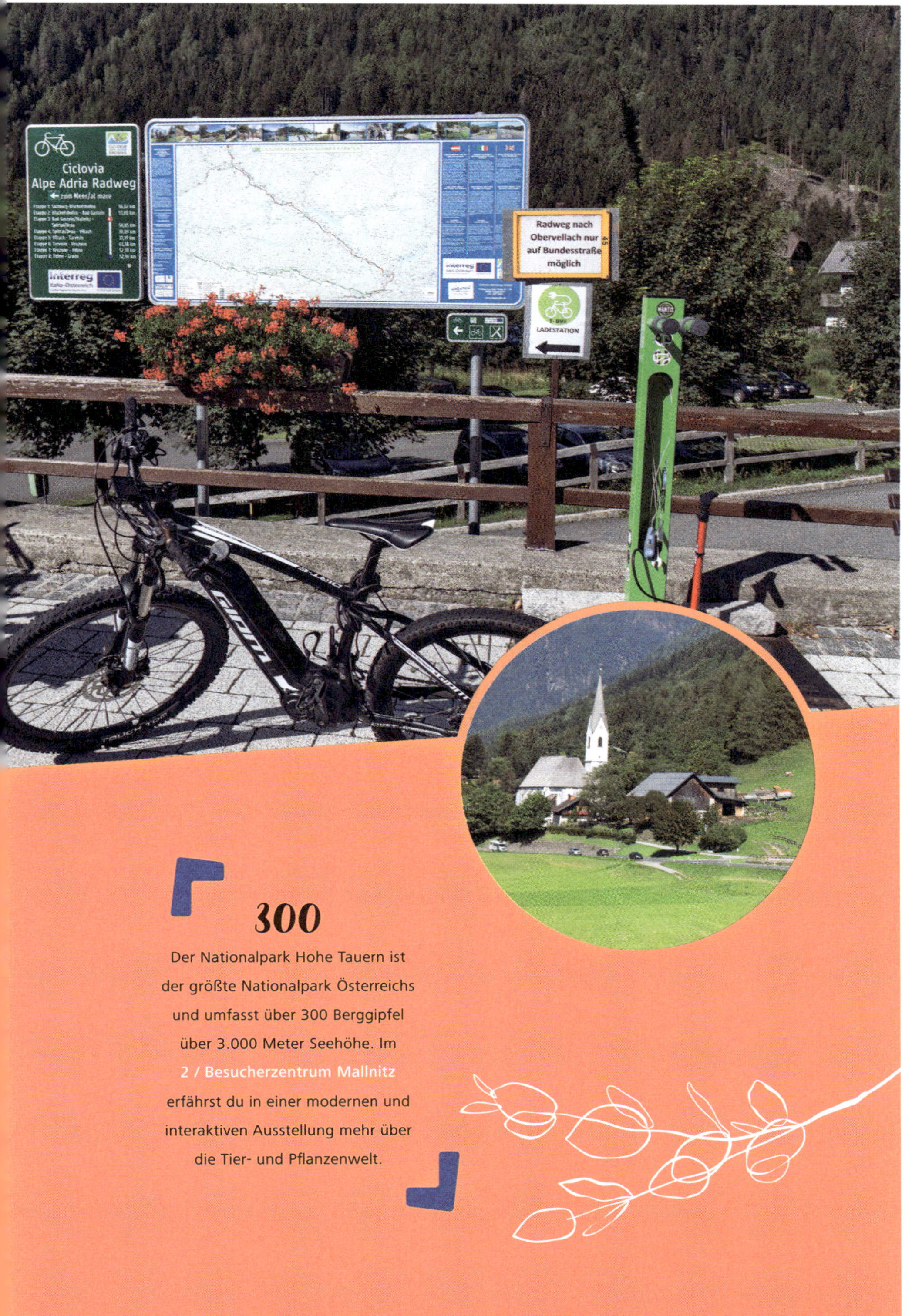

300

Der Nationalpark Hohe Tauern ist der größte Nationalpark Österreichs und umfasst über 300 Berggipfel über 3.000 Meter Seehöhe. Im 2 / Besucherzentrum Mallnitz erfährst du in einer modernen und interaktiven Ausstellung mehr über die Tier- und Pflanzenwelt.

Nachts auf der Burg

Auf der 4 / **Burg Falkenstein** kannst du in den Sommermonaten auch bei einer Nachtführung mitmachen. Ganz schön spooky!

Auf frühchristlichen Spuren

Bäuerlich geprägtes Tal

Bei der Ortschaft Penk überqueren wir zuerst die Möll und unterqueren dann die Bundesstraße. Hier ist Vorsicht geboten, denn die Unterführung ist sehr eng und biegt dann gleich nach links ab. Wenige Meter weiter, gleich nach dem Gasthaus Penkerwirt, folgt ein Hinweisschild nach rechts. Der Glocknerradweg R8 führt uns nun rechts der Möll durch beschauliche Siedlungen, vorbei an Bauernhöfen und Wiesen. Auf der Höhe der Ortschaft Napplach, Gemeinde Reißeck, sieht man die kleine Filialkirche St. Georg auf dem 5 / Danielsberg. Sie steht an der Stelle einer der ersten frühchristlichen Kirchen in Kärnten. Bereits um 313 nach Christus soll hier eine dem heiligen Daniel geweihte Kirche errichtet worden sein. Bis zur Gemeinde Möllbrücke wird die Möll einige Male überquert. Der Gasthof Kirchenwirt (tgl. 11–14, 17–23 Uhr, Dienstag Ruhetag, Unterkolbnitz 15, 9815 Unterkolbnitz) liegt fast direkt am Radweg bei der Brücke, bei der der Radweg wieder rechts über die Möll führt. Außerdem kannst du unterwegs eine kleine Wanderung zum 6 / Wasserfall

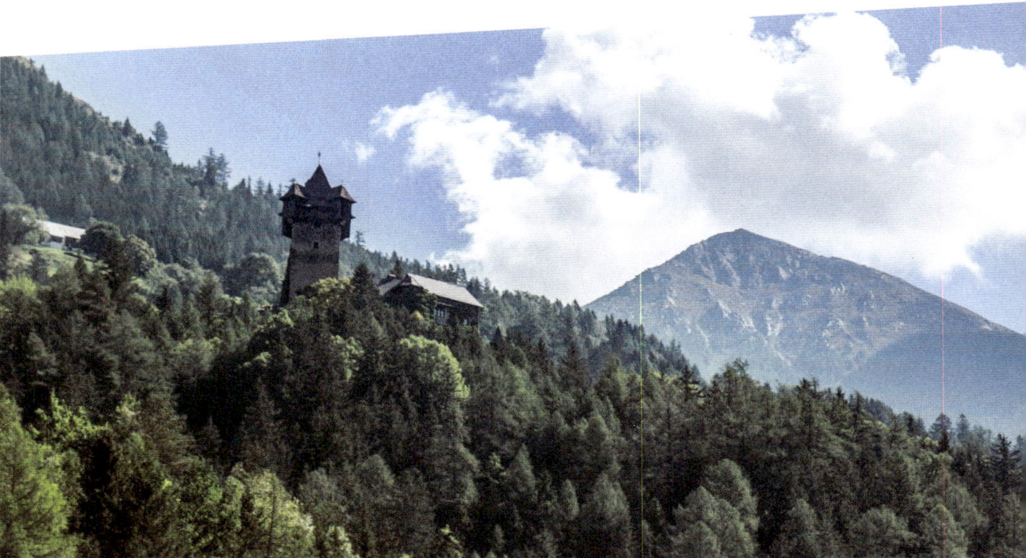

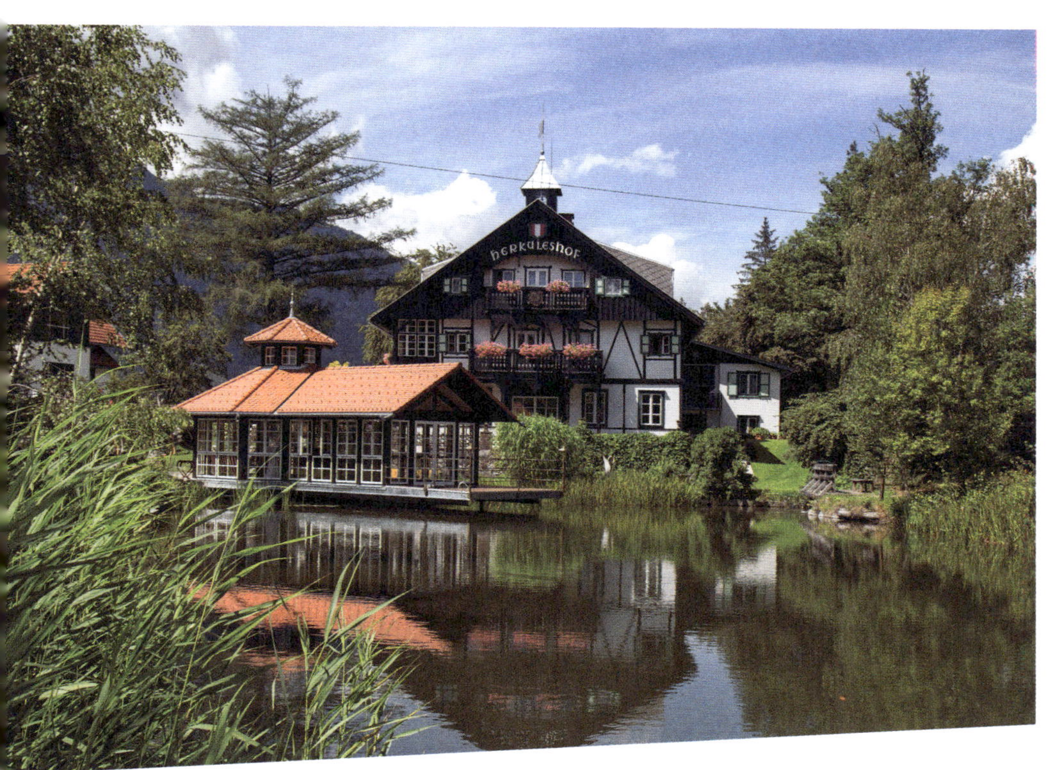

Bernitzbach machen oder beim 7 / Stausee Rottau eine entspannte Rast einlegen. Die Spiegelungen im Wasser sind ein super Fotomotiv. Spuren von Kelten und Römern entdeckst du im Museum 8 / Argentum (Mo–Sa 8.30–19 Uhr, 9814 Mühldorf 271). Die Antike Oberkärntens steht im Mittelpunkt der Ausstellung. Durch die Ortschaft wurden auch drei Themenwanderwege angelegt, die unter anderem zum Römerbad oder keltischen Anlage führen. Direkt in Mühldorf gibt es einen kleinen Badeteich, wenn du dich an heißen Tagen schwimmend abkühlen oder die Sonne genießen möchtest.

Historischer Boden

In der Gemeinde Möllbrücke steht unübersehbar ein großes Radwegehinweisschild. Wir folgen dem Verbindungsstück zum Drauradweg R1 über die rote Brücke bis zur nächsten größeren Kreuzung vor dem Bahnhof Möllbrücke-Sachsenburg. Hier gibt es leider kein ersichtliches Hinweisschild, aber wir radeln

KM 17

Auf dem 5 / Danielsberg kannst du nicht nur gut essen und eine schöne Aussicht genießen, sondern auch an der Wunschglocke läuten. Wer weiß, vielleicht geht dein Wunsch schon bald in Erfüllung?

< links / Die Burg Falkenstein
^ oben / Das Restaurant Herkuleshof am Danielsberg

nach links der Drautalstraße entlang bis zur Kreuzung mit der Mölltalstraße, wo wieder ein Schild nach rechts auf den Radweg verweist. Nach zwei engen Kurven öffnet sich vor uns das historisch bedeutende Lurnfeld. Hier wurde der überregional wichtige Frieden von Pusarnitz zwischen dem Habsburger Kaiser Friedrich III. und Graf Johann von Görz geschlossen, der die Streitereien um die Grafschaft Cilli beendete. Auf dem Weg liegt auch das 9 / Renaissanceschloss Drauhofen, das viele Jahre eine Fachschule beherbergte.

FREILUFTDUSCHE

Bei Mühldorf, kurz vor Spittal an der Drau, liegt die Barbarossaschlucht. Wenn du willst, kannst du dich auch im eiskalten Gebirgswasser abkühlen.

Talwechsel zur Drau

In der Gemeinde Möllbrücke mündet die Möll in die Drau. Hier wechseln wir zur Drau, die uns bis nach Spittal – oder weiter nach Villach begleitet. Nur kurz vor Spittal, wo der Radweg links nach Lendorf abzweigt und durch die Siedlungen von Feicht und Rojach führt, erwarten uns noch ein paar kürzere Steigungen. Ansonsten geht es gemütlich dahin. Unterwegs unbedingt bei Ebners Greißlerei regionale Schmankerln einkaufen (Mo–Fr 5–18, Sa 5.30–12, So 6–10 Uhr, Lendorf 56, 9811 Lendorf)! In Lendorf kannst du entweder dem Alpe Adria Radwegfolgen oder den Drauradweg nehmen. Beide Radwege

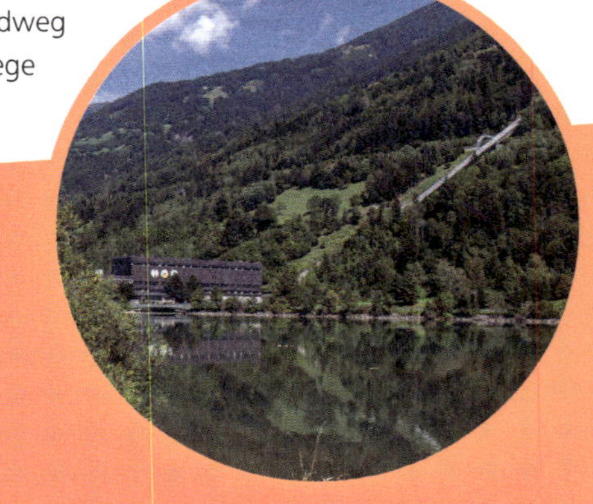

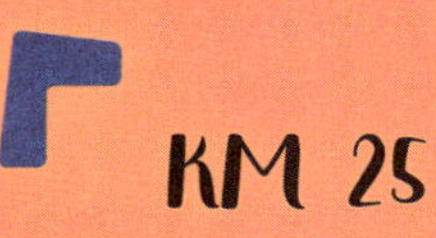

KM 25

Der 7 / Stausee Rottau wurde als ökologische Ausgleichsmaßnahme zum Pumpspeicherkraftwerk Reißeck II geschaffen und ist rund ein Hektar groß. Heute ist es ein wichtiger Lebensraum für die Tiere. Ein drei Kilometer langer Themenweg vermittelt Wissen rund um die Fische.

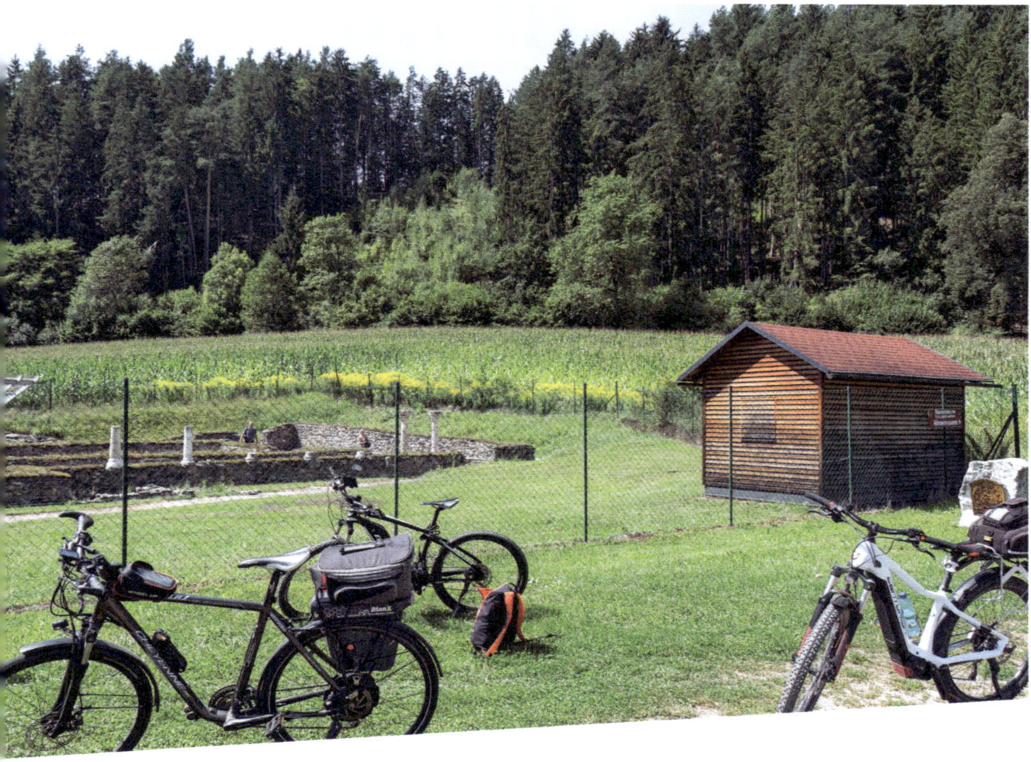

bringen dich direkt zum 11 / Tauernsprinter am Bahnhof in Spittal an der Drau. Unterwegs bietet sich ein Abstecher zum 10 / Römermuseum Teurnia (1. Mai–26. Oktober: Di–So 10–16 Uhr, Juli–August: 10–17 Uhr, St. Peter in Holz 1, 9811) an. Hier kannst du Überreste einer römischen Provinzhauptstadt aus dem 5. und 6. Jahrhundert, Gebäudereste einer frühchristlichen Bischofskirche, Mosaike, Schmuck, Waffen, Münzen und mehr sehen. In Spittal angekommen, kannst du dich auch für eine Verlängerung entscheiden, zum Beispiel die Wochenend-Biketour 19 auf Seite 179. Entlang des Drauradweges haben sich die sogenannten Drauradweg-Wirte ganz auf die Bedürfnisse der Radfahrer spezialisiert. Von Ladestationen bis hin zum Werkzeug wirst du beim Einkehren oder Übernachten bestens versorgt. Außerdem liegt der Radweg an der Bahnstrecke. Sollte es dir einmal zu viel werden oder du von einer Regenwolke verfolgt wirst, kannst du jederzeit mit dem Zug weiterfahren. Das macht die Strecke auch für Familien mit kleineren Kindern interessant.

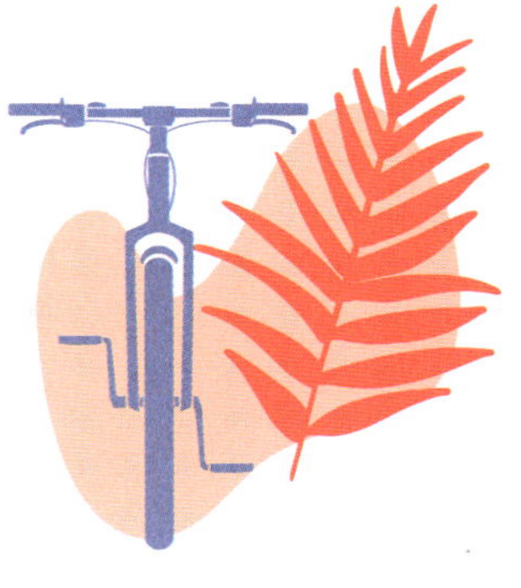

‹ links / Der Stausee Rottau ˄ oben / Stopp beim Römermuseum Teurnia

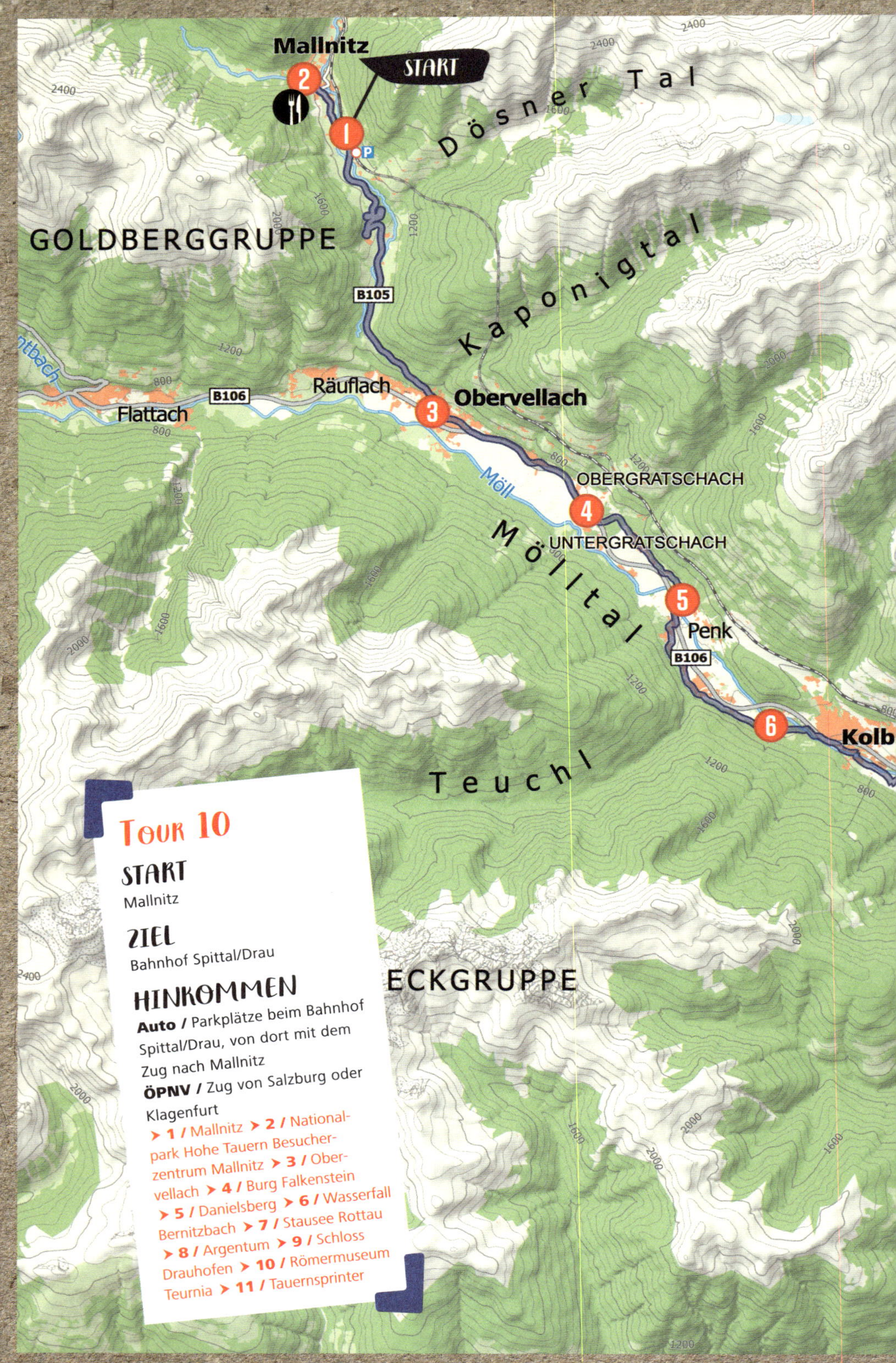

Tour 10

START
Mallnitz

ZIEL
Bahnhof Spittal/Drau

HINKOMMEN
Auto / Parkplätze beim Bahnhof Spittal/Drau, von dort mit dem Zug nach Mallnitz
ÖPNV / Zug von Salzburg oder Klagenfurt
➤ **1 /** Mallnitz ➤ **2 /** Nationalpark Hohe Tauern Besucherzentrum Mallnitz ➤ **3 /** Obervellach ➤ **4 /** Burg Falkenstein ➤ **5 /** Danielsberg ➤ **6 /** Wasserfall Bernitzbach ➤ **7 /** Stausee Rottau ➤ **8 /** Argentum ➤ **9 /** Schloss Drauhofen ➤ **10 /** Römermuseum Teurnia ➤ **11 /** Tauernsprinter

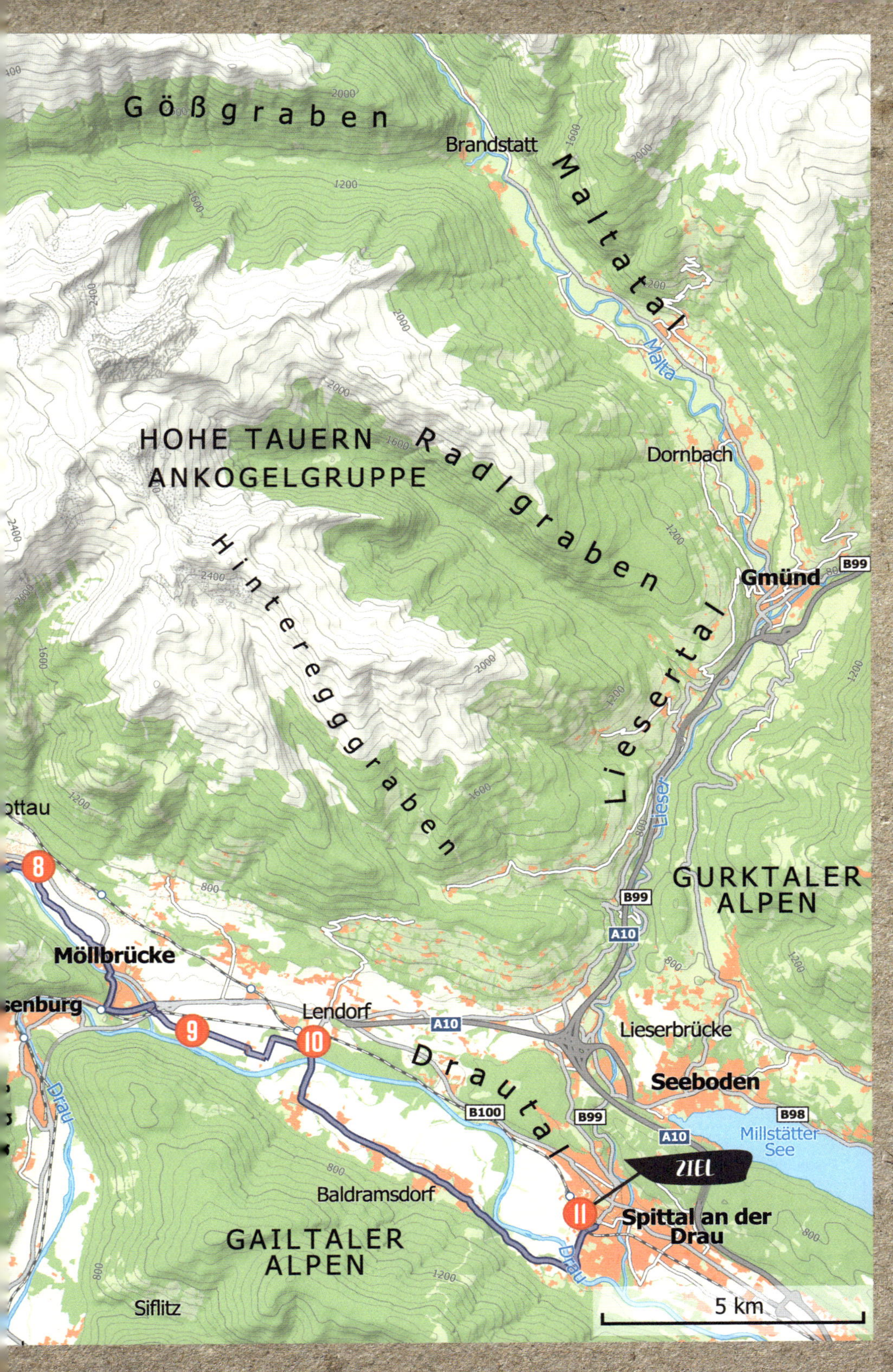

Gößgraben
Brandstatt
Maltatal
Malta
HOHE TAUERN
ANKOGELGRUPPE
Radlgraben
Hintereggraben
Dornbach
Gmünd
B99
Liesertal
Lieser
GURKTALER
ALPEN
A10
Möllbrücke
senburg
Lendorf
Lieserbrücke
Seeboden
Drautal
B100
B98
Millstätter
See
ZIEL
Baldramsdorf
Spittal an der
Drau
GAILTALER
ALPEN
Drau
Siflitz
5 km

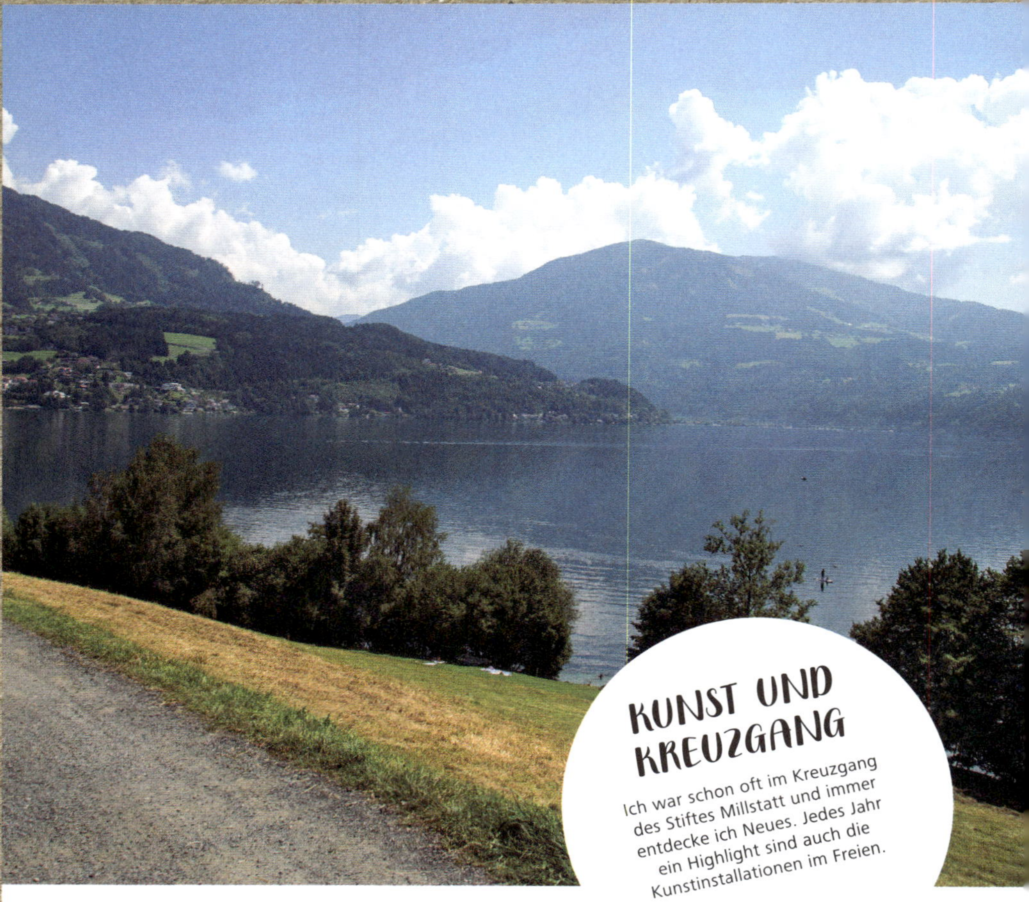

KUNST UND KREUZGANG

Ich war schon oft im Kreuzgang des Stiftes Millstatt und immer entdecke ich Neues. Jedes Jahr ein Highlight sind auch die Kunstinstallationen im Freien.

➤ **1 /** Start- und Endpunkt unserer Tour ist der Parkplatz Seeboden

➤ **2 /** Die Seenixe und das Fischereimuseum besuchen

➤ **3 /** Seemomente tanken im Klingerpark

➤ **4 /** Staunen über die Architektur im Lindenhof

➤ **5 /** Den Kreuzgang im Stift Millstatt mit allen Sinnen erleben

➤ **6 /** Die Sage vom Domitian kennenlernen

➤ **7 /** Platz nehmen auf der Bank im See

➤ **8 /** Das Panorama genießen beim Laggerhof

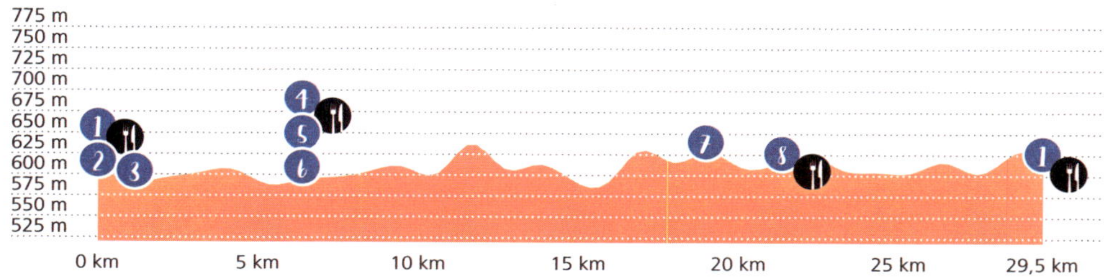

LOGENPLATZ-RADELN

Von Seeboden bis nach Millstatt auf dem Millstätter-See-Radweg

Azurblau und lang gezogen lockt der Millstätter See mit seinen kulturellen Schätzen. Allen voran das ehemalige Stift, umgeben von prachtvollen Sommerfrische-Villen und einen Hauch von k.u.k. Flair. Bei der Seeumrundung lernen wir die schönsten Logenplätze am Wasser kennen.

30 Kilometer
465 Höhenmeter ▲
465 Höhenmeter ▼
2:15 Stunden
Rundtour

Blütenvoller Auftakt

Die Gestaltung eines Gartens hat durchaus etwas mit Kultur zu tun. Der beste Beweis dafür liegt in unmittelbarer Nachbarschaft unseres Start- und Endpunktes, gleich unterhalb des 1 / Parkplatzes Seeboden: Es ist die hübsch gestaltete Mündung des Seebaches. Von der Brücke bei der Steiner Straße blicken wir einmal nach rechts zur Seenixe aufs Wasser und einmal auf die andere Seite zum 2 / Fischereimuseum (Mai–Okt. tgl. 10–18 Uhr, Fischerweg 1, 9871 Seeboden) in einer ehemaligen Fischerhütte. Sofort wird die

CHARAKTER

Sportlich ●●●○○
Abkühlung ●●●●○
Schlemmen ●●●○○
Panorama ●●●●○

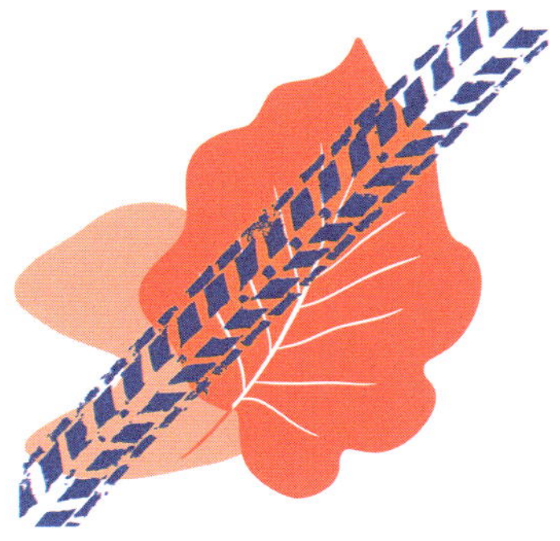

TOURENINFO / Auf der Nordseite verläuft der Radweg über weite Strecken parallel zur Straße in der prallen Sonne, auf der Südseite geht es zum Teil auf Schotterwegen durch den Wald. Unterwegs ergeben sich immer wieder Möglichkeiten zum Baden.

◀ **links / Der Millstätter See**

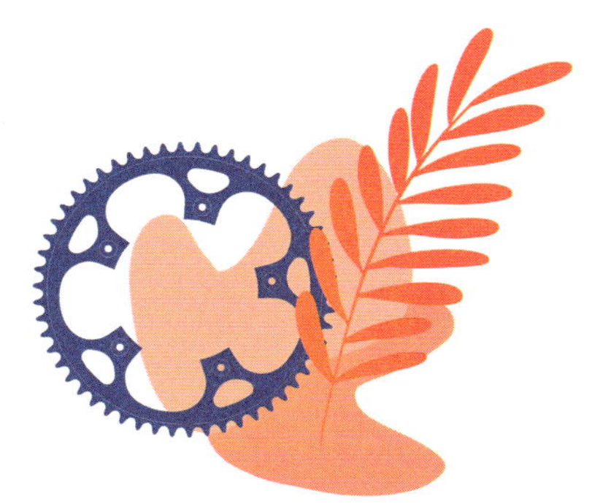

starke Verbindung zum Wasser spürbar. Wir radeln geradeaus weiter und halten uns leicht rechts. Entlang der Kochstraße begegnen uns am Wegesrand inspirierende Sprüche. Wir biegen rechts ab und fahren durch den 3 / Klingerpark mit über drei Hektar Fläche direkt zum Ufer und den Seespitz wieder hoch zum Angerweg, an der Tennisanlage rechts in die Seeallee und links auf die Seepromenade. Wer noch ein paar Minuten übrig hat, genießt vor dem Abbiegen in den Meixnerhofweg eine freie Sicht im Klauberpark. Wir durchqueren diesen und fahren an der Hauptstraße auf den Millstätter-See-Radweg R2B. Jetzt geht es mehrere Kilometer geradeaus. Der durchgängige Seeblick entschädigt für die Hauptstraße, die parallel dazu verläuft. Den Autolärm musst du auf diesem Teil einfach ignorieren. Am naturbelassenen Südufer kehrt dafür Ruhe ein.

ROSENLIEBE

In Seeboden hat die Gärtnerei Winkler einen malerischen öffentlich zugänglichen Rosen- und Wasserpark gestaltet.

Auf nach Millstatt

Allzu breit ist der Weg an manchen Stellen nicht. Kommt uns eine Familie mit Radanhänger entgegen, kann es schon einmal etwas knapp werden. Kurz vor dem Hafen des Kärntner Jachtklubs machen wir in einer lang gezogenen Linkskurve halt. Ein Parkplatz mit Aussichtspunkt lädt zum Durchatmen ein. In knapp zehn Minuten haben wir Millstatt erreicht, das kulturelle Herz am See. Du kannst sicher schon die schwimmende Glaspyramide vom Café-Bistro KAP 4613 (Kaiser-Franz-Josef-Straße 330, 9872 Millstatt) erkennen. Hier lässt sich wunderbar frühstücken oder brunchen. Nur ein paar Tritte leicht bergauf und im Nu sind wir beim Badehaus. Gegenüber können wir bereits den riesigen 4 / Lindenhof mit Wirtshaus und Biergarten erkennen. Es ist das ehemalige Hochmeisterschloss des St. Georgs-Ritterordens. Wir schieben unsere Räder durch den Torbogen vorbei an der 1000-jährigen Linde in den Innen-

---

➤ **rechts oben / Der Kreuzgang im Stift Millstatt**
➤ **rechts Mitte / Innenhof mit Brunnen im Stift Millstatt**

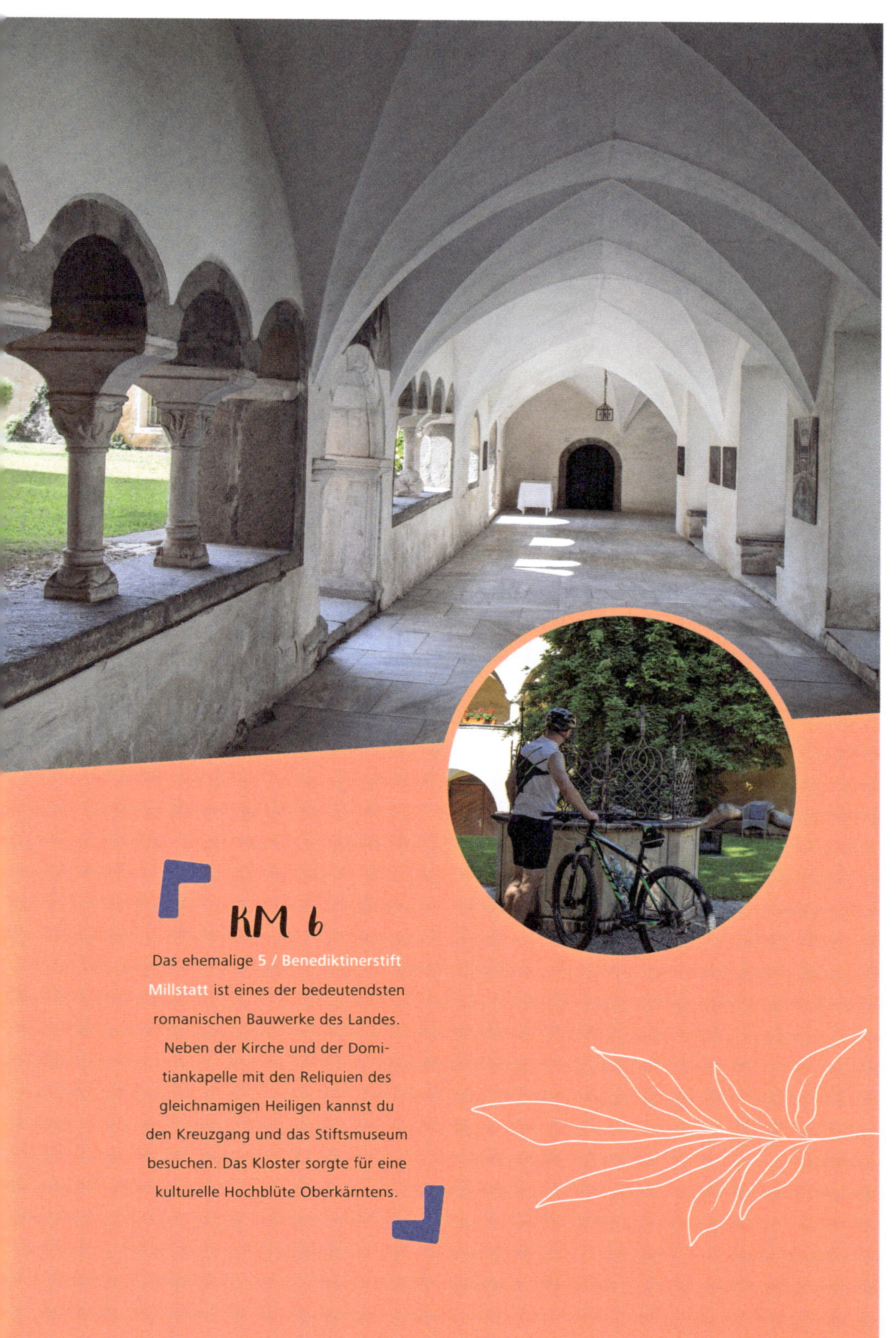

KM 6

Das ehemalige 5 / Benediktinerstift Millstatt ist eines der bedeutendsten romanischen Bauwerke des Landes. Neben der Kirche und der Domitiankapelle mit den Reliquien des gleichnamigen Heiligen kannst du den Kreuzgang und das Stiftsmuseum besuchen. Das Kloster sorgte für eine kulturelle Hochblüte Oberkärntens.

BADEN WIE DAMALS

In **Millstatt** befindet sich das erste Kärntner **Badehaus**, architektonisch angelehnt an historische Vorgänger, im Inneren aber mit modernem Wellnessbereich.

IM KLOSTER ALTE SCHRIFTEN BEWUNDERN

hof vom 5 / Stift Millstatt (Mai–Okt. 10–16 Uhr, Mo Ruhetag) Stiftgasse 1, 9872 Millstatt) und besichtigen Kirche sowie das Museum. Hier gibt es spannende Objekte, zum Beispiel aus der Schreibschule des Klosters, in der die Millstätter Handschrift entstand. Diese ist ein wichtiges Werk der frühmittelhochdeutschen Literatur. Aber auch geheimnisvolle Kerkerinschriften aus dem 16. Jahrhundert werden unter die Lupe genommen. Vielleicht erzählen sie von den Gelehrten und Legenden von damals? Einer davon ist der heilige Domitian, der noch heute verehrt wird. Deshalb radeln wir zurück auf der Hauptstraße zur Seepromenade und weiter bis zur 6 / Domitian-Statue im Schillerpark. Je nach Wasserstand steht die Figur mal mehr, mal weniger tief im Wasser. Überhaupt ist hier der Uferbereich idyllisch flach und bietet sich für ein kurzes Erfrischen der Füße an. Auch die Hunde laufen beim Bach über die Felsen begeistert ins frische Nass.

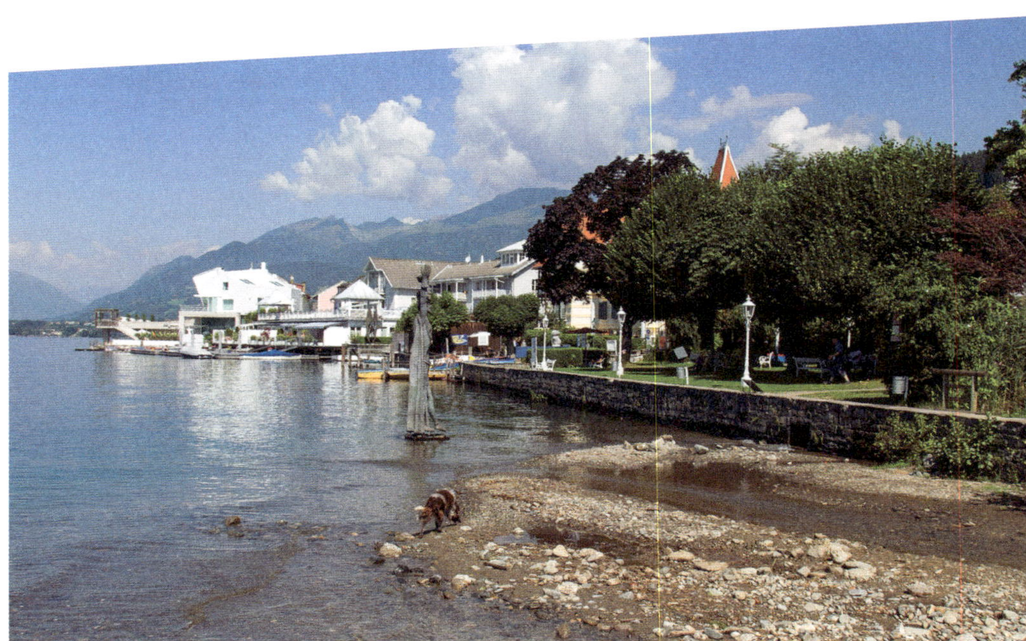

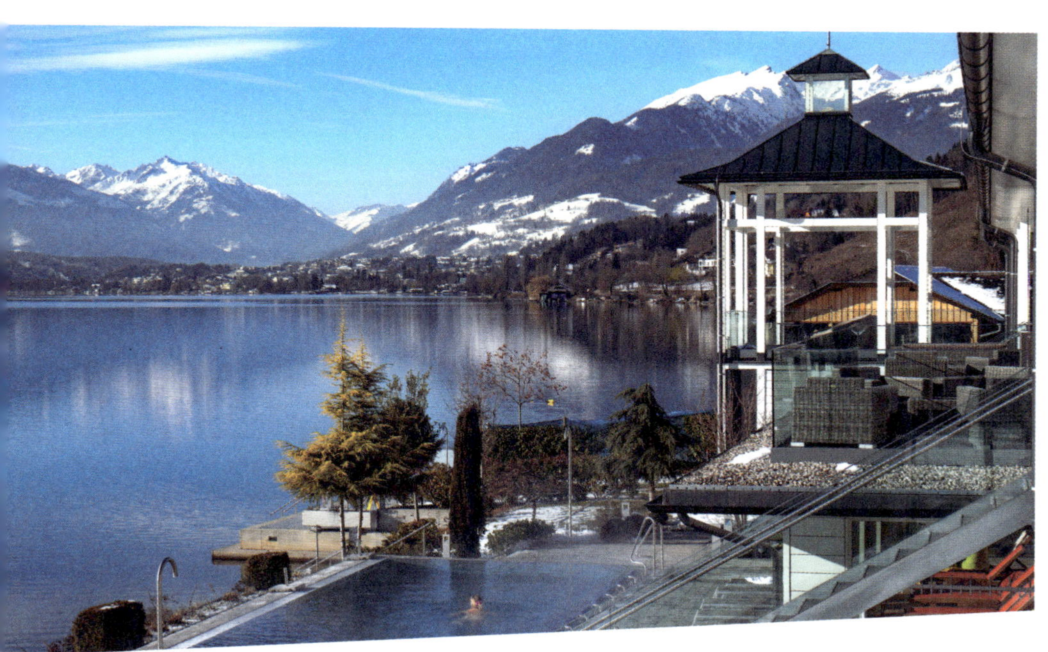

Sommersitz der Adeligen

Von der Statue schlängeln wir uns dem Ufer entlang zwischen den Hotelbetrieben die Seestraße bis zur Hauptstraße hinauf, wo wir wieder auf den offiziellen Radweg wechseln. Unterwegs kommst du an einigen guten Restaurants und Seeterrassen vorbei. Vielleicht fallen dir auch die schmucken Fassaden und Gebäude im Ort auf? Um die Jahrhundertwende entstanden hier viele Villen für die Sommerfrische. Markante Gebäude sind mit einer kleiner Infotafel versehen, auf der du mehr über die Architektur und Geschichte erfährst. Einige ansässige Fischer lieferten damals ihre Fänge sogar an den kaiserlichen Hof. Ein Rundweg führt dich quer durch den Ort zu den schönsten Villen aus der Gründerzeit. Wir satteln aber wieder auf und folgen dem Radweg in Richtung Döbriach. Ein Blick nach oben offenbart ein Schloss zwischen den Bäumen. Das ist das denkmalgeschützte Schloss Heroldeck mit seinem farbenfrohen Dach. Heute ist es ein Konferenzzentrum. Noch etwas darüber ist die Aussichtsplattform beim Slow Trail Zwergsee auszumachen. Von der Kalvarienbergkirche ist es dorthin eine familienfreundliche Wanderung durch den Wald, die sich zu jeder Jahreszeit lohnt.

BAU-DENKMAL

Der markante Beton-Sprungturm im Strandbad Millstatt ist aus den 1930er Jahren und steht unter Denkmalschutz. Im Sommer kannst du vom 13 Meter hohen Turm ins Wasser springen.

< links / Heiliger Domitian ^ oben / Das 1. Kärntner Badehaus

Wälder und Felsen

Während des Radelns vermischt sich die Luft des Sees mit dem unvergleichlichen Duft der Bäume. Wir atmen tief ein und fahren geradeaus weiter. Pesenthein ist die nächste Ortschaft, die wir voller Elan passieren. Der R2B-Radweg und die Millstätter Straße bringen uns nach einer langen Geraden und mäßigen Kurven in das Zentrum von Dellach. Ein wenig im Verborgenen ist am Ortsrand der Mühlbach zu entdecken. Nach rund zwölf Kilometern tragen uns die Reifen hinter das Ortsschild von Döbriach. Vor allem verknüpft mit dem Jungfernsprung, einer Kletterwand mit einem atemberaubenden Seeblick. Bei der nächsten größeren Straßenkreuzung lenken wir das Fahrrad rechts in die Seefeldstraße. Vorbei an den Campingparks ist die Glanzer Straße unsere nächste Wahl, die nach dem Seerestaurant Messner schon wieder verlassen wird. Am Südufer verläuft der R2B nahe am Wasser und durch wenig verbautes Gebiet. man merkt es an den Forststraßen, die zunehmend den Asphalt ablösen.

ABKÜRZUNG

Am Südufer legt die Radfähre Peter Pan an. Wenn du keine Lust mehr aufs Radeln hast, setzt du damit einfach nach Millstatt über. Klappt auch in umgekehrter Richtung.

Versteckte Plätze am Wasser

Wir genießen die Natur und bleiben rund zwei Kilometer nach Döbriach bei der

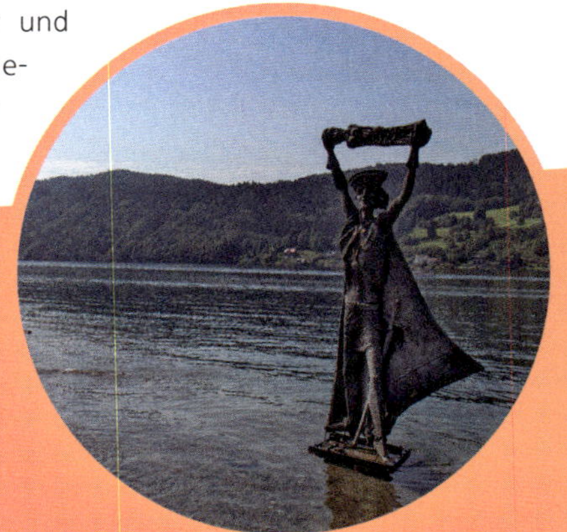

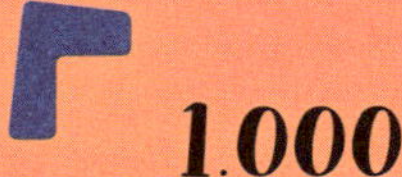

Die eigentümliche Statue am Seeufer beim Schillerpark soll den heiligen 6 / Domitian von Kärnten darstellen, wie er gerade Tausende heidnische Götzenstatuen ins Wasser wirft und die Einheimischen zum katholischen Glauben bekehrte. Gefunden wurde davon noch keine. Nicht die einzige Legende rund um seine Person.

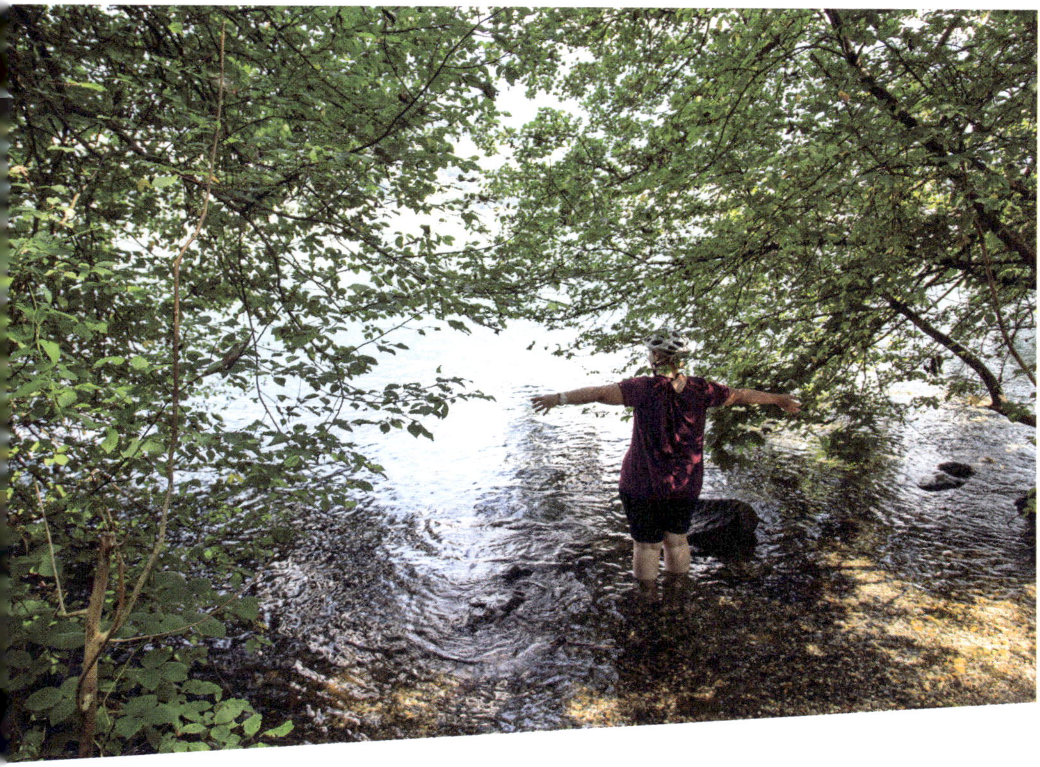

7 / Bank im See stehen. Wenn du diese nicht auf Anhieb findest, kein Problem. Es gibt entlang der Strecke noch weitere hübsche Rastplatze mit flachen Ufereinstiegen. Durch den dichten Zedernwald hindurch gelangen wir nach einer Rechtskurve zur Anlegestelle. Folgst du dem Straßenverlauf nach oben, hast du auf der Höhe 8 / Laggerhof (in Großegg 2, 9701 Rothenthurn) einen traumhaften Panoramablick auf den See und die umliegenden Berge. Wer hungrig ist, bekommt selbst produzierte Produkte und Hausmannskost serviert. Das letzte Teilstück des R2B-Radwegs zeigt sich noch einmal von seiner schönsten Seite. Erst ganz am Ende werden die Häuser wieder mehr. Wir lassen die Natur hinter uns und radeln zu unserem Ausgangspunkt, dem 1 / Parkplatz Seeboden, zurück. Wenn du möchtest, kannst du die Tour noch bei einem gemütlichen Getränk auf einer der Seeterrassen in Seeboden ausklingen lassen. Dazu brauchst du nur noch einmal kurz ein paar Meter hinunter zum See fahren und nach der Nixenstatue im Uferbereich einkehren. Besser kann der Abschluss einer Seerunde gar nicht sein!

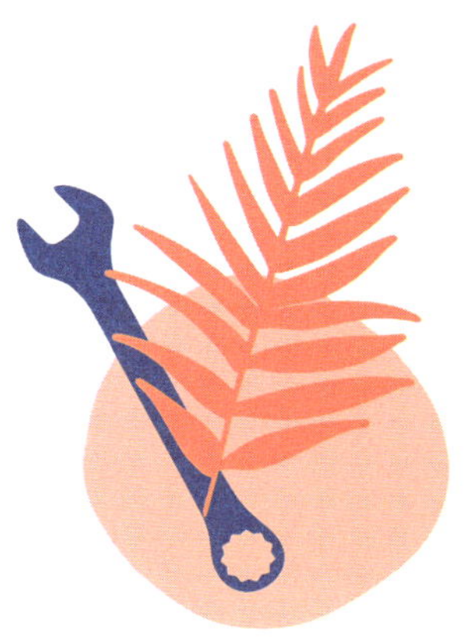

links / Die Domitian-Statue in Millstatt **oben / Pause am Südufer**

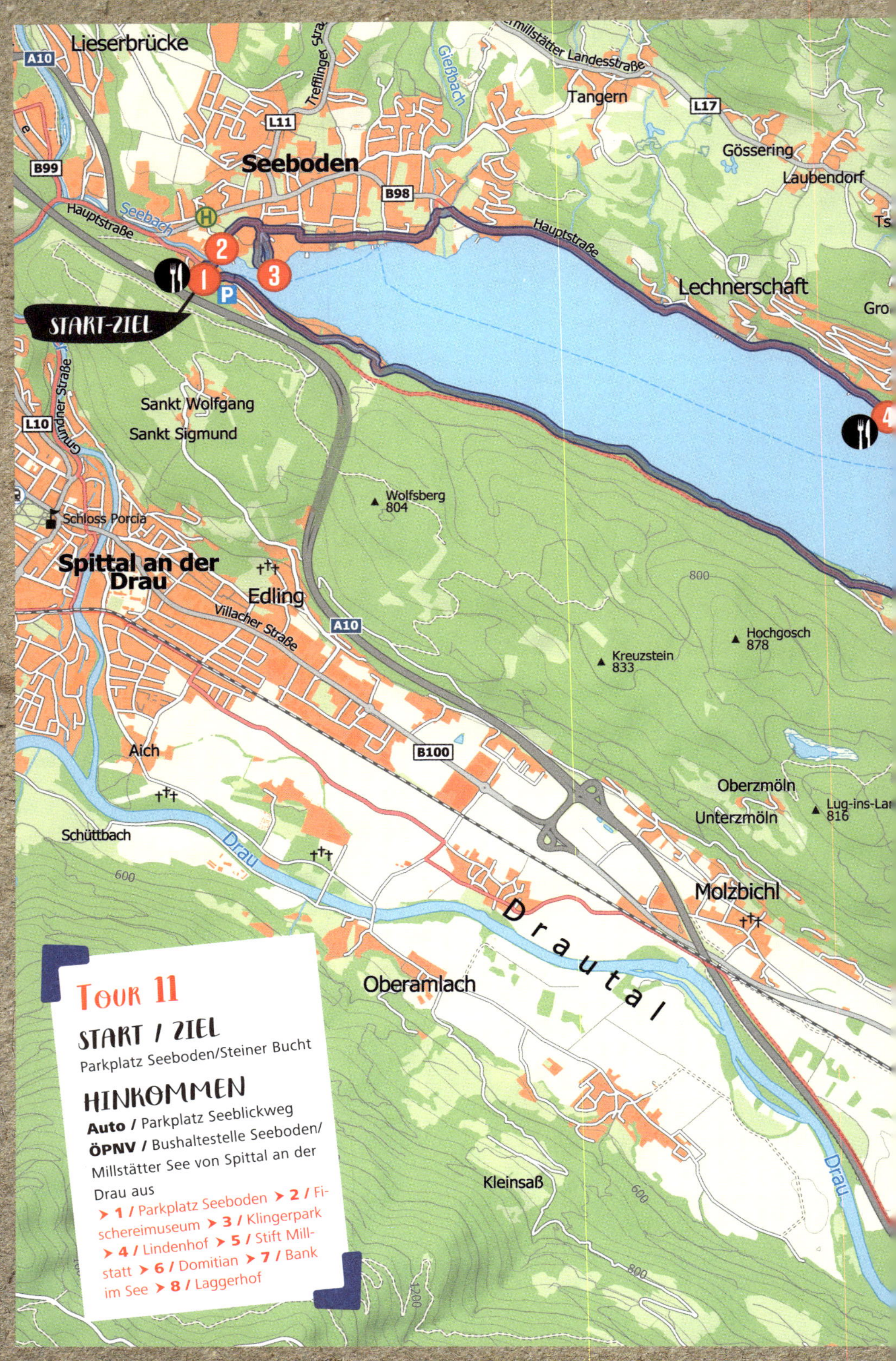

Tour 11

START / ZIEL

Parkplatz Seeboden/Steiner Bucht

HINKOMMEN

Auto / Parkplatz Seeblickweg

ÖPNV / Bushaltestelle Seeboden/Millstätter See von Spittal an der Drau aus

➤ **1 /** Parkplatz Seeboden ➤ **2 /** Fischereimuseum ➤ **3 /** Klingerpark ➤ **4 /** Lindenhof ➤ **5 /** Stift Millstatt ➤ **6 /** Domitian ➤ **7 /** Bank im See ➤ **8 /** Laggerhof

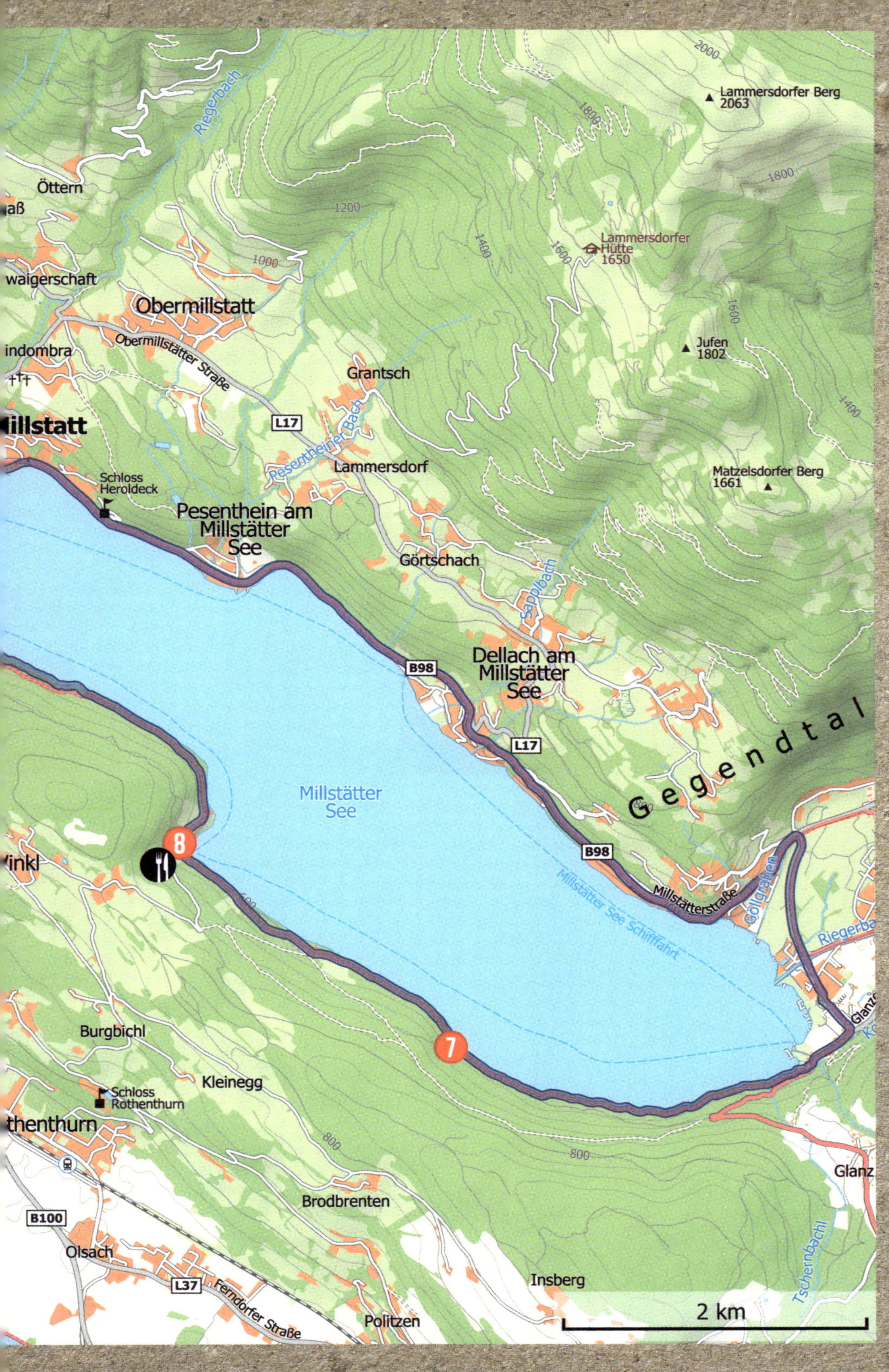

Lammersdorfer Berg 2063
Lammersdorfer Hütte 1650
Jufen 1802
Matzelsdorfer Berg 1661
Öttern
Obermillstatt
Obermillstätter Straße
Grantsch
L17
Pesentheiner Bach
Lammersdorf
Riegerbach
Schloss Heroldeck
Pesenthein am Millstätter See
Görtschach
Sappbach
Dellach am Millstätter See
B98
L17
Gegendtal
Millstätter See
Millstätter See Schifffahrt
Millstätterstraße
Göllgraben
Burgbichl
Kleinegg
Schloss Rothenthurn
Brodbrenten
B100
Olsach
L37
Ferndorfer Straße
Insberg
Politzen
Glanz
Tschernbachl
2 km

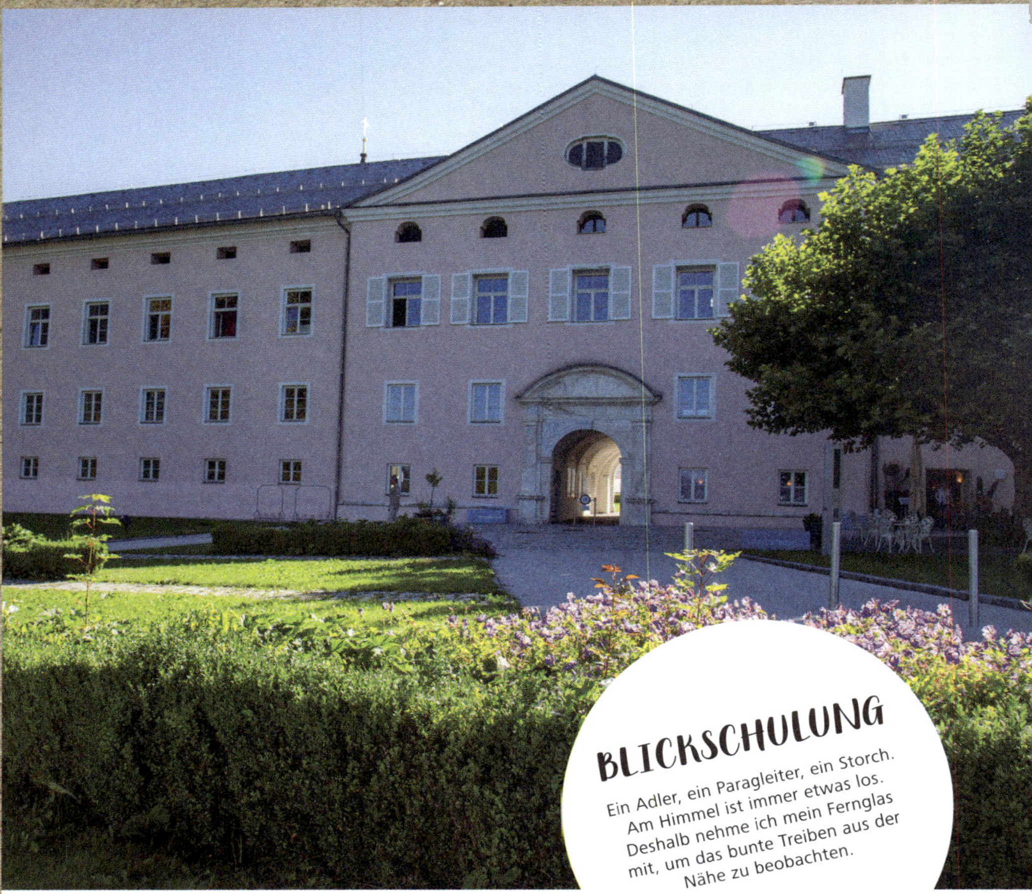

BLICKSCHULUNG

Ein Adler, ein Paragleiter, ein Storch. Am Himmel ist immer etwas los. Deshalb nehme ich mein Fernglas mit, um das bunte Treiben aus der Nähe zu beobachten.

- **1 /** Wir starten am Bahnhof Annenheim und kommen wieder hier zurück
- **2 /** Den Herren der Lüfte auf Burg Landskron beim Kreisen zu sehen
- **3 /** Vorbeischauen am Affenberg
- **4 /** Innehalten beim Stift Ossiach
- **5 /** Sich sonnen im Gemeindestrandbad Ossiach
- **6 /** Auspowern im Kletterwald & Familywald Ossiach
- **7 /** Birdwatching im Bleistätter Moor
- **8 /** Architektur und Natur verbunden im Domenig Steinhaus
- **9 /** Mit der Kanzelbahn auf die Gerlitzen

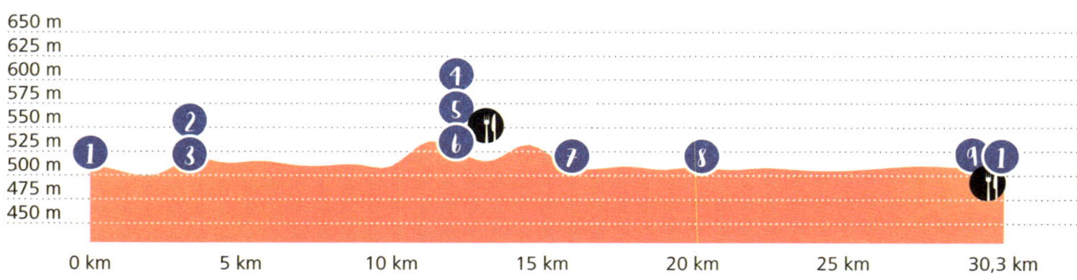

FLIEGENDE MOMENTE

Rundtour auf dem Ossiachersee-Radweg

See, Berg, Wald, Moor. Bei unserer Tour rund um den Ossiacher See sind wir zügig unterwegs, aber gehen unterwegs trotzdem mit der Natur auf Tuchfühlung und freuen uns über tierische Begegnungen am Wasser, zu Land und in der Luft – vom Stift Ossiach über Steindorf bis nach Annenheim.

30 Kilometer
255 Höhenmeter ▲
255 Höhenmeter ▼
2:15 Stunden
Rundtour

Am Fuße der Kanzelbahn

Gestartet wird rund um den Ossiacher See am 1 / Bahnhof Annenheim (Seeuferstraße 22, 9520 Sattendorf), wo unsere Tour auch wieder endet. Von der Ossiacher-See Straße biegen wir in gemütlichem Tempo in den Sprungweg, der nach einer Unterführung und Zuggleisen direkt in die Seeuferstraße übergeht. Jetzt sind wir auf dem Radweg R2, der durchgehend gut beschildert ist. Stellenweise wird die Seeuferstraße zur richtigen Promenade mit Segelschulen, Seebädern und alten Holzhäusern. Langsam verlieren wir den See aus den Augen, doch nicht ohne am Campingbad Ossiacher

CHARAKTER
Sportlich ●○○○○
Abkühlung ●●●●○
Schlemmen ●●●●○
Panorama ●●●●●

TOURENINFO / Der größte Teil verläuft auf einem asphaltierten Radweg getrennt von der Straße, kurze Strecken verlaufen direkt auf der Straße. Badesachen einpacken.

‹ links / Das schmucke Stift Ossiach

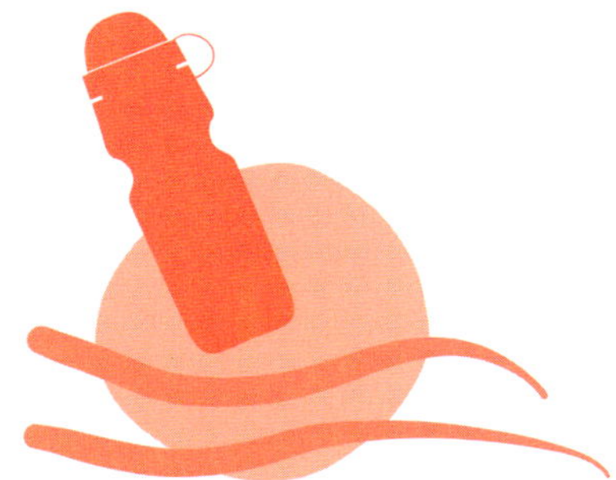

See vorbeizufahren. An der Sankt-Andräer-Straße wird gleich danach links auf den gegenüberliegenden Radweg in Richtung Landskron abgebogen. Vor der Brücke biegen wir rechts beim Rastplatz in den schmalen Weg ein und fahren den Seebach entlang bis zur Ossiacher Straße, hier biegen wir links ab und fahren bei der Ampel der Landesstraße gleich wieder links. Bei der Abzweigung halten wir uns rechts und fahren in Richtung Ossiach. Hier kannst du dann einen Ausflug hinauf zur 2 / Burg Landskron mit Adler-Arena (Schlossbergweg 30, 9523 Landskron) oder dem 3 / Affenberg (Schlossbergweg 18, 9523 Landskron) machen. Wir radeln geradeaus weiter auf dem Radstreifen neben der Landesstraße. Nach einer kleinen Siedlung und einem größeren Waldstück zeigt sich auch wieder der See etwas mehr. Die Ossiacher See Süduferstraße bleibt die nächsten Kilometer eine treue Begleiterin.

RETRO-RODELN

In Ostriach gibt es noch eine klassische Sommerrodelbahn, die ganz ohne Hightech-Schnickschnack auskommt. Spaß macht es trotzdem und geht schnell.

Wallfahrt zum Stift

Vorbei an Bootsbauern, Anlegestellen, Restaurants und Herbergen führt der Radweg R2A entlang von Eichen, Linden und Buchen zum Gedenkort der versunkenen Wallfahrtskirche Heiligengestade. Die moderaten Steigungen und lang gezogene Kurven sind bis hierhin gut zu bewältigen. Immer wieder trennen urige Holzzäune den Radstreifen von der parallel verlaufenden Straße. Natur, Häuser und Einkehrmöglichkeiten wechseln sich mit reizvollen Seeperspektiven, während auf der rechten Seite die Ossiacher Tauern mit ihrem dichten Baumbestand in die Höhe ragen. Auf einer Holzbank kann Platz genommen werden. Bildstock und Erinnerungstafel verraten mehr über das ehemalige Gotteshaus und seiner sakralen Architektur. Ab dieser Stelle ist die L49 zu überqueren und der Radweg R2A verläuft fortan auf der linken Seite der Straße; teils auch in

---

➤ **rechts oben / Blick auf die Stiftskirche und das Stift Ossiach**
➤ **rechts Mitte / Rund um den See sind die Wege gut beschildert**

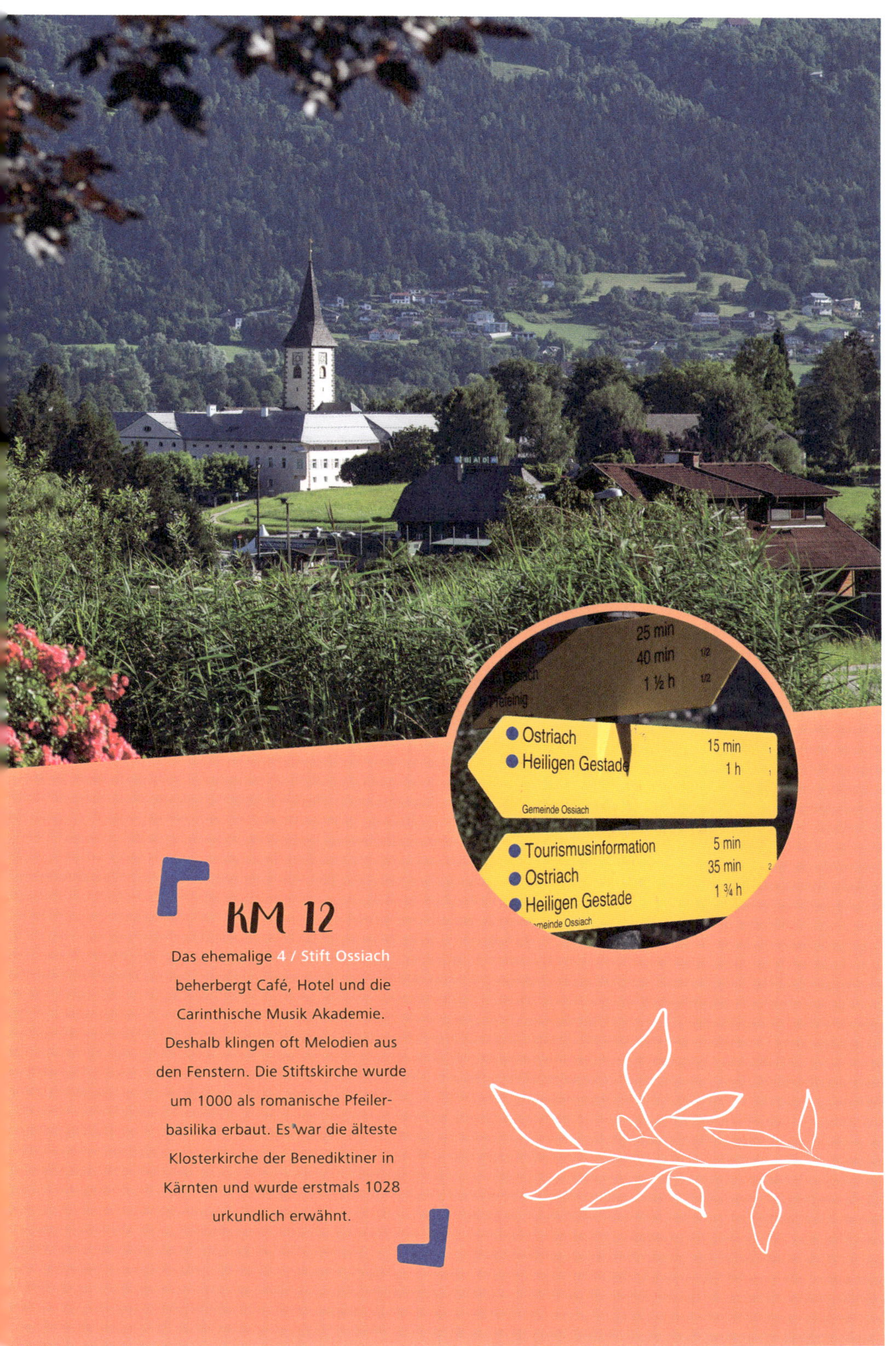

KM 12

Das ehemalige 4 / Stift Ossiach beherbergt Café, Hotel und die Carinthische Musik Akademie. Deshalb klingen oft Melodien aus den Fenstern. Die Stiftskirche wurde um 1000 als romanische Pfeilerbasilika erbaut. Es war die älteste Klosterkirche der Benediktiner in Kärnten und wurde erstmals 1028 urkundlich erwähnt.

LEINEN LOS!

Zurück mit dem Schiff? Kein Problem. Rund um den Ossiacher See fährt ein Linienschiff, das auch Fahrräder mitnimmt.

unmittelbarer Ufernähe. Auf dem Weg nach Ostriach laden Aussichtspunkte zu Pausen und Fotos. Lange Geraden lassen richtig Fahrt aufnehmen und schon sind wir in Ossiach angekommen. In der Ortsmitte auf der Höhe der Dorfstub'n links in die Professor-Helmut-Wobisch-Straße radeln. Jetzt bist du direkt vor dem 4 / Stift Ossiach (Ossiach 1, 9570 Ossiach) mit Café, für dessen Besichtigung du dir etwas Zeit nehmen solltest. Alternativ kannst du den Rundkurs auch von hier starten. Gleich neben dem Stift ist der Seewirt (Ossiach 2, 9570 Ossiach) mit schattigem Gastgarten direkt beim Wasser und guter Küche – speziell die frischen Fische aus dem See. Für einen Sprung in den See bietet sich das 5 / Gemeindestrandbad Ossiach (9570 Ossiach 33) an. Einige Pedaltritte weiter den Radweg entlang und du bist beim 6 / Kletterwald & Familywald Ossiach (Rappitsch 76, 9570 Ossiach), wo du dich so richtig zwischen den Bäumen auspowern kannst.

PERFEKTE NATURFOTOS IM BLEISTÄTTER MOOR

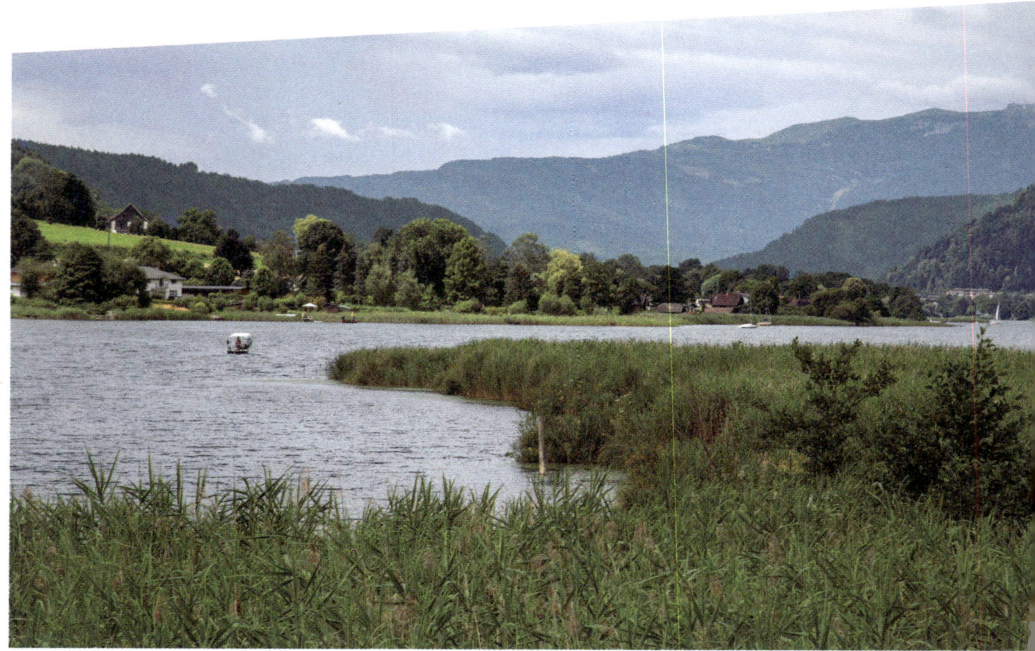

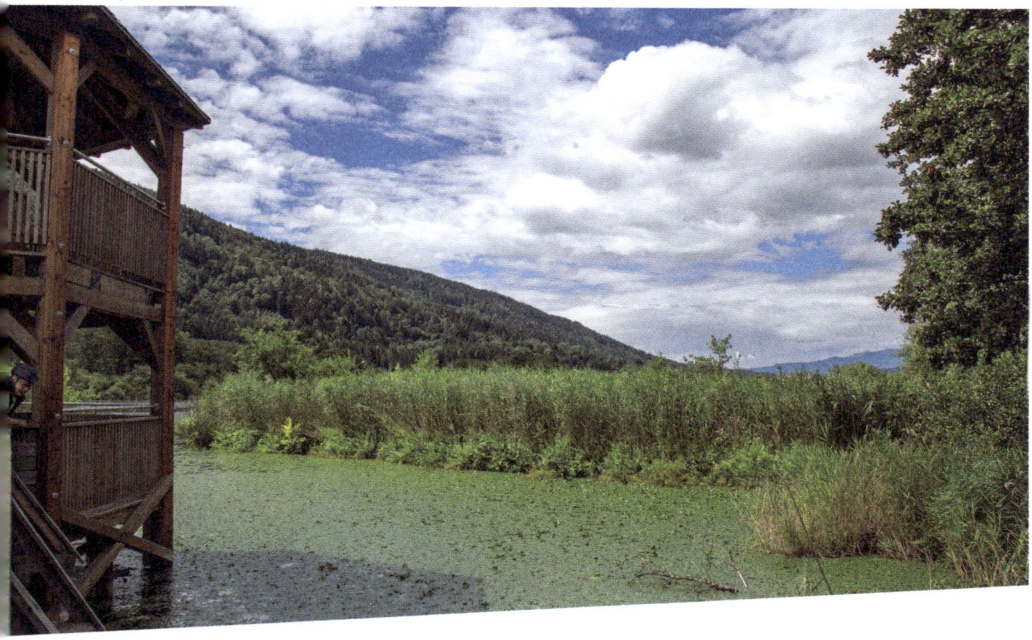

Das Bleistätter Moor

Nach einer Erfrischung warten die Pedale auf festere Tritte, denn aus dem Ort führt abermals ein kleiner, moderater Anstieg. Der Ossiacher Radweg bringt uns immer geradeaus durch Feriendörfer schnurstracks nach Alt-Ossiach. Der See selbst ist ebenfalls gut zu sehen. Bis zum Beginn der Bleistättermoor Landesstraße ist es nicht mehr weit. In diese wird links abgebogen, um kurz darauf rechts weiter den Weg durch das 7 / Bleistätter Moor zu genießen. An der Fischtreppe lassen sich schöne Naturfotos schießen. Ab Sonnberg befinden wir uns wieder auf dem Radweg R2 auf der Nordseite des Ossiacher Sees. Die relativ stark befahrene Bleistättermoor Landesstraße wird nun auf ihrem anderen Ende überquert. Jetzt zeigt sich die imposante Weite unterhalb der Ossiacher Tauern. Die weitläufigen Landschaftsflächen leiten das Radlergemüt auf die Südseite des Moores und weiter auf dem Uferweg nach Steindorf, vorbei am einzigartigen 8 / Domenig Steinhaus (Mai–Okt., Di–So 10–18 Uhr, Uferweg 31, 9552 Steindorf). Hier werden auch Führungen angeboten. Wir bleiben danach auf dem Uferweg, der in einer längeren Linkskurve vom Helmut-Wobisch-Weg abgelöst wird. Unterberg und

BIRD-WAT-CHING

Ganzjährig finden im 7 / Bleistätter Moor an der Tiebelmündung geführte Vogelbeobachtungstouren statt. Zusätzlich sind die Holz-Aussichtstürme auch mit großen Ferngläsern ausgestattet.

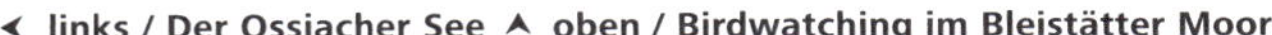

◂ links / Der Ossiacher See ▴ oben / Birdwatching im Bleistätter Moor

Bodensdorf sind die nächsten Stationen. Du folgst einfach der Beschilderung. Aber Achtung! Dieser Abschnitt ist auch bei Läufern und Nordic Walkern sehr beliebt. Auf der Höhe des Klebersteinerbachs gibt es einen kostenlosen Zugang zum Ossiacher See für einen schnellen Sprung ins Wasser. Falls du die Tour abkürzen willst, gibt es entlang der Nordseite die Bahnverbindung.

HOCH HINAUS

Auf der Nordseite des Sees vom Urbaniwirt am Ende von St. Urban kannst du hinauf zur Peterlewand wandern. Oben erwartet dich ein kleiner Klettergarten und ein Aussichtsplateau mit Pavillon.

Zurück nach Annenheim

Nach St. Urban geht eine Abzweigung hinauf zum Gasthaus Stofflwirt (Apr.–Nov. 11.30–13.45, 17.30–20.30 Uhr, Deutschberg 6, 9551 Bodensdorf). Hier hast du 250 Meter über dem Ossiacher See von der Terrasse aus einen herrlichen Ausblick und bekommst gute Hausmannskost. Es gibt aber auch entlang des Radweges viele Cafés und Restaurants zum Einkehren. Wir radeln auf dem Radweg weiter geradeaus und lassen Bodensdorf hinter uns. Es geht gemütlich und zügig dahin. Kurz verläuft der Radweg auf der frequentierten Ossiacher See Straße. Ab Sattendorf gibt es wieder Abstand zur Straße und der Seeweg mündet in die Seeuferstraße und auf dieser sind es nur mehr wenige Pedaltritte nach Annenheim. Wir erkennen den Sprungweg wieder und sind

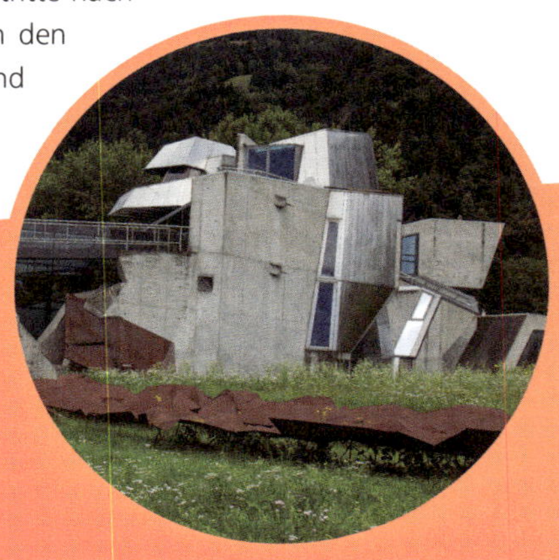

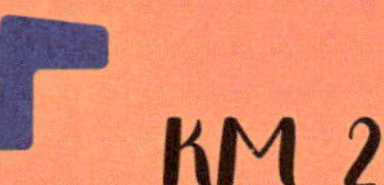

KM 20

Felsen, Hügel und Schluchten nahm Architekt Günther Domenig für sein außergewöhnliches 8 / Steinhaus zum Vorbild. Einmal in der Woche gibt es einstündige Führungen. Aber du kannst dir die Räume aufgeteilt auf fünf Geschosse auch im Alleingang ansehen.

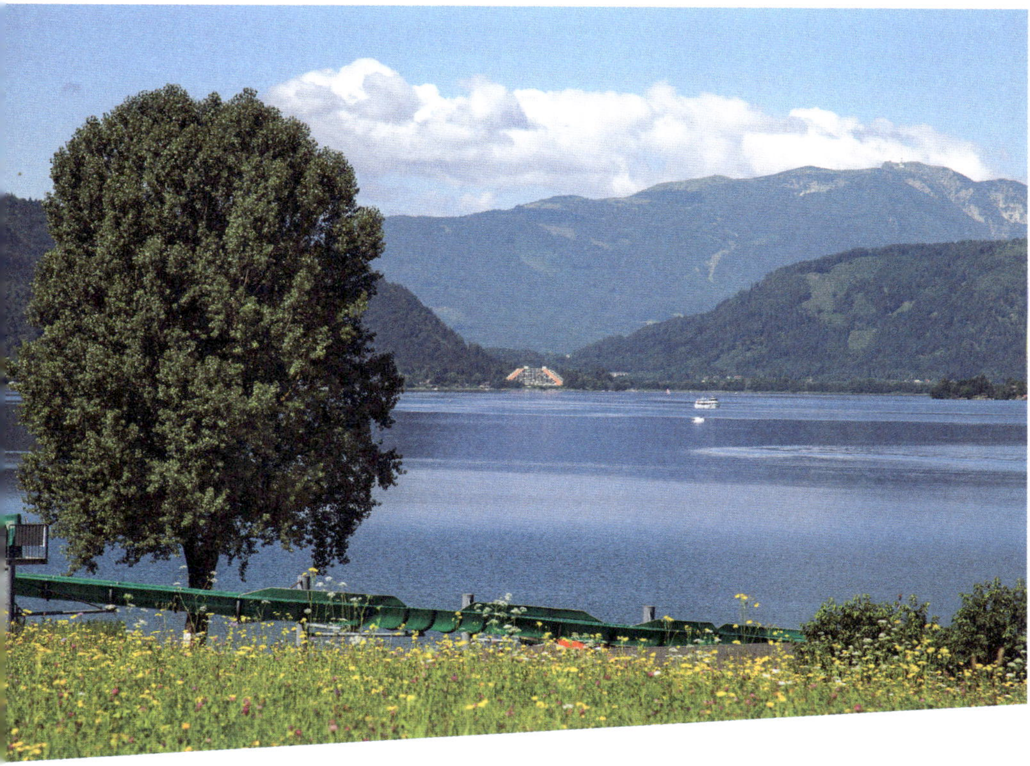

wieder an unserem Ausgangspunkt, dem 1 / Bahnhof Annenheim angelangt. Gegenüber fährt die 9 / Kanzelbahn auf den Berg Gerlitzen, falls du noch Lust auf ein wenig Höhenluft hast. Und wenn du ganz mutig bist, kannst du vom Gipfel wie viele andere Paragleiter von über 1.900 Meter Seehöhe ins Tal fliegen. Ein einzigartiges Erlebnis! Die Gerlitzen selbst ist einer der südlichsten Nockberge und bekannt für seine schöne Aussicht weit über den Ossiacher See hinaus. In den Hütten wirst mit einer Jause verköstigt und es gibt verschiedene Wanderwege. Mountainbiker lieben den Adrenalinkick auf der Downhillstrecke. Gehörst du zu den Nachtschwärmern? In der Dunkelheit hast du vom Gipfel aus einen fantastischen Blick auf den Sternenhimmel. Deshalb befinden sich hier auch zwei Sternwarten, beide können nach Voranmeldung besichtigt werden. Eine davon befindet sich direkt im Hotel Pacheiner. Auch im Winter lohnt sich ein Besuch. Denn dann verwandelt sich der Berg in ein familienfreundliches Skigebiet.

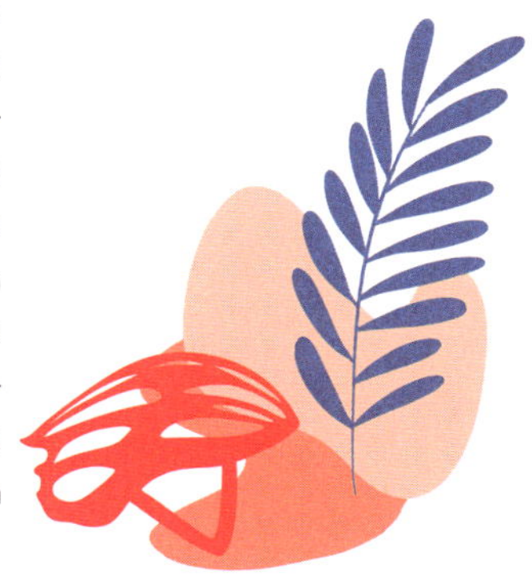

< links / Das Steinhaus Domenig in Steindorf
^ oben / Blick von Ossiach auf das Strandbad und den See

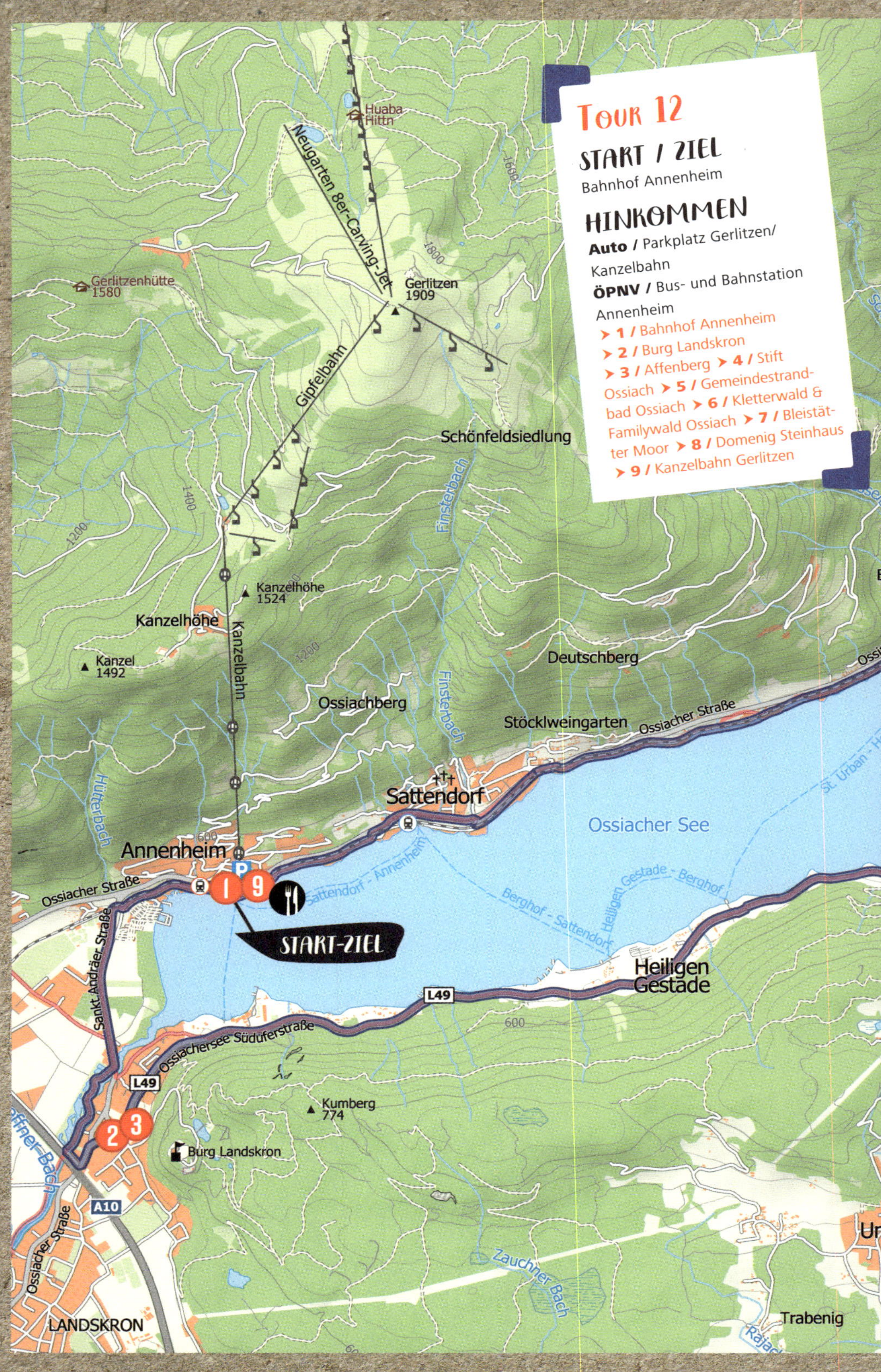

Tour 12
START / ZIEL
Bahnhof Annenheim
HINKOMMEN
Auto / Parkplatz Gerlitzen/ Kanzelbahn
ÖPNV / Bus- und Bahnstation Annenheim
➤ 1 / Bahnhof Annenheim
➤ 2 / Burg Landskron
➤ 3 / Affenberg ➤ 4 / Stift Ossiach ➤ 5 / Gemeindestrandbad Ossiach ➤ 6 / Kletterwald & Familywald Ossiach ➤ 7 / Bleistätter Moor ➤ 8 / Domenig Steinhaus
➤ 9 / Kanzelbahn Gerlitzen
Huaba Hittn
Neugarten 8er-Carving-Jet
Gerlitzenhütte 1580
Gerlitzen 1909
Gipfelbahn
Schönfeldsiedlung
Finsterbach
Kanzelhöhe 1524
Kanzelhöhe
Kanzel 1492
Kanzelbahn
Deutschberg
Ossiachberg
Stöcklweingarten
Ossiacher Straße
Hütterbach
Sattendorf
Ossiacher See
Annenheim
Sattendorf - Annenheim
Berghof - Sattendorf
Heiligen Gestade - Berghof
START-ZIEL
Heiligen Gestade
Sankt Andräer Straße
L49
Ossiachersee Süduferstraße
Kumberg 774
Burg Landskron
A10
Ossiacher Straße
Zauchner Bach
LANDSKRON
Trabenig

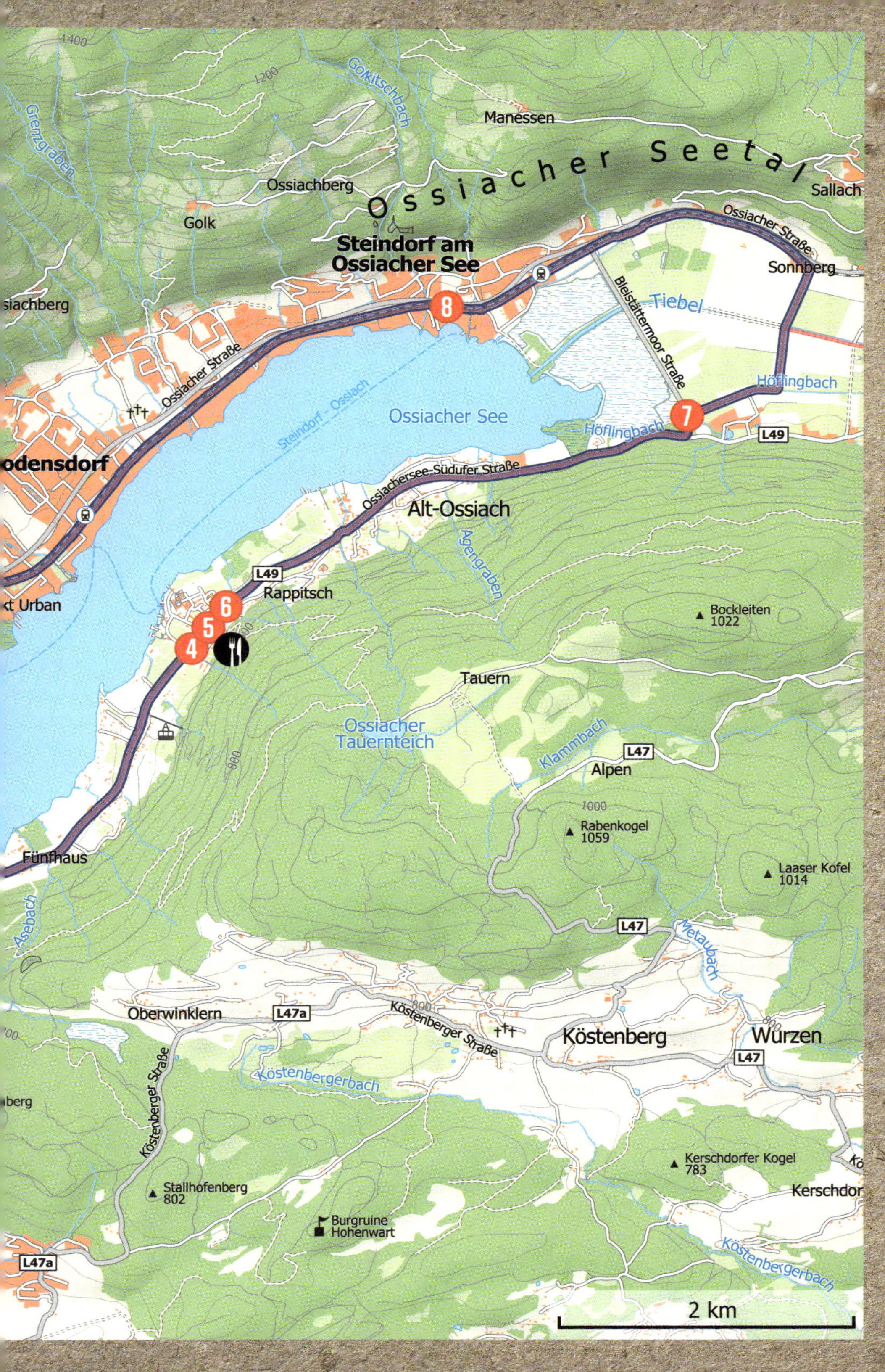

Ossiacher Seetal
Manessen
Sallach
Ossiachberg
Golk
Steindorf am Ossiacher See
Ossiacher Straße
Sonnberg
Tiebel
Bleistätter Moor Straße
Höflingbach
Ossiacher See
Steindorf - Ossiach
Bodensdorf
Ossiachersee-Südufer Straße
Alt-Ossiach
L49
Agengraben
Rappitsch
St. Urban
Bockleiten 1022
Tauern
Ossiacher Tauernteich
Klammbach
L47
Alpen
Rabenkogel 1059
Laaser Kofel 1014
Fünfhaus
Asebach
Metaubach
Oberwinklern
L47a
Köstenberger Straße
Köstenberg
Wurzen
Köstenbergerbach
Kerschdorfer Kogel 783
Kerschdorf
Stallhofenberg 802
Burgruine Hohenwart
2 km
Gorkitschbach
Grenzgraben

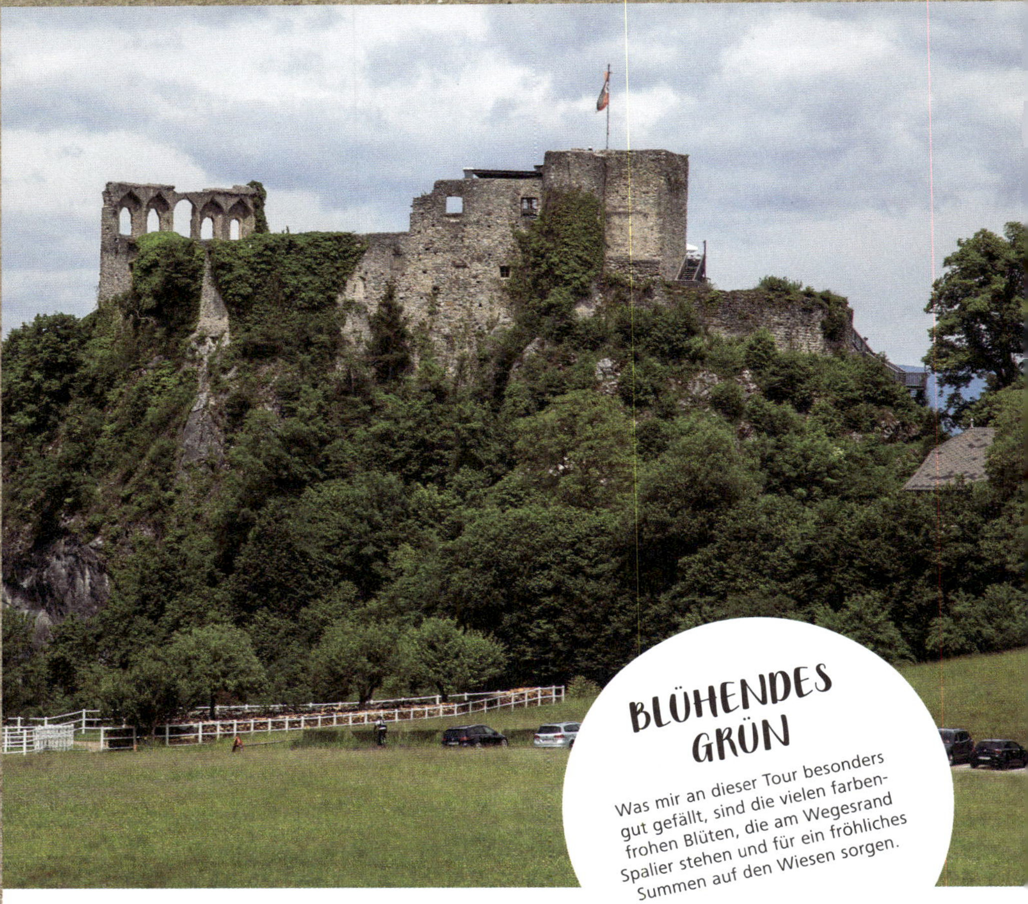

BLÜHENDES GRÜN

Was mir an dieser Tour besonders gut gefällt, sind die vielen farbenfrohen Blüten, die am Wegesrand Spalier stehen und für ein fröhliches Summen auf den Wiesen sorgen.

➤ **1 /** Start- und Endpunkt dieser Tour ist die Tourismusinformation Drobollach

➤ **2 /** Kitschige Panorama-Pause beim Egger Marterl

➤ **3 /** Beim Strandbad Egg auf den See blicken

➤ **4 /** Das Naturparadies Aichwaldsee entdecken

➤ **5 /** Nach Luft ringen bei der Kirche Untergreuth

➤ **6 /** Sightseeing-Stopp bei der Burgruine Finkenstein

➤ **7 /** Vorbei sausen beim Kanzianiberg

➤ **8 /** Rast machen bei der Kirche Finkenstein

➤ **9 /** Eintauchen ins Grün des Finkensteiner Moors

➤ **10 /** Ein Abstecher zum Bio-Zitrusgarten

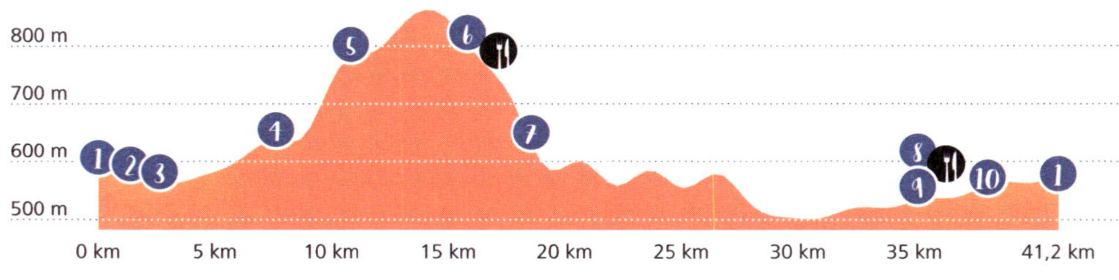

Singendes Wiesenglück

Aussichts- und Burgrunde um den Faaker See

Ein Berg, der aussieht wie ein Vulkan, eine Burg als Open-Air-Konzertsaal und ein See, der bestechend türkisfarben funkelt: Diese Tour vom Faaker See bis zur Burgruine Finkenstein und zurück ist zwar anstrengend für die Waden, aber für die Augen unheimlich attraktiv.

41 Kilometer
690 Höhenmeter ▲
690 Höhenmeter ▼
3 Stunden
Rundtour

See mit Karibikfeeling

Mit der kleinen Insel in der Mitte, dem weitläufigen Schilfufer, den warmen Wassertemperaturen und seiner leuchtenden Farbe ist der Faaker See der Liebling vieler Badegäste. Wer die Gegend rund um den See besser kennenlernen möchte, startet bei der 1 / Tourismusinformation Drobollach (Seeblickstraße 80, 9580 Drobollach) diese Panoramatour rund um den See. Wir fahren auf der Seeblickstraße in Richtung Egg und überqueren nach der Soccerzone die Straße und folgen dem Marterlweg zum kleinen Rastplatz mit dem 2 / Egger Marterl und der schönen Aussicht auf

Charakter
Sportlich ●●●●●
Abkühlung ●●●●●
Schlemmen ●●●●○
Panorama ●●●●●

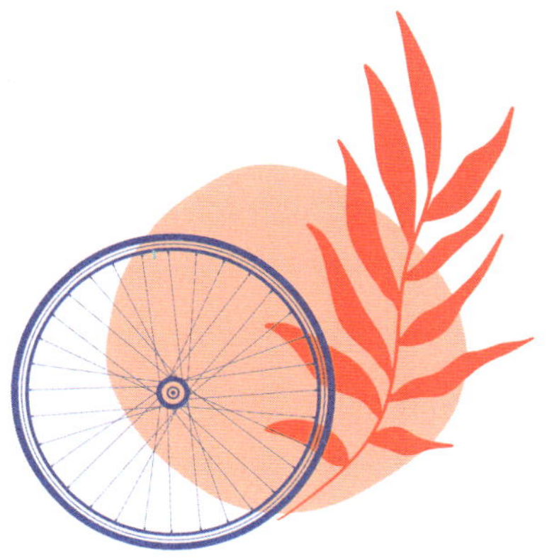

Toureninfo / Die Tour verläuft überwiegend auf asphaltierten oder geschotterten Nebenstraßen und hat einige knackige Anstiege. Nur kurze Teile fährt man direkt auf Radwegen oder Radfahrstreifen. Badesachen mitnehmen!

◀ links / Blick auf die Burgruine Finkenstein

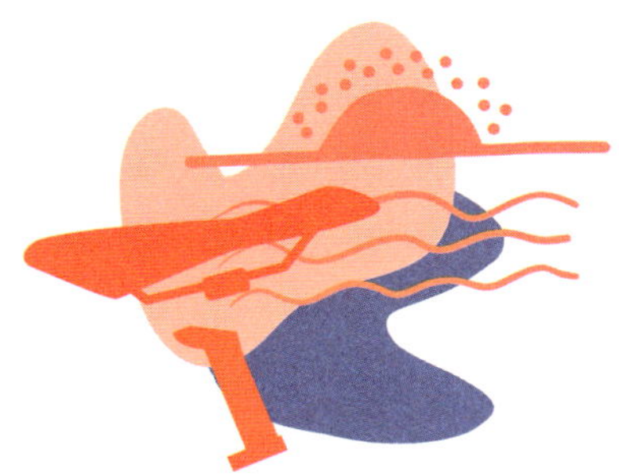

den See und die dahinterliegenden Karawanken. Danach fahren wir geradeaus weiter auf die Seeblickstraße, die etwas stärker befahren ist, und biegen rechts ab. Schon nach ein paar Tritten sehen wir das Gasthaus Tschebull (Egger Seeufer-Straße 26, 9580 Egg). Das Gasthaus gilt als eines der ältesten Kärntens und ist eine Institution in Sachen Alpe-Adria-Küche. Wir folgen der Bundesstraße durch die Ortschaft Egg am See und machen beim 3 / Strandbad Egg einen kurzen Halt für ein Foto. Das Strandbad ist eines von mehreren Bädern rund um den See und an heißen Tagen sehr beliebt. Deshalb Vorsicht auf der Straße.

INSELAUSFLUG

Im 3 / Strandbad Egg kannst du dir ein Kanu ausborgen und über den See zur kleinen Insel paddeln. Bademöglichkeit gibt es auch beim nächsten See.

Aichwaldsee voraus

Bei der nächsten großen Kreuzung biegen wir rechts in die Egger Straße ab und folgen dieser bis sie rechts in die Aichwaldseestraße übergeht. Die Räder sausen leicht bergab. Es lohnt sich aber ein wenig das Tempo zu drosseln, denn auf der linken Seite liegt eingebettet in den Wald der idyllische 4 / Aichwaldsee. Ein Stückchen weiter biegen wir von der Rosentalstraße in die Untergreuther Straße ab – Achtung, die Abzweigung ist leicht zu übersehen – und schalten rechtzeitig den Turbo beim E-Bike ein. Denn jetzt geht es ordentlich kurvig bergauf. Durchhalten ist angesagt. Bei der 5 / Kirche Untergreuth bremsen wir uns zum Luft holen ein und nehmen das letzte anstrengende Stück mit Schwung. Obwohl wir eigentlich gar nicht so viele Höhenmeter zurückgelegt haben, hat man das Gefühl auf einer Alm zu sein. Das Landschaftsbild hat einen ganz anderen Charakter als unten beim See. Neben dem Weg wachsen satte Wiesen und Kühe grasen genüsslich in der Sonne. Die kleinen Siedlungen sind landwirtschaftlich geprägt. Und manche Bauernhöfe betreiben sogar einen Buschenschank zur Einkehr.

➤ **rechts oben / Bei Badegästen ist der Faaker See sehr beliebt**
➤ **rechts Mitte / Rastplatz beim Egger Marterl**

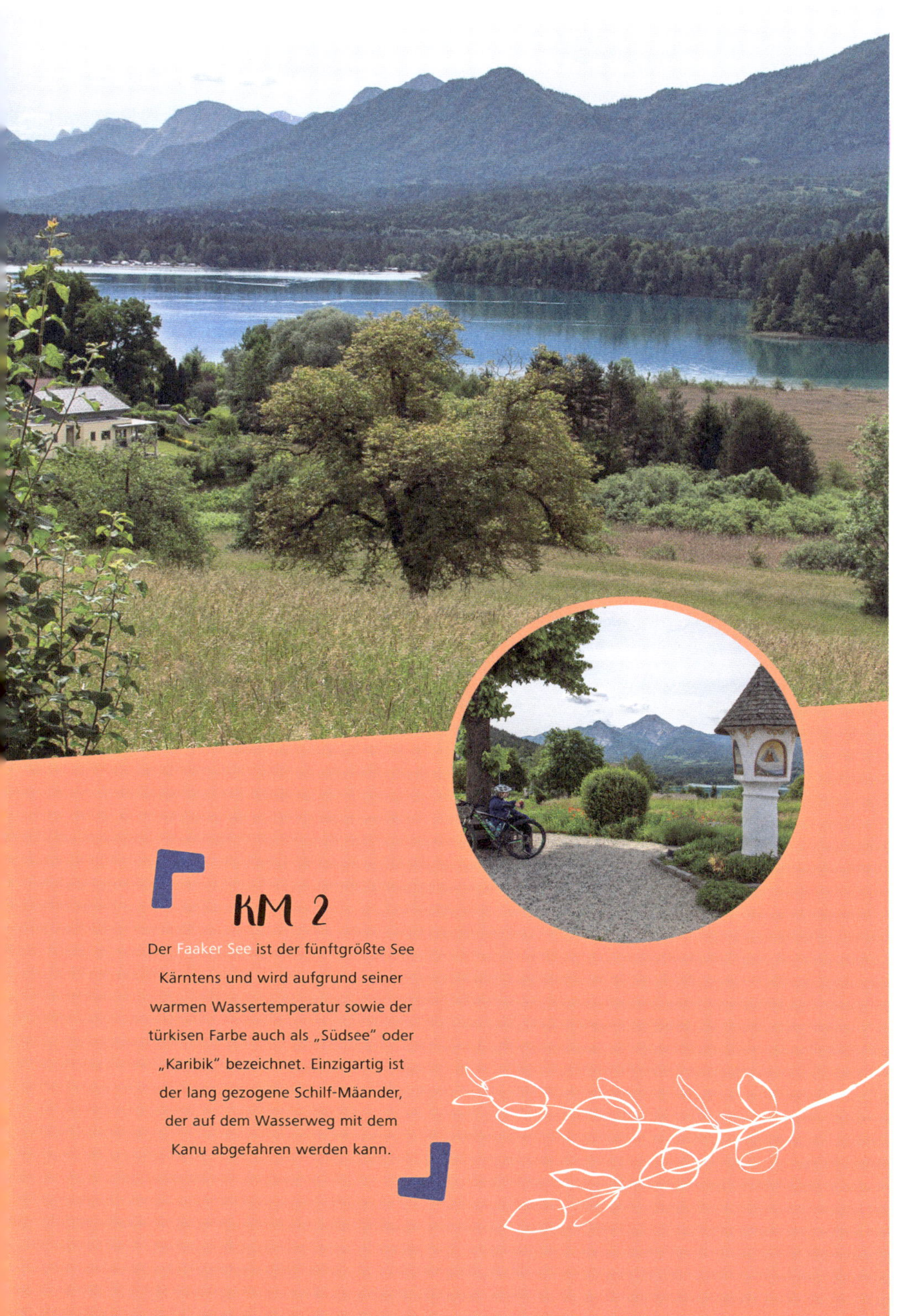

KM 2

Der Faaker See ist der fünftgrößte See Kärntens und wird aufgrund seiner warmen Wassertemperatur sowie der türkisen Farbe auch als „Südsee“ oder „Karibik“ bezeichnet. Einzigartig ist der lang gezogene Schilf-Mäander, der auf dem Wasserweg mit dem Kanu abgefahren werden kann.

30

Vom Ausflugsgasthaus Baumgartnerhöhe kurz vor der 6 / Burgruine Finkenstein kommst du zu Fuß in rund 30 Minuten zum Rotschitza-Wasserfall.

TRAUMHAFTER BLICK ALS BELOHNUNG

Wasserfall und Burg

Wir fahren immer geradeaus und nehmen Kurs auf Finkenstein. Nach einem kleinen Waldstück geht links ein Weg zum Baumgartnerhof (Altfinkenstein 6, 9582 Finkenstein). Das ist ein Ausflugsgasthaus mit Hotel, schönem Ausblick und guter Hausmannskost auf 919 Meter Seehöhe. Die Höhe schreckt dich ab? Keine Sorge, von der Abzweigung ist es nur noch ein kurzes Stück. Das ist zu schaffen! Alternativ geht es weiter der Straße entlang zur 6 / Burgruine Finkenstein mit Burgschenke – und die Strecke könnte nicht malerischer sein. Auf den Nebenstraßen ist bis auf einen Traktor und ein paar entgegenkommende Radfahrer wenig los. Zeitlich geht sich gut ein Besuch der Burgruine aus. Dazu müssen die Räder am Parkplatz stehen bleiben und die Waden die Stufen hinauf auf den Felsen bewältigen. Nach dem sportlichen Anstieg fällt das doppelt schwer, aber die Anstrengung lohnt sich. Hier hast du einen traumhaften Blick über den Faaker See mit seiner Insel in der Mitte.

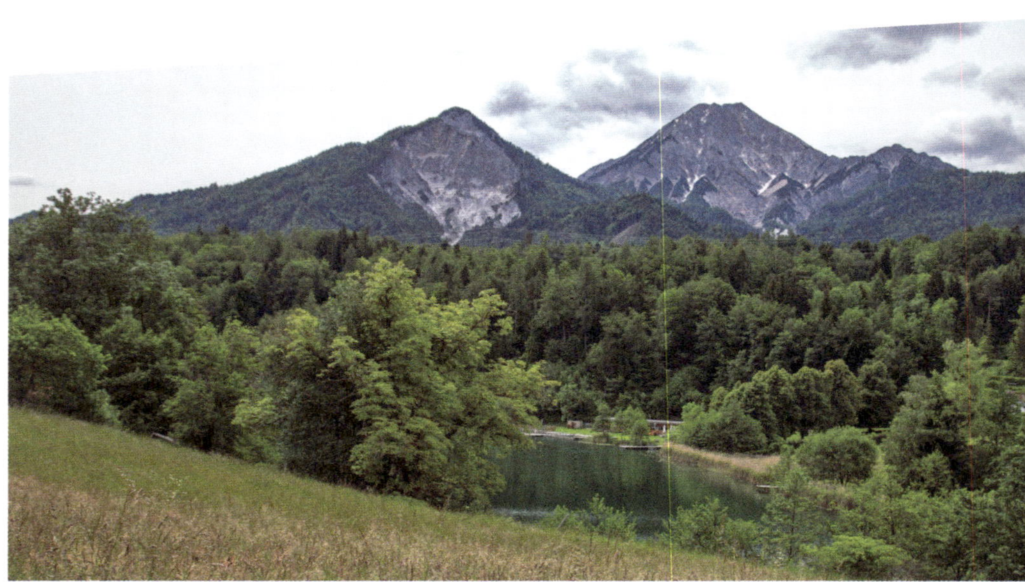

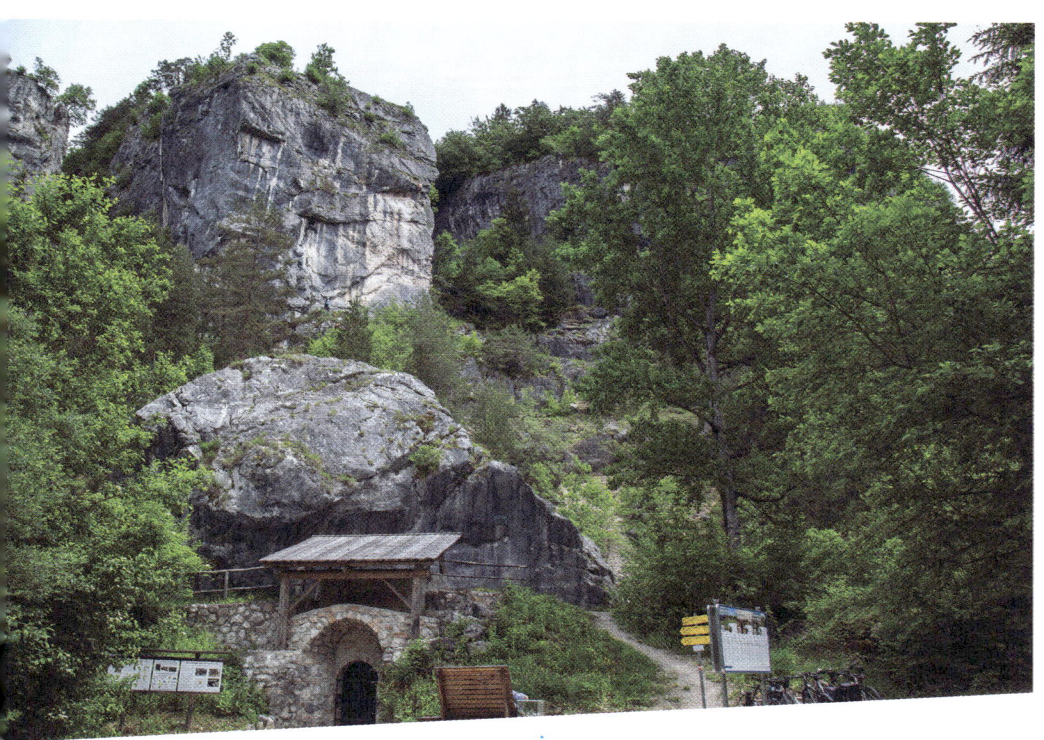

Vorbei am Klettergarten

Nach der Burgruine halten wir uns an die Altfinkensteiner Straße und lassen die Räder geradeaus durch den Wald abwärts zum 7 / Kanzianiberg rollen. Kurz vor der Hauptstraße bremsen wir uns ein und biegen links in die Goritschacher Straße ein. Wir sind jetzt auf der Rückseite der Golfanlage Schloss Finkenstein und können ein wenig hinüber auf das Grün spähen. Natürlich gibt es beim Golfplatz auch ein Restaurant. Es geht weiter auf der Goritschacher Straße, die einige Bögen macht und durch die kleine Ortschaft Techanting führt. Abermals biegen wir kurz vor der Bundesstraße links ab und folgen der Sualitscher Straße. Die Orientierung auf den kleinen Landwegen fällt hier nicht immer leicht. Am besten von Ortsnamen zu Ortsnamen weiterradeln. Vor der Kirche halten wir uns rechts und fahren nach St. Job und von dort weiter bis nach Korpitsch. Hier geht es vor dem Feistritzerbach wieder in nördliche Richtung. Dazu biegen wir rechts in die Korpitschstraße ab und fahren auf dieser immer geradeaus vorbei am Waldfriedhof, überqueren die Oberrainer Straße und

MOORSEE

Der 4 / Aichwaldsee liegt in einem Landschaftsschutzgebiet und hat seine dunkle Farbe durch den moorigen Untergrund. Auf der Südseite findest du ein öffentliches Strandbad. Auch der Rundwanderweg ist empfehlenswert.

< links / Das Naturidyll Aichwaldsee ^ oben / Der „Kanzi" – wie die Kletterer ihn liebevoll nennen – ist der älteste Klettergarten in Kärnten

strampeln die Bahnhofstraße weiter bis zum Bahnhof Fürnitz. Auf der Rosentalstraße wechseln wir die Seite und biegen über die Alte Rosental Straße nördlich in die Industriestraße ab. Dieser folgen wir bis zum Fürnitzer Weg, der uns nach Gödersdorf bringt. Dort überqueren wir die Gödersdorfer Straße und biegen danach links ab. Am Ende der Straße halten wir uns rechts und fahren geradeaus vorbei an der Nudelfabrik Finkenstein (Mo–Sa 9–21 Uhr, Warmbader Straße 34, 9585 Finkenstein), wo du im Marktcafé ausgezeichnet Pasta essen kannst. Der Radweg führt geradeaus weiter über die Warmbader Straße und den St.-Stefaner-Weg bis zur 8 / Kirche Finkenstein. Lass dich nicht verwirren von den Namen: Während die Burgruine Finkenstein in Altfinkenstein liegt, liegt die gleichnamige Marktgemeinde im Tal in der Nähe vom See.

MOORERLEBNISPFAD

Das 9 / Finkensteiner Moor ist ein über 80 Hektar großes Naturschutzgebiet mit einem spannenden Moorerlebnispfad und fleischfressenden Pflanzen.

Durchs Moor zum See

Wenn du jetzt noch Hunger hast, kannst du beim Gasthaus Kirchenwirt (Mo, Di, Fr, Sa ab 16 Uhr, So ab 11 Uhr, Kirchenplatz 2, 9584 Finkenstein) einkehren und dort eines der beliebten Steaks probieren. Danach biegen wir in die

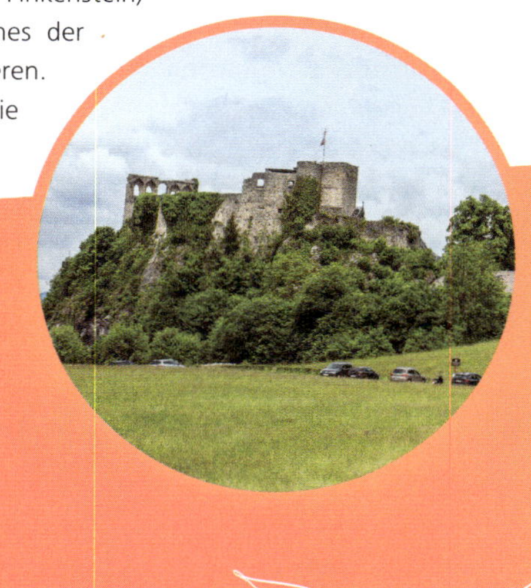

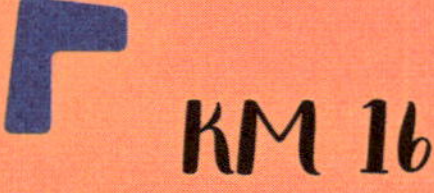

KM 16

Die 6 / Burgruine Finkenstein ist eine der Sehenswürdigkeiten in der Region. Urkundlich wurde sie das erste Mal 1142 erwähnt und war recht bedeutend. Seit dem 18. Jahrhundert ist sie nicht mehr bewohnt. Direkt auf der Burg gibt es eine Open-Air-Konzert-Arena und ein Lokal.

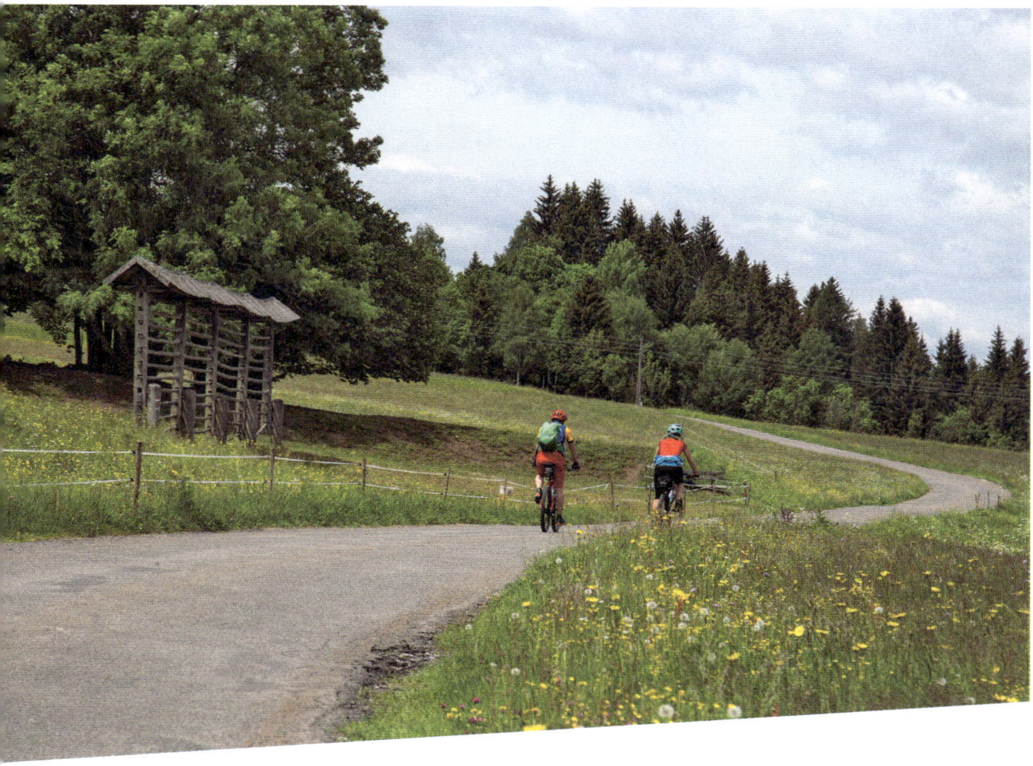

Höflinger Straße ein und biegen rechts in den Erlenweg ab. Hier kommst du nach ein paar Metern direkt zum 9 / Finkensteiner Moor und erlebst eine sehenswerte Moorlandschaft auf den nächsten Kilometern. Der Weg durch das Moor führt uns direkt nach Faak am See, wo wir links in die Seeufer Landesstraße abbiegen. Hier kannst du noch einen Abstecher zum 10 / Bio-Zitrusgarten (Mo–Fr 10–18, Sa 10–16 Uhr, Blumenweg 3, 9583 Faak am See) machen oder die Zähne zusammenbeißen und den letzten Anstieg hinauf nach Drobollach durch den Wald in Angriff nehmen. Oben angekommen hast du einen herrlichen Blick auf den Faaker See und den dahinterliegenden Mittagskogel, der durch seine markante Kegelform an einen Vulkan erinnert. Mit einer Höhe von 2.145 Metern ist er einer der höchsten Berge der westlichen Karawanken und für viele Einheimische ein energiereicher Kraftplatz. Wir steigen noch einmal kurz auf das Rad und fahren die letzten Meter bis zu unserem Endpunkt bei der 1 / Tourismusinformation Drobollach.

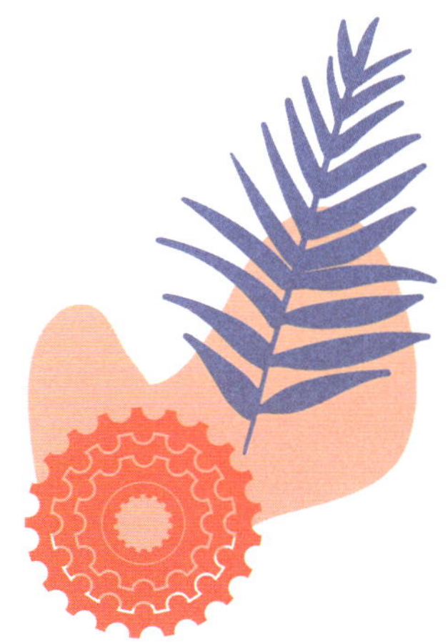

< links / Blick auf die Burgruine Finkenstein
^ oben / Wiesenglück und Almatmosphäre beim Hinaufradeln

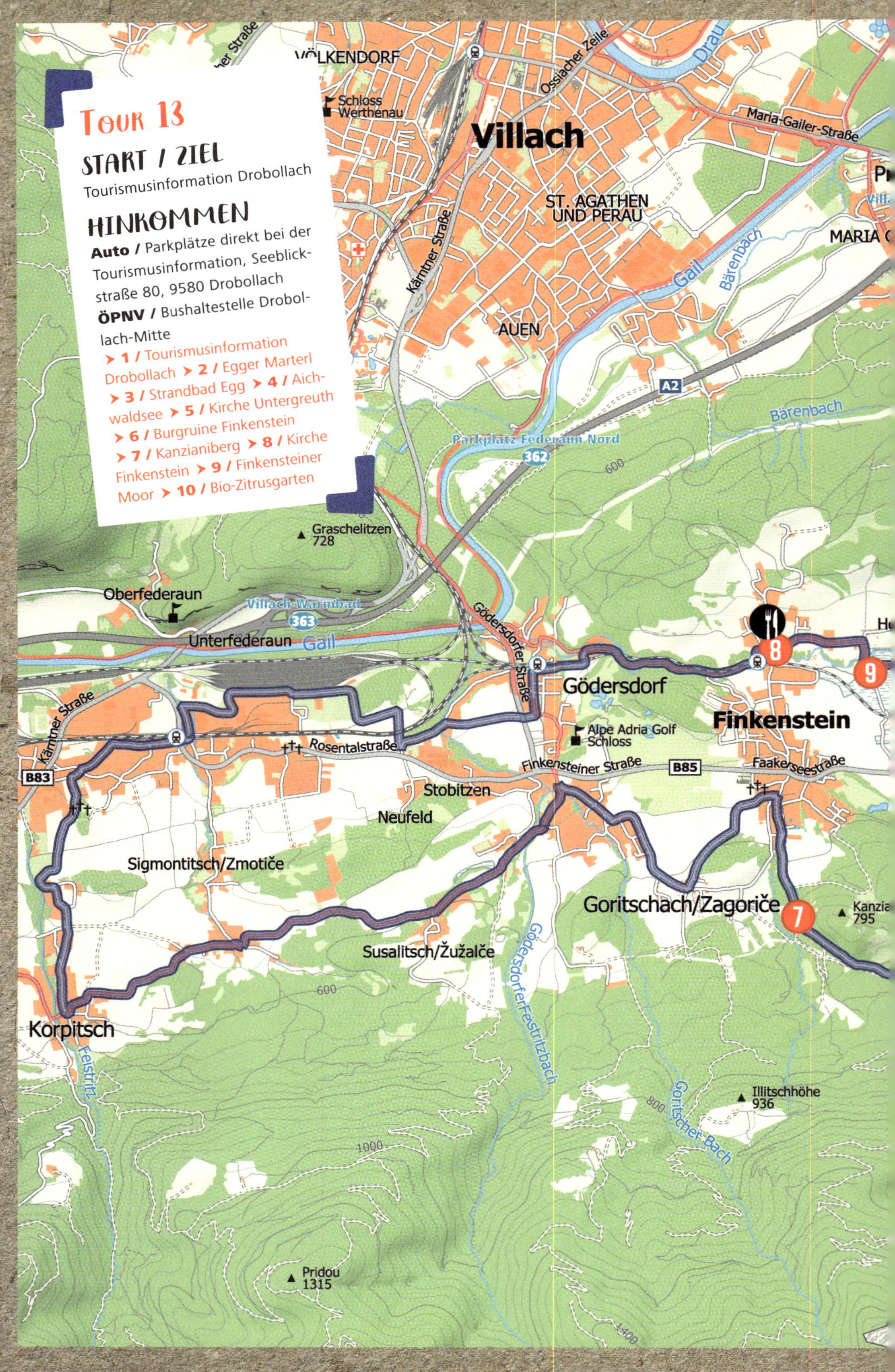
Tour 13
START / ZIEL
Tourismusinformation Drobollach
HINKOMMEN
Auto / Parkplätze direkt bei der Tourismusinformation, Seeblickstraße 80, 9580 Drobollach
ÖPNV / Bushaltestelle Drobollach-Mitte
➤ 1 / Tourismusinformation Drobollach ➤ 2 / Egger Marterl ➤ 3 / Strandbad Egg ➤ 4 / Aichwaldsee ➤ 5 / Kirche Untergreuth ➤ 6 / Burgruine Finkenstein ➤ 7 / Kanzianiberg ➤ 8 / Kirche Finkenstein ➤ 9 / Finkensteiner Moor ➤ 10 / Bio-Zitrusgarten
VÖLKENDORF
Schloss Werthenau
Villach
Ossiacher Zeile
Drau
Maria-Gailer-Straße
ST. AGATHEN UND PERAU
Kärntner Straße
MARIA G
Gail
Bärenbach
AUEN
A2
Parkplatz Federaun Nord
362
Graschelitzen 728
Oberfederaun
Villach-Warmbad
363
Unterfederaun
Gödersdorfer Straße
Gödersdorf
Finkenstein
Kärntner Straße
Rosentalstraße
Alpe Adria Golf Schloss
B83
Finkensteiner Straße
B85
Faakerseestraße
Stobitzen
Neufeld
Sigmontitsch/Zmotiče
Goritschach/Zagoriče
Kanzia 795
Susalitsch/Žužalče
Gödersdorfer Feistritzbach
Korpitsch
Feistritz
Illitschhöhe 936
Goritscher Bach
Pridou 1315
8
9
7

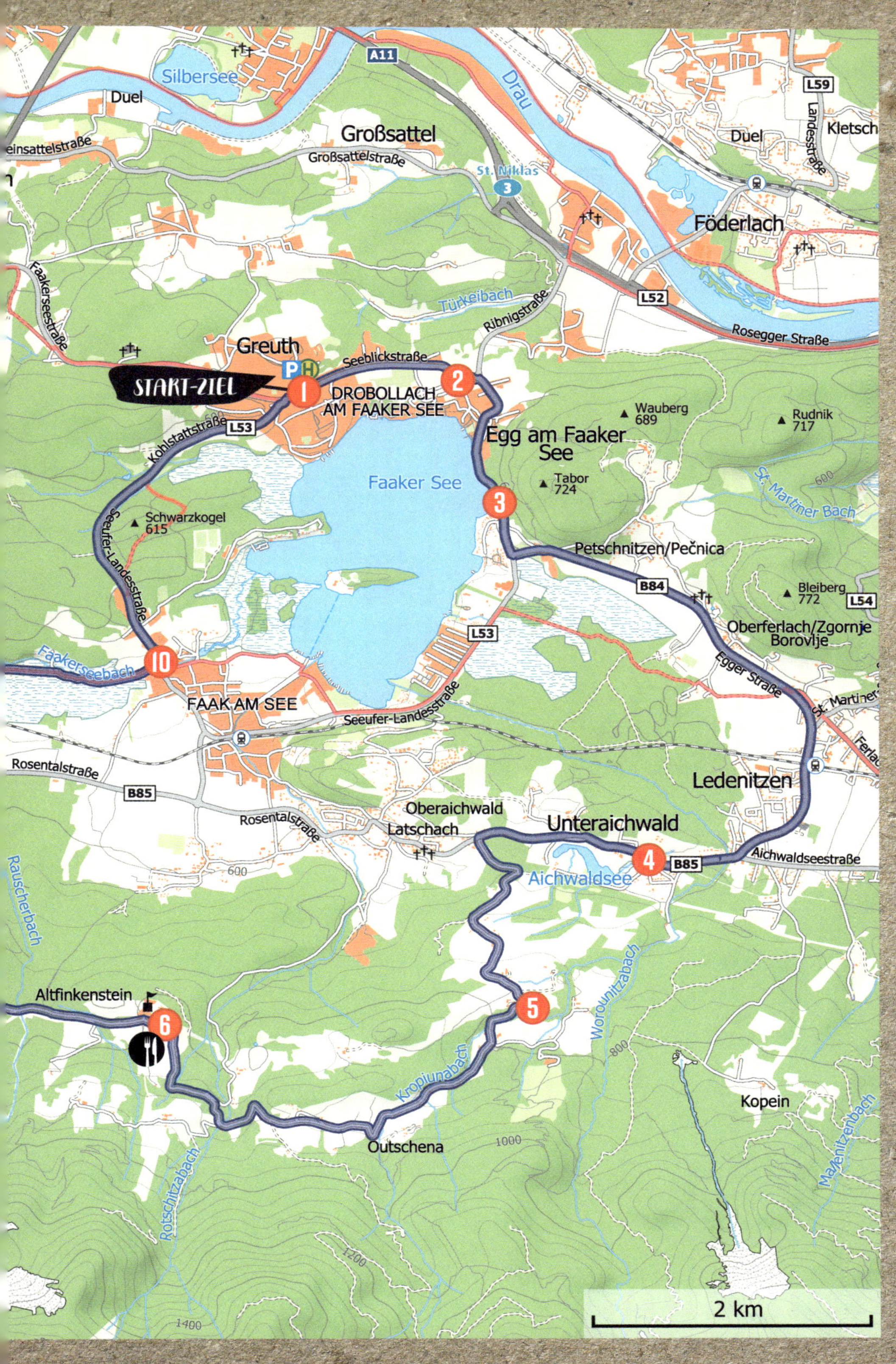

Silbersee
Duel
A11
Drau
Großsattel
Großsattelstraße
St. Niklas
L59
Kletsch
Duel
Landesstraße
Föderlach
Faakerseestraße
Türkeibach
Ribnigstraße
L52
Rosegger Straße
Greuth
Seeblickstraße
START-ZIEL
DROBOLLACH AM FAAKER SEE
Kohlstattstraße
L53
Egg am Faaker See
Wauberg 689
Rudnik 717
Faaker See
Tabor 724
St. Martiner Bach
Schwarzkogel 615
Seeufer-Landesstraße
Petschnitzen/Pečnica
B84
Bleiberg 772
L54
Oberferlach/Zgornje Borovlje
L53
Egger Straße
Faakerseebach
FAAK AM SEE
Seeufer-Landesstraße
Rosentalstraße
B85
Ledenitzen
Rosentalstraße
Oberaichwald
Latschach
Unteraichwald
B85
Aichwaldseestraße
Aichwaldsee
Rauscherbach
Altfinkenstein
Worounitzabach
Kropiunabach
Kopein
Outschena
Rotschitzabach
2 km

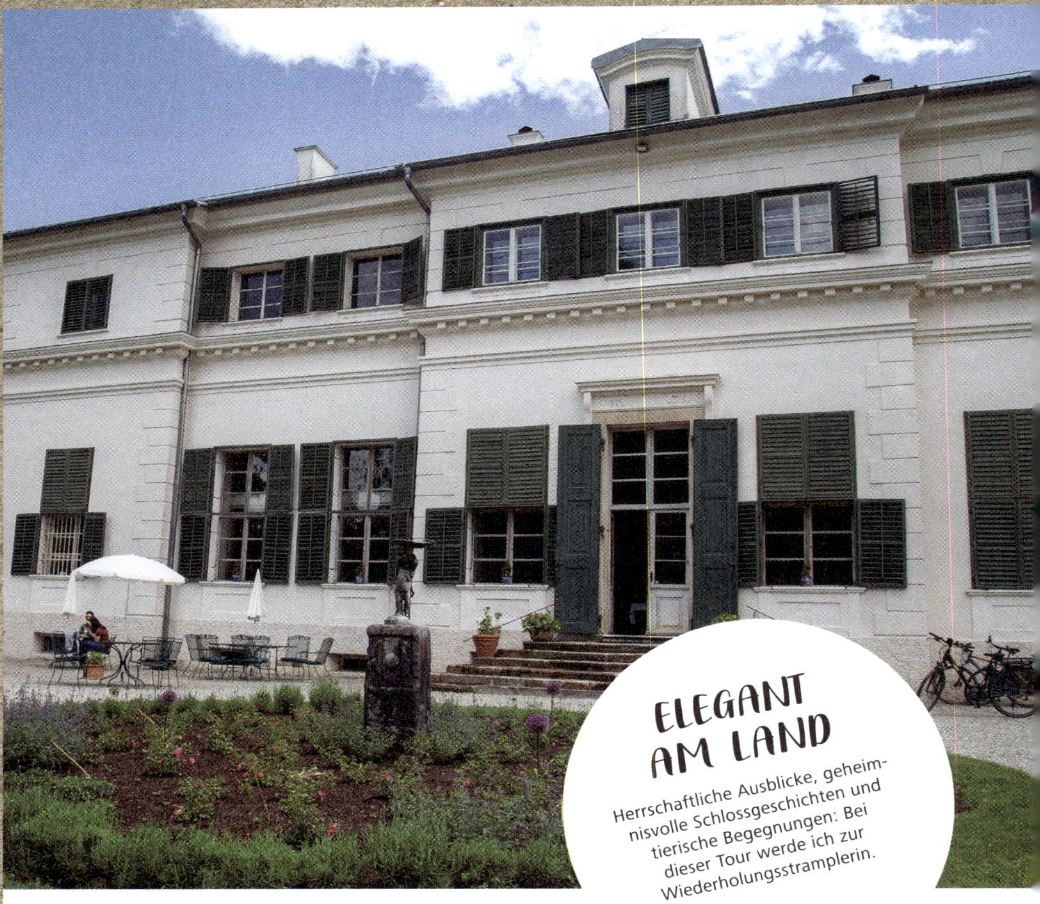

ELEGANT AM LAND

Herrschaftliche Ausblicke, geheimnisvolle Schlossgeschichten und tierische Begegnungen: Bei dieser Tour werde ich zur Wiederholungsstramplerin.

➤ **1 /** Start- und Endpunkt Kunsteisanlage Velden

➤ **2 /** Durchschnaufen mit Blick auf den Sternberg

➤ **3 /** Kurzer Stopp in Kantnig bei der Kirche

➤ **4 /** Gartenspaziergang im Schloss Damtschach

➤ **5 /** Fresken im Schloss Wernberg entdecken

➤ **6 /** Pause unter der Linde im Gottestal

➤ **7 /** Abtauchen im Erlebnisbad Wernberg

➤ **8 /** Birdwatching im Biotop Föderlach

➤ **9 /** Absteigen am Kraftwerk Rosegg

➤ **10 /** Steinböcke treffen im Tierpark Rosegg

➤ **11 /** Vorbei am Labyrinth zum Schloss Rosegg

➤ **12 /** Prominenter Tourabschluss beim Schloss Velden

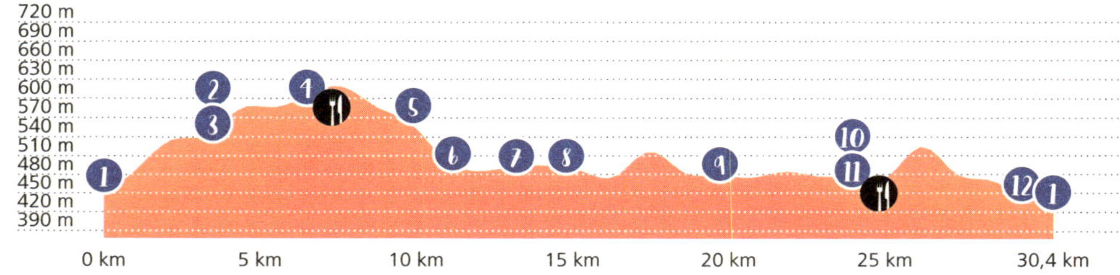

HINTER SCHLOSS & HÜGEL

Von Velden aus dem Schlösserradweg folgen

Eine Tour, vier Schlösser. Pedalritter satteln in Velden auf und treten die Hügel hinauf zu Schloss Damtschach. Danach rollen wir bis Schloss Wernberg und Schloss Rosegg. Das glamouröse Finale bildet ein TV-Star – das Schloss Velden am Wörthersee.

30 Kilometer
450 Höhenmeter ▲
450 Höhenmeter ▼
2:15 Stunden
Rundtour

Landidylle voraus

Der Parkplatz der 1 / Kunsteisanlage in Velden bzw. der Sport Union ist Start- und Endpunkt unserer Rundtour. Leihfahrräder gibt es praktischerweise gleich ums Eck bei der Tourist-Information. Wir folgen der Köstenberger Straße ein paar Meter bergauf und biegen gleich nach dem Zahnärztezentrum in den Heckenweg ein. Nach der Wohnsiedlung hört der Asphalt ein kurzes Stück auf und es geht auf einer gut befestigten Schotterstraße dahin. Bei jeder Abzweigung weist die orangefarbene quadratische Tafel des Schlösserradweges die Richtung, so auch beim Bahnweg,

CHARAKTER

Sportlich ●●●○○
Abkühlung ●●●●●
Schlemmen ●●○○○
Panorama ●●●●●

TOURENINFO / Die Tour verläuft auf Radwegen und Nebenstraßen, nur zwei kurze Abschnite sind direkt auf einer Hauptstraße. Asphalt und Schotter wechseln sich ab. Gut geeignet für Familien, moderate Steigungen. Badesachen einpacken!

◂ **links / Herrschaftlich – das Schloss Rosegg**

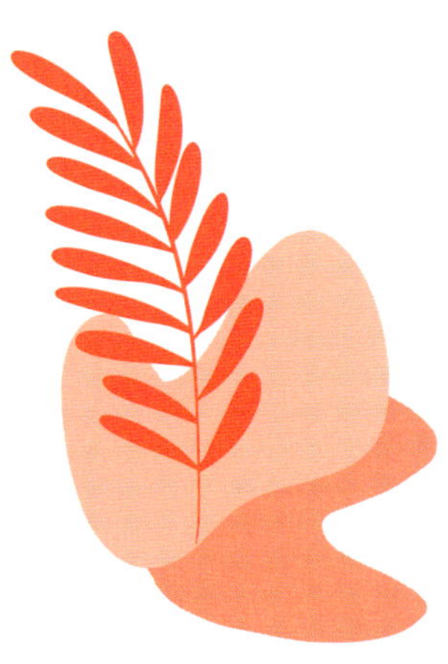

bei dem wir rechts bergaufwärts abbiegen und dann gleich links weiterfahren. Nur beim Bauernhof heißt es ein bisschen genauer hinsehen, hier macht der Weg eine leichte Rechtskurve. Immer wieder radeln wir bei mit Blumen geschmückten Höfen und kunstvollen Bildstöcken vorbei. Wir folgen der Weinzierler Straße aufwärts und biegen am Ende der Straße rechts ab. Nach der Autobahn, die nicht zu überhören ist, biegen wir links nach Kantnig ab. Auf dem Weg zu dem kleinen Weiler hast du einen tollen Ausblick auf den 2 / Sternberg mit seiner Kirche. Bereits Kelten und Römer besiedelten den markanten Hügel. Heute ist es ein schönes Ausflugsziel. Ein Stückchen weiter rasten wir kurz bei der 3 / Kirche Kantnig im Schatten der Bäume und rüsten uns für den letzten kurzen Anstieg. Wir biegen rechts in die Terlacher Straße und treten durch den Wald und die kleine Ortschaft geradeaus weiter bis zum 4 / Schloss Damtschach aus dem 16. Jahrhundert, das heute von der Familie Orsini-Rosenberg bewohnt ist. Samstag und Sonntag hat das kleine Schlosscafé am Nachmittag geöffnet. Ein Blick in den englischen Garten ist mit Führung möglich.

ZEIT FÜR EINE PAUSE

Bei der Kirche im 6 / Gottestal sitzt du unter dem schattigen Blätterdach einer alten Linde und genießt die Ruhe.

Ein Ort der Ruhe

Nach dem Sightseeing nehmen wir rechts die Umberger Straße und wechseln dann leicht abschüssig in die Trabeniger Straße. Kurz vor Wernberg lohnt es sich kurz stehen zu bleiben und die Panoramasicht hinunter auf das Schloss, die Stadt Villach und dahinter den markanten Berg Dobratsch mit der Sprungschanze und dem Sendeturm zu genießen. Im Ort nehmen wir rechts den schmalen Narzissenweg und biegen an dessen Ende in den Amselweg ein, von dem wir auf die Hauptstraße gelangen und ihr rechts bis zum Zebrastreifen vor dem Sparmarkt folgen. Hier gilt es besonders

---

➤ rechts oben / Schloss Wernberg ist heute gästefreundliches Kloster mit Laden und Café ➤ rechts Mitte / Die Ruhe genießen in Gottestal

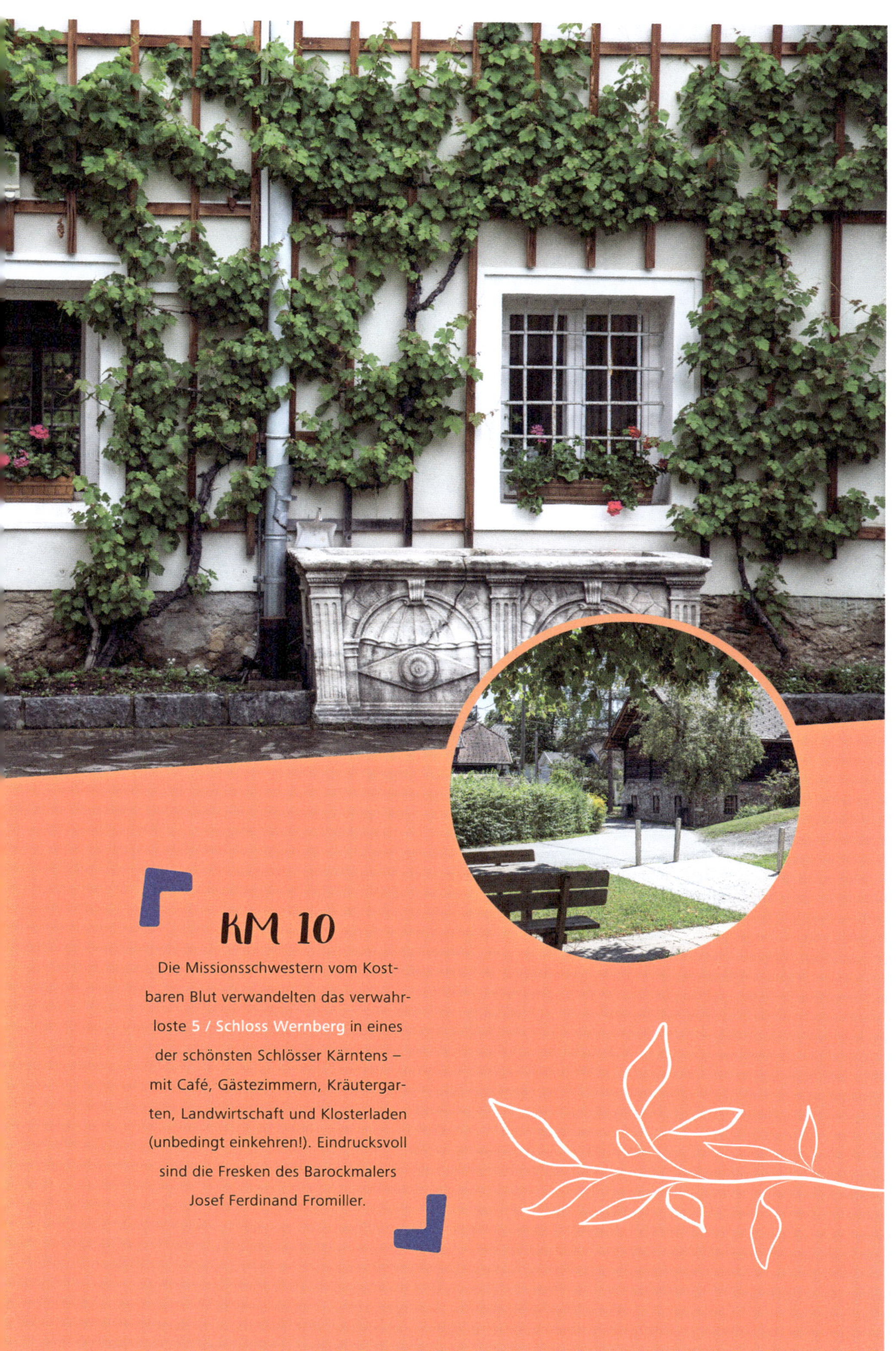

KM 10

Die Missionsschwestern vom Kostbaren Blut verwandelten das verwahrloste 5 / Schloss Wernberg in eines der schönsten Schlösser Kärntens – mit Café, Gästezimmern, Kräutergarten, Landwirtschaft und Klosterladen (unbedingt einkehren!). Eindrucksvoll sind die Fresken des Barockmalers Josef Ferdinand Fromiller.

Vogelparadies

Mitten im Drau-Stausee befindet sich ein 10 Hektar großes Flachwasserbiotop. Rund 120 Vogelarten kannst du im 8 / Biotop Föderlach beobachten.

aufzupassen: Es ist das einzige Stück der Tour mit viel Verkehr. Ist die Straße überquert wird es in der Poststraße wieder wesentlich ruhiger. Vorbei an einer Reihe von Apfelbäumen biegen wir links in die Gottestaler Straße und dann gleich wieder rechts zum 5 / Kloster und Schloss Wernberg. Vor der Pforte, auf dessen Metalltüre noch die Einstiche der Lanzen von den Rittern zu sehen sind, stellen wir das Rad ab und erkunden das Schloss.

Mehlspeisen und Ritterspuren

Entschleunigt am Wasser

Beseelt vom Liebreiz des Schlosses und gestärkt mit einer Mehlspeise aus dem Kloster radeln wir auf der Gottestaler Straße rechts den Berg hinab zur Drau. Das kurze Stück durch den Wald ist kurvig und ein bisschen steil. Dementsprechend flott passieren wir die Ortschaft 6 / Gottestal und bremsen uns bei der Pfarrkirche ein. Vis-à-vis der Kirche steht eine alte Linde mit einer Holzbank und einem Tisch. Es ist ein lauschiges Plätzchen für eine kleine Jause. Danach

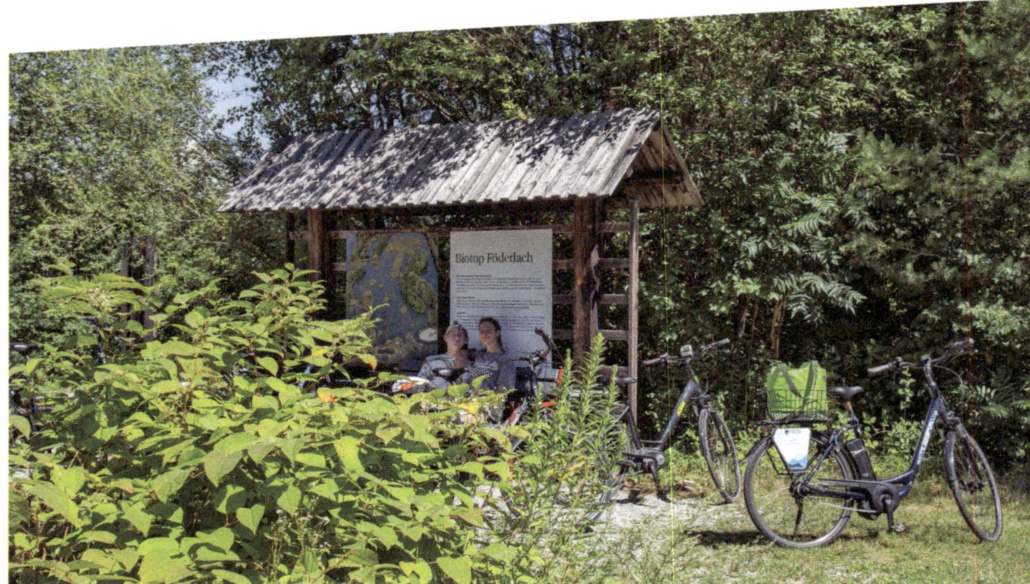

folgen wir der Straße geradeaus und biegen rechts in den Dragnitzer Weg ein, der kurz vor dem Fluss Drau eine scharfe Rechtskurve hinauf auf den Drauradweg (R1) macht. Auf dem Drauradweg wechselt sich Schotter mit Asphalt ab und alle paar Kilometer liegen idyllische Rastplätze mit herrlichem Blick auf das Wasser sowie die Bergwelt der Karawanken. Wenn du Badesachen mithast, kannst du direkt vom Drauradweg zum 7 / Erlebnisbad Wernberg abbiegen und eine Runde schwimmen gehen. Es gibt eine Rutsche, Liegewiese und einen Beachvolleyballplatz. Wer keine Lust auf Abkühlung hat, folgt dem Radweg bis zum 8 / Biotop Föderlach.

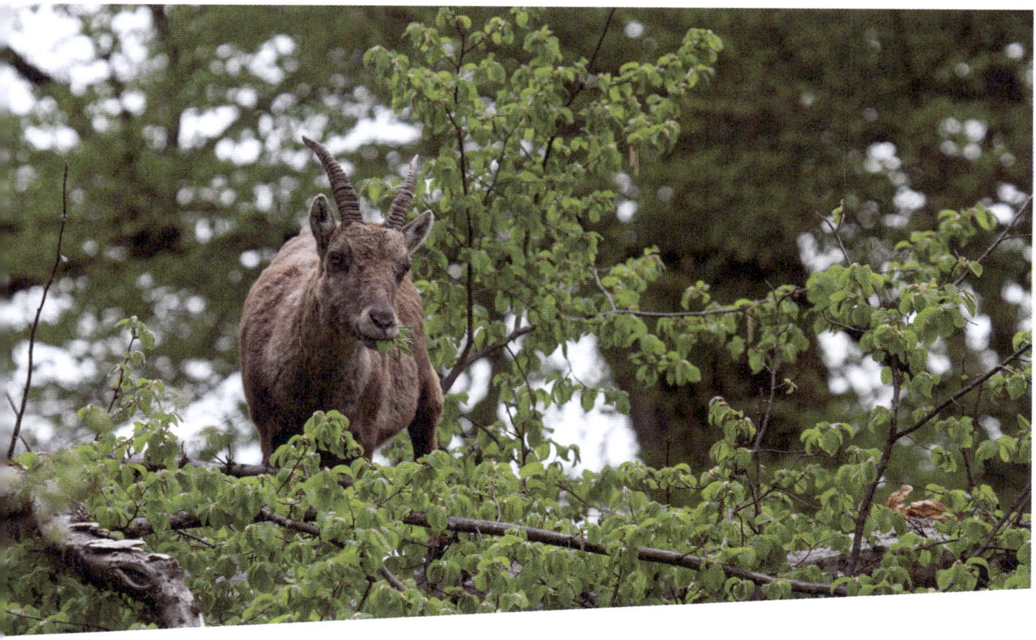

Date mit dem Steinbock

Bevor der Wald beginnt, wird der Radweg links in die Rosegger Straße umgeleitet. Wir folgen der Straße bis zur Abzweigung Drauweg und folgen dann diesem bis zum 9 / Kraftwerk Rosegg. Ein kleiner Weg führt direkt hoch zum Kraftwerk. Oben angekommen heißt es absteigen und das Rad über das rauschende Wasser schieben. Nach dem Kraftwerk fahren wir links auf die Rosegger Hauptstraße und düsen bis nach Rosegg, wo wir rechts in die Mühlbacher Straße biegen. Auf Höhe der Keltenwelt überqueren wir die Straße und folgen dem Radweg zwischen der Siedlung der Wildparkmauer

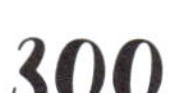

Vom Luchs bis zum Lama oder dem Steinbock auf der Parkbank: Über 300 Tiere leben auf rund 30 Hektar Fläche im 10 / Tierpark Rosegg rund um die Burgruine zum Teil vollkommen frei im Gelände. Damit ist es Kärntens größter Tierpark.

‹ links / Pause im Biotop Föderlach
^ oben / Wildtiere beobachten im Tierpark Rosegg

entlang. Statt auf dem Drauradweg geradeaus weiter zu fahren, biegen wir links ab und besuchen den 10 / Tierpark Rosegg.

Süßes und Snacks

Danach radeln wir beim Labyrinth vorbei zum 11 / Schloss Rosegg mit seinem renovierten Garten und Schlosscafé (geöffnet ab 12 Uhr). Erbaut wurde das Schloss 1772 nach dem Vorbild toskanischer Villen. Heute umrahmt das mediterrane Ambiente Ausstellungen und Hochzeiten. Vom Schloss folgen wir der Allee bis zur Hauptstraße. Hier ist die Bäckerei und Konditorei Mitsche bereits in Sichtweite, die nicht nur ausgezeichnetes Brot bäckt, sondern auch mit köstlichen Kuchen aufwartet. Jetzt folgen wir der Rosegger Landesstraße in Richtung Velden und treten ein letztes Mal bergauf. Nach dem Gasthof Liebentritt biegen wir links in die Kernjakstraße ab und lassen die Räder bis links in den Melcherweg rollen. Von dort zweigt der Radweg rechts nach Velden ab. Vorbei am Sportplatz und dem Bäckerteich folgen wir der Bäckerteichstraße bis zur Internationalen Schule (ISC), wo wir links auf die Hauptstraße abbiegen.

HUNGER!

Rund ums 12 / Schloss Velden gibt es viele Cafés und Restaurants. Am Weg zurück zum Parkplatz liegt die Pizzeria Marietta mit durchgehend warmer Küche.

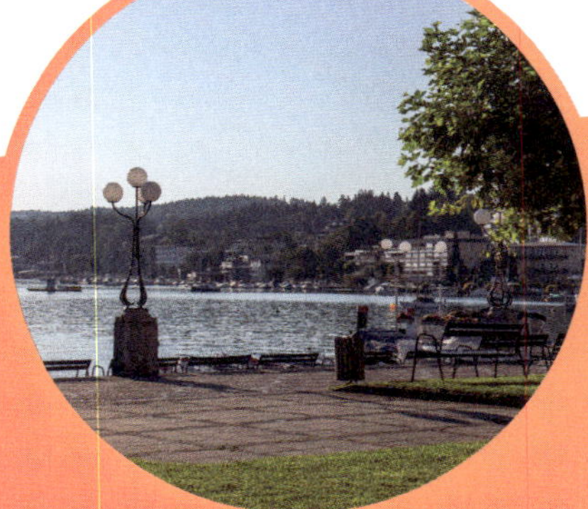

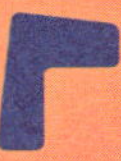

40

Die 34 Folgen der TV-Serie „Ein Schloss am Wörthersee“ wurden in 40 Ländern ausgestrahlt. In Österreich saßen dabei 2 Millionen Menschen vor dem Fernseher, in Deutschland 7 Millionen.

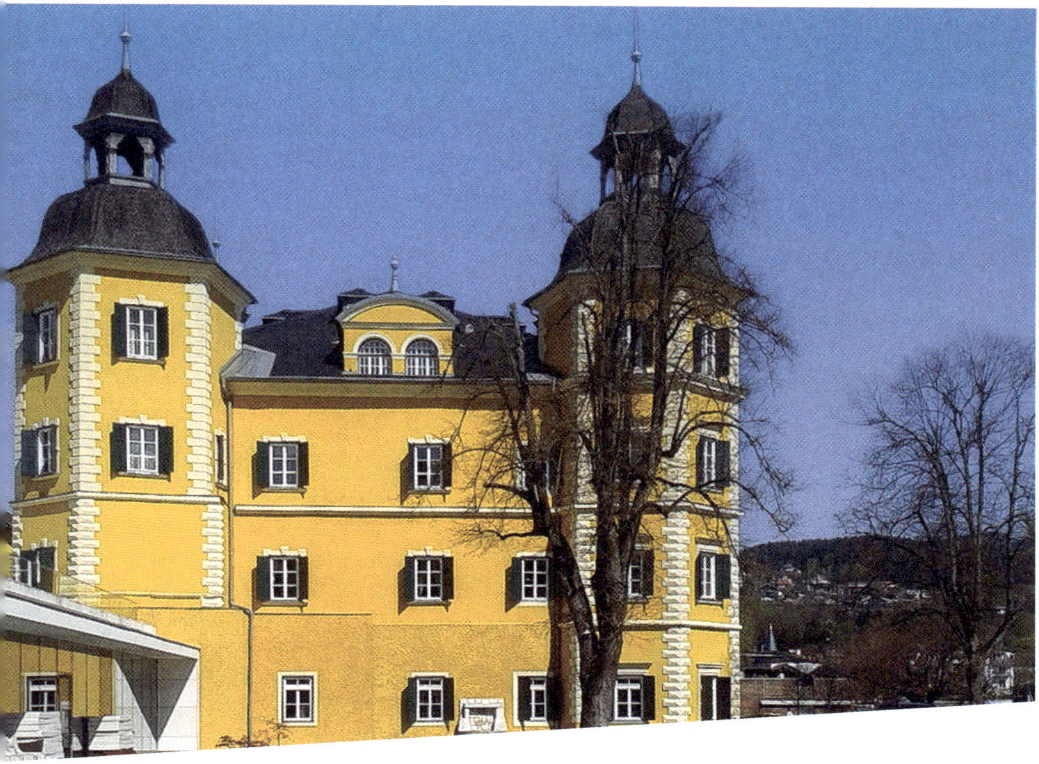

Zurück am Wörthersee

Jetzt sind wir im quirligen Velden und biegen rechts vor der Apotheke auf den Seecorso ab. Das ist sozusagen die Seepromenade des Ortes, auf der sich Fußgänger, Rad- und Autofahrer gleichermaßen tummeln, und die direkt beim 12 / Schloss Velden vorbeiführt. Das Schloss wurde 1603 fertig gebaut. Seit dem 19. Jahrhundert wird es mit ein paar Unterbrechungen als Hotel geführt, heute chic renoviert als 5-Sterne-Haus direkt in der Bucht beim Wasser. So richtig bekannt wurde das Schloss aber durch die TV-Sendung „Ein Schloss am Wörthersee" mit Roy Black. Nach dem obligatorischem Schlossfoto treten wir den Rückweg an und nehmen die Einbahnstraße (Wahlißstraße) hoch. Wir queren die Hauptstraße und folgen der Schulhausstraße bis rechts in die 10.-Oktober-Straße. An der Villacher Straße angekommen biegen wir links ab und biegen nach der Tourist-Information rechts in die Köstenberger Straße, unserem Startpunkt der Tour, ab.

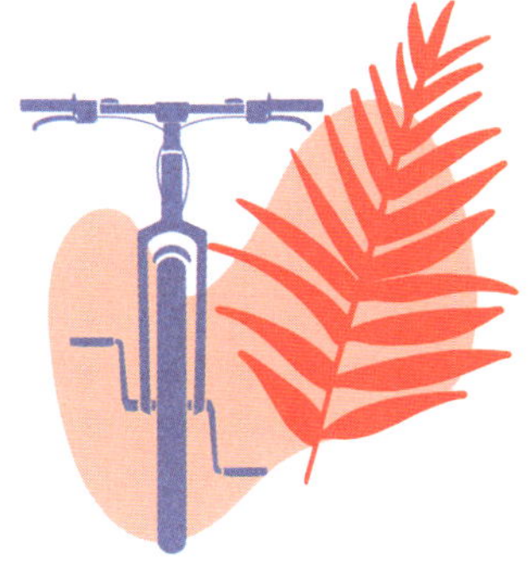

< links / Die Veldener Bucht ^ oben / Das Schlosshotel Velden

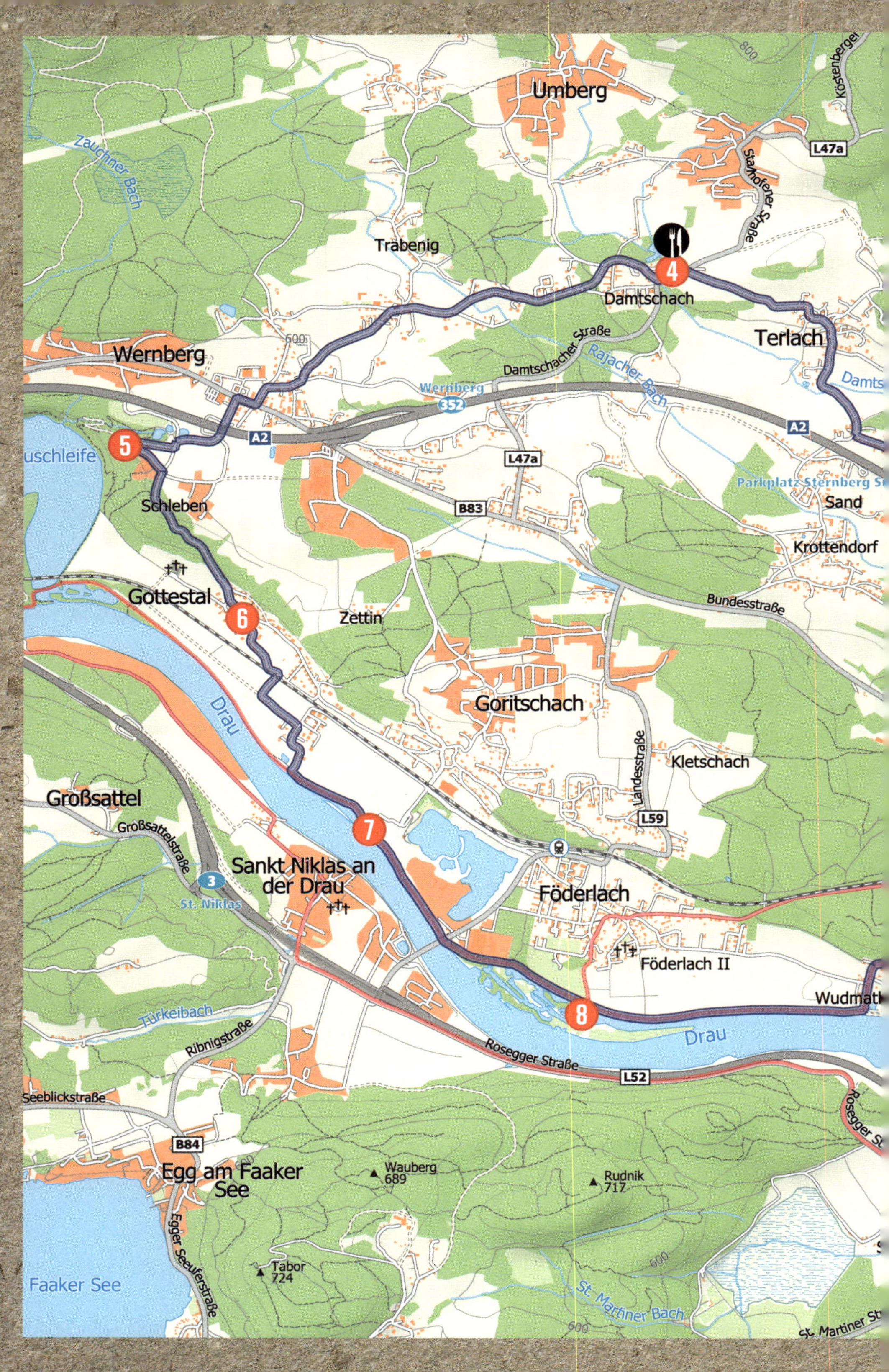

Umberg
Trabenig
Damtschach
Terlach
Wernberg
Schleben
Gottestal
Zettin
Goritschach
Kletschach
Sand
Krottendorf
Großsattel
Sankt Niklas an der Drau
Föderlach
Föderlach II
Wudmath
Egg am Faaker See
Faaker See
Drau
Wauberg 689
Rudnik 717
Tabor 724
Zauchner Bach
Rajacher Bach
Türkeibach
St. Martiner Bach
Damtschacher Straße
Stallhofener Straße
Großsattelstraße
Ribnigstraße
Seeblickstraße
Egger Seeuferstraße
Rosegger Straße
Bundesstraße
Landesstraße
Parkplatz Sternberg
St. Niklas
A2
B83
B84
L47a
L52
L59
352
3
4
5
6
7
8

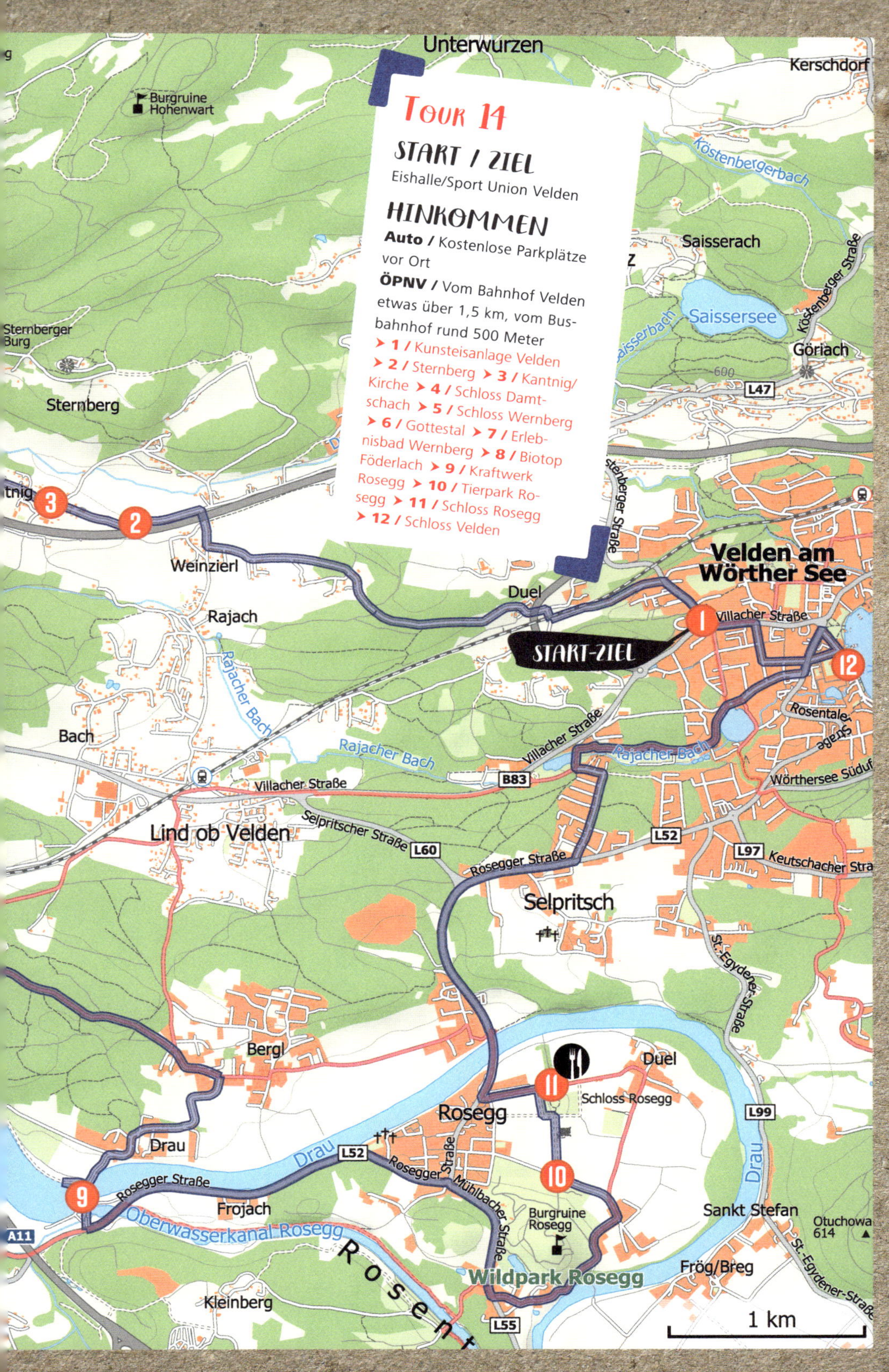

Tour 14
START / ZIEL
Eishalle/Sport Union Velden
HINKOMMEN
Auto / Kostenlose Parkplätze vor Ort
ÖPNV / Vom Bahnhof Velden etwas über 1,5 km, vom Busbahnhof rund 500 Meter
➤ 1 / Kunsteisanlage Velden ➤ 2 / Sternberg ➤ 3 / Kantnig/Kirche ➤ 4 / Schloss Damtschach ➤ 5 / Schloss Wernberg ➤ 6 / Gottestal ➤ 7 / Erlebnisbad Wernberg ➤ 8 / Biotop Föderlach ➤ 9 / Kraftwerk Rosegg ➤ 10 / Tierpark Rosegg ➤ 11 / Schloss Rosegg ➤ 12 / Schloss Velden
START-ZIEL
Unterwurzen
Kerschdorf
Burgruine Hohenwart
Köstenbergerbach
Saisserach
Köstenberger Straße
Saissersee
Göriach
600
L47
Sternberger Burg
Sternberg
Weinzierl
Rajach
Duel
Velden am Wörther See
Villacher Straße
Rajacher Bach
Bach
Rosentaler Straße
Villacher Straße
B83
Wörthersee Süduf
Lind ob Velden
Selpritscher Straße
L60
Rosegger Straße
L52
L97
Keutschacher Stra
Selpritsch
St. Egydener-Straße
Bergl
Duel
Schloss Rosegg
Rosegg
L99
Drau
L52
Rosegger Straße
Mühlbacher Straße
Drau
Rosegger Straße
Frojach
Oberwasserkanal Rosegg
Burgruine Rosegg
Sankt Stefan
Otschowa 614
A11
Wildpark Rosegg
Fröɡ/Breg
St. Egydener-Straße
Kleinberg
L55
Rosent
1 km

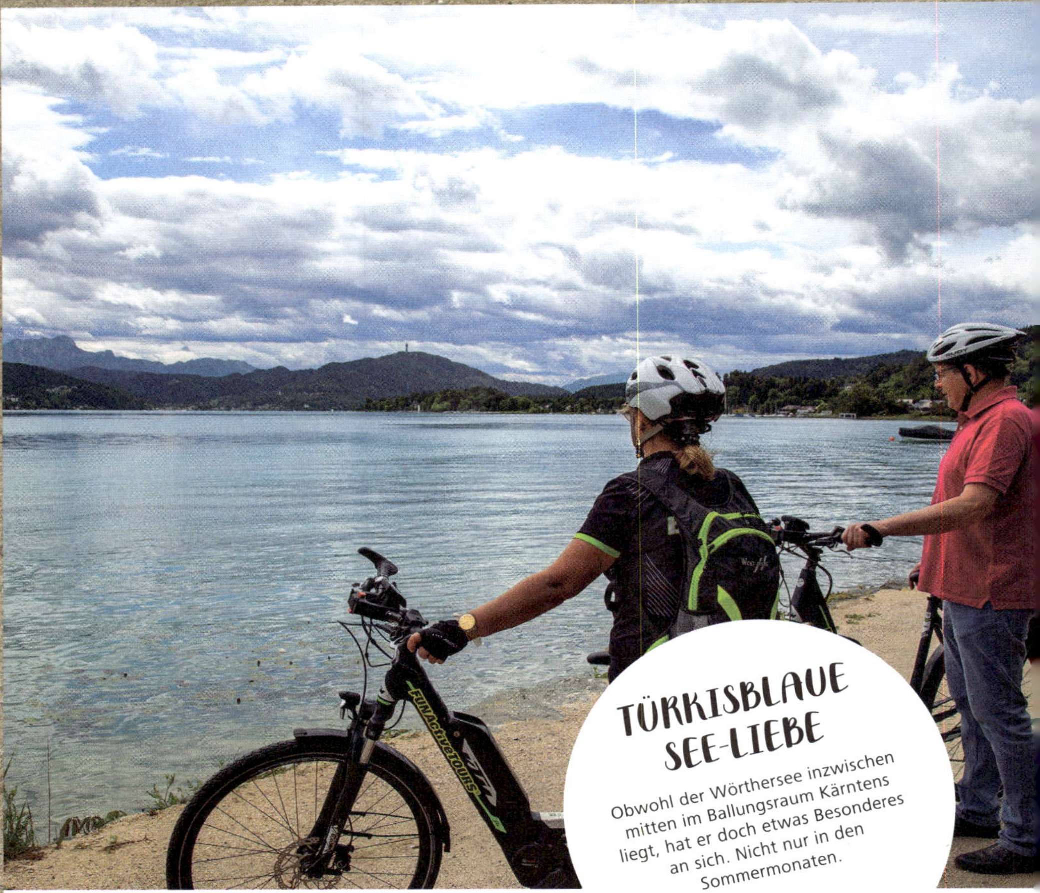

TÜRKISBLAUE SEE-LIEBE

Obwohl der Wörthersee inzwischen mitten im Ballungsraum Kärntens liegt, hat er doch etwas Besonderes an sich. Nicht nur in den Sommermonaten.

➤ **1 /** Start- und Endpunkt unserer Tour ist das Strandbad Klagenfurt

➤ **2 /** Das Schloss Reifnitz bewundern

➤ **3 /** Kaiserlicher Charme der Villa Helene

➤ **4 /** Verschnaufen beim Schloss Velden

➤ **5 /** Ein besonderes Frühstück im Seeschlössl Velden planen

➤ **6 /** Abhängen beim Forstsee Kraftwerk

➤ **7 /** Ein Foto machen vom Bootshaus Villa Schnür

➤ **8 /** Wellness im Werzers Badehaus

➤ **9 /** Zurück in die 1960er im Parkhotel Pörtschach

➤ **10 /** Villa Almrausch und Villa Edelweiß im Heimatstil-Look

➤ **11 /** Englische Noblesse beim Ruderverein Albatros

➤ **12 /** Lost Place Hotel Wörthersee

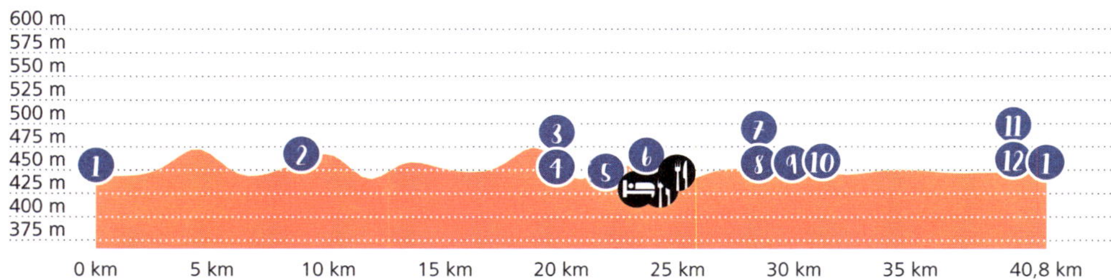

Reich und schön

Von Villa zu Villa rund um den Wörthersee

Romantisch verspielte Villenfassaden mit Erkern und Giebeln, elegante Boots- und Badehäuser und Promenaden zum Flanieren: Auf dieser Radtour folgen wir der Wörthersee-Architektur rund um den See und halten bei besonders schönen historischen Gebäuden.

41 Kilometer
410 Höhenmeter ▲
410 Höhenmeter ▼
3 Stunden
Rundtour

Groß, größer, Strandbad Klagenfurt

Badesachen auf den Gepäckträger und los geht unsere Tour beim 1 / Strandbad Klagenfurt (Metnitzstrand 2, 9020 Klagenfurt), wo sie auch endet. Das Strandbad ist eines der größten Binnenseebäder Europas. An manchen Tagen wurden schon über 10.000 Besucher gezählt und die Wassertemperatur steigt auf angenehme 28 Grad. Das Eingangsgebäude wurde 1927 mit einer Galerie und Kabinentrakt von Architekt Koppelhuber + Theer entworfen. Inzwischen wird aber nicht nur im Sommer im Wörthersee

Charakter

Sportlich ●○○○○
Abkühlung ●●●●●
Schlemmen ●●●●○
Panorama ●●●●●

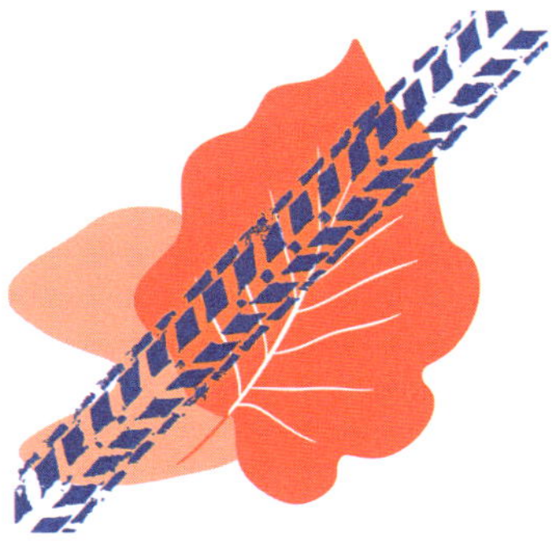

Toureninfo / Auf der Südseite ist der Radweg noch nicht so gut ausgebaut und führt zum Teil auf der Straße. Die Nordseite eignet sich gut für Familien mit Kindern und Anhängern. Der Weg ist fast durchgehend asphaltiert. Badesachen einpacken!

◄ links / Weitblick auf den klaren Wörthersee und die Karawanken

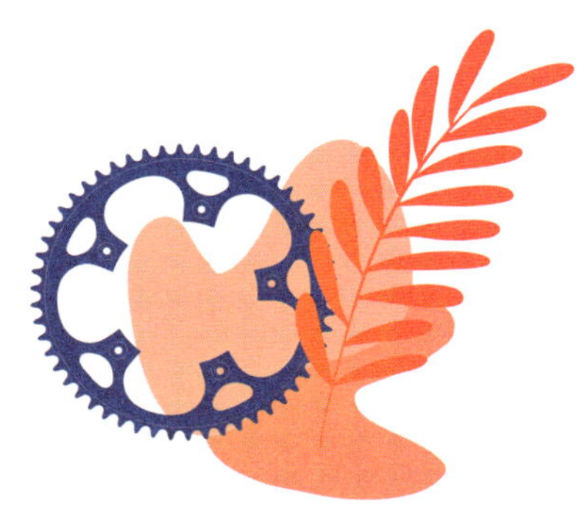

gebadet. Auch das Eisschwimmen wird immer beliebter. Standesgemäß geht es dabei natürlich von einer der großen Holzbrücken ab ins Wasser. Rund um den See kommst du an vielen schönen Strandbädern mit Liegewiesen, Holzstegen und flachem Ufer vorbei. Wir widerstehen vorerst der Versuchung und fahren beim Campingplatz vorbei geradeaus zum Lendkanal und der Radfahrerbrücke. Mit Schwung überqueren wir das Wasser und biegen rechts auf den Radweg ab. Wenn du hier nach vorne auf den See schaust, kannst du die Seevilla Samek und die Villa Schwarzenfels auf der rechten Seiten ausmachen. Viele der historischen und modernen Villen rund um den See sind am besten vom Wasser aus zu sehen. Daher empfiehlt sich auch eine Bootstour mit einem der Wörthersee-Schiffe. Vermutlich gibt es weit über 30 Gebäude, die der Wörthersee-Architektur zuzuordnen sind. Mit ein bisschen Übung erkennst du diese an den verspielten Fassaden mit den Erkern, Giebeln und Türmchen. Auch Holz wurde damals gerne als Baumaterial eingesetzt und in schicker weißer Farbe gestrichen. Zum Teil wurden daraus Hotels, zum Teil werden sie nach wie vor privat genutzt. Kurz vor dem Lendspitz geht es links in den Schilfweg hinein, dem wir bis zur Süduferstraße folgen. Hier biegen wir bei dem kleinen Rastplatz rechts auf den Wörtherseeradweg R4 ein. Dieser Radweg führt einmal um den ganzen See herum, zum Teil auf der Straße, zum Teil auf abgetrennten Radwegen. Der südliche Teil befindet sich gerade im Ausbau, deshalb bei den kurvigen Teilstücken lieber etwas mehr aufpassen. Schnell sind wir aus dem Stadtgebiet und schlängeln uns die schattige Südseite mit dem Wasser zur rechten Hand nach Maiernigg entlang. Wir radeln beim Gustav Mahler-Komponierhäuschen vorbei und strampeln uns immer

WÖRTHERSEE-ARCHITEKTUR

Adlige und Reiche aus Wien bauten sich von 1864 bis in die 1930er Jahre Villen mit Boots- und Badehäusern für die Sommerfrische am See.

➤ rechts oben / Das Seeschlössl Velden mit Erker, Turm und Terrasse
➤ rechts Mitte / Bade- und Bootshäuser sind typischerweise aus weiß gestrichenem Holz

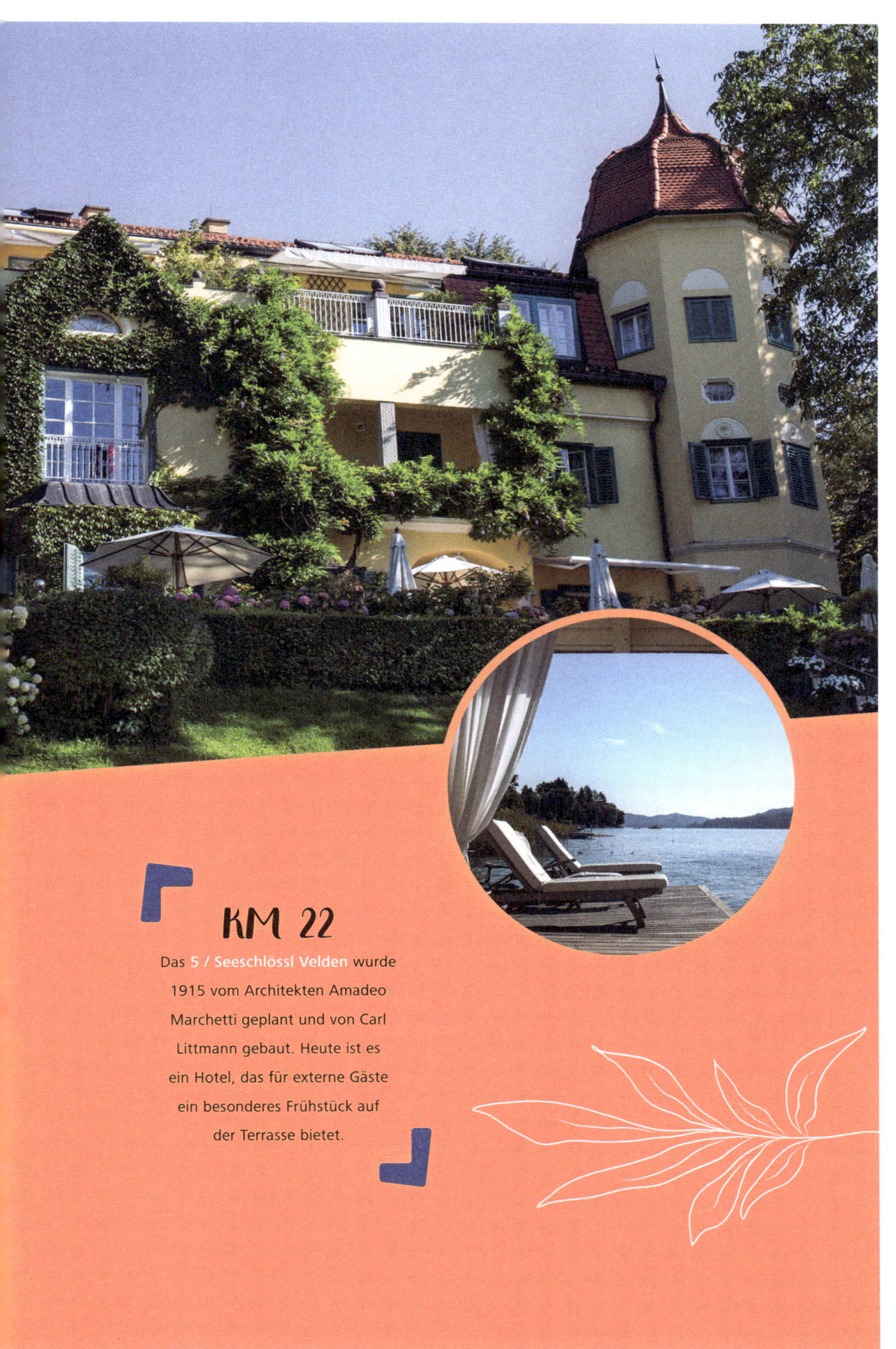

KM 22

Das 5 / Seeschlössl Velden wurde 1915 vom Architekten Amadeo Marchetti geplant und von Carl Littmann gebaut. Heute ist es ein Hotel, das für externe Gäste ein besonderes Frühstück auf der Terrasse bietet.

Schnell mal baden

Neben den Strandbädern gibt es über 30 freie Seezugänge für kurze Schwimmrunden. Diese sind am Ufer entsprechend gekennzeichnet. Also Augen offenhalten!

geradeaus nach Sekirn und Reifnitz vor. Immer wieder fährst du an kleinen Rastplätzen beim See vorbei. In Reifnitz angekommen hast du von der Schiffsanlegestelle einen besonders schönen Blick auf 2 / Schloss Reifnitz. Das malerische Schlösschen wurde auf einem Felsen von einem Hamburger Architekt erbaut und wird von Einheimischen auch „Schloss Klein Miramar" genannt. Auf der Südseite des Wörthersees liegen auch weitere Anwesen von Milliardären und reichen Prominenten nebst Tourismusbetrieben und Strandbädern.

Prachtvolle Bauten begleiten uns

Noblesse der Westbucht

Über eine kleine Anhöhe geht es hinauf nach Maria Wörth. Diesmal biegen wir aber nicht rechts auf die Halbinsel ab, sondern bleiben auf der Süduferstraße und folgen ihr weiter geradeaus. Das

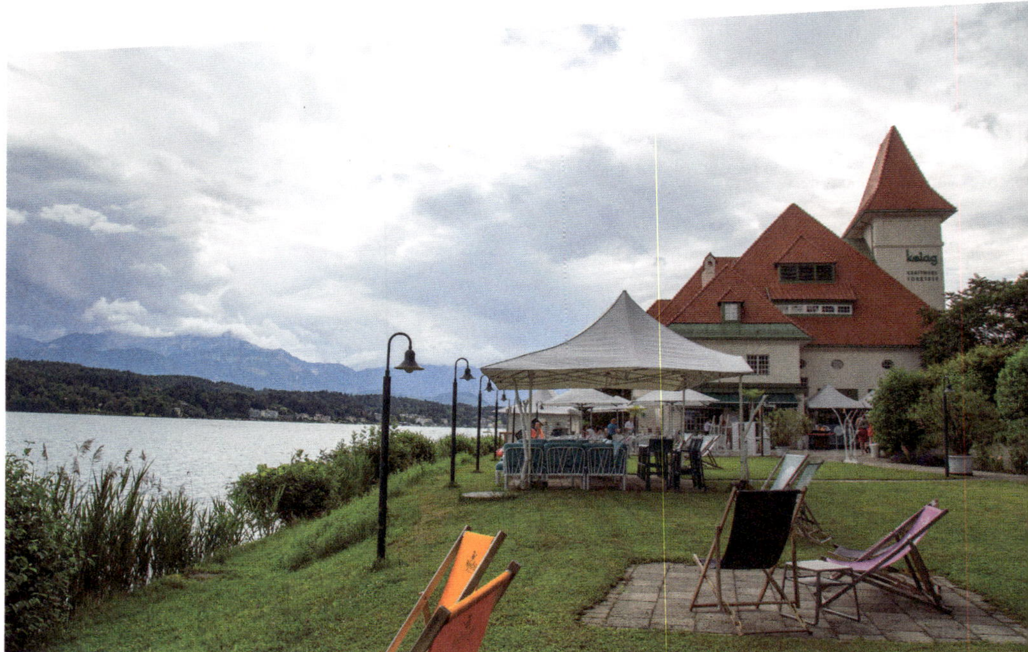

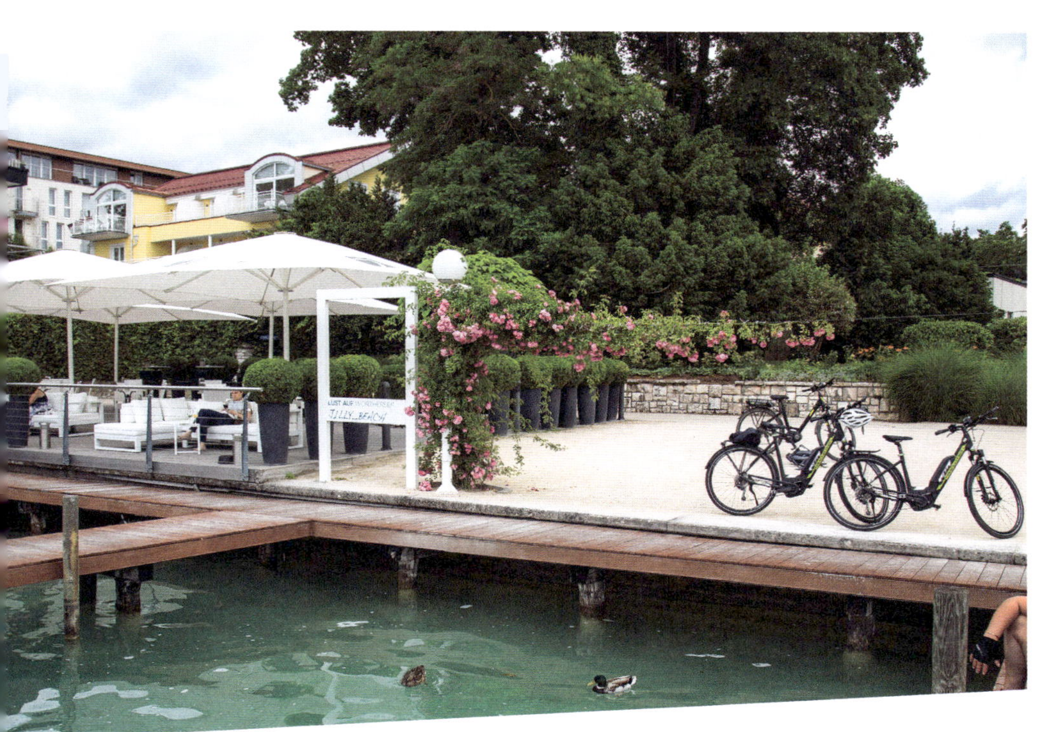

Gasthaus Weißes Rössl (Do–Mo 13–21 Uhr, Süduferstraße 111, 9220 Velden) bei der Schiffsanlegestelle ist das Kontrastprogramm zu den schicken Strandbars und Haubenlokalen am See. Hier gibt es Hausmannskost mit Retro-Flair. Das gibt Power für das nächste Stück bis nach Velden. Die 3 / Villa Helene ist vom Seecorso aus gut zu sehen und wurde 1890 von Kaiser Franz Joseph für seine Geliebte Katharina Schratt erbaut. Wenn du dir die Villa von außen näher ansehen möchtest, kannst du unten am Seeufer nach links einen Abstecher machen. Um dorthin zu kommen, biegen wir von der Süduferstraße rechts in die Augsdorfer Straße ein. Danach nehmen wir rechts den schmalen Radstreifen entlang der Strandpromenade direkt zum 4 / Schloss Velden. Wenn du dich im Zentrum von Velden umblickst, wirst du hier einige prachtvolle Bauten der Wörthersee-Architektur entdecken. Wir folgen nach dem Restaurant Seespitz der Seepromenade durch die Bucht vorbei beim Casino bis auf den Corso. Hier biegen wir rechts ab und folgen dem Radfahrstreifen auf der linken Seite. Zwischen den Bäumen versteckt liegt auf der rechten Seite

PROMINENT

Rund zwei Kilometer lang ist die Promenade in Pörtschach. Das Absteigen vom Rad lohnt sich. Denn der Gehweg ist nicht nur wunderschön mit Rosen geschmückt, sondern auch gesäumt mit netten Strandbars, Cafés und alten Villen.

< links / Das Kraftwerk Forstwerk mit chilligem Lokal
^ oben / Entspannte Pause auf der Promenade in Pörtschach

das zauberhafte 5 / Seeschlössl Velden (Süduferstraße 111, 9220 Velden). Das Hotel ist ein Geheimtipp für alle, die sich einmal ein besonderes Frühstück mit Seeblick gönnen wollen. Ein Stück weiter wechseln wir auf Höhe des Supermarktes die Straßenseite und folgen der Beschilderung des Radweges immer geradeaus. Nicht lange dann taucht das 6 / Forstsee Kraftwerk auf der rechten Seite auf. Architektonisch geplant von Franz Baumgartner ist das Wasserkraftwerk 1925 als erstes Speicherkraftwerk Kärntens in Betrieb gegangen und steht unter Denkmalschutz. Heute ist darin unter anderem ein Schaukraftwerk und ein chilliges Restaurant mit Terrasse untergebracht. Auf dem Weg nach Pörtschach machen wir ein Foto vom 7 / Bootshaus Villa Schnür. Auf der Höhe vom Schloss Leonstain biegen wir rechts zum 8 / Werzers Badehaus ab und schieben unsere Räder die Promenade entlang bis zum 9 / Parkhotel Pörtschach, einem kubischen Bau aus den 1960er Jahren. Vor dem Strandbad biegen wir links ab und fahren durch den Park bis zur Hauptstraße, wo wir wieder rechts auf den eigentlichen Radweg abbiegen und bei der 10 / Villa Almrausch und Villa Edelweiß von Architekt Franz Baumgartner vorbeikommen.

IM SCHWUNG BLEIBEN

E-Biker, die in Verlängerung gehen wollen, können vom 1 / Strandbad Klagenfurt aus noch die Tour 16 in Klagenfurt in Angriff nehmen (s. S. 145).

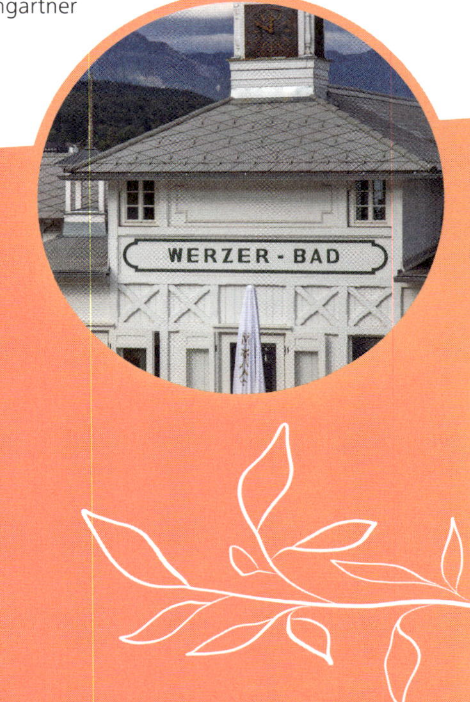

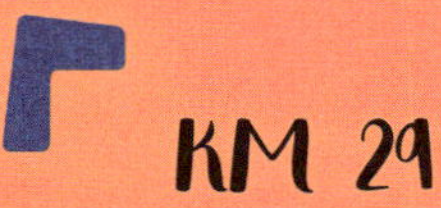

Das denkmalgeschützte 8 / Werzers Badehaus wurde 1895 erbaut und ist eines der besterhaltendsten Beispiele der Wörthersee-Architektur. Heute ist in dem historischen Gebäude ein ganzjähriges Spa und ein Restaurant untergebracht. Einst gab es rund um den See zehn Badehäuser in dieser Art.

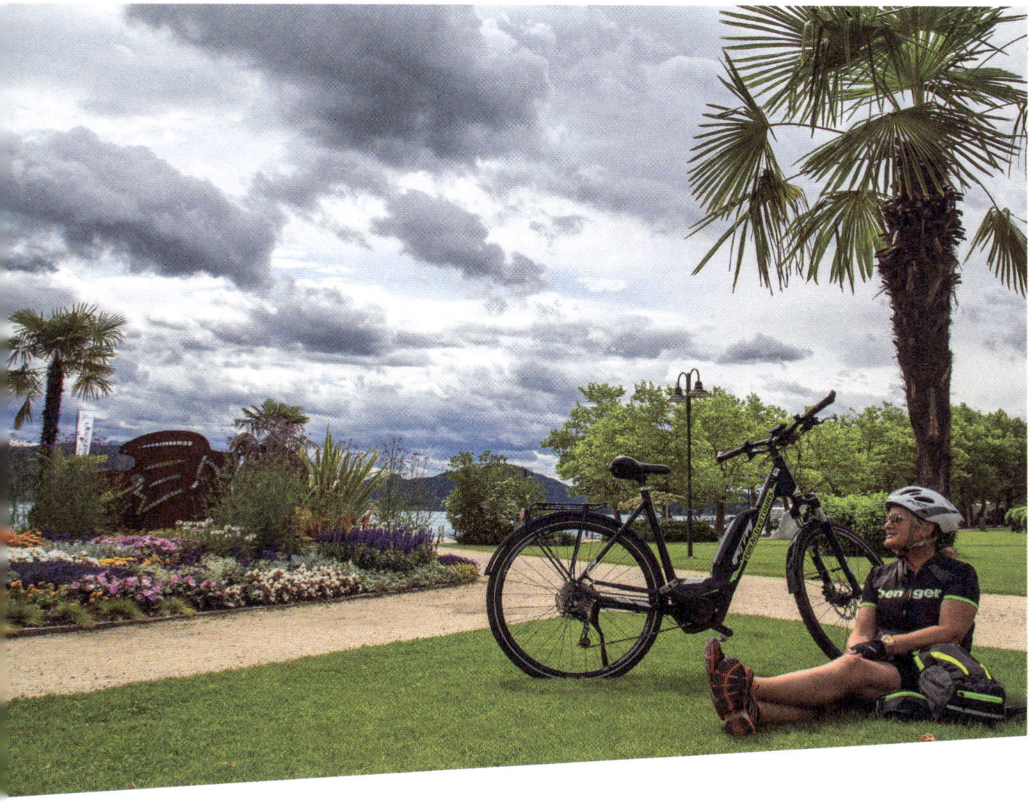

Mondäne Ostbucht-Atmosphäre

Wir folgen weiter der Radwegbeschilderung bis nach Krumpendorf, wo wir zur Schiffsanlegestelle und der kleinen Marina fahren. Hier kannst du dich im See.Gast.Haus (Mi–So 11.30–22 Uhr, Berthastraße 49, 9201 Krumpendorf) stärken. Wir fahren über die Strandpromenade weiter und kommen beim Strandweg wieder auf den Radweg, dem wir geradeaus nach Klagenfurt folgen. Unterwegs kannst du noch bei der Jausenstation Schamandra (Strandweg 35, 9201 Krumpendorf) eine Rast einlegen. Entlang dieser Strecke hast du einen wunderbaren Blick auf den See und die Karawanken. Das haben auch die Mitglieder vom 11 / Ruderverein Albatros, das Bootshaus hat Franz Baumgartner im Stil der Wörthersee-Villen gebaut. Ebenfalls ein Prunkstück aus dieser Zeit ist das 12 / Hotel Wörthersee von 1897, das aktuell aber leider verfällt. Wir radeln weiter die Ostbucht entlang, bis wir durch den Park wieder zurück beim 1 / Strandbad Klagenfurt sind.

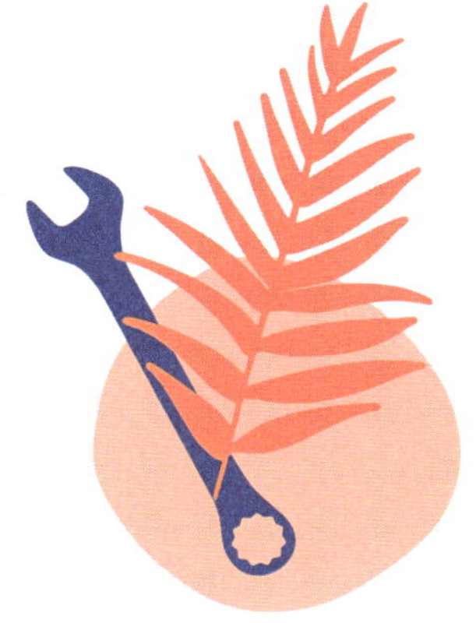

links / Das denkmalgeschützte Badehaus Werzer oben / Sommerfrische-Flair ist auch in der Klagenfurter Ostbucht zu spüren

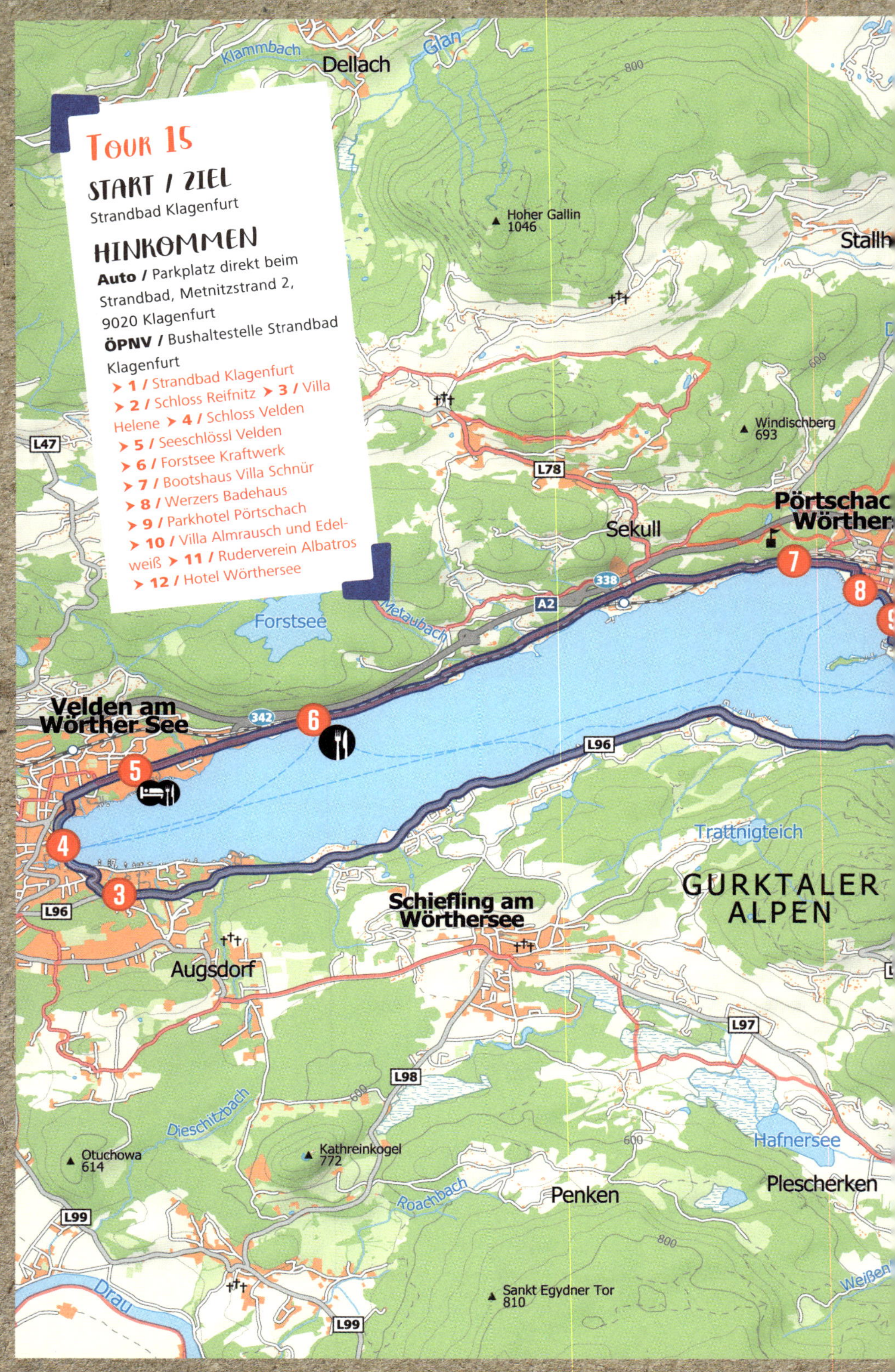

Tour 15
START / ZIEL
Strandbad Klagenfurt
HINKOMMEN
Auto / Parkplatz direkt beim Strandbad, Metnitzstrand 2, 9020 Klagenfurt
ÖPNV / Bushaltestelle Strandbad Klagenfurt
> 1 / Strandbad Klagenfurt
> 2 / Schloss Reifnitz > 3 / Villa Helene > 4 / Schloss Velden
> 5 / Seeschlössl Velden
> 6 / Forstsee Kraftwerk
> 7 / Bootshaus Villa Schnür
> 8 / Werzers Badehaus
> 9 / Parkhotel Pörtschach
> 10 / Villa Almrausch und Edelweiß > 11 / Ruderverein Albatros
> 12 / Hotel Wörthersee
Dellach
Klammbach
Glan
Hoher Gallin 1046
Windischberg 693
Sekull
Forstsee
Metaubach
Velden am Wörther See
Schiefling am Wörthersee
Trattnigteich
GURKTALER ALPEN
Augsdorf
Dieschitzbach
Otuchowa 614
Kathreinkogel 772
Roachbach
Penken
Hafnersee
Plescherken
Sankt Egydner Tor 810
Drau
L47
L78
A2
338
342
L96
L97
L98
L99

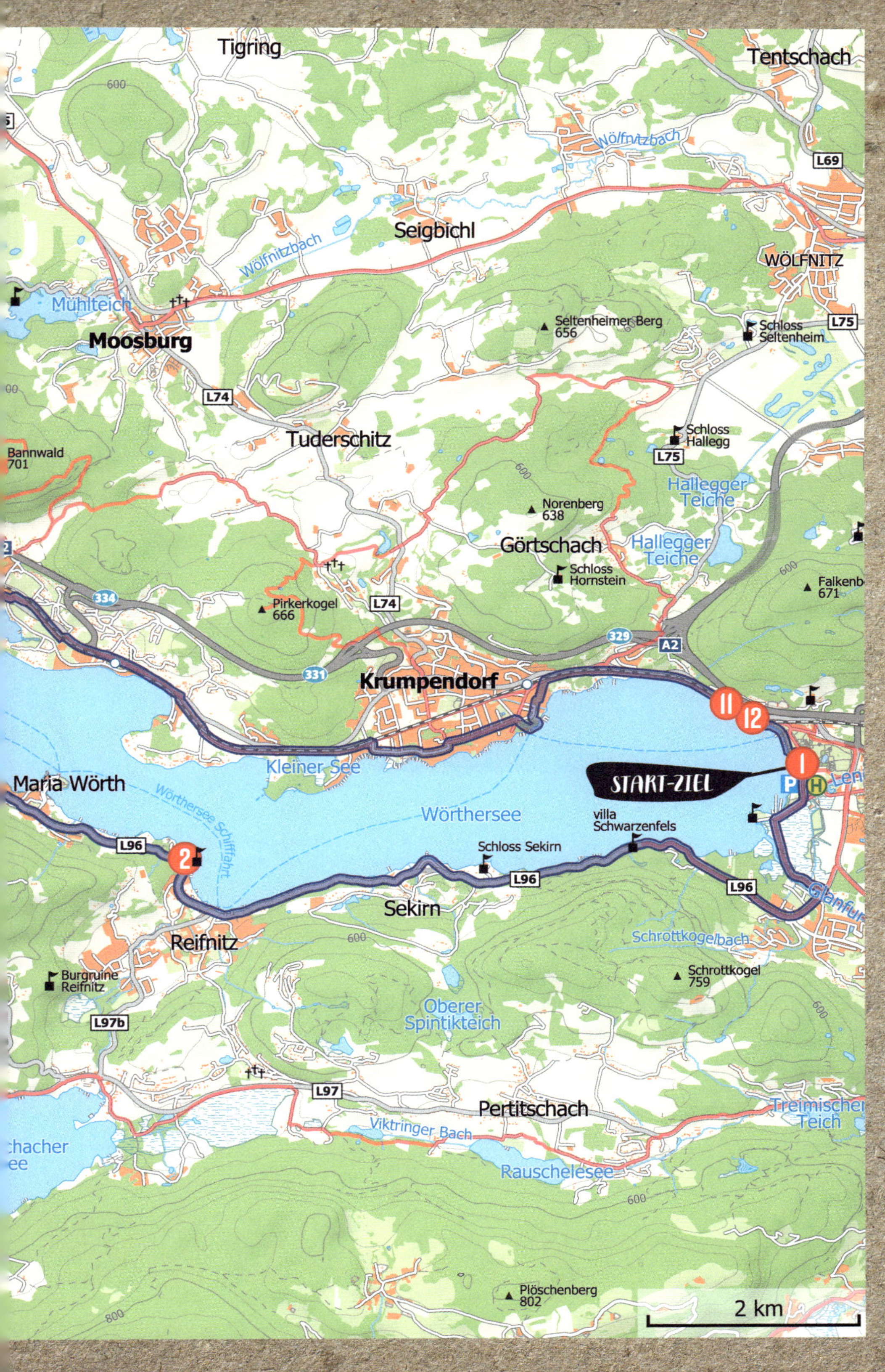
Tigring
Tentschach
Wölfnitzbach
L69
Seigbichl
WÖLFNITZ
Wölfnitzbach
Mühlteich
Moosburg
Seltenheimer Berg
656
Schloss
Seltenheim
L75
L74
Schloss
Hallegg
L75
Tuderschitz
Bannwald
701
Hallegger
Teiche
Norenberg
638
Görtschach
Hallegger
Teiche
Schloss
Hornstein
Falkenb
671
Pirkerkogel
666
L74
334
329
A2
331
Krumpendorf
11
12
1
START-ZIEL
Kleiner See
Maria Wörth
Wörthersee Schifffahrt
Wörthersee
villa
Schwarzenfels
Schloss Sekirn
L96
2
L96
L96
Sekirn
Glanfurt
Reifnitz
Schrottkogelbach
Schrottkogel
759
Burgruine
Reifnitz
Oberer
Spintikteich
L97b
L97
Pertitschach
Treimischer
Teich
Viktringer Bach
Rauschelesee
Plöschenberg
802
2 km

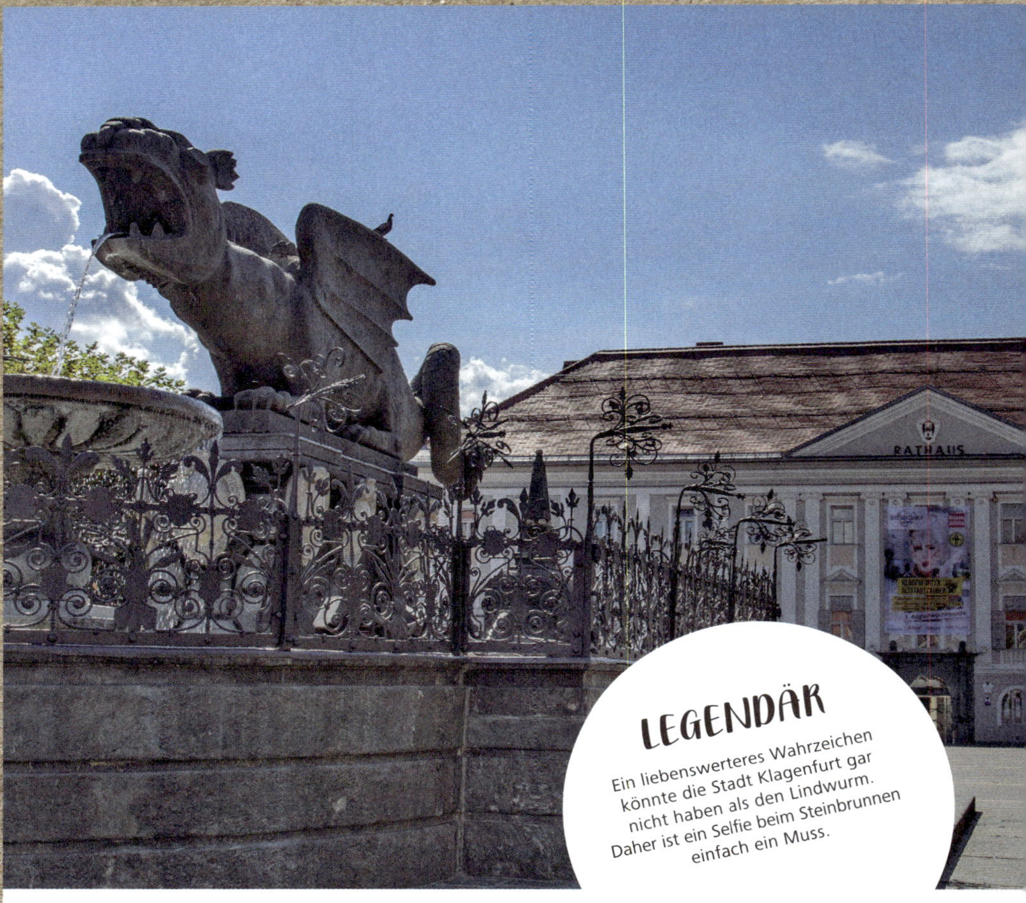

LEGENDÄR

Ein liebenswerteres Wahrzeichen könnte die Stadt Klagenfurt gar nicht haben als den Lindwurm. Daher ist ein Selfie beim Steinbrunnen einfach ein Muss.

➤ **1 /** Alles beginnt und endet heute beim Miniaturpark Minimundus

➤ **2 /** Lustwandeln auf der Halbinsel Maria Loretto

➤ **3 /** Schrebergartenradeln entlang der Glanfurt

➤ **4 /** Die Füße erfrischen im Kalmusbad

➤ **5 /** Fotostopp Lindwurm am Neuen Platz

➤ **6 /** Hoch hinaus auf dem Stadtpfarrturm

➤ **7 /** Jugendstil trifft Moderne beim Stadttheater

➤ **8 /** Schneller Blick auf Schloss Ehrenhausen

➤ **9 /** Einkehr im Schloss Maderegg mit Tierbegegnung

➤ **10 /** Kräfte tanken bei den Hallegger Teichen

➤ **11 /** Einen Sprung in den Wörthersee im Kropfitschbad

➤ **12 /** Das Grün genießen im Europapark

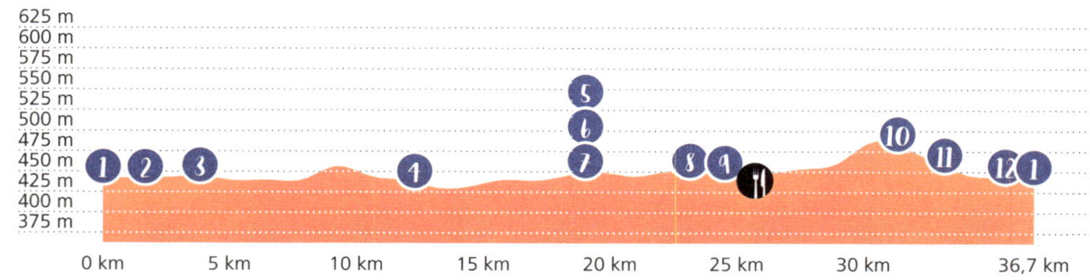

IM REICH DES LINDWURMS

Cityradeln in und um Klagenfurt

Sightseeing mit dem Rad. Das funktioniert in Klagenfurt ganz wunderbar. Vom See geht es hinein in die mediterran angehauchte Renaissance-Innenstadt mit weitläufiger Fußgängerzone und über die erholsamen Wälder zurück in die Ostbucht.

37 Kilometer
235 Höhenmeter ▲
235 Höhenmeter ▼
3 Stunden
Rundtour

Die Welt im Miniformat

Eiffelturm, Taj Mahal, Opernhaus Sydney: Wer braucht schon in die Ferne reisen, wenn die Sehenswürdigkeiten der Welt innerhalb ein paar Stunden besucht werden können? Der Miniaturenpark 1 / Minimundus (Apr., Okt. Nov. 9–18 Uhr, Mai, Jun., Sept. 9–19 Uhr, Juli, Aug. 9–22 Uhr, Villacher Straße 241, 9020 Klagenfurt) macht es möglich. Wir starten unseren Citytrip durch Klagenfurt direkt beim Parkplatz und kommen hierher auch wieder zurück. Auf der südlichen Seite gibt es einen direkten Anschluss an den Lendkanal-Radweg. Der rund 4,5 Kilometer lange

CHARAKTER

Sportlich ●○○○○
Abkühlung ●●●●●
Schlemmen ●●●●○
Panorama ●●●●○

TOURENINFO / Die gesamte Radstrecke ist durchgehend asphaltiert und fast durchwegs flach. Es gibt nur eine kurze, knackige Steigung von ein paar Metern bei Schloss Hallegg und danach zwei kurze Anstiege bei den Hallegger Teichen. Badesachen einpacken!

◀ links / Am Neuen Platz thront der steinere Lindwurm

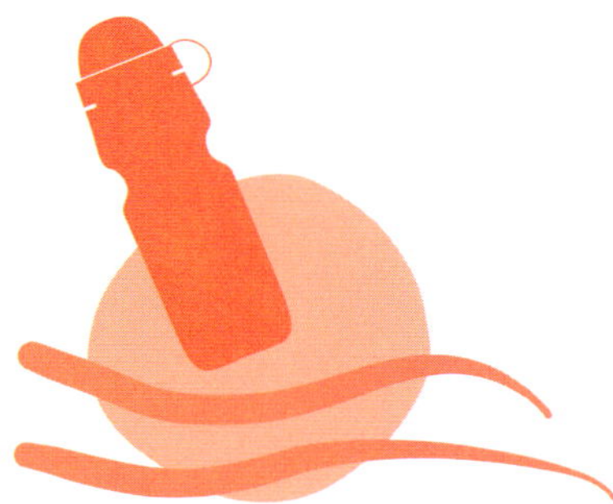

Wasserkanal verbindet das Stadtzentrum mit dem See und ist in seiner Form mit alten steinernen Brücken wohl einzigartig. Wir folgen dem Radweg rechts in Richtung See und fahren bis an die Spitze der Halbinsel 2 / Maria Loretto. Vom Schloss Maria Loretto radeln wir ein Stück zurück bis zum Lorettosteg, wo wir den Lendkanal queren und links in die Wilsonstraße einbiegen. Diese geht in die Universitätsstraße über und wir biegen auf Höhe des Hotels rechts auf den Wörthersee-Radweg ein, dem wir immer geradeaus folgen und noch vor der Glanfurt die Straße überqueren. Jetzt bleiben wir einige Kilometer auf dem idyllischen Radweg neben dem Wasser. Die 3 / Glanfurt wird von den Einheimischen auch Sattnitz genannt. Du fährst immer wieder an kleinen Rastplätzen vorbei und an manchen Stellen gibt es sogar die Möglichkeit für ein erfrischendes Bad. Wir überqueren die Rosentaler Straße, fahren durch das Gewerbegebiet und biegen bei der St.-Ruprechter-Straße rechts ab bis zum Kletterpark, wo wir links in die Quellenstraße einbiegen und dieser immer gerade aus bis zum 4 / Kalmusbad (Mai–Okt.)folgen. Das Flussbad hat einen besonderen Charme und unter schattigen Bäumen gibt es Getränke und Snacks.

MONUMENTAL
Auf einer Fläche von rund 26.000 Quadratmetern sind im 1 / Minimundus mehr als 160 originalgetreue Monumente aus 50 Ländern im Maßstab 1:25 zu bestaunen.

Im Herzen der Stadt

Vom Kalmusbad fahren wir die Badstraße weiter nach Ebenthal und biegen beim Schlosswirt rechts zum Friedhof ab, wo die Dobernigstraße zur Brücke über die Glan führt. Hier biegen wir links auf den Glan-Radweg ab und folgen diesem durch den Fischl-Park, weiter die Fischlstraße entlang, bis es wieder über die Brücke auf die andere Seite der Glan geht. Danach biegen wir links auf die Völkermarkter Straße ab und folgen dieser geradeaus bis zum Ring. Dort geht es über die Priesterhausgasse, die Bahnhof-

---

➤ **rechts oben / Die Halbinsel Maria Loretto**
➤ **rechts Mitte / Der Radweg entlang des Lendkanals**

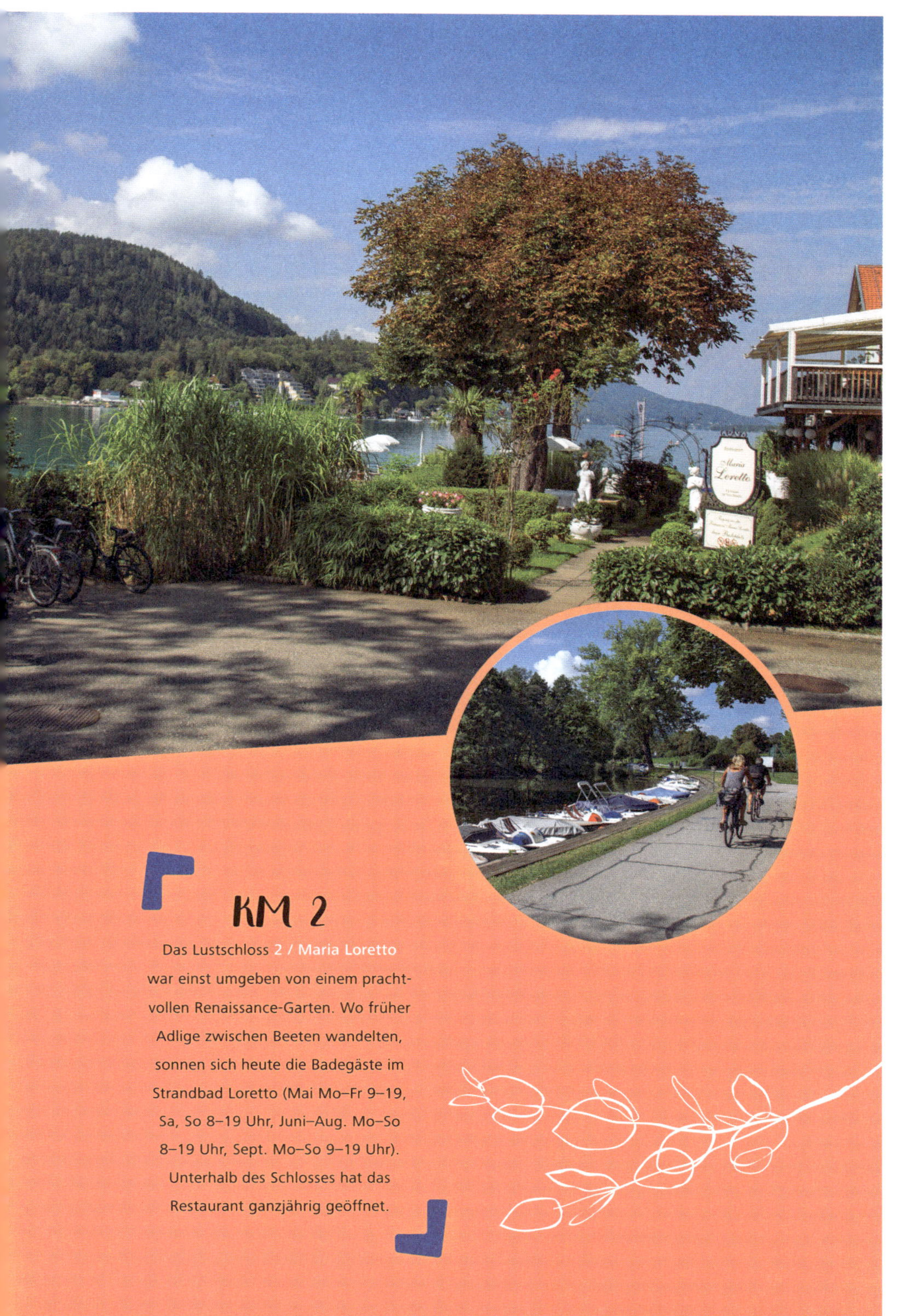

KM 2

Das Lustschloss 2 / Maria Loretto war einst umgeben von einem prachtvollen Renaissance-Garten. Wo früher Adlige zwischen Beeten wandelten, sonnen sich heute die Badegäste im Strandbad Loretto (Mai Mo–Fr 9–19, Sa, So 8–19 Uhr, Juni–Aug. Mo–So 8–19 Uhr, Sept. Mo–So 9–19 Uhr). Unterhalb des Schlosses hat das Restaurant ganzjährig geöffnet.

Jungfalken

Auf der Nordseite des **6 / Stadtpfarrturms** brüten Turmfalken und können via Webcam beobachtet werden.

straße, den Fleischmarkt und die Burggasse bis zum Neuen Platz. Hier lernst du das Wappentier der Stadt Klagenfurt kennen: den 5 / Lindwurm. Der aus Kreuzberglschiefer gefertigte Lindwurmbrunnen ist umgeben von prachtvollen Renaissance-Stadtschlössern verschiedener Adels- und Bürgerfamilien. Durch die Fußgängerzone über die Wiener Gasse und den alten Platz geht es weiter bis zur Stadtpfarrkirche St. Egyd und dem rund 50 Meter hohen 6 / Stadtpfarrturm. Es lohnt sich auf jeden Fall, die 225 Stufen zu erklimmen! Wer ein unvergessliches Panorama genießen und spannenden Türmer-Geschichten lauschen möchte, besucht den Türmer in seiner engen Stube (Jun.–Aug. Mi–Fr 11–13, 14–18, Sa 11–14 Uhr, April, Mai, Sept., Okt. Mi–Fr 13–18 Uhr, Sa 11–15 Uhr). Hinter der Stadtpfarrkirche beginnt gleich wieder der Fahrradweg, der zum 7 / Stadttheater führt. Umgeben ist das Stadttheater vom Goethepark, Schillerpark und Achtjägerpark,

Panorama und viele Geschichten

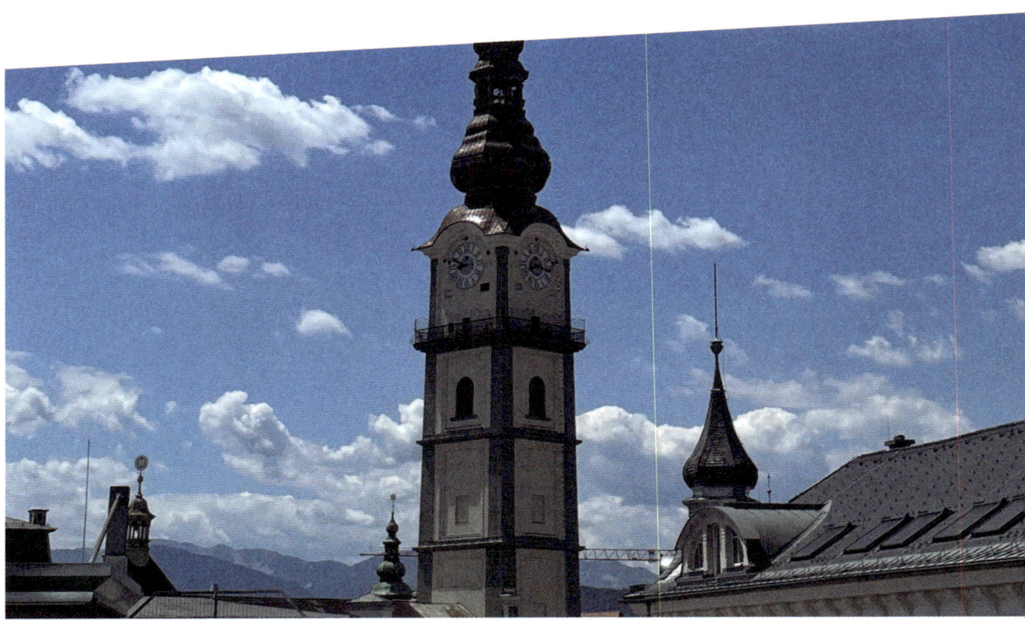

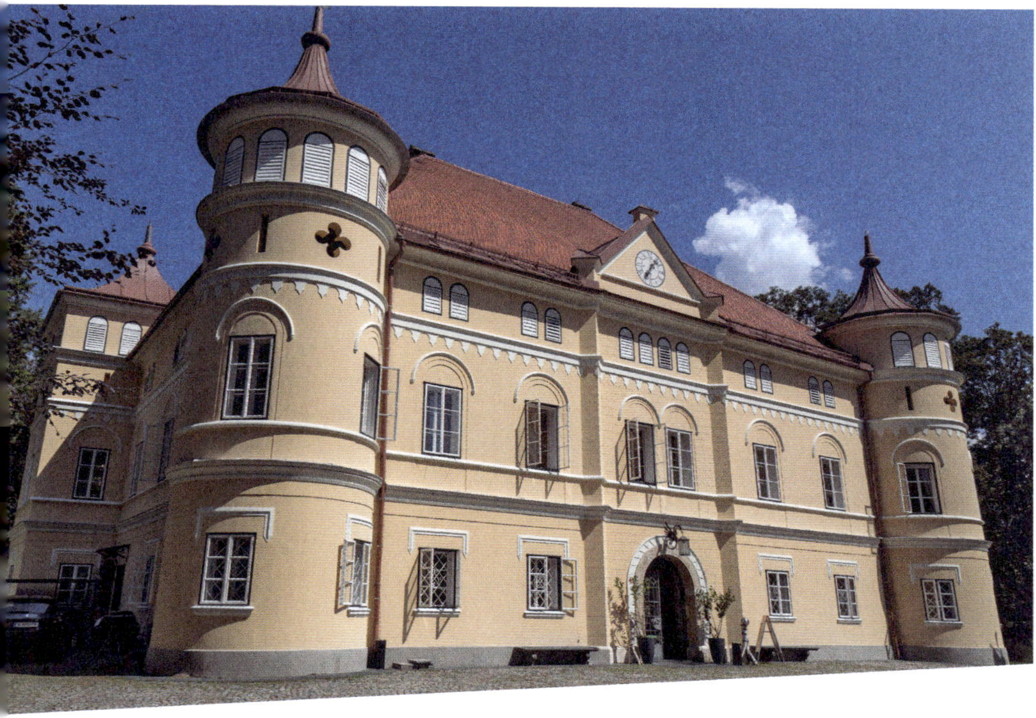

durch die der Radweg bis zum St.-Veiter-Ring führt, den wir beim Haus der Architektur überqueren und dem Radweg entlang der Feldkirchner Straße folgen. Nach der Schleppekurve biegen wir rechts in die Suppanstraße ab und zweigen links bei 8 / Schloss Ehrenhausen in den Druckerweg und leicht links in die Mageregger Straße ab. Diese bringt uns direkt zur den Toren von 9 / Schloss Mageregg (Mageregger Str. 177, 9020 Klagenfurt), wo ein Restaurant und die Kärntner Jägerschaft ihren Sitz hat. Im weitläufigen Park spazieren Rotwild, Rehe, Mufflons und andere Tiere herum. Daher Tor immer schließen!

KM 25

Der Wildpark vom 9 / Renaissanceschloss Mageregg kann kostenlos besucht werden. Hier leben mehrere Dutzend Stück Rot- und Damwild. Auch für Erwachsene immer wieder faszinierend.

Grüner Speckgürtel

Wir verlassen Schloss Mageregg Richtung Süden und folgen dem Radweg weiter, der hier die Feldkirchner Straße unterquert und vorbei an der Lendorf-Kaserne nach Lendorf führt. In Lendorf ist die romanische Filialkirche (Lindenweg 3, 9061 Wölfnitz-Lendorf) erwähnenswert, in dessen Turm ein großes Grabmedaillon einer Frau in keltischer Tracht eingemauert ist. Der

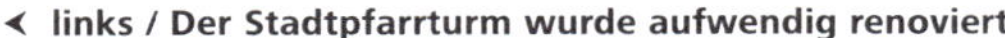

< links / Der Stadtpfarrturm wurde aufwendig renoviert
^ oben / Das Renaissanceschloss Mageregg

sehr gut erhaltene Grabstein zeigt, wie sich die Kelten durch die Romanisierung die Sitte angeeignet haben, sich Grabsteine mit ihrem eigenen Bildnis anfertigen zu lassen. Die dem heiligen Jakobus dem Älteren geweihte Kirche wird aufgrund ihrer Nähe zur Kaserne auch als Soldatenkirche bezeichnet. An der nächsten großen Kreuzung biegen wir links in die Seltenheimer Straße ein. Der ausgeschilderte Radweg verläuft auf der rechten Straßenseite auf dem Gehsteig fast durchgehend bis zum Schloss Hallegg. Nur wenige 100 Meter nach der Kreuzung kannst du den Vitalgarten der Familie Binder besuchen (Mo–Fr 8–17 Uhr, Sa 8–12 Uhr, Bacherlsteig 25, 9061 Klagenfurt). Hier werden unzählige Gemüsesorten angebaut, die frisch, eingelegt oder zu Produkten verarbeitet im Hofladen gekauft werden können. Kurz danach radeln wir am Golfplatz Klagenfurt-Seltenheim (Seltenheimer Straße 137, 9061 Klagenfurt-Seltenheim) mit Restaurant vorbei. Oberhalb der Anlage thront Schloss Seltenheim, das in Privatbesitz und nicht zugänglich ist. Das nächste Schloss folgt sogleich: Zuerst müssen wir aber beim Roman-Meier-Weg vom Radweg auf die Straße wechseln. Ab hier gibt es keinen separaten Fahrradstreifen

PARK-RIESE
Gegenüber vom Minimundus liegt der rund 25 Hektar große 12 / Europapark mit Spielplatz, Skaterpark und Ruhezonen. Am Ende der Tour ideal zum Entspannen.

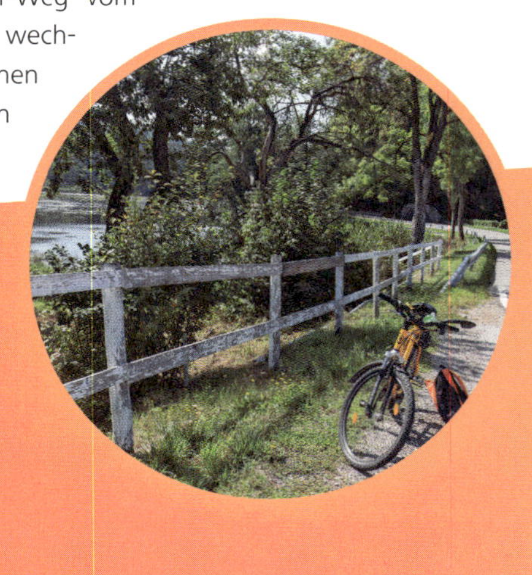

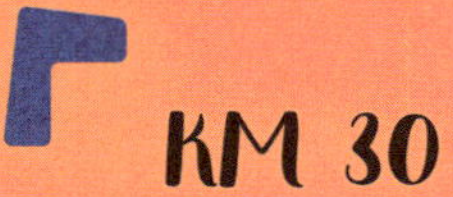

KM 30

Die drei 10 / Hallegger Teiche stehen unter Naturschutz und sind die Heimat zahlreicher Amphibienarten, Pflanzen und Vögel wie dem Balkan-Moorfrosch, Würfelnatter, Weißfische, Kalmus und die seltene Wassernuss. Die Gesamtfläche des waldreichen Naturschutzgebietes beträgt 110 Hektar und bietet viele Wandermöglichkeiten.

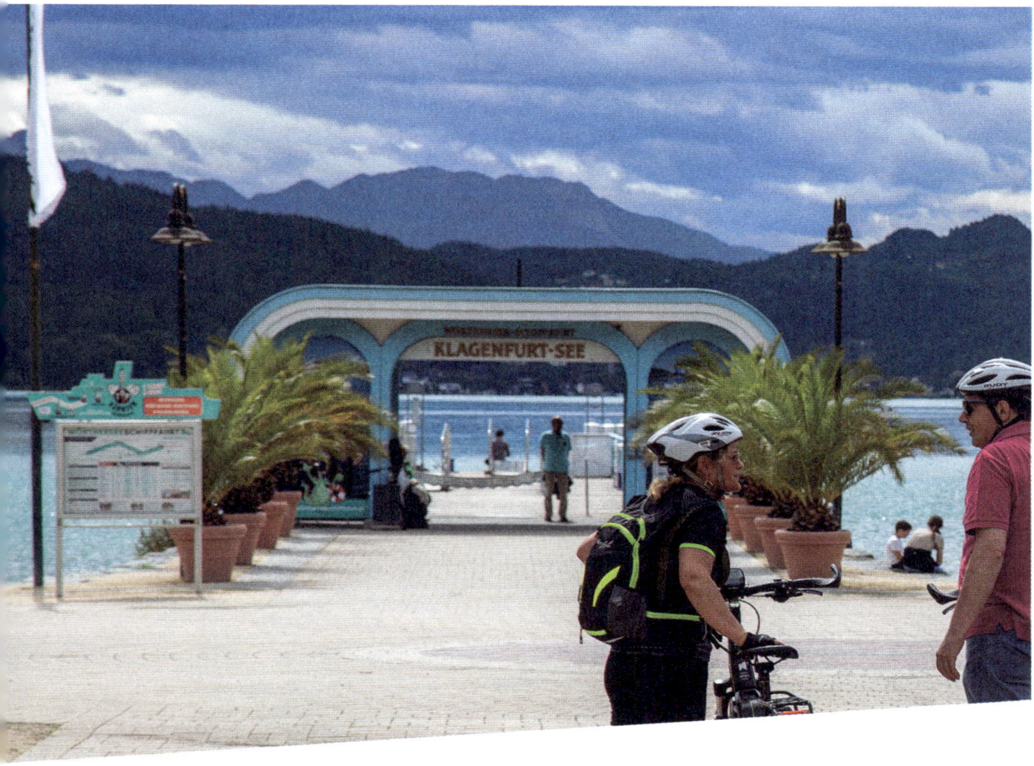

mehr. Eine Art Burg auf dieser Anhöhe wurde bereits im 14. Jahrhundert urkundlich erwähnt. Die heutige Erscheinung hat das Schloss Hallegg im 16. Jahrhundert durch Familie Welzer erhalten. Dieselbe hat auch das Alte Rathaus am Alten Platz und das Schloss Welzenegg im gleichnamigen Stadtteil erbaut. Auch dieses Schloss ist privat. Ist die kurze, knackige Anhöhe erst einmal geschafft, geht es gemütlich weiter entlang der Straße, vorbei an Reiterhöfen und den 10 / Hallegger Teichen.

Stadt am See

Über die Hallegger Straße landen wir beim 11 / Kropfitschbad in Krumpendorf wieder am Wörthersee und folgen dem Radweg links zur Ostbucht. Dort biegen wir noch vor dem Strandbad in den 12 / Europapark ab und radeln über die verschlungenen Wege zurück zum 1 / Minimundus, dem Endpunkt unserer Tour durch Klagenfurt, der Heimat des sagenumwobenen Lindwurm.

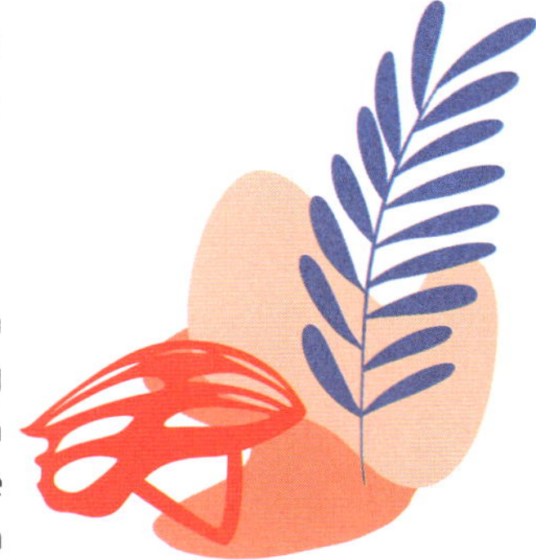

< links / Kurze Pause bei den Hallegger Teichen
^ oben / Zieleinlauf in der Klagenfurter Ostbucht

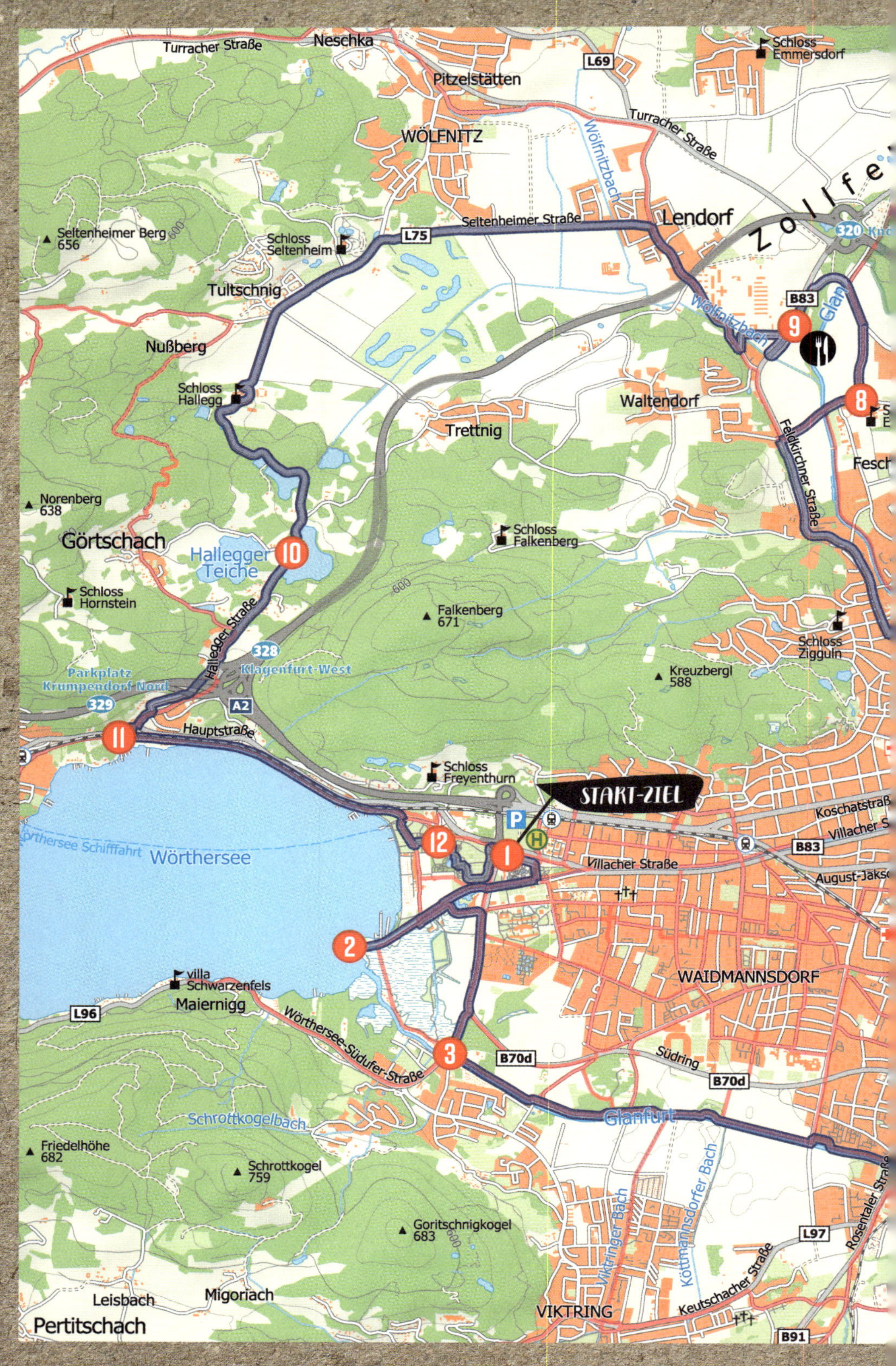
START-ZIEL
Turracher Straße
Neschka
Pitzelstätten
Schloss Emmersdorf
L69
WÖLFNITZ
Wölfnitzbach
Turracher Straße
Zollfe
Seltenheimer Straße
Lendorf
320
L75
Seltenheimer Berg 656
Schloss Seltenheim
Tultschnig
B83
Glan
Nußberg
Schloss Hallegg
Waltendorf
Trettnig
Feldkirchner Straße
Norenberg 638
Schloss Falkenberg
Görtschach
Hallegger Teiche
Schloss Hornstein
Falkenberg 671
Hallegger Straße
Schloss Zigguln
328
Klagenfurt-West
Kreuzbergl 588
Parkplatz Krumpendorf Nord
329
A2
Hauptstraße
Schloss Freyenthurn
Koschatstraße
Villacher S
Wörthersee Schifffahrt
Wörthersee
B83
Villacher Straße
August-Jaksc
WAIDMANNSDORF
villa Schwarzenfels
Maiernigg
L96
Wörthersee-Südufer-Straße
B70d
Südring
B70d
Glanfurt
Schrottkogelbach
Friedelhöhe 682
Schrottkogel 759
Goritschnigkogel 683
Viktringer Bach
Köttmannsdorfer Bach
L97
Rosentaler Straße
Keutschacher Straße
Leisbach
Migoriach
VIKTRING
Pertitschach
B91
1
2
3
8
9
10
11
12

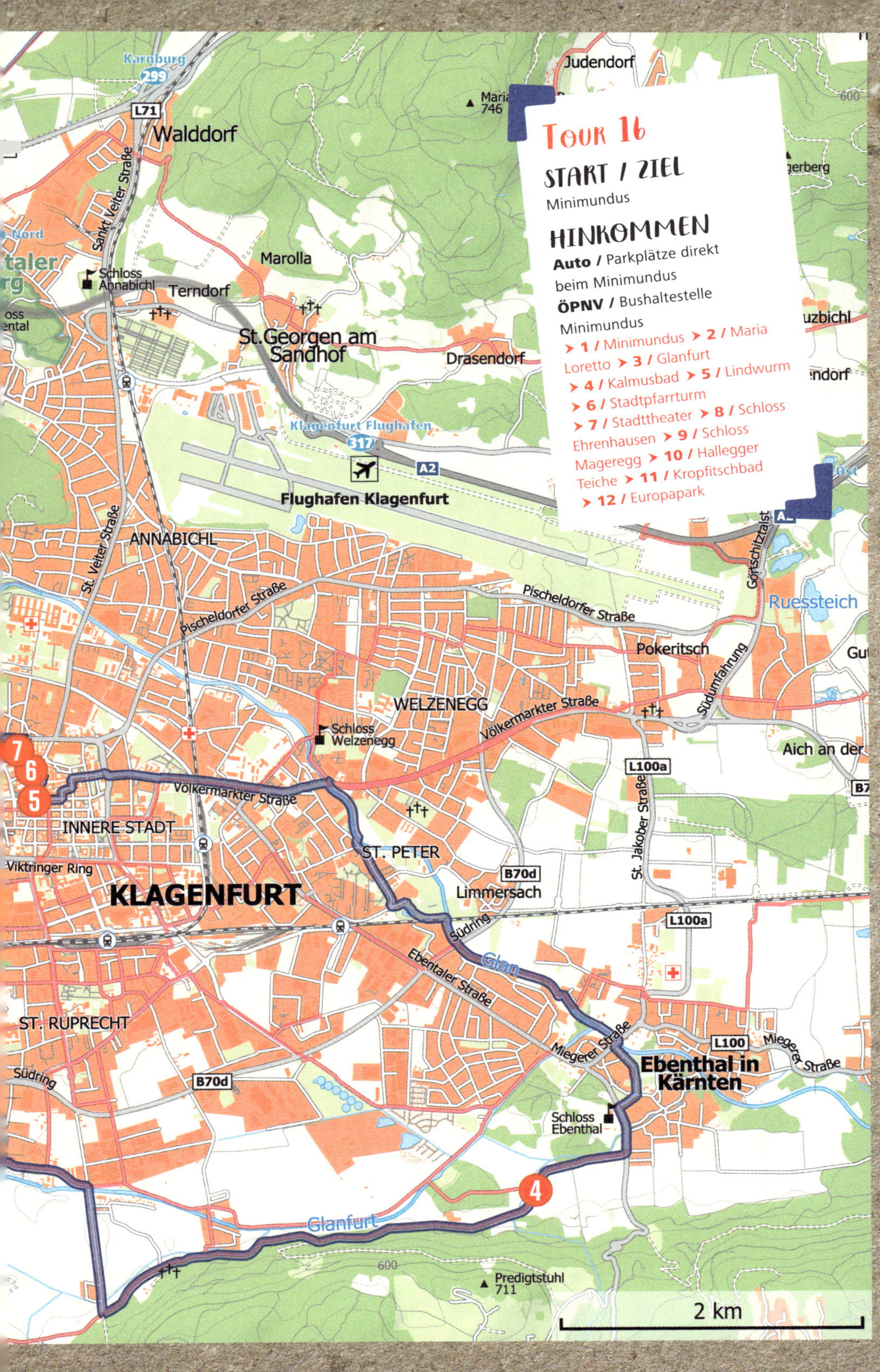
Tour 16
START / ZIEL
Minimundus
HINKOMMEN
Auto / Parkplätze direkt beim Minimundus
ÖPNV / Bushaltestelle Minimundus
1 / Minimundus 2 / Maria Loretto 3 / Glanfurt 4 / Kalmusbad 5 / Lindwurm 6 / Stadtpfarrturm 7 / Stadttheater 8 / Schloss Ehrenhausen 9 / Schloss Mageregg 10 / Hallegger Teiche 11 / Kropfitschbad 12 / Europapark
Judendorf
Walddorf
Marolla
Terndorf
St. Georgen am Sandhof
Drasendorf
Klagenfurt Flughafen
Flughafen Klagenfurt
ANNABICHL
Pischeldorfer Straße
Pokeritsch
Ruessteich
WELZENEGG
Völkermarkter Straße
Schloss Welzenegg
Aich an der
INNERE STADT
Viktringer Ring
KLAGENFURT
ST. PETER
Limmersach
Südring
Glan
Ebentaler Straße
Mieger Straße
Ebenthal in Kärnten
Schloss Ebenthal
ST. RUPRECHT
Glanfurt
Predigtstuhl 711
2 km

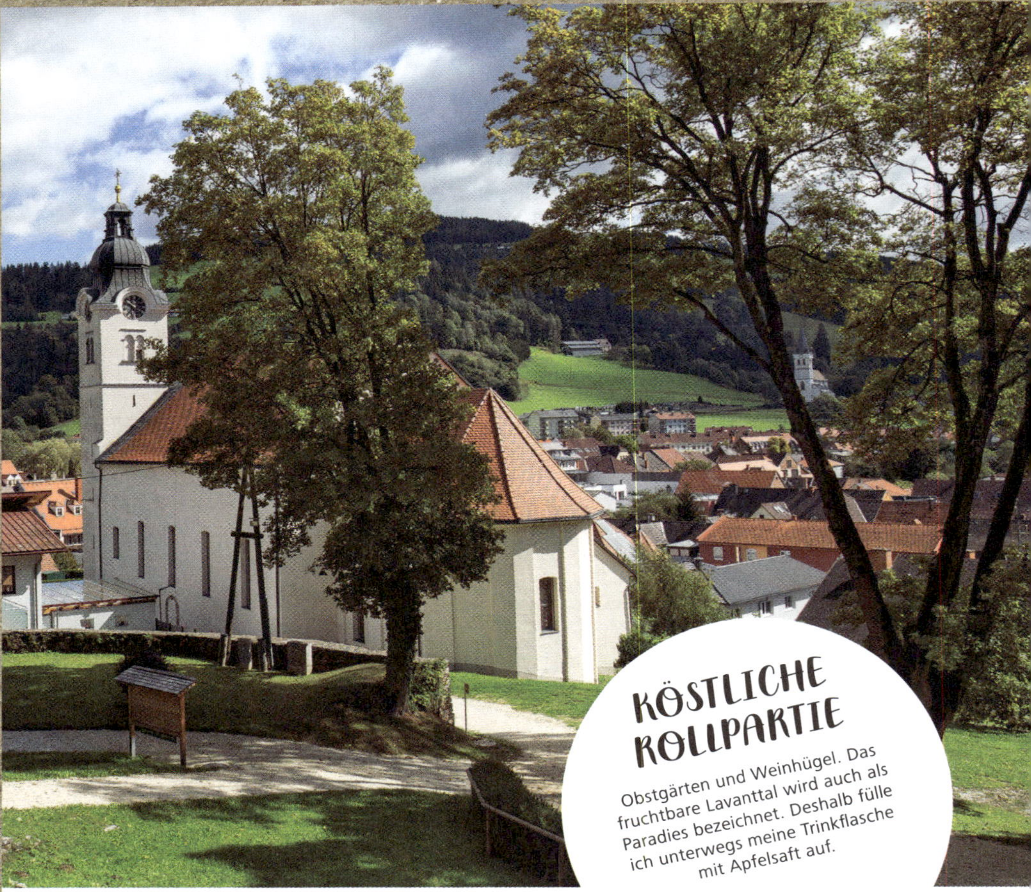

KÖSTLICHE ROLLPARTIE

Obstgärten und Weinhügel. Das fruchtbare Lavanttal wird auch als Paradies bezeichnet. Deshalb fülle ich unterwegs meine Trinkflasche mit Apfelsaft auf.

> **1 /** In Reichenfels beginnt unsere Tour

> **2 /** Zum Fisch essen haltmachen im Schloss Lichtengraben

> **3 /** Ausblick genießen auf Burgruine Gomarn

> **4 /** Beim Slow-Food-Koch in Bad St. Leonhard einkehren

> **5 /** Regionale Produkte einkaufen im Haus der Region in Wolfsberg

> **6 /** Tudor-Feeling auf Schloss Wolfsberg

> **7 /** Besichtigung im Museum im Lavanthaus

> **8 /** Die eindrucksvolle Basilika St. Andrä

> **9 /** Eintauchen in den Barockgarten und die Bibliothek im Stift St. Paul

> **10 /** Keltische Kulttreppe am Wegesrand entdecken

> **11 /** Am Ziel der Tour eine Runde schwimmen im Badesee Lavamünd

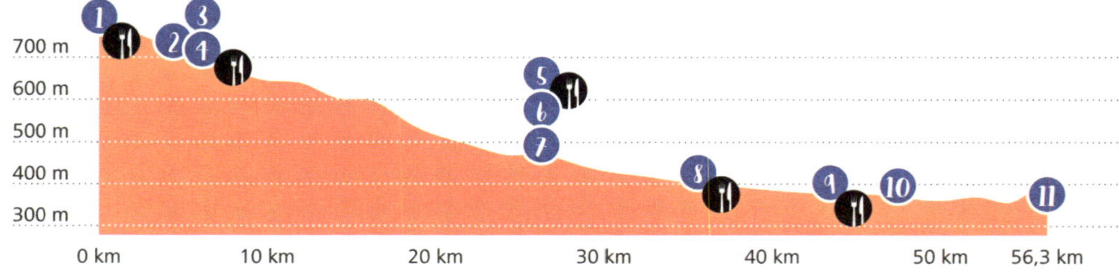

QUER DURCHS LAVANTTAL

Auf dem Lavantradweg vom Norden in den Süden

Während es sonst im Lavanttal ein ständiges Auf und Ab ist, radeln wir bei dieser Tour recht gemütlich leicht abwärts der Lavant entlang von Reichenfels über die Stadt Wolfsberg und das hübsche St. Paul bis nach Lavamünd an der slowenischen Grenze.

56 Kilometer
265 Höhenmeter ▲
710 Höhenmeter ▼
4 Stunden
Streckentour

Durch alte Kurorte

Los geht's in der Ortsmitte von 1 / Reichenfels direkt beim Gemeindeamt. Im Sommer pendelt ein eigener Radbus entlang der Strecke des Lavantradweges R1, dem wir heute von Norden in den Süden folgen. Seinen Namen hat der Radweg von der Levant, einem Nebenfluss der Drau. Der Fluss druchfließt das gesamte Tal und begleitet dich. Wenn du mit dem Auto anreist, kannst du dieses zum Beispiel beim Endpunkt 11 / Badesee Lavamünd stehen lassen und dich zum Startpunkt chauffieren lassen. Abgekürzt werden kann die Tour, indem du in Bad St. Leonhard oder Wolfsberg startest. Reichenfels selbst liegt bereits in der Nähe der steirischen Grenze. Wir hieven uns auf

CHARAKTER

Sportlich ●○○○○
Abkühlung ●●●●○
Schlemmen ●●●●●
Panorama ●●●●○

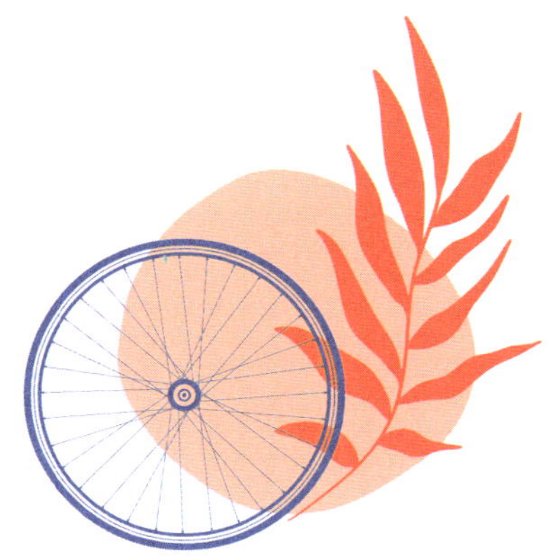

TOURENINFO / Der Radweg verläuft über große Teile abgetrennt von der Straße leicht bergab. Vor allem die Etappe zwischen Wolfsberg und Lavamünd ist auch für Familien mit Radanhänger zu empfehlen. Badesachen einpacken!

◂ links / Blick ins Tal von Bad St. Leonhard

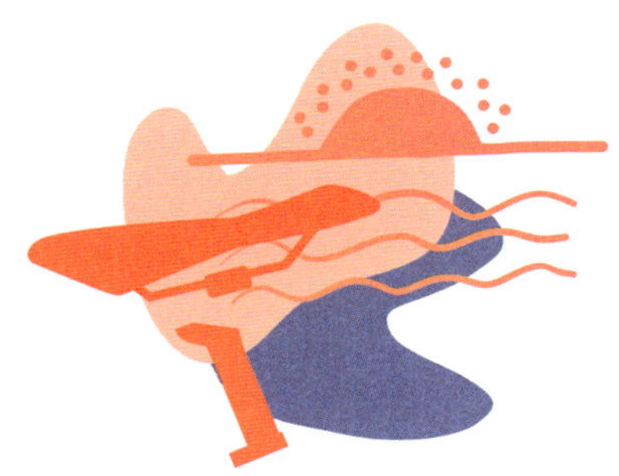

den Sattel und folgen der Beschilderung des Radweges R10 der Hauptstraße in südlicher Richtung. Der Radweg verläuft hier parallel zur Straße und die Lavant ist noch ein kleines Rinnsal. Erst ein paar Kilometer weiter schwillt sie immer mehr zu einem Fluss an. Nach rund sechs Kilometern fahren wir bereits bei Bad St. Leonhard ein. In der Gegend sind einige große Betriebe angesiedelt, an denen wir auch vorbeiradeln. Kurz vor Bad St. Leonhard solltest du links einen Abstecher hinauf zum malerischen 2 / Schloss Lichtengraben (Lichtengraben 1, 9462 Bad St. Leonhard) mit der Ruine Painburg machen und dir im Hofladen eine warme geräucherte Forelle gönnen. Einfach herrlich! Danach geht es auf dem Radweg direkt ins Zentrum von 4 / Bad St. Leonhard. Die Stadt erlebte durch den Silber- und Goldabbau im 15. und 16. Jahrhundert ihre Blütezeit. Die reiche Geschichte ist noch an den zahlreichen Schloss- und Kirchenbauten sichtbar. Kurz vor dem Zentrum, nur 300 m vom Hauptplatz entfernt, kannst du die Überreste der einst imposanten 3 / Burgruine Gomarn besuchen. Auch Reste der mittelalterlichen Stadtmauer sind erhalten geblieben. Ebenfalls von Bedeutung sind die heilsamen Quellen in der Gegend. Noch heute kommen die Menschen zur Regeneration hierher und füllen sich bei den vielen Bründln und Quellen Wasser für zu Hause ab. Ganz in der Nähe wird auch in Preblau das Preblauer Mineralwasser abgefüllt. Im Zentrum selbst solltest du unbedingt einen Blick in die Manufaktur Müller am Hauptplatz werfen und Essig, Gin sowie Edelbrände verkosten. Ein paar Häuser weiter wird im Restaurant Trippolt Zum Bären Slow Food aus der Region gekocht. Der Radweg führt dich direkt daran vorbei. Auf Höhe der Schule geht der Radweg wieder auf einen eigenen Streifen über und du kannst linker Hand noch einen Blick auf die Leonhardikirche

NAMENSGEBEND

Der Lavantradweg R10 hat seinen Namen von der Lavant, einem Nebenfluss der Drau. Der Fluss durchfließt das gesamte Tal und begleitet dich.

➤ rechts oben / Burgruine Gomarn auf dem Hügel mitten im Zentrum von Bad St. Leonhard
➤ rechts Mitte / Schloss Lichtengraben mit der eigenen Forellenzucht

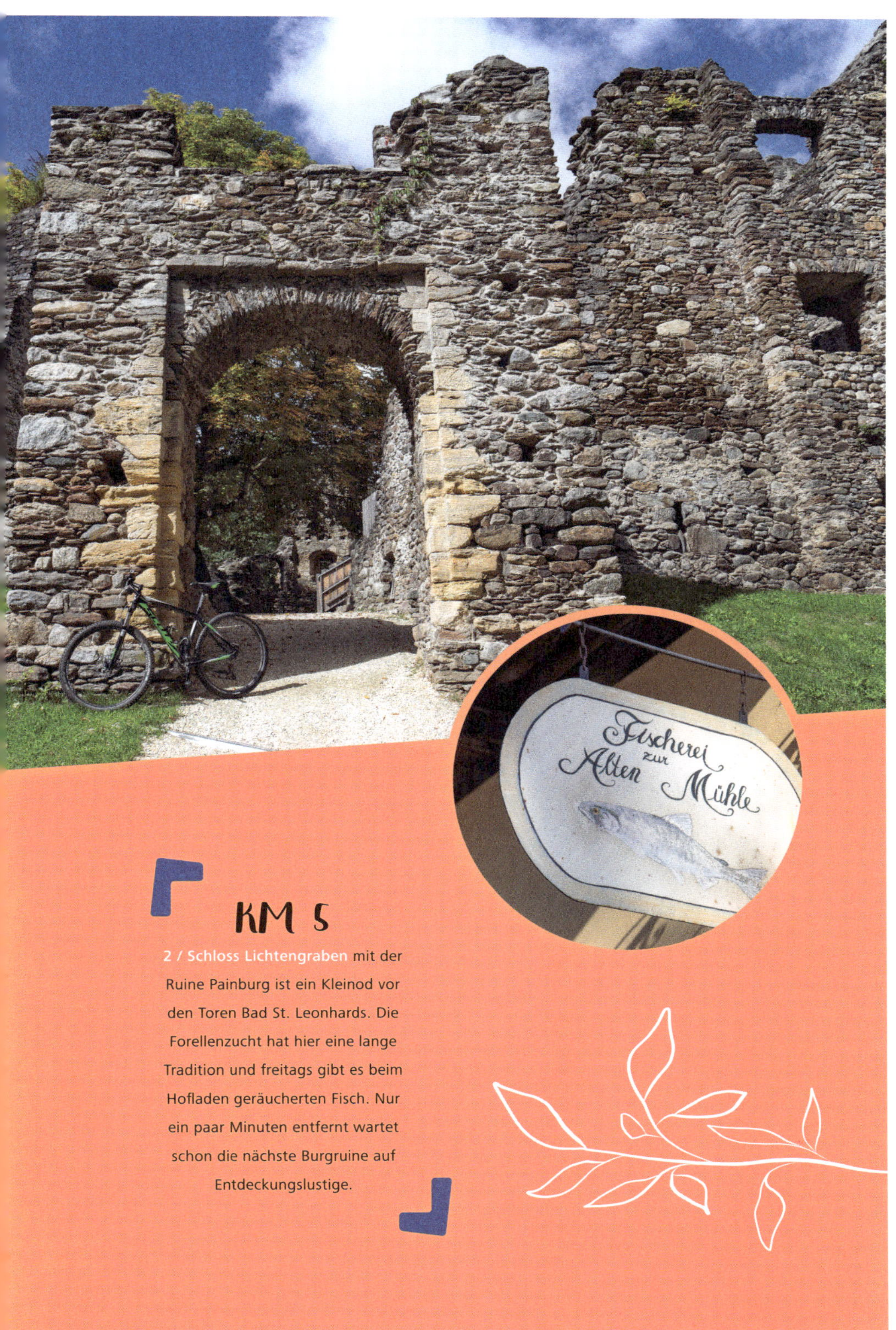

KM 5

2 / Schloss Lichtengraben mit der Ruine Painburg ist ein Kleinod vor den Toren Bad St. Leonhards. Die Forellenzucht hat hier eine lange Tradition und freitags gibt es beim Hofladen geräucherten Fisch. Nur ein paar Minuten entfernt wartet schon die nächste Burgruine auf Entdeckungslustige.

SLOW FOOD

Das Lavanttal ist eine von drei Slow Food Regionen in Kärnten. Im **5 / Haus der Region** in Wolfsberg bekommst du einen Überblick über die typischen Köstlichkeiten.

erhaschen. Bei Prebl wechselt der Radweg auf die Obdacher Bundesstraße, die uns immer geradeaus bis nach St. Gertraud führt. Hier heißt es zwischen den Wäldern Kilometer machen. Dabei fahren wir auch unter der Talüberführung der Autobahn A 2 hindurch. Die Autobahnbrücke gilt mit einer Höhe von 165 Metern und einer Länge von 1.097 Metern als zweithöchste Autobahnbrücke Österreichs. Immer wieder treffen wir im Limberggraben auf landschaftliche Besonderheiten wie den Entenschnabel in der Lavant (Hinter Limberg 12, 9413 Limberg). Das ist ein riesiger Felsblock in der Form eines Entenschnabels, um den sich so einige Geschichten ranken. Wir strampeln schnurstracks nach Frantschach-St. Gertraud.

INDUSTRIEANLAGEN DIE WIRKLICH SCHÖN SIND

Industrieerbe

Frantschach-St. Gertraud ist noch immer geprägt von der großen Papierfabrik, die ein wichtiger Arbeitgeber der Region ist. Bereits am Ende des 19. Jahrhunderts wurde hier eine erste Zellstofffabrik gegründet, um den Waldreichtum zu nutzen. An der Lavant

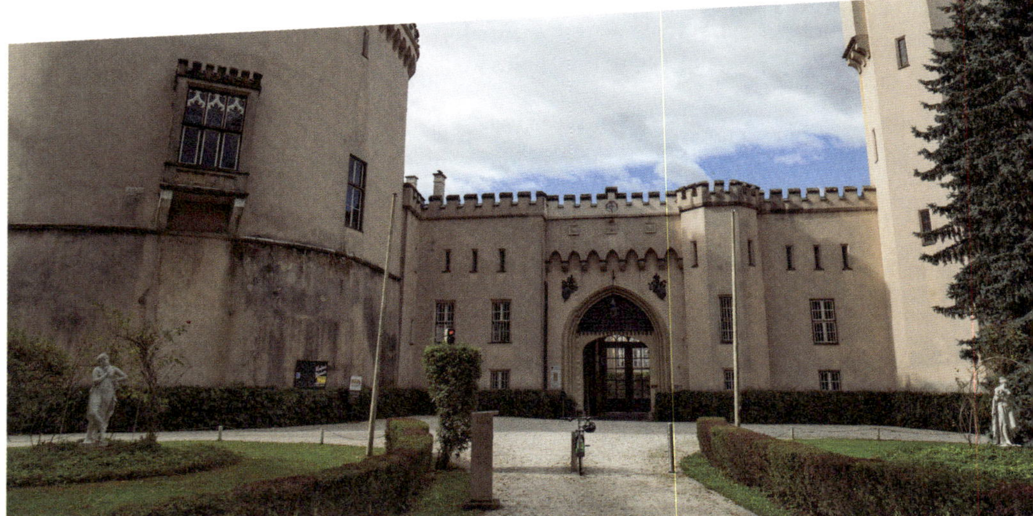

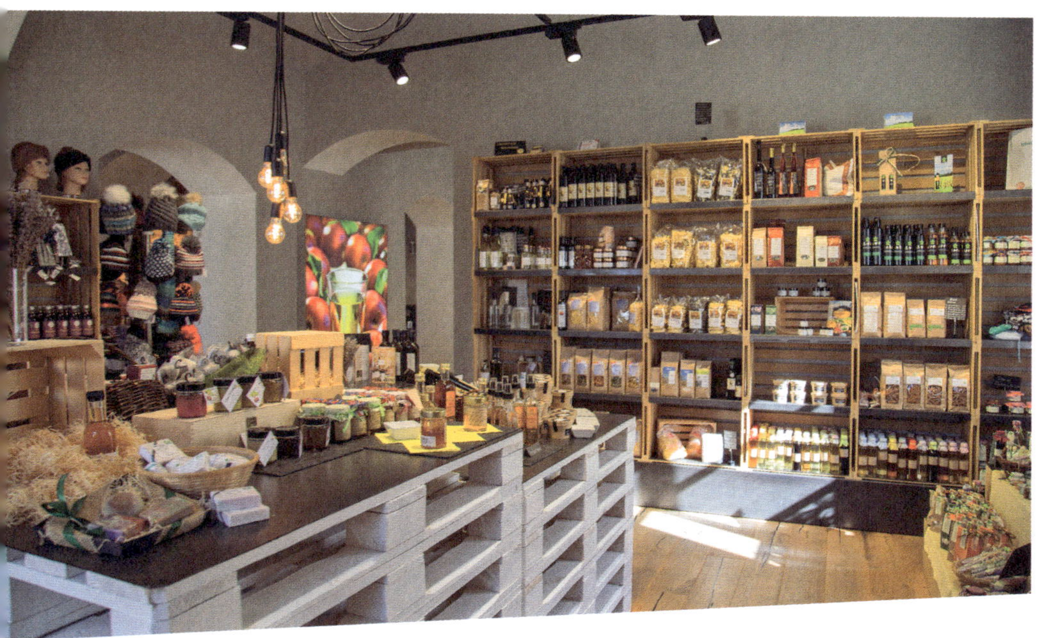

steht außerdem noch ein historischer Hochofen aus dem Jahr 1848. Die gotisierenden Schmuckformen des turmartigen Industriedenkmals zeigen, dass früher sogar Industrieanlagen nach ästhetischen Gesichtspunkten erbaut wurden. Nur wenige Meter nach der Fabrik gibt es noch ein traditionsreiches Zeughammerwerk, wo neben Äxten auch andere forstwirtschaftliche Werkzeuge nach wie vor mit der Hand hergestellt werden. Von hier ist es nur mehr ein kurzes Stück bis zum Kreisverkehr in der Bezirkshauptstadt Wolfsberg. Hier biegen wir links in die Stadthammerstraße ein und folgen dem Radweg bis zum Hohen Platz. Hier kannst du im 5 / Haus der Region einen kulinarischen Stopp einlegen oder hoch zum 6 / Schloss Wolfsberg (Schloss 1, 9400 Wolfsberg) im prachtvollen Tudor-Stil fahren. Der weitläufige Landschaftsgarten zählt zu den bedeutendsten Gärten Österreichs. Die gesamte Anlage steht unter Denkmalschutz. Danach radeln wir durch die engen Gassen der Stadt, vorbei an der Markuskirche über die Brücke über die Lavant, zum 7 / Museum im Lavanthaus (Di–So 10–17 Uhr, St. Michaeler Straße 2, 9400 Wolfs-

< links / Auf Schloss Wolfsberg den Ausblick genießen
^ oben / Im Haus der Region die Köstlichkeiten der Region kennenlernen

NAH-ERHO-LUNGS-GEBIET

Der Wald mit dem Park rund um 6 / Schloss Wolfsberg ist ein Naherholungsgebiet für die Einheimischen. Die Prunkräume werden für Hochzeiten und Feierlichkeiten vermietet.

berg), das nicht nur die Geschichte des Tales multimedial präsentiert, sondern auch wechselnde Sonderausstellungen zeigt. Ein Stück die St.-Thomaser-Straße weiter zweigen wir links ab und kommen über die Klagenfurter Straße wieder auf den Lavantradweg, dessen Beschilderung wir bis zum Endpunkt folgen. Ab jetzt wird unsere Tour idyllisch und ruhig, denn wir radeln weit abseits der viel befahrenen Straßen vorbei an kleinen Teichen und Äckern. Unterwegs gibt es Rastplätze im Grünen.

Kloster-Gin und Stiftswein

Apfelsaft, Wein, Hochprozentiges: Unbedingt im Klosterladen oder Genussladen des 9 / Stifts St. Paul gustieren und ein kulinarisches Mitbringsel mitnehmen.

Flussparadies

Erst bei St. Andrä wird die Strecke wieder belebter. Das Zentrum von St. Andrä mit der eindrucksvollen 8 / Basilika liegt leicht erhöht auf einem Hügel. Hier findest du auch einige Einkehrmöglichkeiten. Die nächsten Kilometer bis nach 9 / St. Paul sind die schönsten der ganzen Tour und das Stift eines der Kultur-Highlights in Kärnten. Allein die Kunst- und Büchersammlung des noch aktiven Benediktinerklosters gehört zu den größten in Europa, der renovierte Barockgarten ist eine Oase zum Erholen und Entspannen. Nach dem Stiftsbesuch geht es zum Essen in das Gasthaus Poppmeier (Hauptstraße 4, 9470 St. Paul), wo saisonal

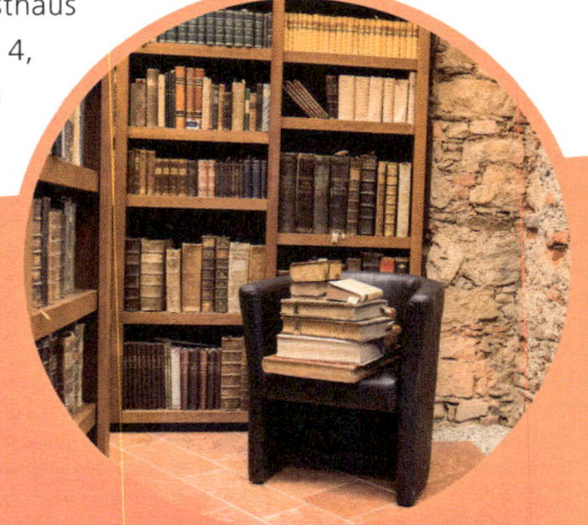

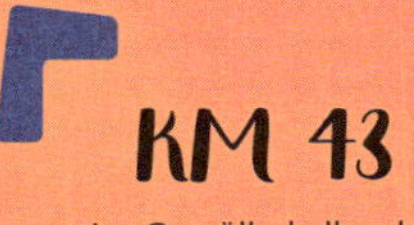

KM 43

Im Gewölbekeller des 9 / Stifts St. Paul sind an die 70.000 Bücher aus verschiedenen Epochen zu finden. Darunter auch das älteste Buch Österreichs, der Ambrosius-Kodex aus dem 5. Jahrhundert. Es ist vermutlich sogar das erste Druckwerk Johannes Gutenbergs.

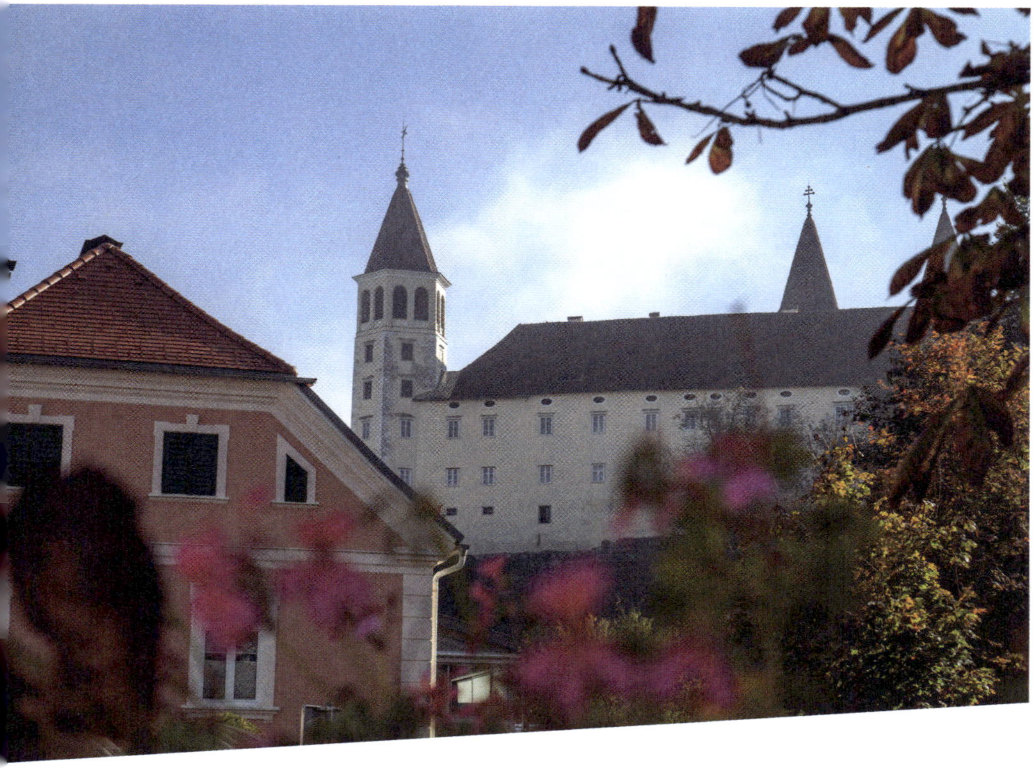

und regional gekocht wird. Der Hausherr steht selbst für seine Gäste in der Küche und ist leidenschaftlicher Koch. Unterwegs sind dir sicher die vielen Streuobstwiesen mit den alten Apfelbäumen aufgefallen. Im Frühling bilden sie ein Blütenmeer durch das Tal und manchmal „schneit" es duftende Blütenblätter vom Himmel. Auch ein Abstecher zum Zogglhof (Hundsdorf 2, 9470 St. Paul) etwas nördlich vom Stift lohnt sich, um mehr über den bekannten Lavanttaler Most zu erfahren. Führung und Verkostung gegen Voranmeldung! Auf dem Radweg geht's weiter vorbei an der über 2.000 Jahre alten 10 / keltischen Kulttreppe des Latobius-Mars-Tempels bis nach Lavamünd, wo wir bei der Kirche rechts zum 11 / Badesee Lavamünd abbiegen. Hier kann der Tag auf der Liegewiese entspannt ausklingen. Der Naturbadesee hat rund 8.800 Quadratmeter Wasserfläche mit Sprungturm, Wasserrutsche und Spielplatz für die Kleinen. Also genügend Platz für die gesamte Familie! Auch ein Campingplatz ist angeschlossen.

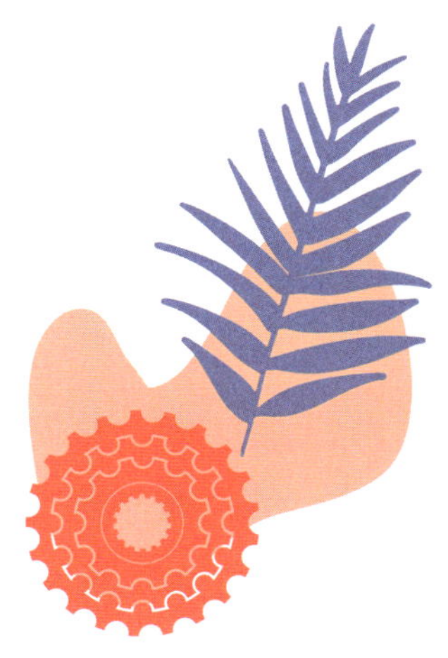

< links / Bibliothek und Kunstschätze beeindrucken ^ oben / Ausflugsziel und kulturelles Herz der Region – das Stift St. Paul

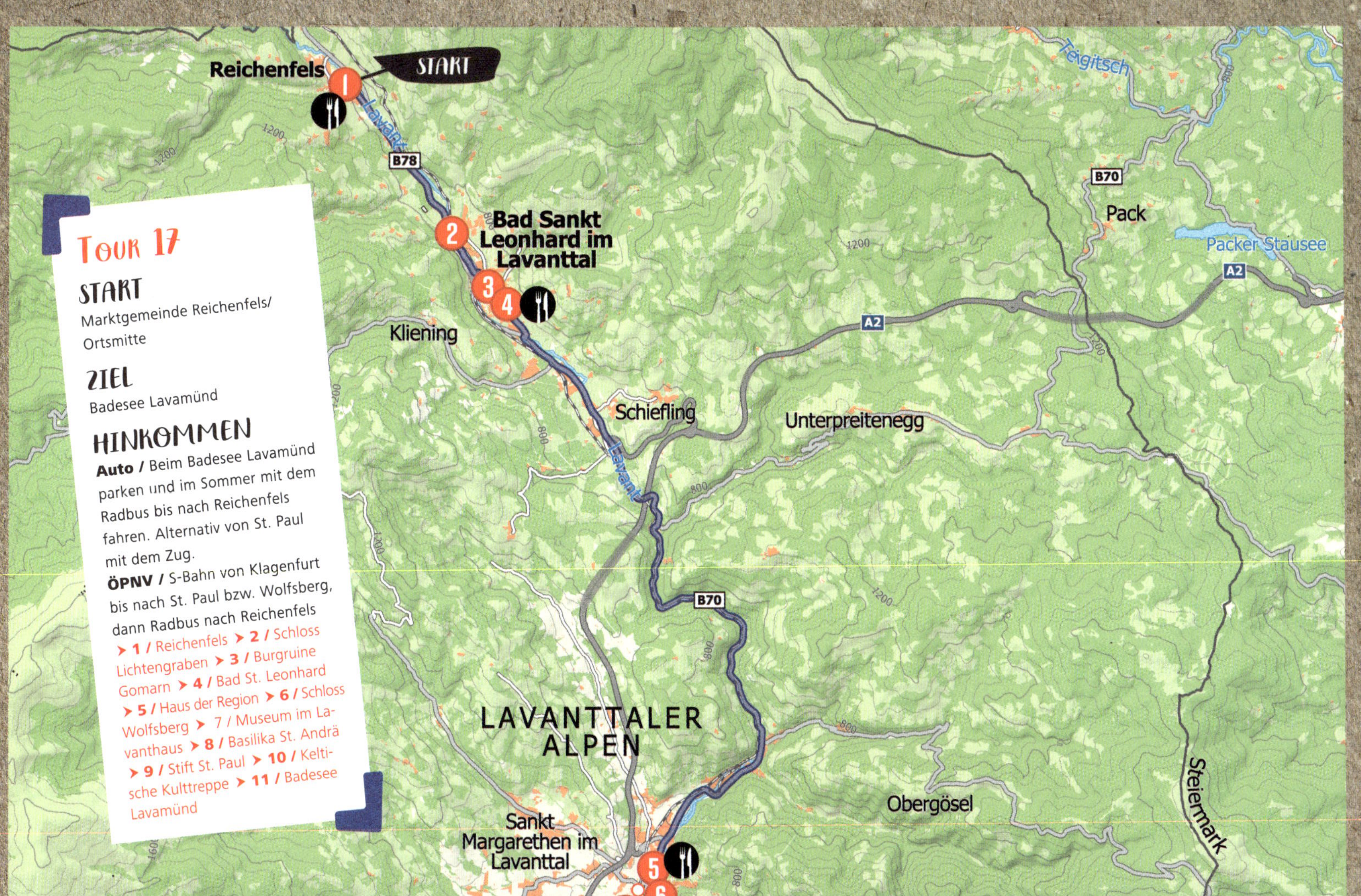

Tour 17

START

Marktgemeinde Reichenfels/ Ortsmitte

ZIEL

Badesee Lavamünd

HINKOMMEN

Auto / Beim Badesee Lavamünd parken und im Sommer mit dem Radbus bis nach Reichenfels fahren. Alternativ von St. Paul mit dem Zug.

ÖPNV / S-Bahn von Klagenfurt bis nach St. Paul bzw. Wolfsberg, dann Radbus nach Reichenfels

➤ **1 /** Reichenfels ➤ **2 /** Schloss Lichtengraben ➤ **3 /** Burgruine Gomarn ➤ **4 /** Bad St. Leonhard ➤ **5 /** Haus der Region ➤ **6 /** Schloss Wolfsberg ➤ 7 / Museum im Lavanthaus ➤ **8 /** Basilika St. Andrä ➤ **9 /** Stift St. Paul ➤ **10 /** Keltische Kulttreppe ➤ **11 /** Badesee Lavamünd

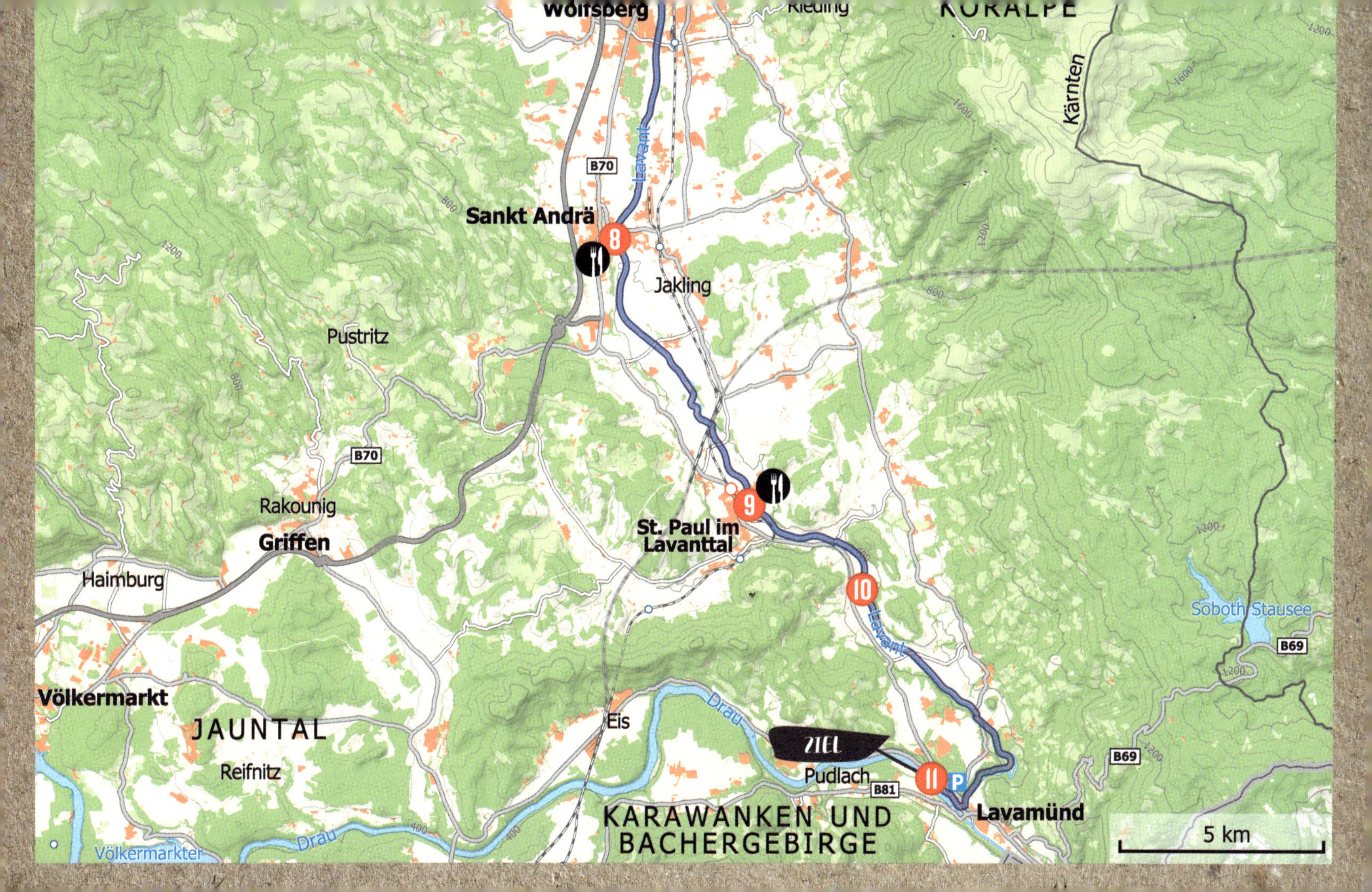

Kärnten
B70
Lavant
Sankt Andrä
8
Jakling
Pustritz
B70
Rakounig
Griffen
Haimburg
9
St. Paul im Lavanttal
10
Lavant
Soboth Stausee
B69
Völkermarkt
JAUNTAL
Eis
Drau
ZIEL
Reifnitz
Pudlach
B81
11
P
B69
Lavamünd
KARAWANKEN UND BACHERGEBIRGE
Drau
Völkermarkter
5 km

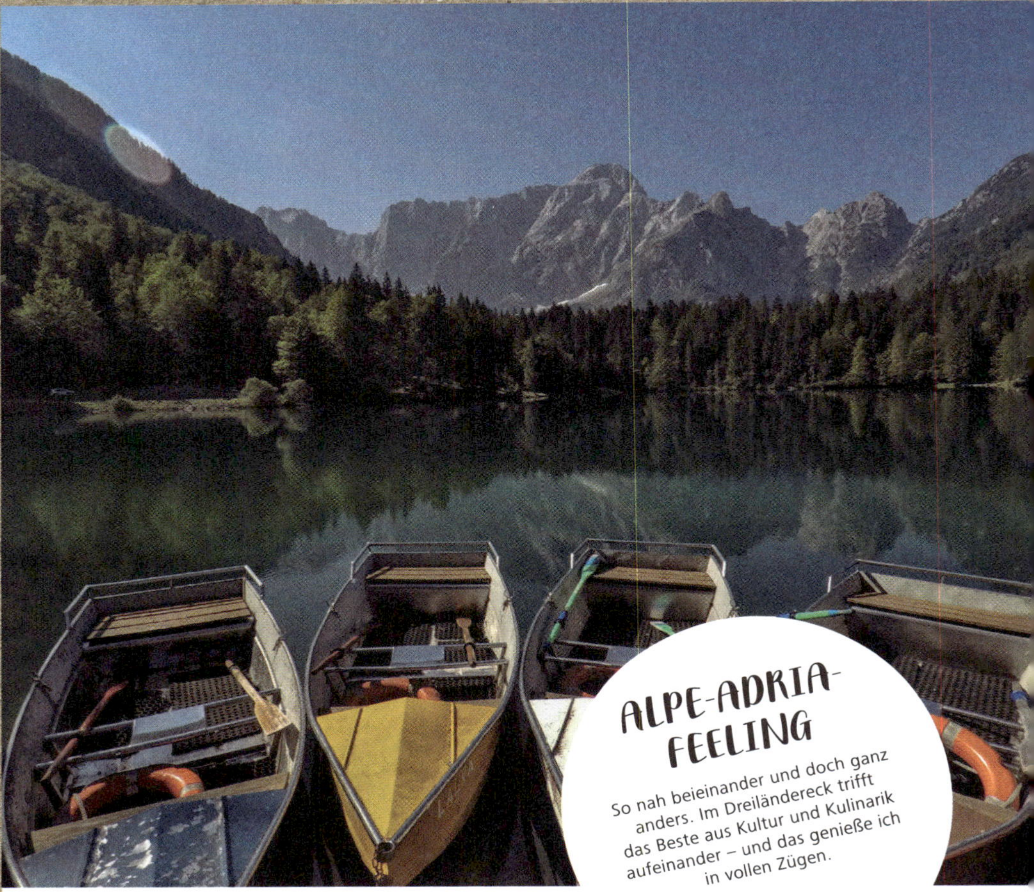

ALPE-ADRIA-FEELING

So nah beieinander und doch ganz anders. Im Dreiländereck trifft das Beste aus Kultur und Kulinarik aufeinander – und das genieße ich in vollen Zügen.

> **1 /** Mit dem Zug von Villach in Jesenice ankommen

> **2 /** Das Alpinmuseum in Mojstrana besuchen

> **3 /** Fotostopp auf der alten Eisenbahnbrücke

> **4 /** Abstecher hinauf zum Jasna-See

> **5 /** Bummel durch Kranjska Gora

> **6 /** Farbenspiele im Naturreservat Zelenci

> **7 /** Ausflug zu den malerischen Laghi di Fusine

> **8 /** Pizza essen in Tarvis

> **9 /** Erinnerungen an damals im Greißler-Museum

> **10 /** Kultur in der Klosterruine Arnoldstein

> **11 /** Blick auf den Fluss Gail am Gailtalradweg

> **12 /** Abschluss am Bahnhof Villach

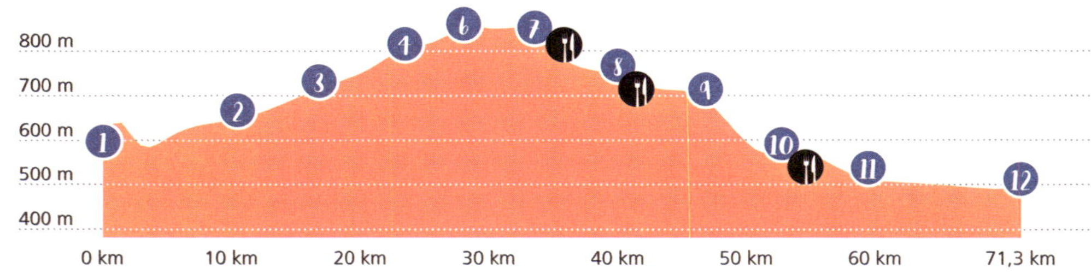

DREILÄNDER-GENUSS

Slowenien, Italien und Kärnten an einem Tag

Servus, Srečno, Ciao! Bei dieser Tour wird es mehrsprachig. Wir radeln von Slowenien auf alten Bahntrassen nach Tarvis und von dort über die Grenze zurück nach Kärnten. Unterwegs gönnen wir uns Cremeschnitten, Cappuccino und natürlich Nudeln.

71 Kilometer
800 Höhenmeter ▲
880 Höhenmeter ▼
5 Stunden
Streckentour

Auf alten Bahntrassen

Der Radausflug startet beim Bahnhof Villach, wo wir den Zug nach 1 / Jesenice nehmen und nach einer knappen Dreiviertelstunde in Slowenien ankommen. Die Züge fahren mehrmals am Tag. Zusätzlich gibt es im Sommer spezielle Shuttle-Verbindungen für Radler mit dem Bus nach Jesenice, Kranjska Gora und Tarvis. Das macht das Abkürzen der Tour für dich einfach. Du kannst entweder direkt in Kranjska Gora starten oder du fährst nur das Stück von Jesenice bis Tarvis und nimmst dort den Zug zurück nach Villach. Damit ersparst du dir etwas mehr als ein Drittel der

CHARAKTER
Sportlich ●●●●○
Abkühlung ●●○○○
Schlemmen ●●●●○
Panorama ●●●●●

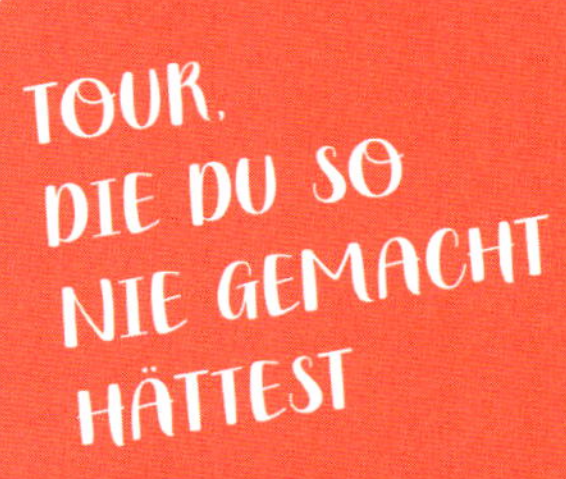

TOURENINFO / Die Tour verläuft auf überwiegend asphaltierten und geschotterten Radwegen, die großteils von der Straße abgetrennt und gut beschildert sind. Wem das kältere Wasser der Bergseen nichts ausmacht, kann Badesachen mitnehmen.

‹ links / Bilderbuchlandschaft in Slowenien

TOUR, DIE DU SO NIE GEMACHT HÄTTEST

Kilometeranzahl. In Jesenice selbst zweigen wir vor dem Bahnhof links ab und nehmen auf Höhe des Restaurants Ejga die Abzweigung in Richtung Süden. Wir überqueren die Sava vorbei am alten Industrieviertel und biegen am Ende der Straße rechts ab und fahren nach der Autobahn auf den Radweg in Richtung Mojstrana und Kranjska Gora. Jetzt heißt es immer dem Save-Radweg bis nach Tarvis folgen. Die Save ist Sloweniens längster Fluss und begleitet dich entlang des Weges. Etwas später kommen wir sogar direkt zum Ursprung, also der Quelle der Save. Der Radweg ist perfekt ausgebaut und führt entlang einer aufgelassenen Eisenbahnstrecke. Deshalb passierst du unterwegs auch einige Brücken.

ADRENALIN

Skiweltcup? Nicht ohne 5 / Kranjska Gora. Im Nordischen Zentrum Planica gibt es eine Museum mit Windkanal, Zipline und die größte Flugschanze der Welt.

Sloweniens Berglandschaften

Auf der slowenischen Seite führt dich die Strecke mal durch schattige Wälder, mal in der Sonne vorbei an satten Wiesen, auf denen noch die selten gewordenen Harpfen aus Holz, auf denen das Heu getrocknet wird, zu sehen sind. Dahinter baut sich eindrucksvoll das Bergpanorama des Triglav-Nationalparks auf. Im modernen 2 / Alpinmuseum (tgl. 9–17 Uhr, Triglavska cesta 49, 4281 Mojstrana) namens Slovenski planinski muzej erfährst du mehr über die slowenische Bergwelt und die alpinen Pioniere der Region. Hier in Mojstrana macht der Radweg einen Rechtsknick und verläuft ein kurzes Stück auf der Straße. Die Save wechselt auf die linke Seite. Wir radeln auf dem Radweg immer weiter geradeaus. Dabei gibt es konstant einen leichten Anstieg. Der Charakter der ehemaligen Kronprinz-Rudolf-Bahn, die von Mojstrana nach Tarvis führte, ist gut erkennbar. Aufgelassene Bahnwärterhäuschen und Bahnstationen, Schienenstücke, Grenzsteine, Brücken und Viadukte geben

---

➤ rechts oben / Aus der alten Bahntrasse wurde ein zweispuriger Radweg
➤ rechts Mitte / Der Wintersportort Kranjska Gora eignet sich perfekt für eine erholsame Pause

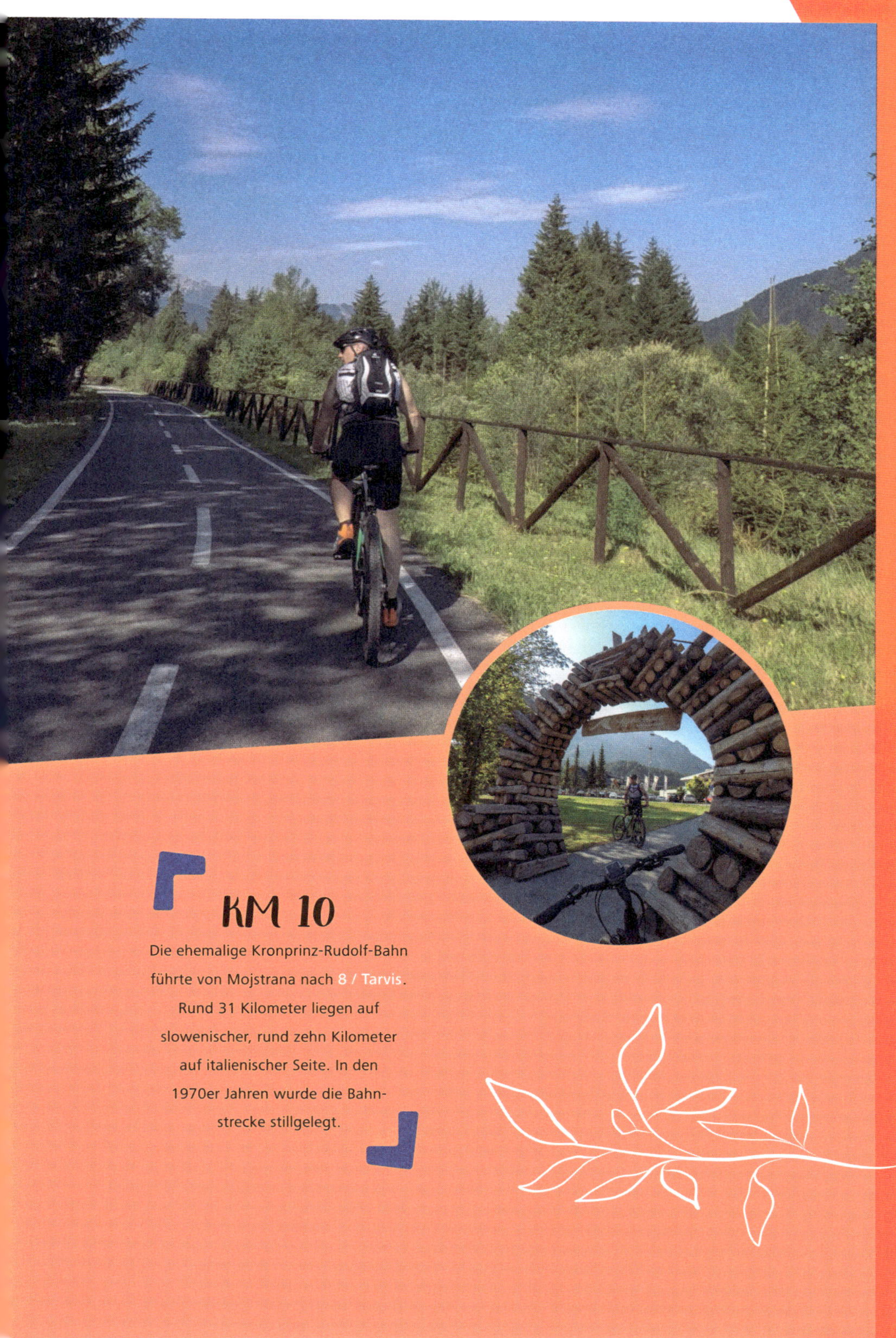

KM 10

Die ehemalige Kronprinz-Rudolf-Bahn führte von Mojstrana nach 8 / Tarvis. Rund 31 Kilometer liegen auf slowenischer, rund zehn Kilometer auf italienischer Seite. In den 1970er Jahren wurde die Bahnstrecke stillgelegt.

Weitreisende

Im Naturreservat 6 / Zelenci beginnt die 940 Kilometer lange Reise der Save, die bei Belgrad in die Donau mündet. Ihr Quellgebiet ist sagenhaft anmutig.

Tour, die du so nie gemacht hättest

der Strecke einen besonderen Charme. Dabei erhaschst du vom Sattel aus tolle Ausblicke auf das Gebirge der Julischen Alpen und Karawanken. Nach Mojstrana kommst du an einem der Highlights vorbei – einer alten 3 / Eisenbahnbrücke. Beim Fotomachen solltest du aber aufpassen, der Radweg ist sehr beliebt und zu gewissen Zeiten recht stark befahren. Das liegt wohl auch an der guten Infrastruktur. Entlang der Strecke liegen einige Rastplätze und Radlerstopps mit Snacks und Getränken, zum Beispiel die Hütte Kosobrin direkt beim Radweg bei Kranjska Gora (Mi, Fr–Mo 10–18 Uhr geöffnet). Hier gibt es typisch slowenische Hausmannskost mit Zutaten aus der Region.

Wasser-Juwele

Bevor wir uns aber den Bauch vollschlagen, machen wir in Kranjska Gora einen Abstecher hinauf zum 4 / Jasna-See am Fuße des Vršič-Passes. Willst du lieber Kraft und Kilometer sparen, kannst du bei der Fahrt durch den Bergort 5 / Kranjska Gora die liebevoll mit Blumen geschmückten Häuser bewundern. Am

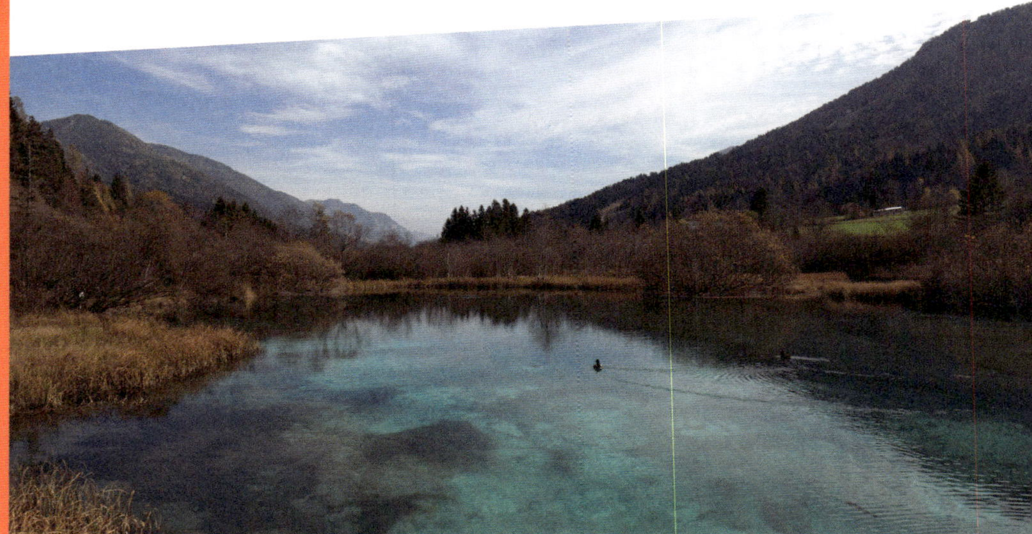

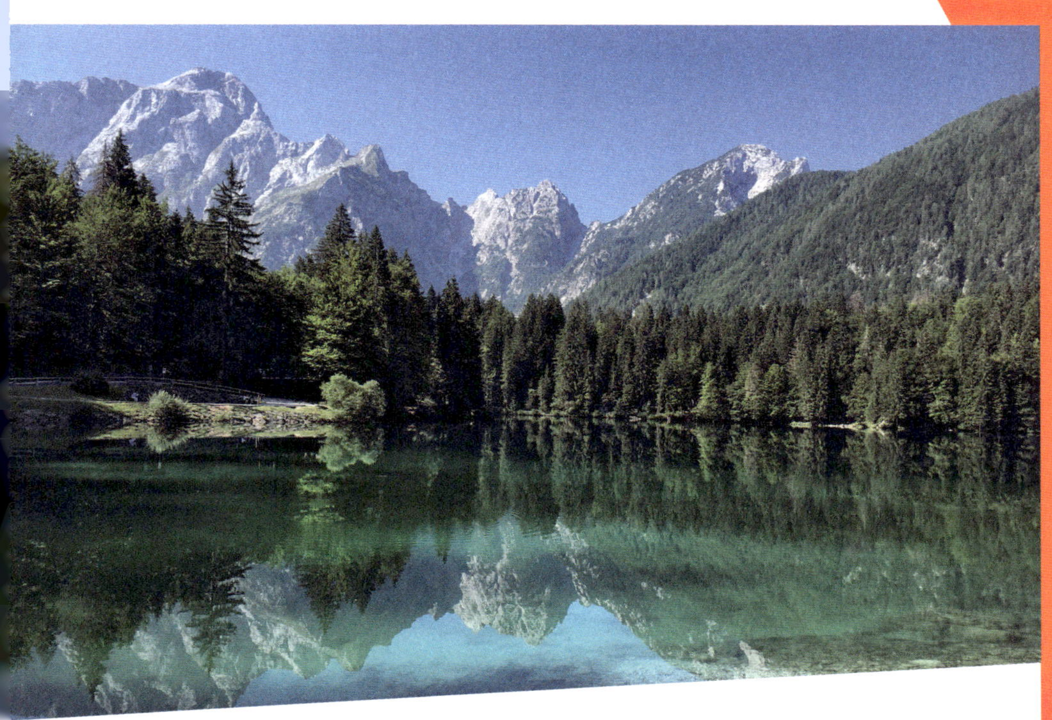

anderen Ende des Ortes, auf Höhe der Parkplätze, kommen wir wieder auf den Radweg. Es geht immer geradeaus weiter durch idyllische Landschaften bis zum Naturreservat 6 / Zelenci zu rechter Hand. Vom Radweg sieht das Wäldchen recht unscheinbar aus, aber ein kurzer Abstecher lohnt sich. Denn hier kommst du zu einem kleinen Aussichtsturm direkt bei der Quelle des Save-Flusses. Das musst du einfach gesehen haben! Ein Stückchen weiter bietet sich das nächste Fotomotiv an: die Sprungschanze in Planica. Wenn du einen Blick aus der Nähe darauf werfen willst, geht nach der alten Bahnstation der Weg links weg. Etwa fünf Kilometer weiter kannst du dich wieder für einen Abstecher entscheiden. Links geht die Straße hinauf zu den 7 / Laghi di Fusine, zwei atemberaubend schöne Bergseen. Allerdings ist der Anstieg ziemlich steil und schweißtreibend. Oben angekommen gibt es Getränke und Snacks zu kaufen. Am Radweg weiter geradeaus geht es direkt nach 8 / Tarvis. Hier kannst du mit dem Zug zurückfahren oder eine Pause mit italienischer Pizza einlegen. Im Ort gibt es viele gute Cafés und Gasthäuser. Dazu fährst du beim großen Kreuzungspunkt der Radwege einfach links weg.

RUDERN

Die 7 / Laghi di Fusine oder auf Deutsch Weißenfelser Seen haben Instagram-Potenzial. Beim unteren See kannst du auch ein Boot ausborgen und über das Wasser rudern. Nicht nur etwas für Romantiker!

< links / Smaragdgrüne Schönheit – der kleine See im Naturreservat Zelenci
^ oben / Die Laghi di Fusine als fotogene Bergseen

Über die Berge nach Kärnten

Mit dem Rad nach Kärnten geht es rechts auf dem Alpe-Adria-Radweg. Dieser schlängelt sich fast parallel zur alten Grenzstraße den Berg hinauf bis zum Grenzübergang Thörl-Maglern, wo es für die Radfahrer eine eigene Spur gibt. Nostalgisch wird es danach im 9 / Greißler-Museum (Fr 14–19 Uhr und mit Voranmeldung geöffnet, Unterthörl 23, 9602 Arnoldstein). Der Radweg auf der österreichischen Seite verläuft über weite Teile parallel zur Straße. Wir strampeln in Richtung Arnoldstein, unter der Autobahn hindurch und über den kleinen Fluss Gailitz. In Arnoldstein kannst du direkt in der Ortschaft zur 10 / Klosterruine Arnoldstein abbiegen oder unterwegs in einem der Cafés entlang der Straße haltmachen. Danach folgen wir dem Straßenverlauf bis Neuhaus an der Gail und biegen vor dem Kosiakbach links ab. Wir fahren geradeaus bis zum Fluss Gail, überqueren die Brücke und fahren rechts weiter. Jetzt bist du mitten in der Schütt, einem geschützten Landschaftsgebiet. Wir folgen dem Fluss Gail. Bei Federaun fahren wir geradeaus dem Radweg entlang durch herrliche Wälder. Auf Höhe Gödersdorf/Müllern kannst du über die Brücke fahren und einen kulinarischen Abstecher zur Finkensteiner Nudelfabrik (Warm-

NOSTALGIE

Das 9 / Greißler-Museum in Thörl-Maglern ist eine liebevolle Hommage an das „alte Geschäft an der Grenze", wo über 200 Jahre lang Waren verkauft wurden.

TOUR, DIE DU SO NIE GEMACHT HÄTTEST

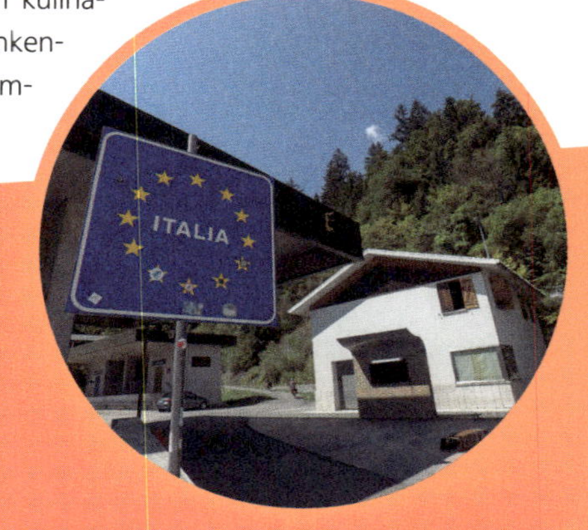

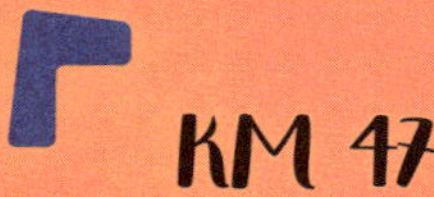

KM 47

Das Dorf Thörl-Maglern hatte aufgrund seiner Lage bei der Grenze über Jahrhunderte hinweg eine wichtige Rolle. Besonders sehenswert ist unter anderem die gotische Pfarrkirche aus 1503 mit ihren Wand- und Deckenfresken.

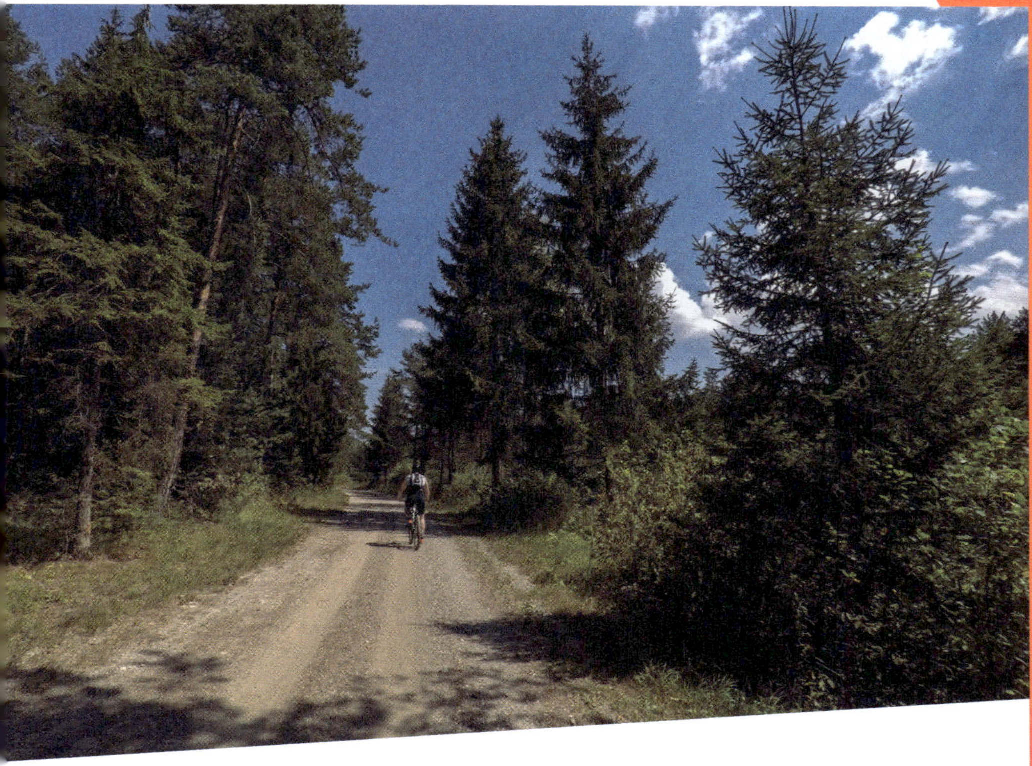

bader Straße 34, 9585 Gödersdorf) machen. Seit über 130 Jahren werden hier verschiedene Nudeln erzeugt. Das Marktcafé serviert die besten Pastagerichte und punktet mit gemütlichem Gastgarten.

Rückfahrt am Fluss

Zurück am 11 / Gailtalradweg radeln wir wieder unter schattigen Bäumen, begleitet vom Rauschen des Flusses, auf die Stadt zu. Der Radweg führt uns bis nach Villach zur Gailbrücke beim Industrieunternehmen Infineon. Das ist aufgrund seiner Größe nicht zu übersehen. Bei der Gailbrücke zweigen wir links in Richtung Zentrum in den Karawankenweg ab, der später in die Heidenfeldstraße übergeht und bei der Ossiacher Zeile endet. Wir überqueren die stark befahrene Straße und radeln gerade auf der Wilhelm-Hohenheim-Straße zum Stadtpark. Danach nehmen wir die 10.-Oktober-Straße und radeln über den Hauptplatz und die Draubrücke bis zum 12 / Bahnhof Villach, wo unser Ausflug durch drei Länder endet.

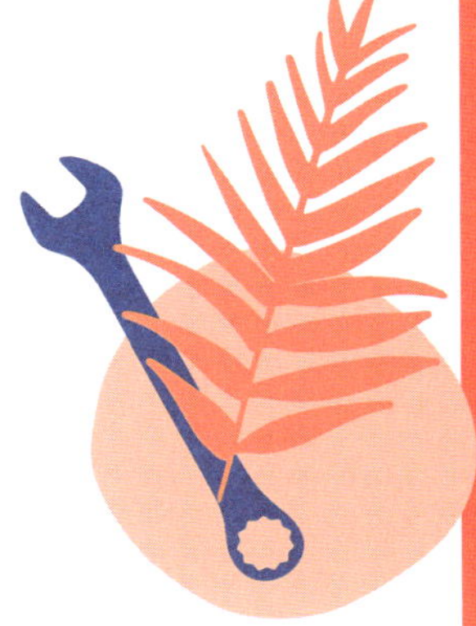

‹ links / Der Grenzübergang nach Italien war lange Zeit mit Einkaufsfahrten verbunden ˄ oben / Das Bergsturzgebiet Schütt an der Gail ist Heimat seltener Tiere und Pflanzen

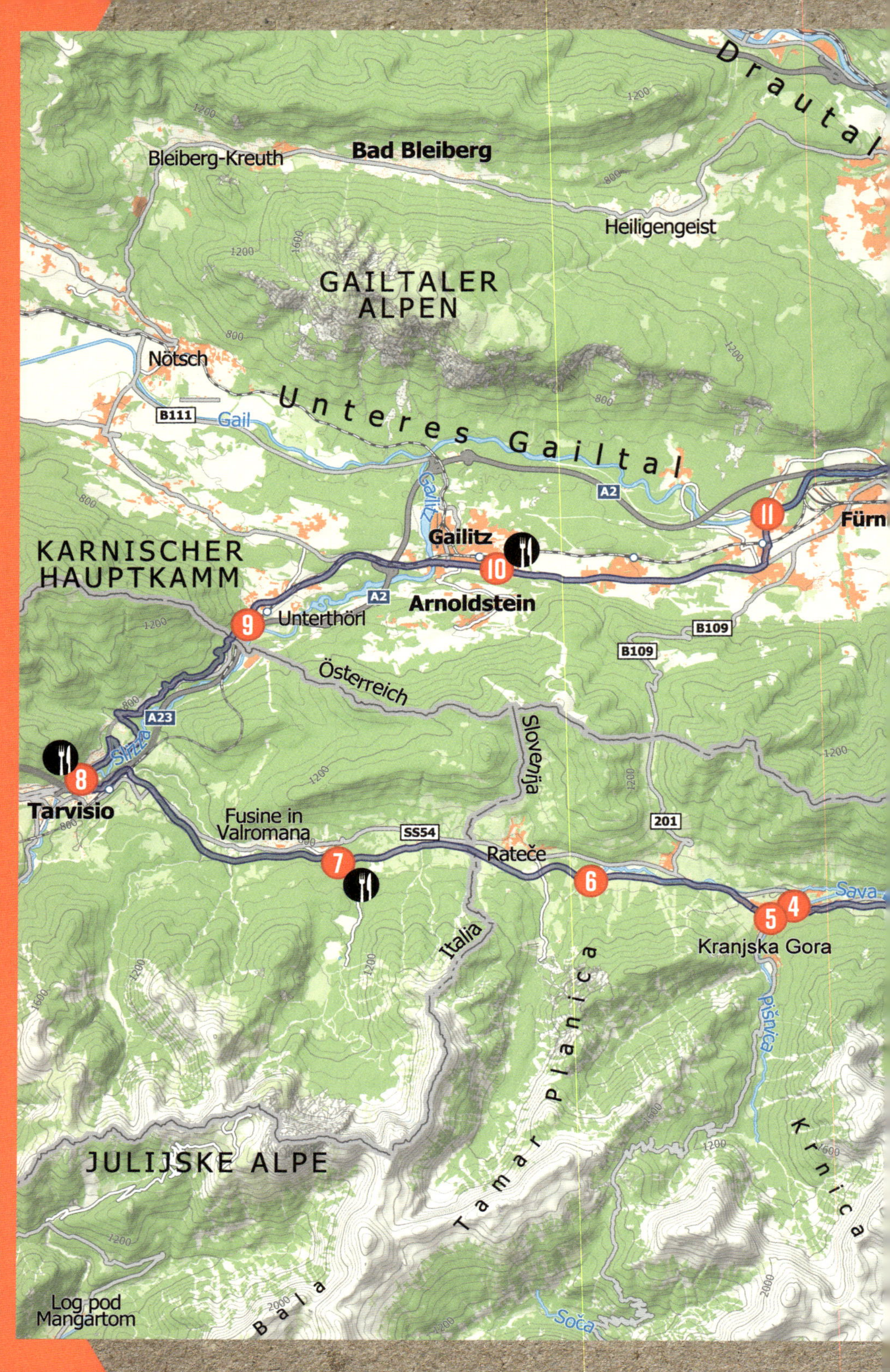
Drautal
Bleiberg-Kreuth
Bad Bleiberg
Heiligengeist
GAILTALER ALPEN
Nötsch
B111
Gail
Unteres Gailtal
A2
Gailitz
Gailitz
Arnoldstein
Fürn
KARNISCHER HAUPTKAMM
Unterthörl
A2
B109
B109
Österreich
A23
Slizza
Slovenija
Tarvisio
Fusine in Valromana
SS54
201
Rateče
Sava
Kranjska Gora
Italia
Planica
Pišnica
Tamar
Krnica
JULIJSKE ALPE
Bala
Log pod Mangartom
Soča

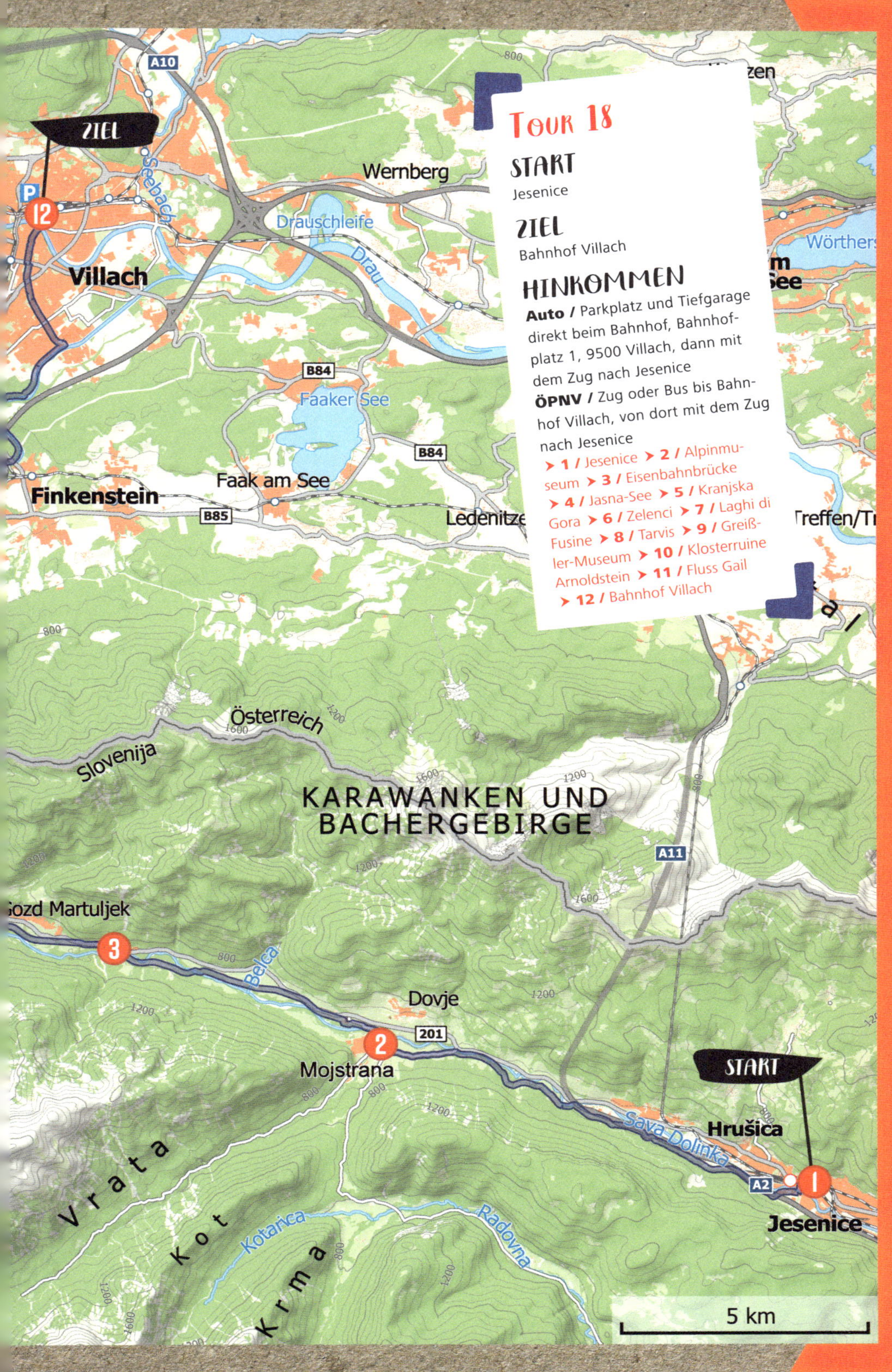
Tour 18
START
Jesenice
ZIEL
Bahnhof Villach
HINKOMMEN
Auto / Parkplatz und Tiefgarage direkt beim Bahnhof, Bahnhofplatz 1, 9500 Villach, dann mit dem Zug nach Jesenice
ÖPNV / Zug oder Bus bis Bahnhof Villach, von dort mit dem Zug nach Jesenice
➤ 1 / Jesenice ➤ 2 / Alpinmuseum ➤ 3 / Eisenbahnbrücke ➤ 4 / Jasna-See ➤ 5 / Kranjska Gora ➤ 6 / Zelenci ➤ 7 / Laghi di Fusine ➤ 8 / Tarvis ➤ 9 / Greißler-Museum ➤ 10 / Klosterruine Arnoldstein ➤ 11 / Fluss Gail ➤ 12 / Bahnhof Villach
ZIEL
START
Villach
Wernberg
Drauschleife
Drau
Seebach
A10
B84
Faaker See
Faak am See
Finkenstein
B85
Ledenitze
Österreich
Slovenija
KARAWANKEN UND BACHERGEBIRGE
A11
Gozd Martuljek
Belca
Dovje
201
Mojstrana
Sava Dolinka
Hrušica
A2
Jesenice
Vrata
Kot
Krma
Kotarica
Radovna
5 km

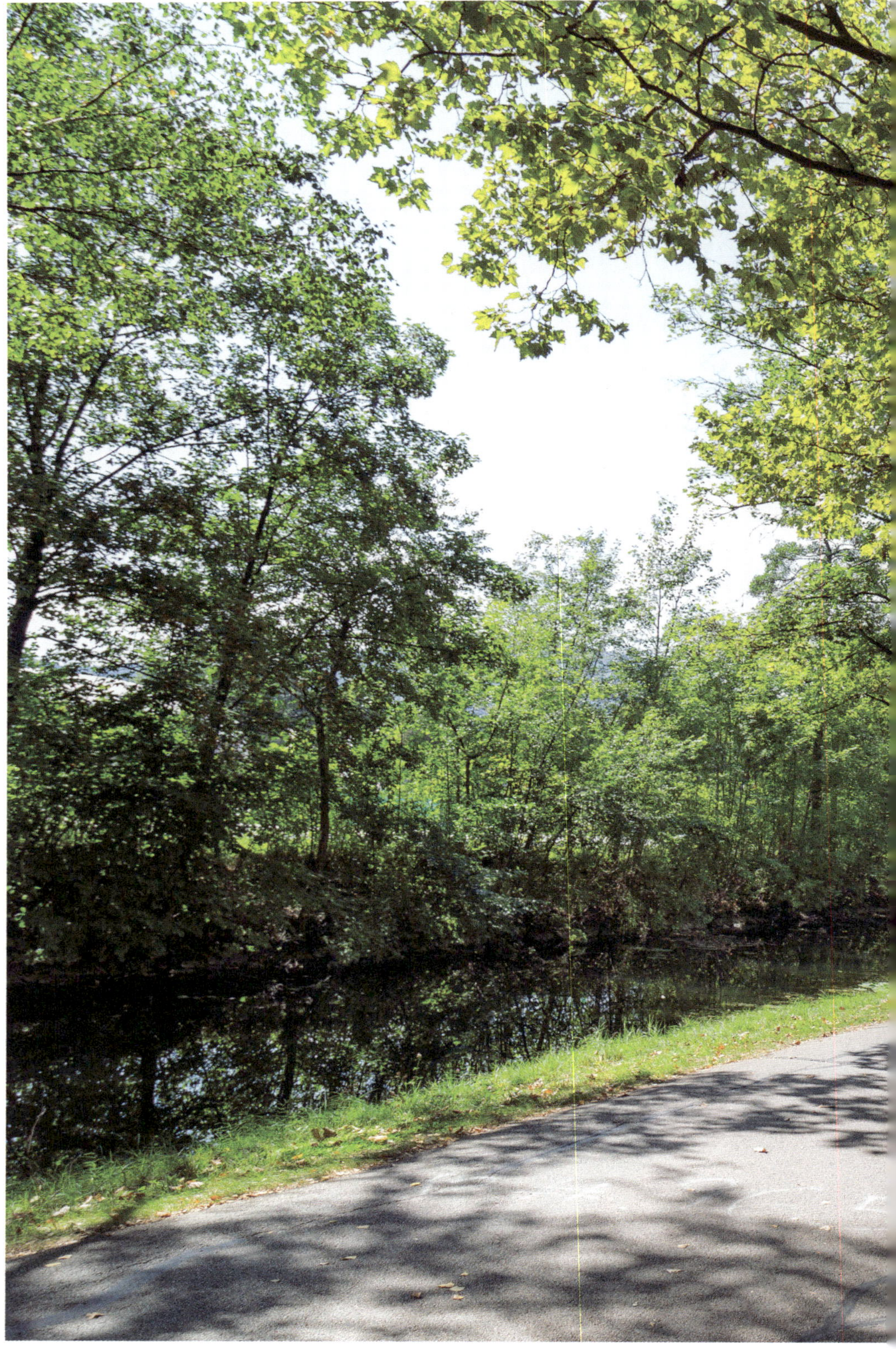

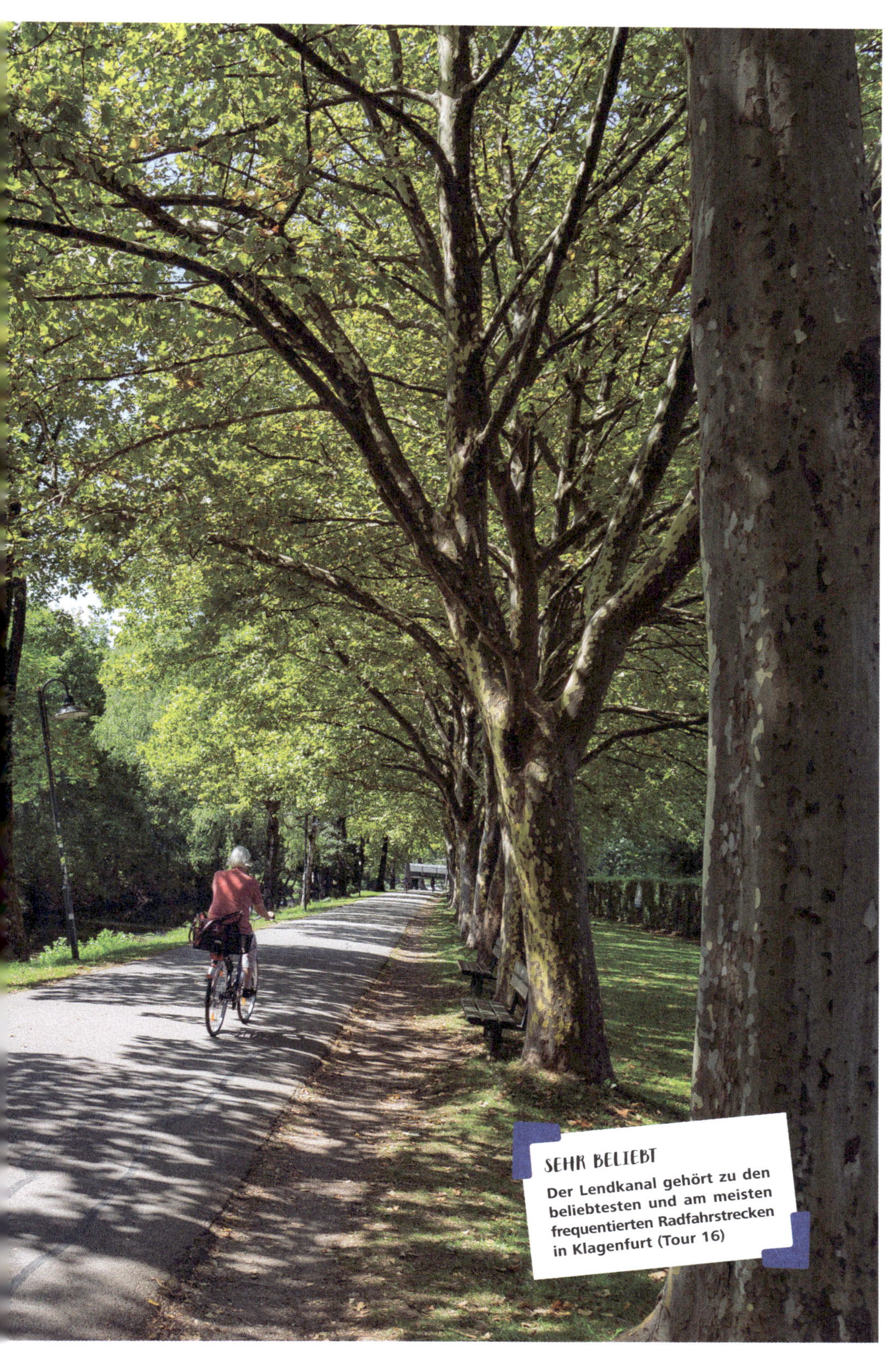

SEHR BELIEBT

Der Lendkanal gehört zu den beliebtesten und am meisten frequentierten Radfahrstrecken in Klagenfurt (Tour 16)

WOCHENEND-BIKEAWAYS

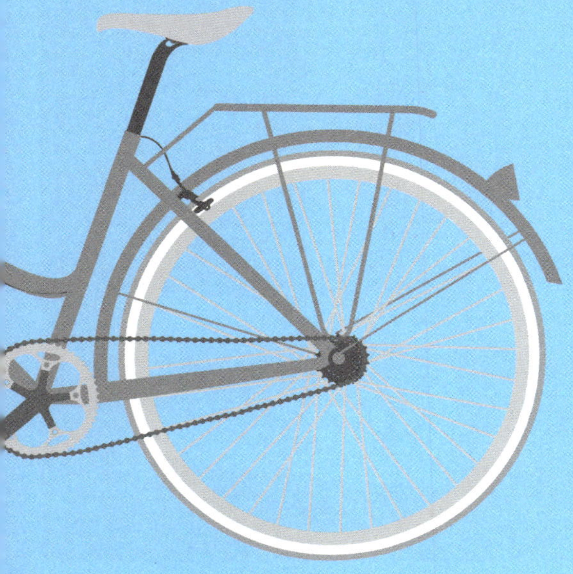

MINI-URLAUBS-TOUREN MIT ÜBERNACHTUNG

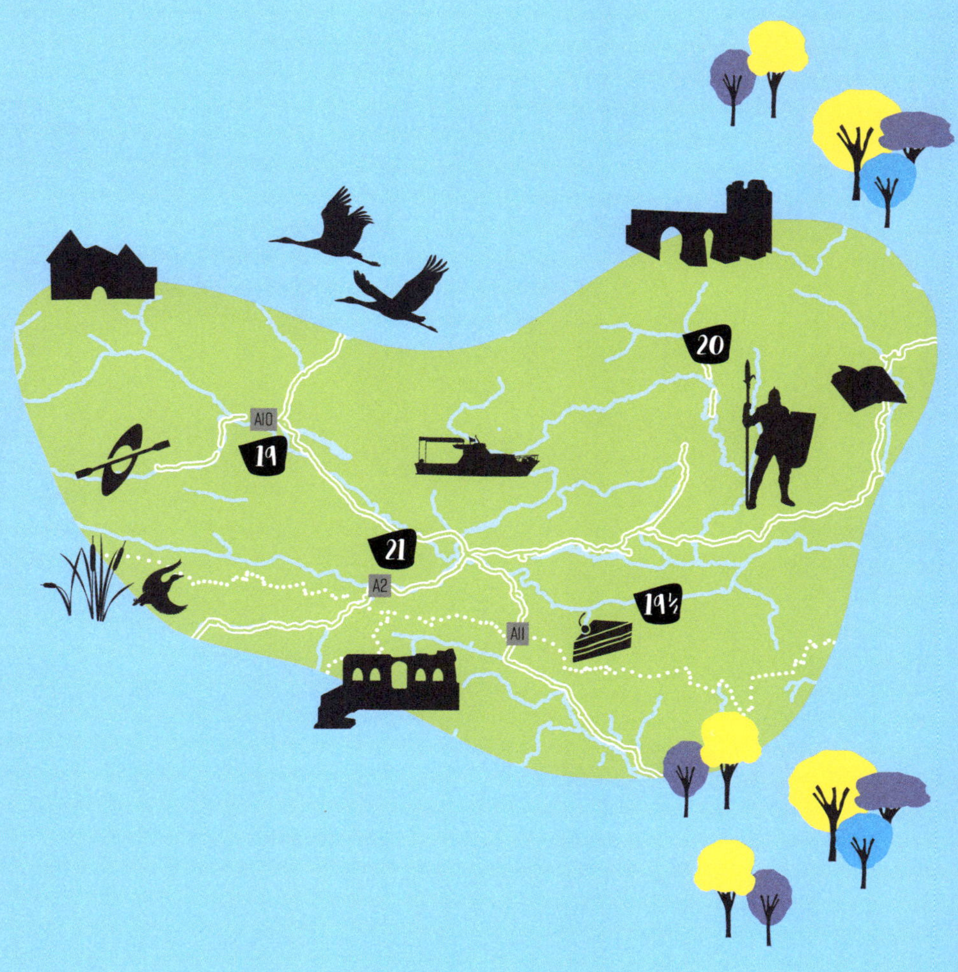

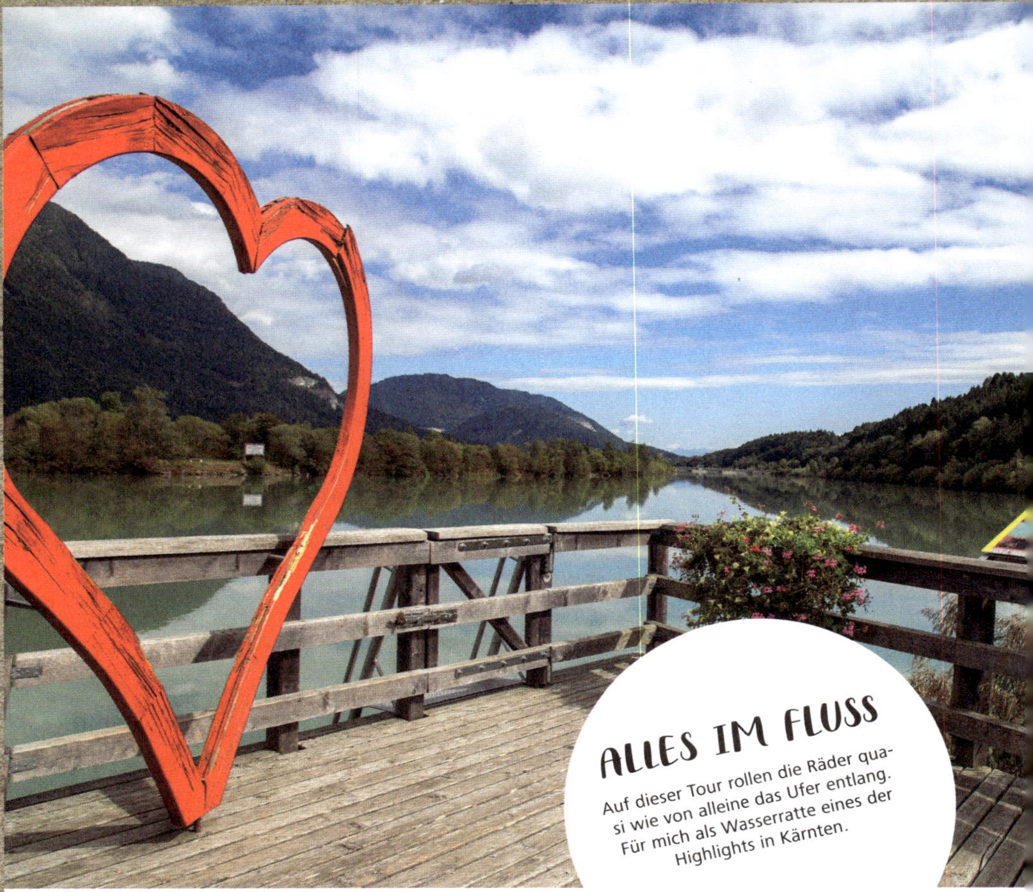

ALLES IM FLUSS

Auf dieser Tour rollen die Räder quasi wie von alleine das Ufer entlang. Für mich als Wasserratte eines der Highlights in Kärnten.

➤ **1 /** Startpunkt beim Bahnhof Spittal an der Drau

➤ **2 /** Abstecher zum Schloss Porcia mit Museum und Park

➤ **3 /** Ein Glas Most und eine Jause in der Buschenschank Egger

➤ **4 /** Bestaune Funde aus dem Frühmittelalter im Museum Carantana

➤ **5 /** Kurzer Halt Draufähre Weißenstein

➤ **6 /** Selfie mit Herz in Kellerberg

➤ **7 /** Stadtbummel und Übernachtung in Villach

➤ **8 /** Kurze Rast beim Silbersee

➤ **9 /** Birdwatching Wernberger Drauschleife

➤ **10 /** Reise in die Keltenwelt Frög

➤ **11 /** Über Landart staunen beim Zikkurat

➤ **12 /** Erdbeeren naschen in Selkach

➤ **13 /** Gefiederte Begegnungen in Dragositschach

➤ **14 /** Den Blick auf die Hollenburg genießen

➤ **15 /** In Ferlach vom Rad aufs Kanu wechseln

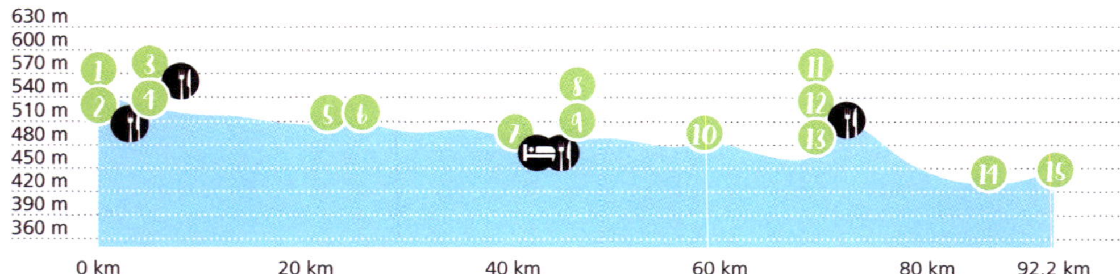

FLUSSRADELN DE LUXE

Die Drau entlang durch Kärnten

Der längste Fluss, der am besten ausgebaute Radweg: Von Spittal folgen wir dem Drauradweg über Villach bis nach Ferlach und lernen verschiedene Landschaften Kärntens kennen. Immer begleitet vom sanften Klang des Wassers.

Tag 1 + Tag 2
40 + 52 Kilometer
215 + 270 Höhenmeter ▲
375 + 410 Höhenmeter ▼
2:45 + 3:45 Stunden
Streckentour

TAG 1

Fürstlicher Beginn

Wir starten vom Bahnhof Spittal an der Drau. Wenn du Lust hast, kannst du die Bahnhofstraße geradeaus zum Stadtpark radeln und einen Blick auf die hübsche Gartenanlage und das 2 / Schloss Porcia werfen. Direkt im Schloss befindet sich das Museum für Volkskultur (Apr.–Nov. 9–18 Uhr, Nov.–Apr. Mo–Do 13–16 Uhr, Burgplatz 1, 9800 Spittal an der Drau). Hier wird multimedial die Geschichte Oberkärntens präsentiert. Außerdem befindet

CHARAKTER
Sportlich ●○○○○
Abkühlung ●●●○○
Schlemmen ●●●●●
Panorama ●●●●●

TOURENINFO / Leicht bergab auf Asphalt und Schotter, gut beschildert und immer ein Bahnhof oder ein Lokal zum Einkehren in der Nähe – die Infrastruktur am Drauradweg ist top. E-Bike-Ladestelle beim Kraftwerk Paternion. Auch für Familien mit Anhängern und kleinen Kindern. Badesachen einpacken!

< links / Das Herz an die Drau verlieren – nichts leichter als das

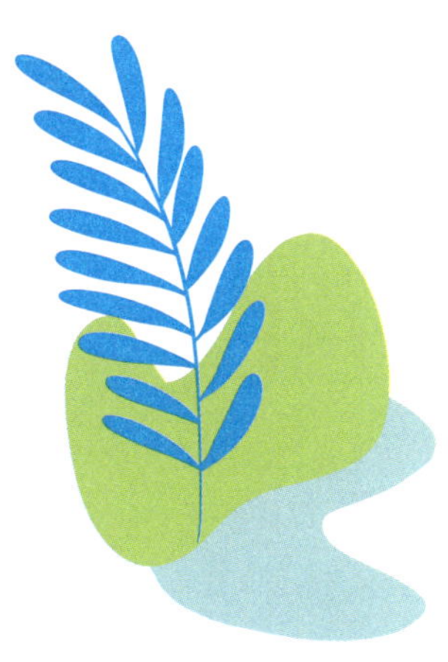

sich im Schloss ein Café und die Komödienspiele Porcia. Zurück beim Bahnhof folgen wir der Körnerstraße immer geradeaus auf dem Drauradweg R1. Wir nehmen noch im Stadtgebiet die Brücke über die Lieser und halten uns danach geradeaus. Bei der Straße Übers Land biegen wir rechts ab und nehmen links die Abzweigung in den Tangerner Weg. Die Häuser der Stadt ziehen sich zurück und es wird richtig grün. Vor der Feuerwehrwache St. Peter biegen wir rechts ab und nehmen die nächste Straße gleich wieder links. An uns ziehen gepflegte Streuobstwiesen und Höfe vorbei. Einer davon macht mit Hinweisschildern gleich direkt beim Radweg auf sich aufmerksam. Es ist der 4 / Buschenschank Egger (Apr.–Nov., tgl. 11–21 Uhr, St. Peter 11, 9800 Spittal an der Drau), eine echte Institution in Sachen Jause. Hier solltest du auf keinen Fall ein belegtes Brot und ein Glas Most versäumen. Du kannst dir auch aus dem Bauernladen etwas für unterwegs einpacken lassen. Gut gelaunt satteln wir wieder auf und folgen dem gut beschilderten Drauradweg in Richtung Villach. Es geht unter der Tauernautobahn hindurch, immer leicht rechts. Hier kannst du einen Abstecher zum 4 / Museum Carantana (Mitte Mai–Mitte Okt., Di–So 10–12, 13–17 Uhr, Molzbichl 5, 9701 Molzbichl) machen und ins Frühmittelalter eintauchen – oder geradeaus weiterfahren.

TYPISCHE JAUSE

Bauernbrot, Würste, Salami, Topfen, Käse, Aufstriche, Butter und saures Gemüse türmen sich üppig auf einem Brett. Dazu gibt es Most. Guten Appetit!

Grüne Flusslandschaften

Entlang der Strecke tauchen öfters kleine Rastplätze mit Parkbänken auf. Ansonsten gibt es Natur pur mit Blicken auf den Fluss Drau. Der Teil bis Villach ist sehr flach und großteils mit befestigtem Schotter, abgetrennt von der Straße, damit auch von Familien leicht zu befahren. Quasi auf dem Weg, nur auf der anderen Uferseite, liegt der Landgasthof Mauthner (Mauth-

---

➤ **rechts oben / Märchenhaft ist das Schloss Porcia in Spittal an der Drau**
➤ **rechts Mitte / Eine zünftige Jause für hungrige Radler in der Buschenschank**

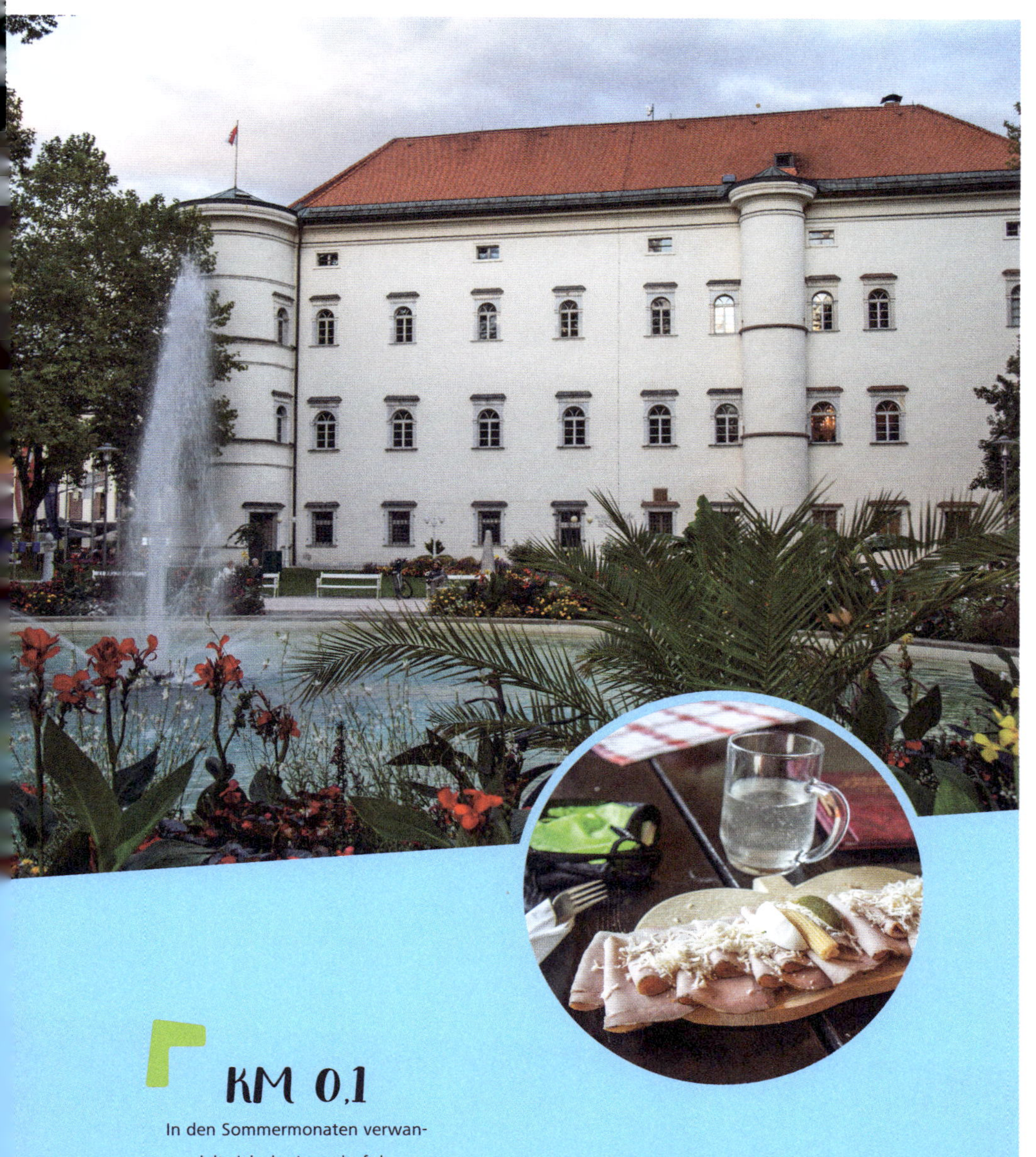

KM 0,1

In den Sommermonaten verwandelt sich der Innenhof des 2 / Schlosses Porcia aus dem 16. Jahrhundert in eine Theaterbühne der Fröhlichkeit. Bei den Komödienspielen Porcia wird Unterhaltsames auf hohem Niveau geboten. Ein Muss für Kulturliebhaber.

UNESCO-KULTURERBE

Die Technik des Floßbauens und -fahrens im oberen Drautal gehört zum immateriellen Kulturerbe und wird bis heute gepflegt.

KRAFT TANKEN AM FLUSSUFER

brücken 9, 9701 Stockbenboi). Wir radeln geradeaus in Richtung Ferndorf weiter und wechseln beim Kraftwerk Paternion auf die andere Seite der Drau. Flussüberquerungen bei den Kraftwerken sind typisch für den Drauradweg und problemlos zu meistern. Hier findest du auch eine E-Bike-Ladestelle, falls du unterwegs noch ein wenig Power für dein Rad tanken möchtest. Jetzt begleitet uns der Fluss zu linker Hand. Die Landschaft weitet sich entlang der Strecke immer mehr und du kannst schon erste Blicke auf den breiten Schilfgürtel erhaschen. Das verleiht dem Fluss einen sanften und verspielten Charakter. Für eine Pause bietet sich Fridos Kraftplatzl direkt am Rastplatz Drauradweg (Mo–Fr, So 10–19 Uhr, Viktor-Kaplan-Weg/Ecke Bahnhofstraße, 9700 Paternion) an. Das ist eine urige kleine Hütte mit Kuchen, Eis und frisch gemachten warmen Speisen. Erfrischt folgen wir dem Wasserlauf und bleiben auf dem Radweg. Die Drau macht in diesem Teil der Strecke einige Kurven, was hübsche Fotomotive bietet. Speziell auf die Radler eingestellt hat man sich im Gasthaus bei Familie Wallner

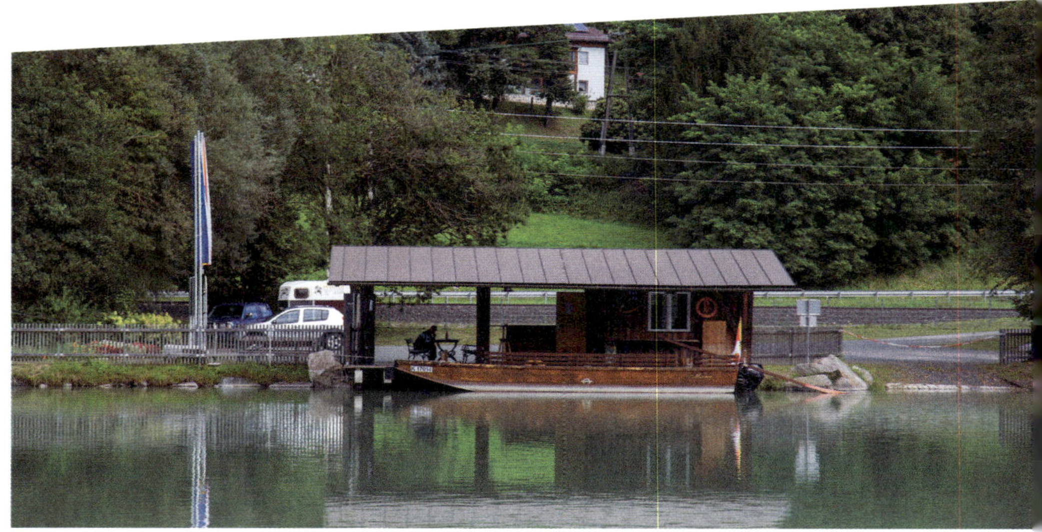

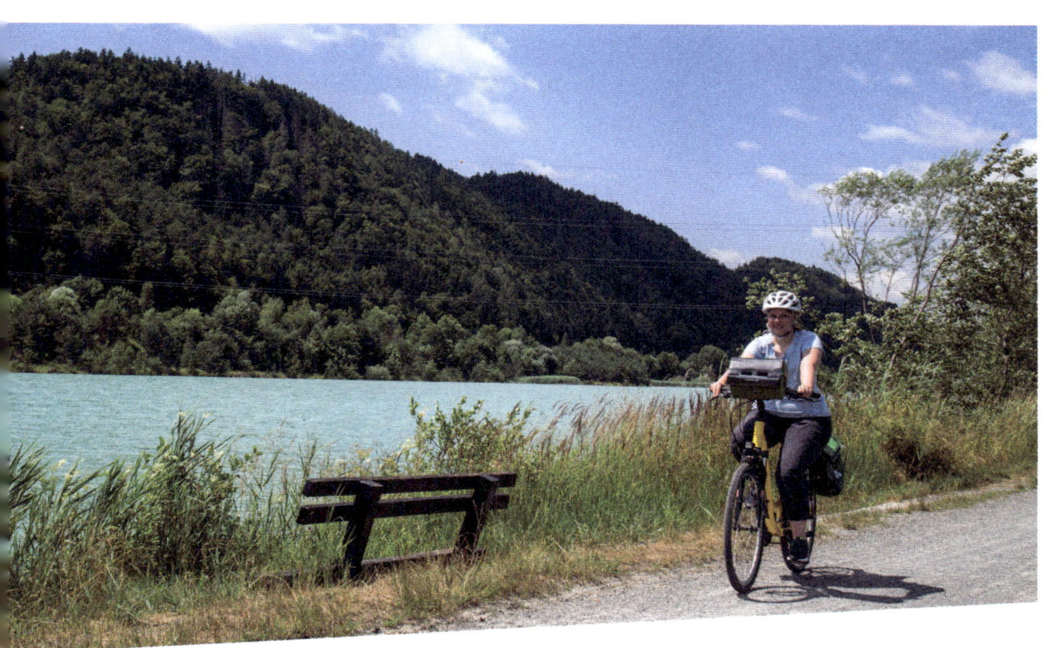

(Pobersach 2, 9710 Feistritz/Drau). Hausgemachte Köstlichkeiten und ein uriges Ambiente zeichnen die Jausenstation mit schönen Zimmern und vielen Tieren aus. Eine Besonderheit ist die 5 / Draufähre Weißenstein, die du dir unbedingt näher ansehen solltest. Noch heute kannst du dich mit der Holzfähre bequem ans andere Ufer bringen lassen. Wir wechseln nicht, sondern bleiben auf dieser Seite und fahren bis zum Café Mosaik (tgl. 9–19 Uhr, Leitenweg 6, 9721 Kellerberg) in 6 / Kellerberg. Hier gibt es die letzte Möglichkeit für eine WC-Pause vor Villach. Vis-à-vis vom Café führt ein Steg durch das Schilf zu einer kleinen Plattform mit einem großen roten Herz – ein Must-have für die Erinnerungsfotos! Von hier aus hast du einen wunderschönen Ausblick auf die Drau und die gegenüberliegende Ortschaft Weißenstein mit der weißen Kirche.

Eintauchen in die Stadt

Bei Töplitsch nehmen wir links die Abzweigung über die Brücke nach Gummern und wechseln auf die andere Seite des Flusses. Bis nach Villach bleiben wir nun auf dieser Seite des Ufers. Vielleicht sticht dir schon der Marmorsteinbruch nach der

SCHILFGEFLÜSTER

Gut 30 Meter reicht das bis zu vier Meter hohe Schilf in 6 / Kellerberg vom Ufer in den Fluss hinein. Pro Tag kann das sogenannte Schilfröhricht bis zu 4,5 Zentimeter wachsen und bietet Schutz für Vögel, Libellen und Jungfische.

< **links / Die Draufähre bei Weißenstein**
^ **oben / Der Drauradweg im saftigen Grün**

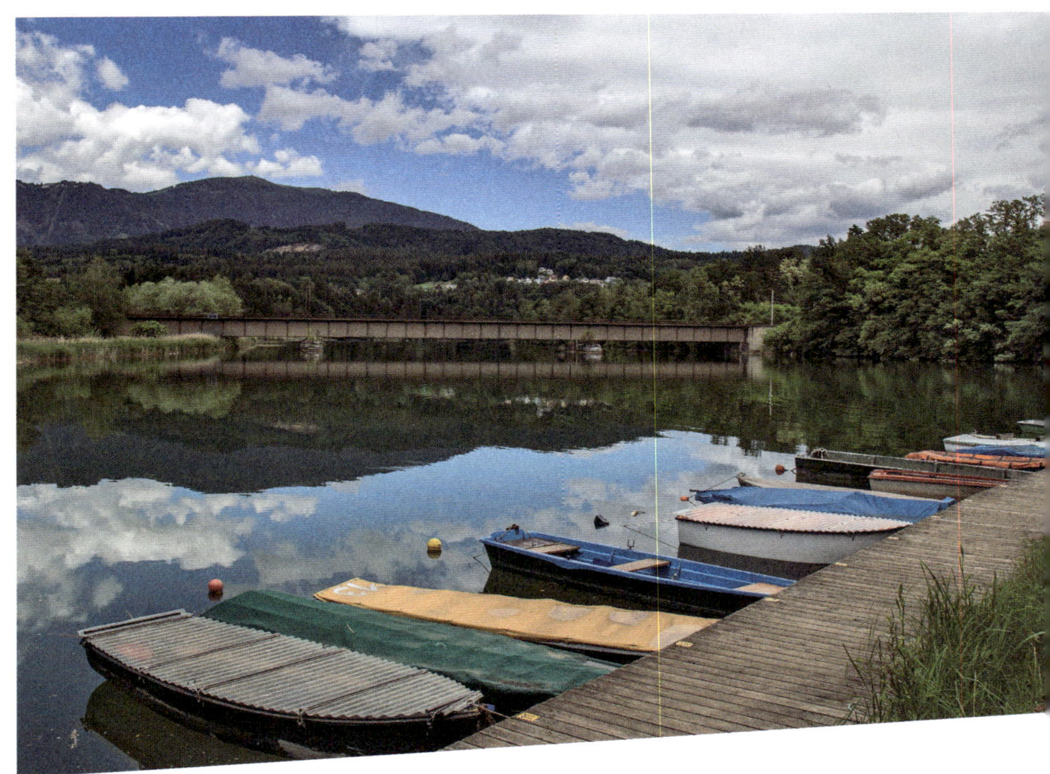

Ortschaft Gummern ins Auge, wo in den riesigen weiß-blauen Fabrikgebäuden verschiedene Calciumcarbonat-Produkte hergestellt werden? Für Naturfreunde ist dieser Anblick nicht gerade hübsch, aber eine Flusskurve weiter wird es wieder idyllischer. Vom Tal aus sieht auch so manche Autobahnbrücke architektonisch interessant aus, insbesondere wenn sie sich im ruhigen Wasser spiegelt. Wir folgen dem Radweg und merken, wie die Umgebung städtischer wird. Jetzt ist es nicht mehr weit bis zu unserem heutigen Tagesziel – 7 / Villach. Der Drauradweg führt uns entlang der Draupromenade direkt ins Zentrum der Stadt, die italienisches Flair ausstrahlt. Praktisch zwischen Draubrücke und Bahnhof liegen die zwei fahrradfreundlichen Hotels Café Mosser (Bahnhofstraße 9, 9500 Villach) und Hotel City Villach (Bahnhofplatz 3, 9500 Villach). Von hier aus bist du zu Fuß in ein paar Minuten direkt am Hauptplatz für einen Sundowner in der Fußgängerzone.

STILLE WASSER

Vom Eisvogel bis zum Silberreiher: Die 9 / Wernberger Drauschleife ist für rund 130 Vogelarten ein wichtiger Lebensraum.

⮝ oben / Die Wernberger Drauschleife als idyllisches Rastplätzchen
➤ rechts / Ausflugsziel Keltenwelt

TAG 2

Raus in die Natur

Bei der Draubrücke in Villach fahren wir gleich auf den Drauradweg und lassen die bunten Fassaden der Stadt am anderen Ufer an uns vorbeiziehen. Wir überqueren die stark befahrene Ossiacher Zeile und nehmen die enge Abzweigung hinunter auf den Radweg, der direkt durch den Wasserboden, einer weitläufigen Grünfläche mit Rastplätzen mitten in der Stadt, führt. Vorbei am Friedhof fahren wir stadtauswärts in Richtung Fachhochschule. Architektonisch markant ist hier die rote Friedensbrücke, unter der sich gerne die Schwäne tummeln. Wir bleiben auf dieser Seite der Drau und biegen beim Rastplatz rechts in den Radweg direkt beim Wasser ein. Rechts kannst du bereits die Karawanken erkennen, links sind die modernen Gebäude des Technologieparks. Ein kurzes Stück weiter erkennst du im Wasser den sogenannten Gailspitz. An dieser Stelle nimmt die Drau den Fluss Gail auf und wird wesentlich breiter. Ein paar Tritte in die Pedale und schon taucht vor uns der 6 / Silbersee auf. Der Schotterteich mit den Liegewiesen ist im Sommer ein beliebter Badeplatz. Hier kannst du dich kurz stärken, bevor es entlang des Radweges wei-

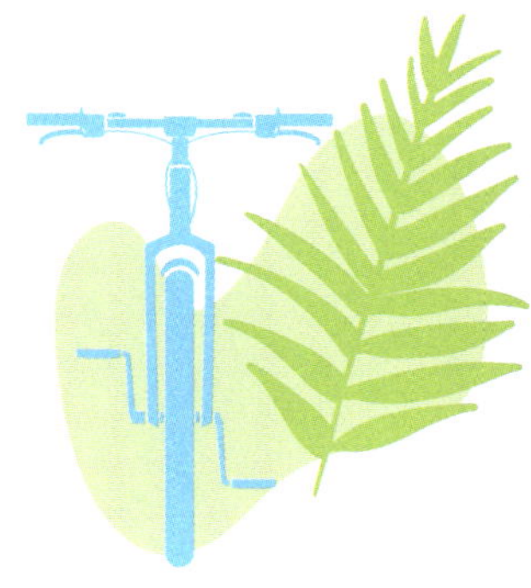

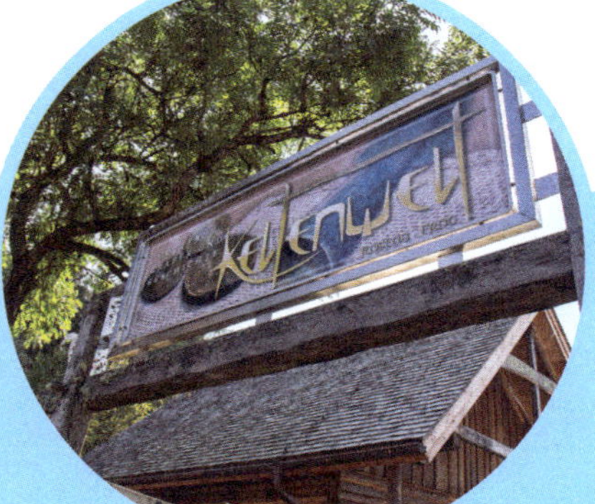

KM 58

Die 10 / Keltenwelt Frög ist der Hallstattkultur gewidmet. Vor rund 3.000 Jahren wurden hier in den Wäldern die Toten der Oberschicht mit wertvollen Schätzen begraben, die heute im Freilichtmuseum bewundert werden können.

FRUCHTBARE BÖDEN

In und rund um die Drau in 12 / Selkach werden von den Bauern viele schmackhafte Lebensmittel angebaut – neben Erdbeeren auch Spargel, Erdäpfel und Trüffel.

tergeht. Bei der 9 / Wernberger Drauschleife lohnt sich ein Halt. Das Feuchtbiotop mit Halbinsel ist bei Fischern und Vogelbeobachtern sehr beliebt. Du kannst von hier aus auch durch den Wald hinauf zum Schloss Wernberg spazieren.

ÜBER HÖFE UND KLEINE WEGE

Ruhige Idylle

Wir schwingen uns auf das Rad und folgen dem Drauradweg schnurstracks bis nach Rosegg, wo wir links in die Rosegger Straße abbiegen und über den Wudmather Weg und die Lindner Straße bis zur Rosegger Straße fahren. Dort biegen wir rechts auf die Straße ab und biegen am Ende der Ortschaft links in die Mühlbacher Straße ab. Ein kurzes Stück geht es bergauf, aber dann sind wir auch schon direkt bei der 10 / Keltenwelt Frög. Hier biegen wir auf den Bergweg ab und fahren am Parkplatz vorbei durch den Wald bis zur Brücke über die Drau. Wir überqueren die Brücke und sind nach der Brücke links wieder auf

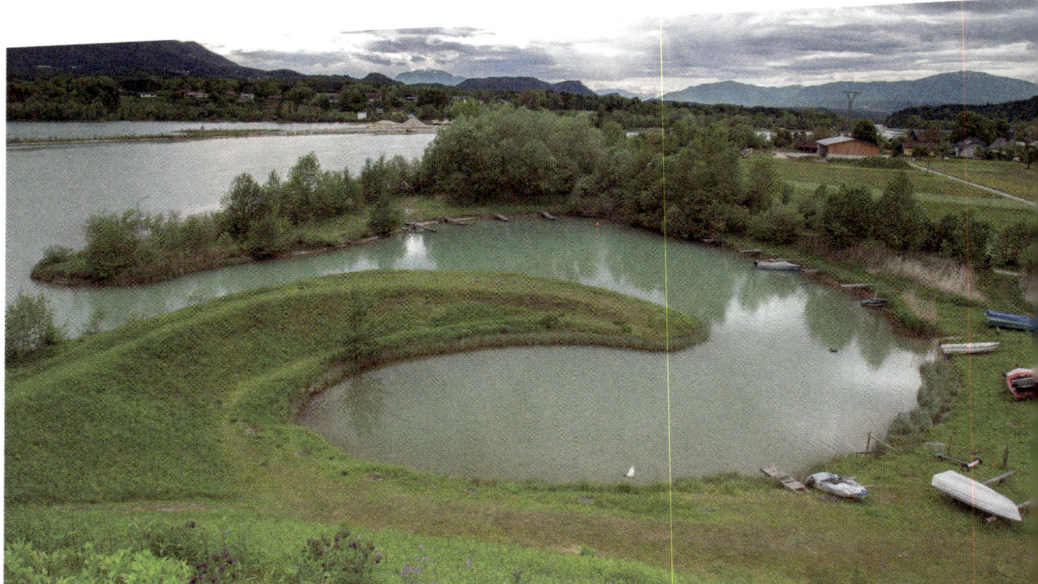

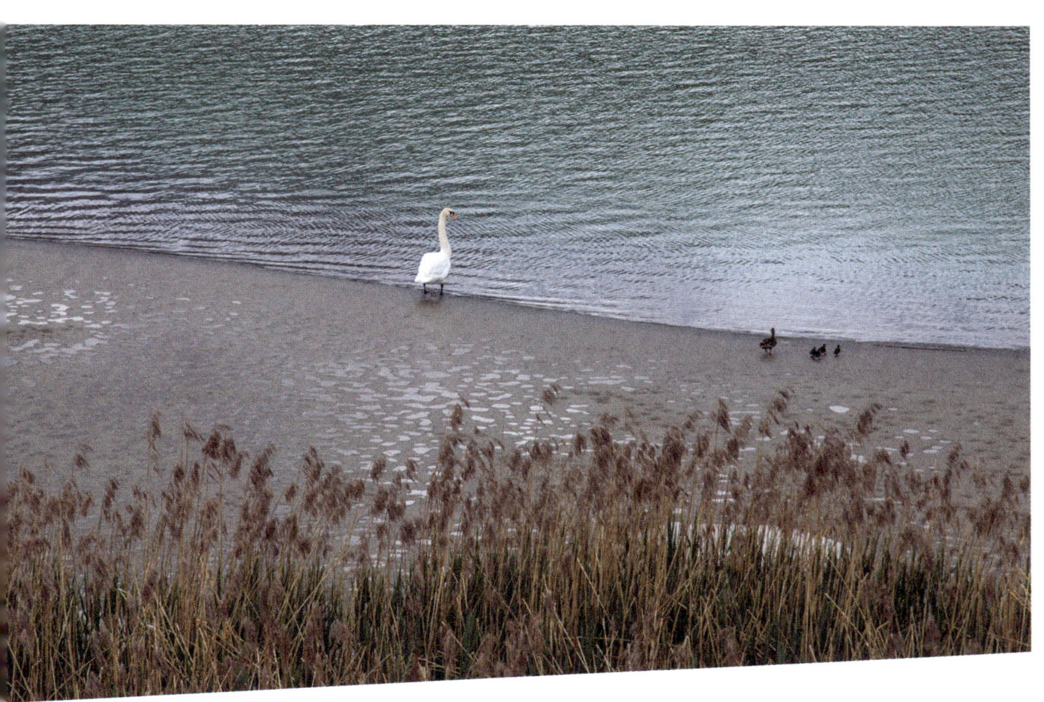

dem Drauradweg. Dieser Teil des Radweges ist bis Mühlbach etwas schmal, aber gut zu bewältigen. In Mühlbach halten wir uns nach der Beschilderung links und fahren auf Nebenstraßen quer durch Felder und Bauernhöfe. Keine Sorge, wenn mal nicht die richtige Abzweigung erwischt wird, hier führen alle Wege bis nach Dreilach, wo der Streckenverlauf des Drauradweges wieder klarer ist. Von der Dreilacher Straße biegen wir in die Längdorfer Straße ab, dann rein in den Karawankenblickweg und direkt rauf auf den Drauradweg. Wundere dich nicht, beim Bauernhof Ibovnik geht es quasi direkt durch den Hof und dann rechts weg in die Feistritzer Straße. Dort überqueren wir die Brücke und folgen links der Straße, bis diese wieder in den abgetrennten Radweg übergeht. Bei der nächsten Brücke über die Drau kannst du links abbiegen und einen kleinen Ausflug zum überdimensional großen Landart-Landschaftsprojekt 11 / Zikkurat machen. In der Ortschaft Selkach findest du beim Bauernhof Weber auch einen tollen Hofladen (Do–Sa, Selkach 17, 9072 Selkach) und am Erdbeerfeld nebenan in 12 / Selkach wachsen die besten Erdbeeren überhaupt.

KM 69

Im Hafen Selkach wurde aus dem Landart-Projekt 11 / Zikkurat-Drauwelle ein besonderer Aussichtsplatz mit Dammfunktion: Vom Hügel reicht der Blick über die Spirale weit hinweg über das Wasser.

‹ links / Aussichtsplatz und Kraftort – das Zikkurat in Selkach
^ oben / Vögel beobachten an der Drau

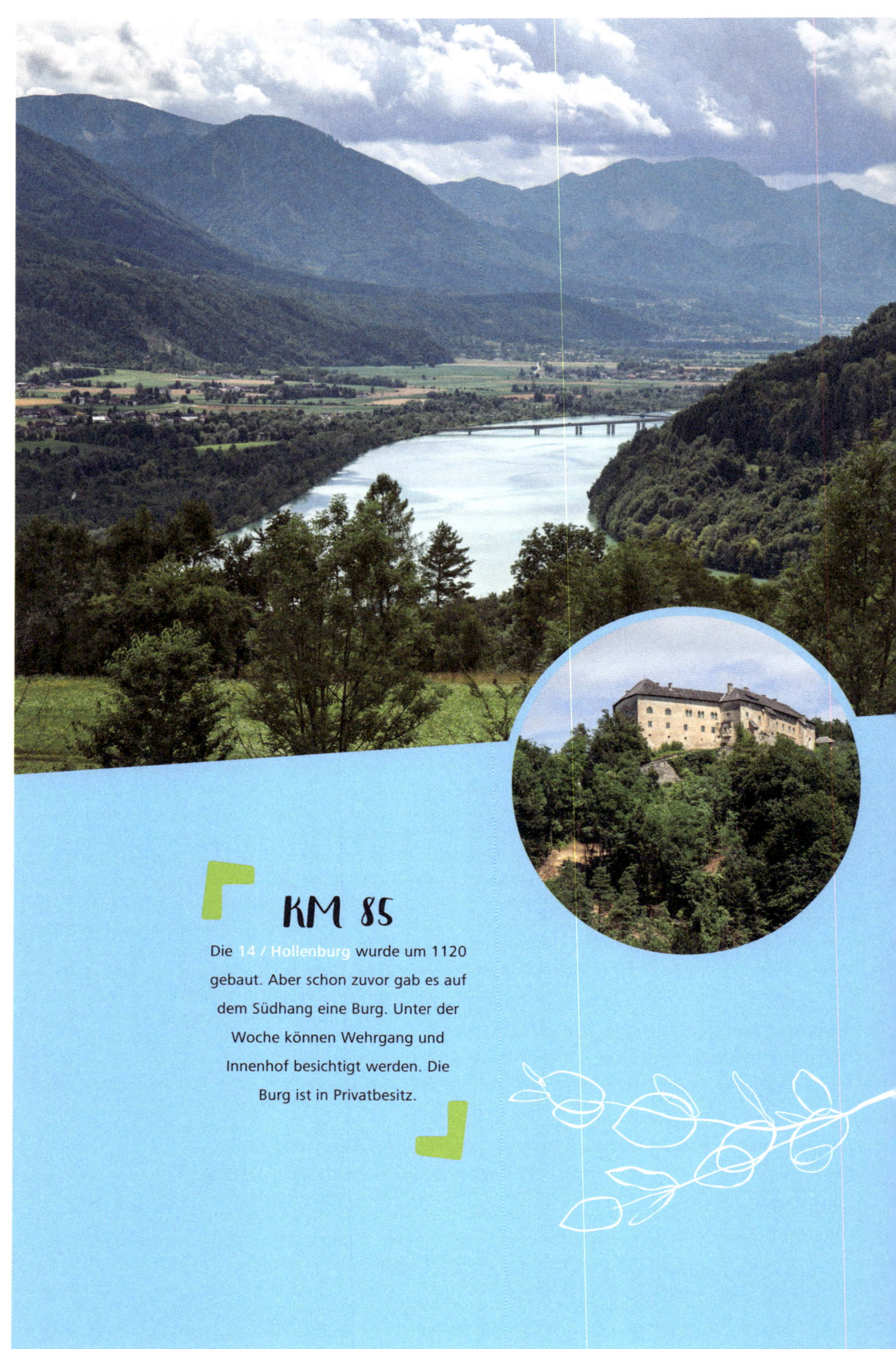

KM 85

Die 14 / Hollenburg wurde um 1120 gebaut. Aber schon zuvor gab es auf dem Südhang eine Burg. Unter der Woche können Wehrgang und Innenhof besichtigt werden. Die Burg ist in Privatbesitz.

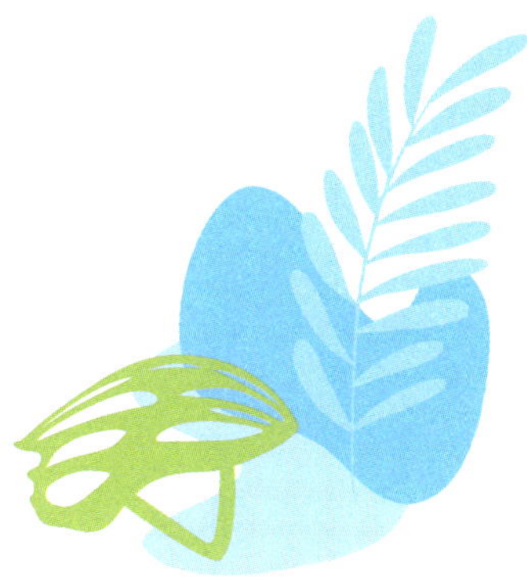

Wo der Fluss weit wird

Nach dem großen Naschen fahren wir über die Brücke zurück auf den Radweg. Gerade im Sommer hat die Drau ähnlich wie die Kärntner Seen eine unglaublich schöne Farbe; speziell entlang dieser Tour. Wir genießen es neben dem Wasser zu radeln und legen nach dem kleinen Hafen in 13 / Dragositschach noch einen kurzen Stopp bei der Vogelbeoabachtungshütte ein. Durch Aufschüttungen wurde ein naturnaher Lebensraum für die Tiere geschaffen. Wir fahren weiter, aber ganz genüsslich immer geradeaus auf dem Radweg. Es geht leicht bergauf und dem Bach entlang. Wenn du möchtest kannst du hier, je nach Wasserstand, absteigen und die Füße im kalten Gebirgswasser erfrischen. Auch die Holzbrücke über das breite Bachbett kann sich sehen lassen.

BADEWONNEN
Nach dem Radeln Lust auf einen Sprung ins Wasser? In 15 / Ferlach eignet sich hierfür der Badesee in Reßnig kurz vorm Gasthaus Plasch.

Wechsel auf das Wasser

Wir folgen dem Radweg bis zum großen Urlaubsresort mit Kletterhalle. Hier nicht auf die Bundesstraße abbiegen, sondern einfach dem Weg durchs Resort folgen und sich auf den Nebenstraßen wieder zum Ufer der Drau schlängeln. Jetzt sind wir am Feistritzer Stausee angekommen. Hier ist der Fluss fast so ruhig und sanftmütig wie ein See. Zum Schwimmen solltest du aber lieber einen Abstecher zum Badesee St. Johann machen. Dieser eignet sich auch besonders gut für Familien mit kleineren Kindern. Kurz vor der großen Eisenbahnbrücke hast du einen tollen Blick auf die 14 / Hollenburg. Ein Stückchen bleiben wir noch auf dem Radweg und radeln den Fluss entlang. Dann biegen wir rechts ab zum Gasthof Plasch (Reßnig 17, 9170 Ferlach) und fahren zum Endpunkt der Tour am Busbahnhof Ferlach. Wenn du früh losfährst, kannst du am Nachmittag in 15 / Ferlach noch zu einer Kanutour auf der Drau aufbrechen und das Rosental aus einer ganz anderen Perspektive erleben (Tour 19½). Selbst für Paddelneulinge und Familien ist das ein tolles Erlebnis!

◂ links oben / Blick auf die Drau im Rosental
◂ links Mitte / Die Hollenburg thront über der Drau

PADDELN STATT RADELN

Auf dem Draupaddelweg von Ferlach *bis zum* Völkermarkter Stausee

31 Kilometer
7:30 Stunden
Streckentour

Naturbelassene Flussufer zum Greifen nahe oder Weitwinkelperspektive mit Seecharakter: Mit dem Kanu, Kajak oder SUP kannst du die Drau aus unterschiedlichen Perspektiven erleben und kannst einfach vom Rad aufs Wasser wechseln.

Nasses Vergnügen

Nach dem 16 / Kraftwerk Ferlach lassen wir das Kanu ins Wasser und beginnen unsere Paddeltour. Hier ist das Wasser der Drau ruhig und gemächlich, im Staubereich sogar so ruhig wie auf einem See. Die Fließgeschwindigkeit ist relativ gering. Zum einen ist das super für Familien, denn selbst kleinere Kinder können mit Schwimmweste in der Mitte des Kanus sitzen, zum anderen macht es das für Paddelneulinge leicht, mal das Flusswandern auszuprobieren. Wie der Drauradweg ist auch der Draupaddelweg durchgehend serviciert – mit Leihausrüstung, Transfer und auf Wunsch mit Guide. Alle Informationen über die einzelnen Etappen sind vorab übersichtlich online zu finden. Vor Ort sind die Ein- und Ausstiegsstellen sowohl am Land als auch zu Wasser gut gekennzeichnet. Das Einzige, was ein bisschen nervt, sind die Draukraftwerke. Denn kurz vor den Kraftwerken muss das Kanu aus dem Wasser und auf die andere Seite des Kraftwerkes getragen bzw. mit einem Bootwagen gerollt werden. Den Landgang kannst du gut für eine Rast nutzen. Oder du legst unterwegs bei einem der Rastplätze an. Die Strecke von Ferlach bis zum Völkermarkter Stausee umfasst drei Etappen des Draupaddelweges. Du kannst alle drei durchpaddeln, was an einem Tag zu schaffen ist oder du wählst eine Etappe davon aus und bist nur für ein paar Stunden am Wasser unterwegs. Da die Ein- und Ausstiegsstellen direkt beim Drauradweg liegen, kannst du die Tour super flexibel gestalten.

19½

Jede Etappe ist anders

Von Ferlach bis zur 17 / Annabrücke ist die Strecke sehr idyllisch. Du hast hier im Rosental einen herrlichen Blick auf die Karawanken und erlebst, wie der Fluss schmäler wird. Das grüne Ufer rückt näher heran, was ein bisschen Dschungelfeeling aufkommen lässt. Von der Annabrücke bis nach 18 / Seidendorf ist der Weg fast meditativ. Rhythmisch schlagen die Paddel ins Wasser, bis die Drau auf dem letzten Stück wieder etwas breiter wird. Aulandschaften und wildromantische Buchten wechseln sich ab. Kinder finden allerdings diesen Teil weniger spannend. Abwechslungsreicher ist für sie der Abschnitt am 19 / Völkermarkter Stausee. Denn da gibt es unterwegs nicht nur viele Wasservögel zu beobachten, sondern auch Fischer, Boote, Schlösser und imposante Brücken. Angelegt wird dann im 20 / Hafen Dullach, direkt unter der Herzogstadt Völkermarkt. Da der Völkermarkter Stausee sehr groß ist, kann dieser direkt oder im Zickzackkurs überquert werden. In St. Lorenzen kannst du sogar anlegen und im Völkermarkter Stausee baden gehen. Auch der Klopeiner See liegt ganz in der Nähe.

TOURENINFO / Vor allem die Etappen in Südkärnten eignen sich für Paddel-Neulinge und Familien gut, weil hier die Drau relativ wenig Fließgeschwindigkeit hat und im Staubereich fast stehend ist. Meistens sind Paddler ganz alleine am Wasser unterwegs. Abstand muss nur bei Brückenpfeilern und Kraftwerken eingehalten werden.

∧ oben / Die Drau ist als Paddelparadies ein echter Geheimtipp

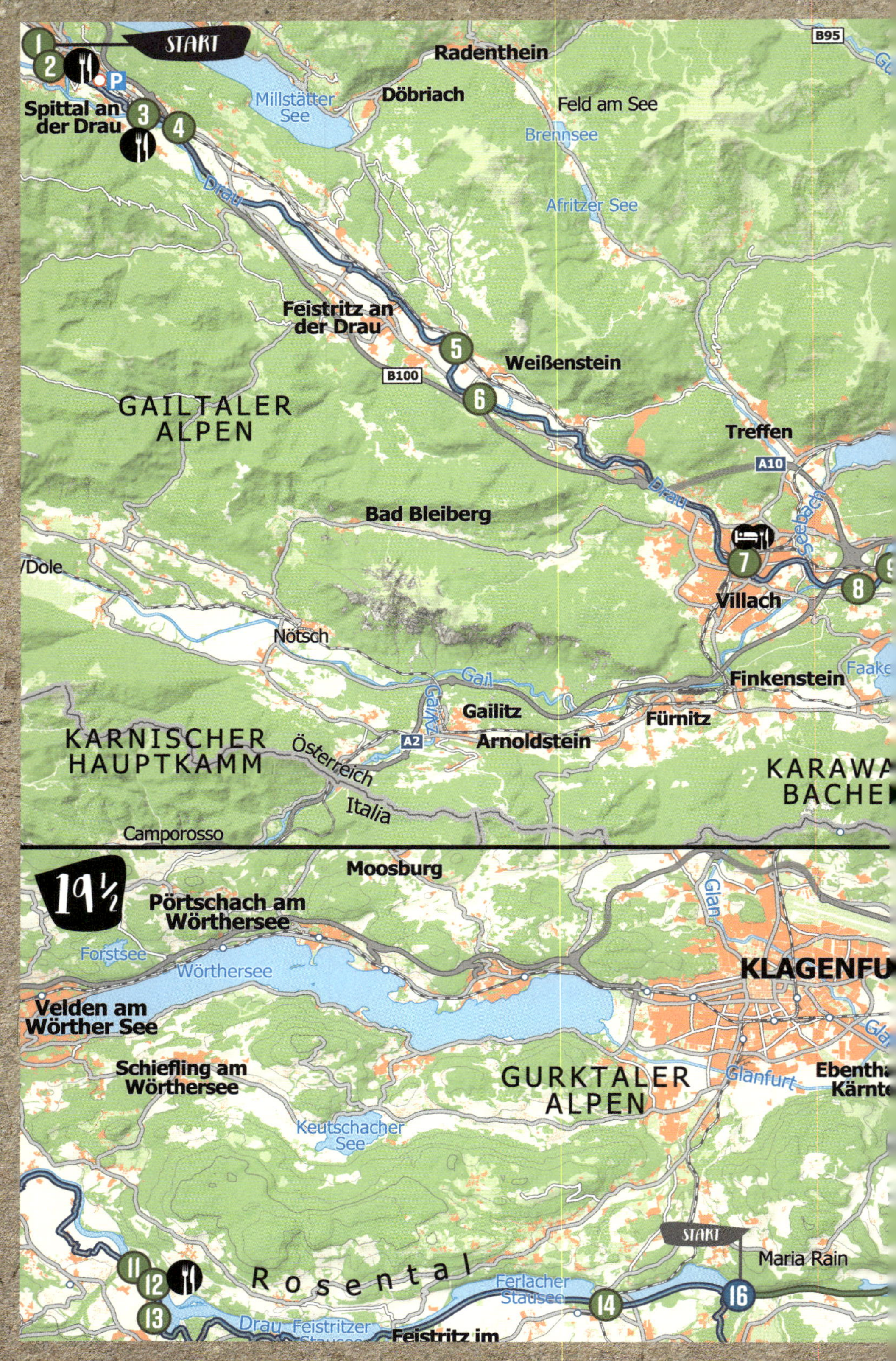
START
Radenthein
B95
Spittal an der Drau
Millstätter See
Döbriach
Feld am See
Brennsee
Drau
Afritzer See
Feistritz an der Drau
Weißenstein
B100
GAILTALER ALPEN
Treffen
A10
Drau
Bad Bleiberg
Seebach
/Dole
Villach
Nötsch
Gail
Finkenstein
Gailitz
Gailitz
Fürnitz
KARNISCHER HAUPTKAMM
A2
Arnoldstein
Österreich
Italia
Camporosso
19½
Moosburg
Pörtschach am Wörthersee
Glan
Forstsee
Wörthersee
Velden am Wörther See
Schiefling am Wörthersee
GURKTALER ALPEN
Glanfurt
Keutschacher See
START
Maria Rain
Rosental
Ferlacher Stausee
Drau
Feistritzer
Feistritz im

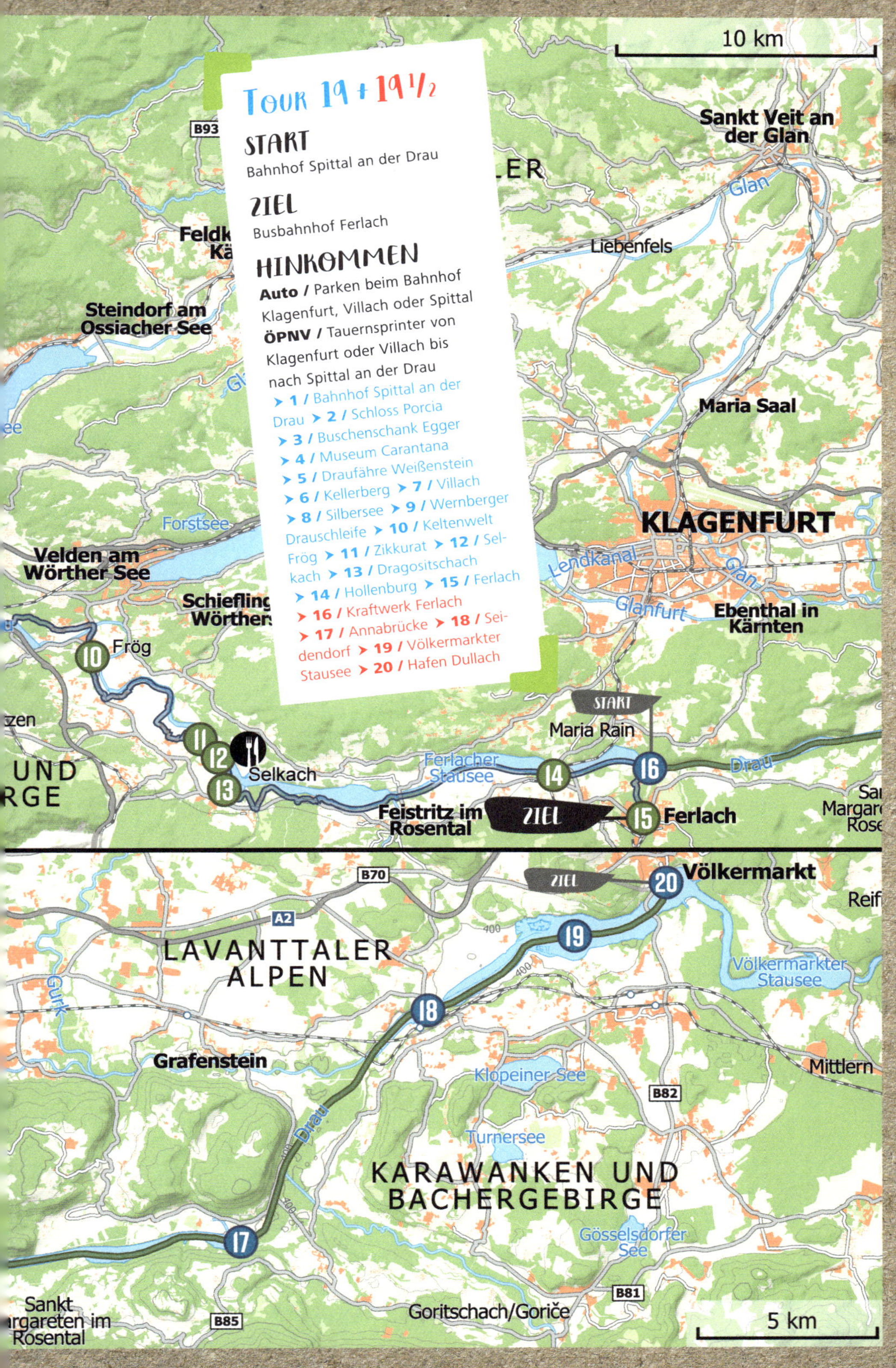

Tour 19 + 19½
START
Bahnhof Spittal an der Drau
ZIEL
Busbahnhof Ferlach
HINKOMMEN
Auto / Parken beim Bahnhof Klagenfurt, Villach oder Spittal
ÖPNV / Tauernsprinter von Klagenfurt oder Villach bis nach Spittal an der Drau
➤ 1 / Bahnhof Spittal an der Drau ➤ 2 / Schloss Porcia ➤ 3 / Buschenschank Egger ➤ 4 / Museum Carantana ➤ 5 / Draufähre Weißenstein ➤ 6 / Kellerberg ➤ 7 / Villach ➤ 8 / Silbersee ➤ 9 / Wernberger Drauschleife ➤ 10 / Keltenwelt Frög ➤ 11 / Zikkurat ➤ 12 / Selkach ➤ 13 / Dragositschach ➤ 14 / Hollenburg ➤ 15 / Ferlach
➤ 16 / Kraftwerk Ferlach ➤ 17 / Annabrücke ➤ 18 / Seidendorf ➤ 19 / Völkermarkter Stausee ➤ 20 / Hafen Dullach
10 km
5 km
Sankt Veit an der Glan
Liebenfels
Maria Saal
KLAGENFURT
Steindorf am Ossiacher See
Velden am Wörther See
Forstsee
Ebenthal in Kärnten
Maria Rain
Selkach
Frög
Ferlacher Stausee
Feistritz im Rosental
Ferlach
Völkermarkt
LAVANTTALER ALPEN
Völkermarkter Stausee
Grafenstein
Klopeiner See
Turnersee
KARAWANKEN UND BACHERGEBIRGE
Gösselsdorfer See
Mittlern
Goritschach/Goriče

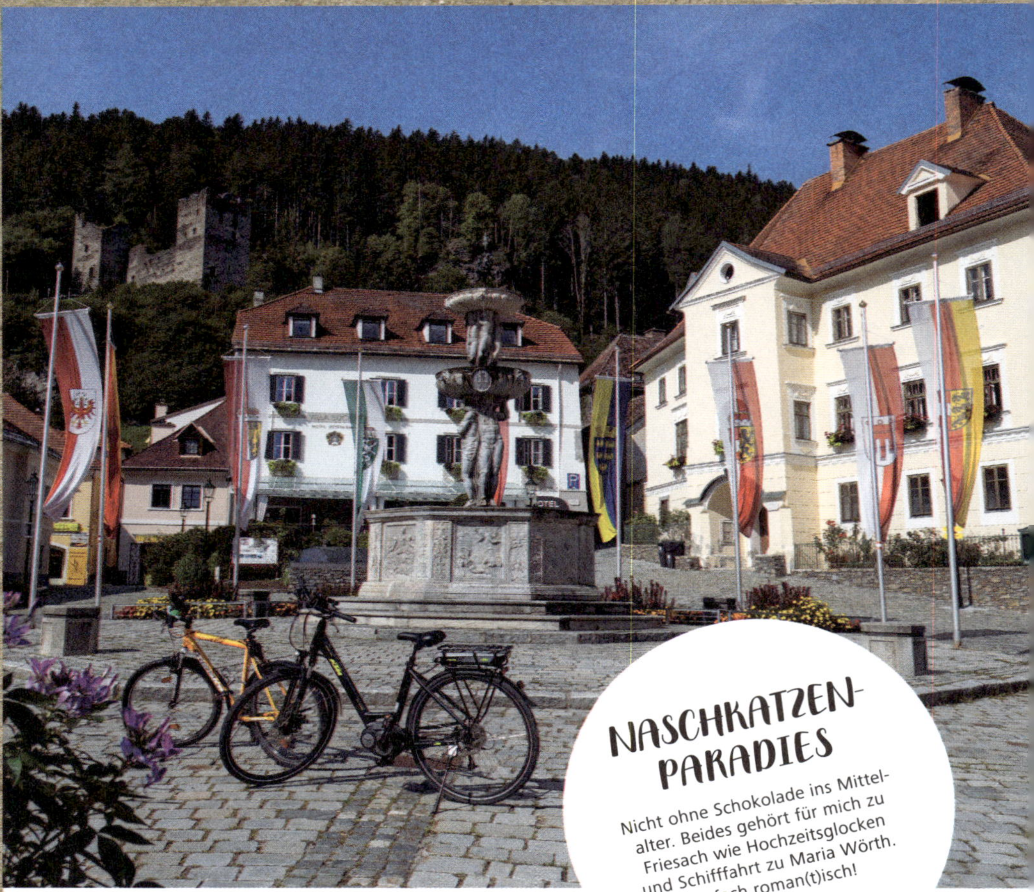

NASCHKATZEN-PARADIES

Nicht ohne Schokolade ins Mittelalter. Beides gehört für mich zu Friesach wie Hochzeitsglocken und Schifffahrt zu Maria Wörth. Einfach roman(t)isch!

- **1 /** Vom Hbf. Klagenfurt mit der S-Bahn zum Start beim Bahnhof Friesach
- **2 /** Alles im Blick beim Renaissancebrunnen in Friesach
- **3 /** Süße Versuchungen in der Schokolade-Erlebnismanufaktur Craigher
- **4 /** Beim Burgbau zu Friesach zusehen
- **5 /** Einkehren in der Hirter Brauerei
- **6 /** Pause mit Panorama bei der Kirche Hohenfeld
- **7 /** Romantische Fotomotive von Schloss Pöckstein
- **8 /** Bummeln in Althofen
- **9 /** Quer durchs Krappfeld – die Kornkammer Kärntens
- **10 /** Weinjause und Übernachtung auf Taggenbrunn
- **11 /** Erfrischen im Hallen- & Freibad St. Veit an der Glan
- **12 /** Weitblicken am Rastplatz am Zollfeld
- **13 /** Abstecher zur Dom- und Wallfahrtskirche Maria Saal
- **14 /** Romanische Krypta auf der Kirchenhalbinsel Maria Wörth
- **15 /** Mit dem Wörtherseeschiff bequem nach Klagenfurt

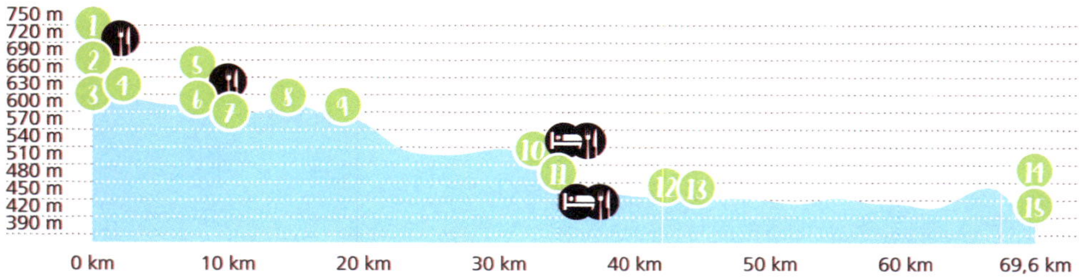

750 m
720 m
690 m
660 m
630 m
600 m
570 m
540 m
510 m
480 m
450 m
420 m
390 m

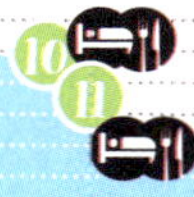

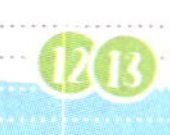

0 km | 10 km | 20 km | 30 km | 40 km | 50 km | 60 km | 69,6 km

ROMANIK-ZEITREISE

Auf der Transromanica durch Mittelkärnten

Angefangen bei der Mittelalterstadt Friesach über Althofen, St. Veit an der Glan und Maria Saal bis hin zur Halbinsel Maria Wörth: Architektonisch zieht die Romanik ein spannendes Band durch Kärnten und führt uns durch geschichtsträchtige Landschaft.

Tag **1** + Tag **2**
33 + **37** Kilometer
240 + **350** Höhenmeter ▲
220 + **300** Höhenmeter ▼
3:15 + **3:30** Stunden
Streckentour

TAG 1

Ankommen im Mittelalter

Bevor wir in Klagenfurt mit unseren Rädern in die S-Bahn nach Friesach einsteigen, werfen wir einen Blick auf die Fresken von Giselbert Hoke im Hauptbahnhof. Sie sind zwar nicht romanisch, aber stimmen trotzdem auf ein Wochenende mit Kunst, Architektur und Entspannung ein. Am 1 / Bahnhof Friesach angekommen folgen wir dem Kulturradweg R7 bis zum Stadtgraben. Wir biegen rechts ab und fahren den Grabenring am Stadtgraben entlang. Beim Restau-

CHARAKTER

Sportlich ●●●○○
Abkühlung ●●●○○
Schlemmen ●●●●○
Panorama ●●●●●

TOURENINFO / Die Tour verläuft zum großen Teil auf Radwegen und Nebenstraßen mit ein paar kleinen Anstiegen, einige Abschnitte liegen aber auch direkt auf stark befahrenen Straßen. Asphalt und Schotter wechseln sich ab. Badesachen und Sonnenschutz einpacken!

< links / Die Stadt Friesach ist eine der schönsten mittelalterlichen Städte

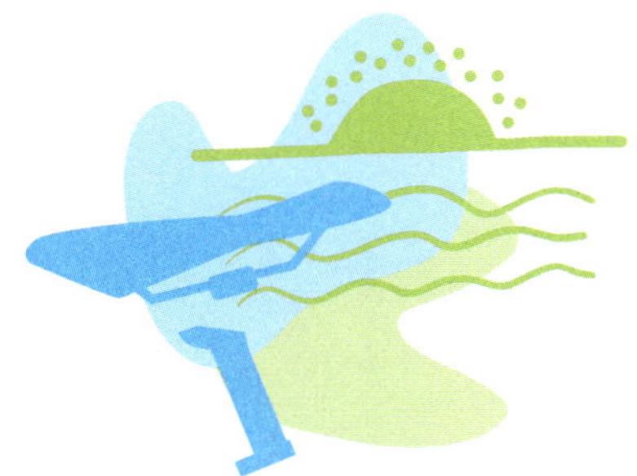

rant Speckladle (Mi–So 9–20, So 10–18 Uhr, Wiener Straße 12, 9360 Friesach) biegen wir links in die Neumarkter bzw. Wiener Straße ein und radeln bis zum Hauptplatz mit seinen historischen Fassaden und dem 2 / Renaissancebrunnen in Friesach, welcher zu den größten Kärntens zählt. Von hier aus hast du einen tollen Blick auf die Burgruine Petersberg, in dessen Turm das Stadtmuseum (Mi–So 11–17 Uhr) untergebracht ist. Danach verkosten wir in der 3 / Schokolade-Erlebnismanufaktur Craigher (Mo–Fr 7.30–19.30, So 10–18.30 Uhr, Hauptplatz 3, 9360 Friesach) Unmengen an Kakao-Kreationen und decken uns mit handgeschöpften Schokoladen ein. Ein paar Pedaltritte durch die Herrengasse bringen uns auf den Radweg R7, den wir stadtauswärts bis zum 4 / Burgbau zu Friesach (Mo–So 9–15.30 Uhr, Petteneggallee 13, 9360 Friesach) folgen.

STEIN FÜR STEIN

Vor den Stadttoren wird eine Burg mit mittelalterlichen Methoden gebaut. In rund 40 Jahren soll sie fertig sein. Du kannst beim 4 / Burgbau zu sehen.

Mitten durch die Brauerei

Einmal die Straße überqueren und schon sind wir wieder am Radweg, auf den wir die nächsten Kilometer ziemlich dahinrumpeln. Kurz vor Micheldorf bleiben wir rechts am Radweg, Mais und Birken stehen uns Spalier. Ein kurzer Anstieg und dann taucht schon die 5 / Hirter Brauerei vor uns auf. Hier kannst etwas essen, in der Bierathek (Mo–So 9–18 Uhr, Hirt 1, 9322 Hirt) shoppen oder eine Führung durch die Brauerei machen. Wer keine Lust auf Bier hat, fährt direkt auf das Betriebsgelände weiter. Der Radweg führt nämlich zwischen den Gebäuden der Brauerei hindurch und dann leicht bergauf auf das Plateau bei der 6 / Kirche Hohenfeld. Die lange Gerade und die schattigen Plätzchen bei der romanisch-gotischen Kirche kommen genau richtig zum Verschnaufen. Außerdem erwartet dich hier ein traumhafter Panoramablick. Wieder aufgesattelt rollt das Rad schnell hinunter zum 7 / Schloss Pöckstein. Wir que-

---

➤ **rechts oben / Die Burgruine Petersberg mit Stadtmuseum im Turm**
➤ **rechts Mitte / Vor den Stadttoren wird an der nächsten Burg gebaut**

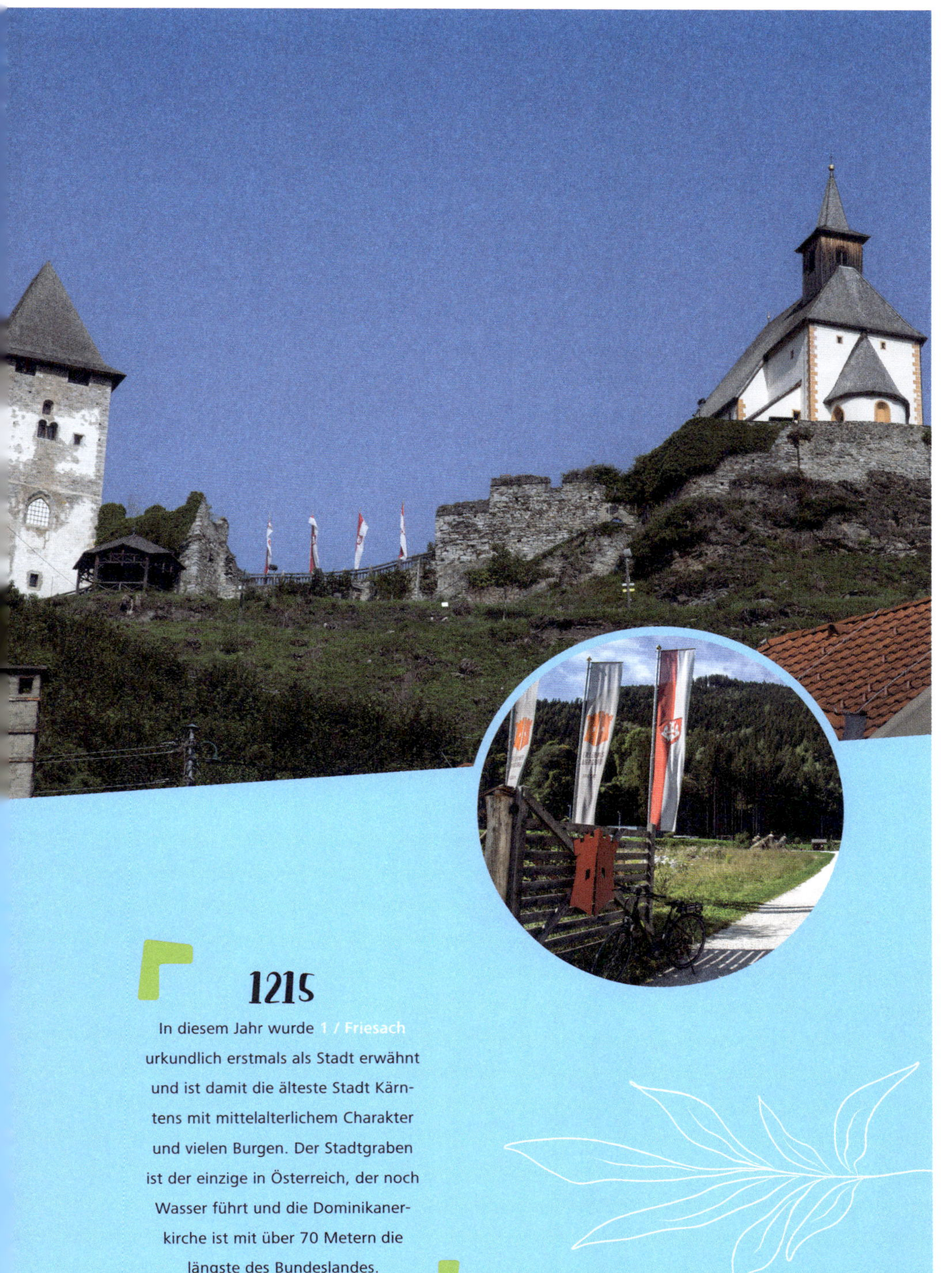

1215

In diesem Jahr wurde 1 / Friesach urkundlich erstmals als Stadt erwähnt und ist damit die älteste Stadt Kärntens mit mittelalterlichem Charakter und vielen Burgen. Der Stadtgraben ist der einzige in Österreich, der noch Wasser führt und die Dominikanerkirche ist mit über 70 Metern die längste des Bundeslandes.

PRUNK & PRACHT

7 / Schloss Pöckstein mit seinen Fresken ist als ehemalige Residenz der Gurker Bischöfe heute im Privatbesitz. Führungen mit Voranmeldung möglich.

ren die stark befahrene Straße und folgen dem R7-Schild über die Holzbrücke. Kurz danach sind die alten Streuobstwiesen ein wunderbarer Rahmen für ein Schlossfoto.

ALTHOFEN LÄDT ZUM BUMMELN EIN

Krappfeld-Genüsse

Jetzt geht es zügig weiter auf dem R7. Parallel dazu verläuft auch die Schnellstraße, was am Autolärm zu hören ist. Das ist der einzige Minuspunkt entlang des R7. Deshalb zweigen wir auf Höhe von 8 / Althofen links ab in die Kohlstraße und wechseln an deren Ende auf den Radweg R7D links auf die Auer-Von-Welsbach-Straße und nehmen den Anstieg hinauf in die kleine Stadt. Wenn du möchtest, kannst du hier ein wenig durch die Stadt bummeln. Wir nehmen direkt die Abzweigung rechts in die Krappfelder Straße und folgen dieser geradeaus. Vorbei an dem Holzunternehmen

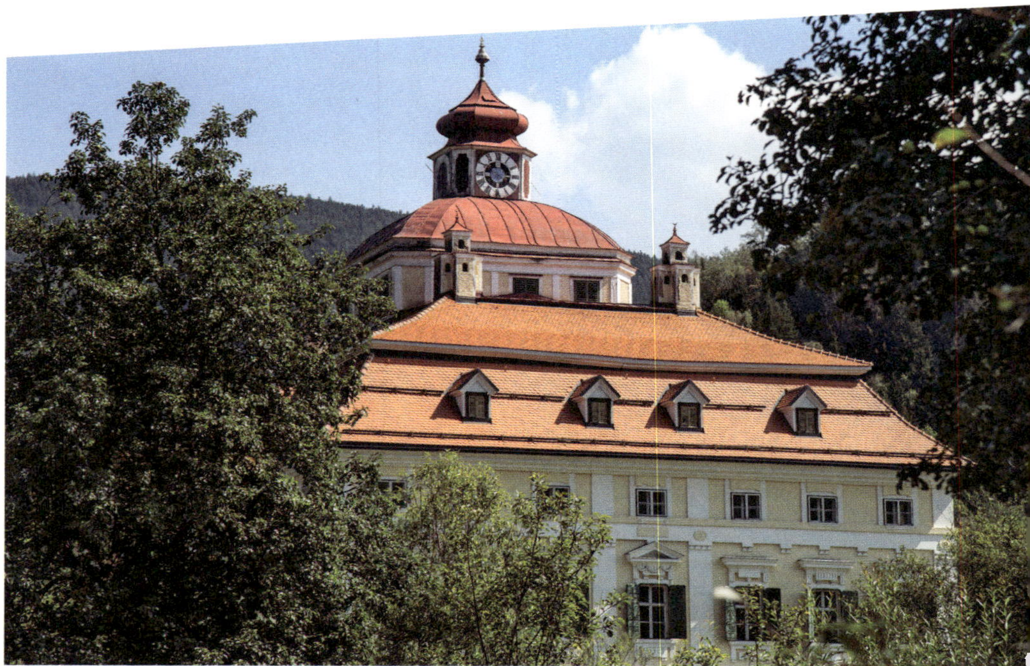

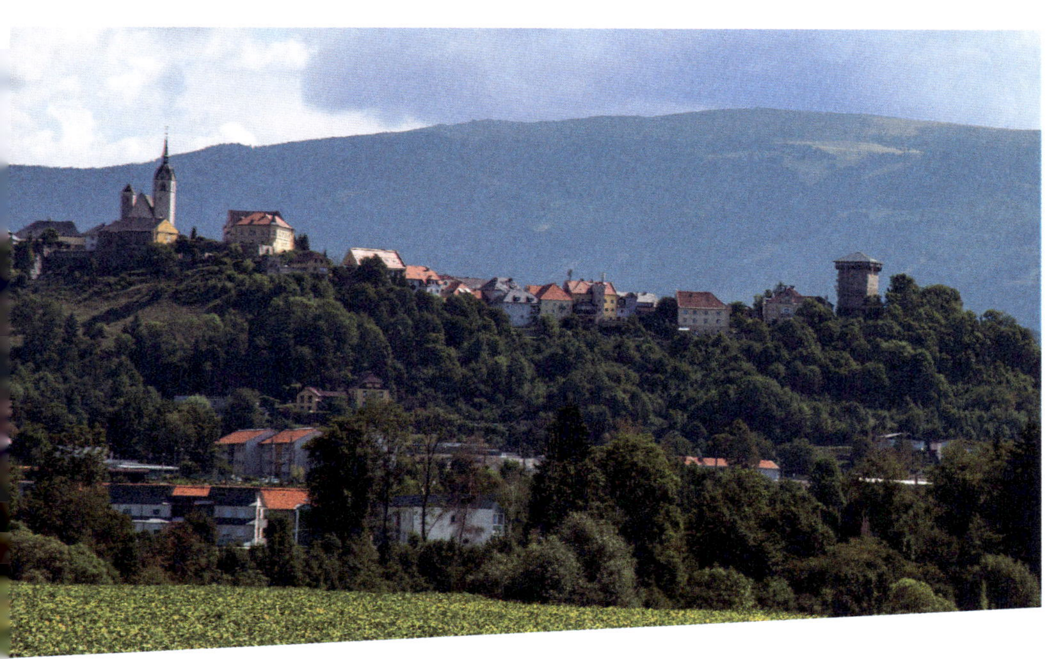

begleitet uns der Duft von frisch geschnittenem Holz. Beim Kreisverkehr fahren wir geradeaus, wechseln aber auf die linke Seite auf den Radweg. Rechts und links liegen die weitläufigen Felder des Krappfeldes, eine Talebene, die seit jeher für ihre fruchtbaren Böden bekannt ist. Wie die Produkte aus der Region schmecken, probierst du am besten beim Lindenwirt (Mai–Sept. Mi–Fr ab 8, Sa+So ab 14, Okt.–Apr. Mi–Fr ab 8, Sa ab 14 Uhr, Lind 4, 9321 Kappl) gleich rechts beim nächsten Kreisverkehr am 9 / Krappfeld. Den kreativ gestalteten Garten mit Blumenbeeten und alten Apfelbäumen kannst du gar nicht übersehen.

Ausklang in St. Veit an der Glan

Es geht weiter immer geradeaus. Bei Passering gelangen wir direkt auf den Radweg R7B, den wir einige Kilometer folgen. Die Strecke ist angenehm schattig, immer wieder begleitet vom Fluss Gurk. Wir radeln durch Launsdorf und halten uns dem Radweg entsprechend rechts, bis der R7B auf die Seeberg Bundesstraße mündet. Wir folgen der Bundesstraße rechts in Richtung St. Veit an der Glan. Das Stück entlang der Bundesstraße ist wegen den schnell fahrenden Autos nicht so berauschend und geht dazu noch leicht bergauf. Aber es ist der schnellste Weg in die Stadt – und

KM 14

Carl Auer von Welsbach ging in 8 / Althofen nicht nur ein Licht auf: Der Chemiker entwickelte u. a. die Osram-Metallfaden-Glühlampe und den Zündstein fürs Feuerzeug. Er war für den Nobelpreis nominiert. Ihm ist ein Museum (Burgstraße 8, 9330 Althofen) gewidmet.

‹ links / Fotostopp bei Schloss Pöckstein ˄ oben / Die Stadt Althofen

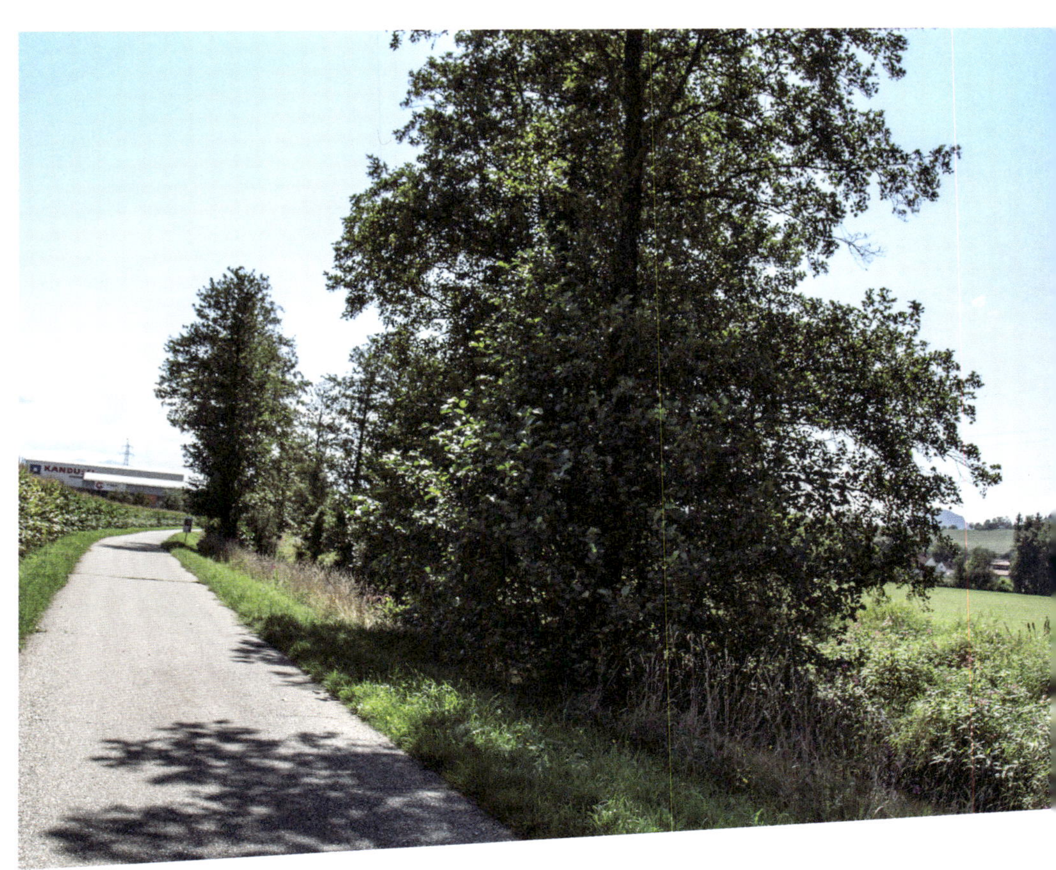

führt beim Wirtshaus Gelter (Fr–So ab 11 Uhr, Goggerwenig 8, 9300 St. Veit an der Glan) mit seinem lauschigen Gastgarten vorbei. Kurz vor dem Beginn der Stadt geht rechts die Straße hoch zu 10 / Taggenbrunn (Öffnungszeiten Gutsladen Mo–Fo 7–20 Uhr, Heurigen-Restaurant Mi+Do 14–22 Uhr, Fr+Sa 12–22 Uhr, So+Fei 12–21 Uhr, Burg-Bistro Mi–So/Fei 11–19 Uhr, Taggenbrunn 9, 9300 St. Veit an der Glan), wo man mit Ausblick im Weingut-Boutiquehotel übernachten kann. Alternativ: Kurz weiterradeln zum 11 / Hallen- & Freibad St Veit/Glan (tgl. 9–20 Uhr, Kalten Kellerstraße 40, 9300 St. Veit an der Glan), um ins Wasser zu springen oder in der Sauna zu entspannen. In der Stadt lässt es sich gut im Hotel Die Zeit (Bürgergasse 7, 9300 St. Veit an der Glan) übernachten.

ZUHAUSE DER ZEITGÖTTIN

Auf 10 / Taggenbrunn hat Künstler André Heller eine riesige Skulptur als Zeitgöttin gestaltet. Dahinter wird auf rund 45 Hektar Wein angebaut.

⮝ oben / Radweg in St. Veit an der Glan
➤ rechts / Die Zeitgöttin auf Taggenbrunn

TAG 2

Historisches Zollfeld

Bevor es los geht, kannst du am Morgen noch einen kleinen Bummel durch die hübsche Altstadt machen. Speziell in den Sommermonaten verwandelt sich das historische Zentrum rund ums Rathaus mit glasüberdachten Innenhof und beeindruckender Fassade in ein Blütenmeer, was die Stadt noch ein Stückchen farbenfroher macht. Danach folgen wir wieder dem Radweg R7, der direkt beim 11 / Hallen- & Freibad St. Veit/Glan vorbeiführt. Wir biegen links in die Glangasse ab und werden begleitet vom Fluss Glan. Dieser sieht zwar aus wie ein harmloses Bächlein, kann aber bei Hochwasser eine gewaltige Kraft haben. Deshalb siehst du unterwegs hohe Mauern, die die Häuser in so einem Fall schützen sollen. Am Ende der Gasse biegen wir rechts ab und nehmen nach einem Stückchen links die Abzweigung in die Blintendorfer Straße, die dann eine große Links- und eine Rechtskurve macht. Gemütlich radeln wir geradeaus am R7 und folgen nach rund einem Kilometer rechts dem geschotterten Radweg. Wir strampeln den Süden entgegen. Die Schilder weisen uns gut den Weg. Es gibt kaum Steigungen. Kilometerlang düsen wir geradeaus

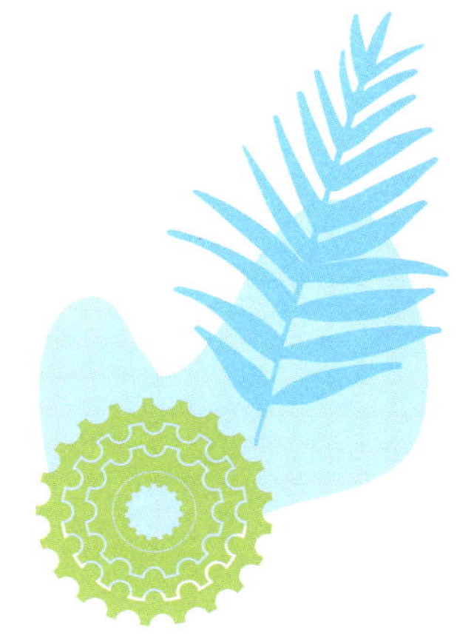

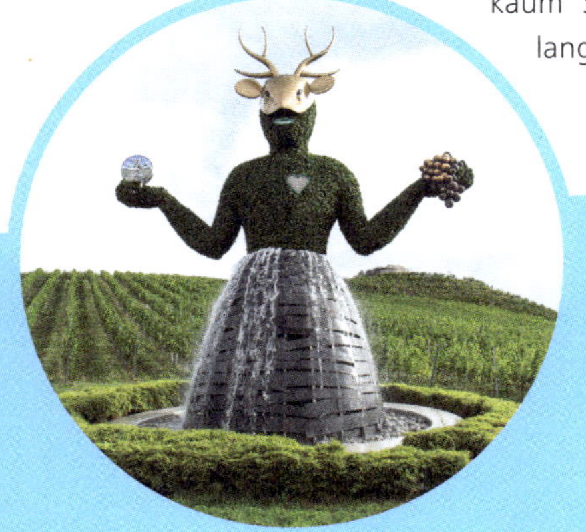

900

Das 11 / Hallen- & Freibad St. Veit/Glan ist der moderne Teil der Stadt. Das historische Zentrum blickt auf eine 900-jährige Geschichte zurück und war nicht nur Herzogstadt, sondern vor Klagenfurt auch Landeshauptstadt.

KULTUR-DENKMAL

Gab es einen neuen Herzog, wurde dieser bei einer Zeremonie am Zollfeld auf dem steinernen Herzogstuhl (direkt an der L71) aus dem Jahr 976 „erbgehuldigt".

AUCH DIE RÖMER WAREN SCHON HIER

durch das Zollfeld, begleitet vom Fluss Glan, der in diesem Bereich renaturiert wurde. Das Zollfeld ist für Kärnten ein besonders wichtiger historischer Boden. Von den Römern über das Fürstentum Karantanien bis ins frühe Kärnten war es das politische und kulturelle Zentrum. Mehr über die Bedeutung des Landstreifens kannst du bei einem Abstecher auf den Magdalensberg erfahren. Der archäologische Park (Mai– 26. Okt. Di–So 10–16 Uhr, Magdalensberg 15, 9064 Magdalensberg) ist eine der größten römischen Ausgrabungen in den Ostalpen. Allerdings ist der Aufstieg nur etwas für Sportliche. Vom Radweg aus ist auf der linken Seite in einiger Entfernung auf einem der Bergrücken der Gipfel des Magdalensbergs mit seiner Kirche zu sehen. Einmal ordentlich reintreten und schon sind wir auf dem 12 / Rastplatz am Zollfeld, wo es einen tollen Ausblick über die Region gibt. Ein paar Kilometer weiter kannst du links zur 13 / Dom- und Wallfahrtskirche Maria Saal abbiegen und danach

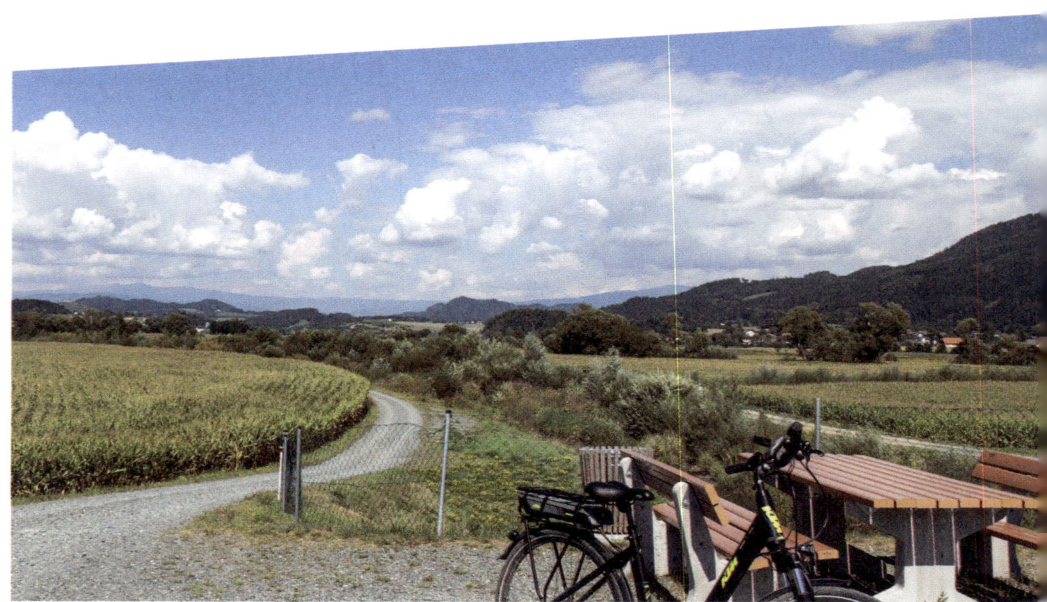

wieder dem Radweg folgen. Auf Höhe von Karnburg fährst du an ein paar Bänken unter Schatten spendenden Eichen vorbei. Es ist idyllisch im Grünen zu sitzen, mit dem Maria Saaler Dom im Rücken und dem Blick auf die Kirche von Karnburg, dazu kommt eine leichte kühle Brise vom Wasser.

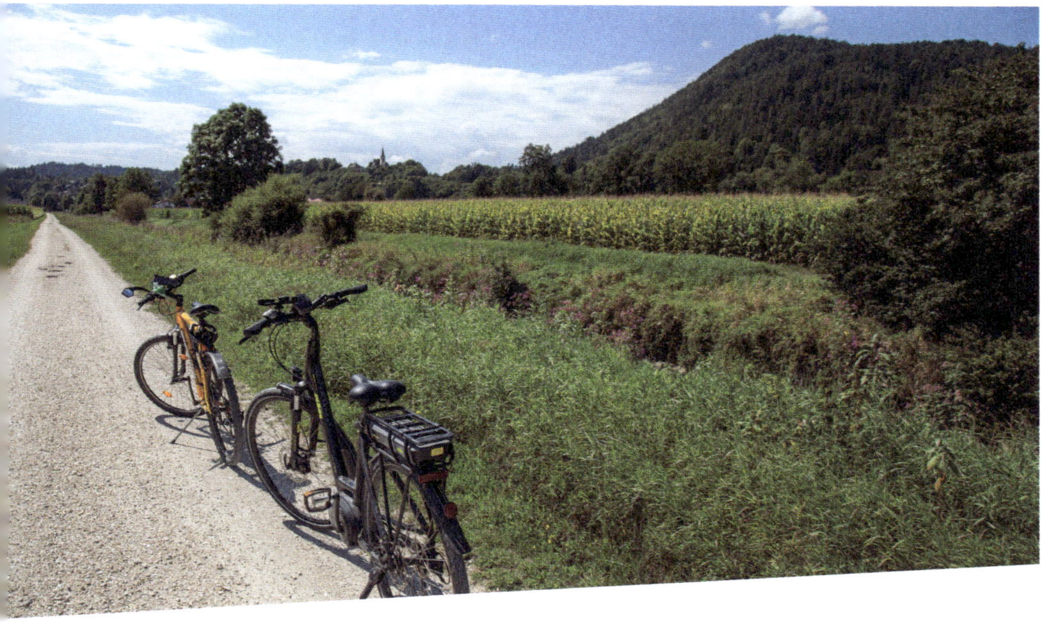

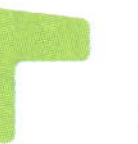

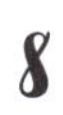

8

Bereits im achten Jahrhundert soll es in 13 / Maria Saal eine Kirche gegeben haben. Deshalb ist es einer der ältesten Kirchenstandorte des Landes. Die heutige Wallfahrtskirche mit den zwei Türmen stammt aus dem 15. Jahrhundert.

Stadtweg zum See

Durch den Wald und unter der Autobahn hindurch, geht es der Glan entlang nach Klagenfurt. Bei der Mageregger Straße biegen wir links kurz auf die Straße, um gleich nach rechts auf den Radweg abzubiegen. Vor Schloss Ehrenhausen müssen wir noch einmal ein kurzes Stück rechts auf die Suppanstraße und biegen vor der Glan wieder links auf den Radweg ein. Dieser bringt uns entlang der Feldkirchner Straße bis zum Ring, wo wir links abbiegen und nach dem Haus der Architektur rechts in die kleine Gasse zum Stadttheater kommen. Anschließend geht es rechts in die Theatergasse und gleich darauf links auf den Pfarrplatz. Jetzt geht es quer durch das historische Stadtzentrum mit den schmalen Gassen bis zum Neuen Platz. Dort angekommen biegen wir rechts in die Wiesbadner Straße und fahren geradeaus über die Kreuzung stadtauswärts über den Stauderplatz, biegen rechts

‹ links / Rastplatz Zollfeld ^ oben / Stopp in Karnburg

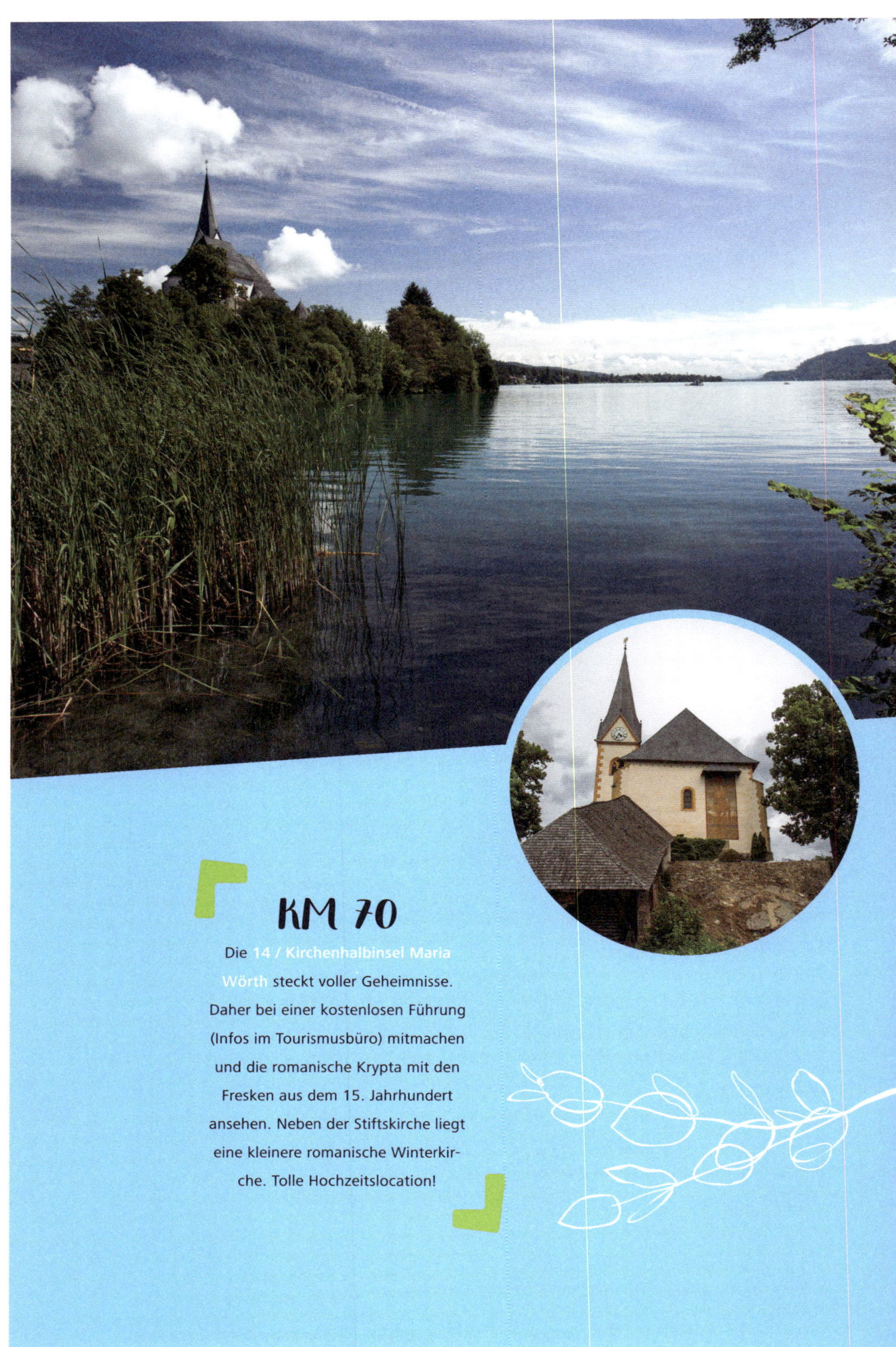

KM 70

Die 14 / Kirchenhalbinsel Maria Wörth steckt voller Geheimnisse. Daher bei einer kostenlosen Führung (Infos im Tourismusbüro) mitmachen und die romanische Krypta mit den Fresken aus dem 15. Jahrhundert ansehen. Neben der Stiftskirche liegt eine kleinere romanische Winterkirche. Tolle Hochzeitslocation!

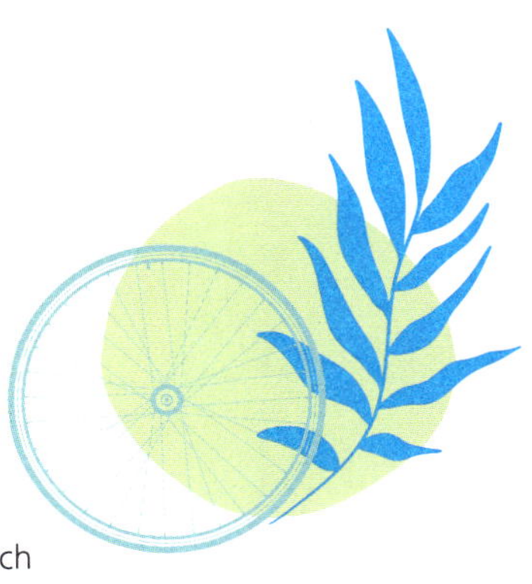

zum Ring ab und fahren geradeaus über die große Kreuzung. Nach der Hafenstadt und dem Landhafencafé geht es über die Brücke und gleich links auf den Lendkanalradweg. Wir folgen dem Radweg den gesamten Lendkanal entlang, bis wir beim Lorettosteig sind. Wir überqueren den Lendkanal über die Brücke und fahren rechts weiter. Beim Naturschutzgebiet Lendspitz, kurz bevor die Halbinsel endet, biegen wir links in den Radweg R4 ab und folgen diesem bis zur Wörthersee Süduferstraße.

Wallfahren mit dem Rad

Von dort geht es rechts weiter immer die Süduferstraße entlang bis zur 14 / Kirchenhalbinsel Maria Wörth. Teilweise führt der Wörthersee-Radweg auf der Straße, daher ist dieser Abschnitt nur für größere Kinder zu empfehlen. Es ist zum Teil kurvig mit kleinen Anstiegen. Zwischendurch kannst du aber deine Badesachen rausholen. Es gibt unterwegs einige freie Seezugänge, wo kostenloses Baden möglich ist. Für einen längeren Badestopp gibt es entlang der Süduferstraße einige schöne Strandbäder mit moderner Infrastruktur. Auf der Halbinsel von Maria Wörth gibt es rund um die Kirche einen kleinen Park mit ein paar schattigen Bänken direkt beim Wasser. Bis 1770 lag die Wallfahrtskirche auf einer richtigen Insel, erst dann verband sie sich mit dem Festland. Die erste Marienkirche auf dem Felsen wurde bereits 875 errichtet. Noch heute findet jedes Jahr am 15. August eine Marienprozession mit dem Schiff statt und das ganze Jahr über wird die Kirche als Wallfahrtsort geschätzt. Nach der Besichtigung kannst du mit dem 15 / Wörtherseeschiff wieder zurück nach Klagenfurt fahren und genießt unterwegs schöne Ausblicke auf die Halbinsel und die Ostbucht. Die Schiffsanlagestelle in Maria Wörth ist nicht zu übersehen – gleich unter der Kirche.

EINKEHR BEIM SEE

Die „Flaschenpost“ (www.flaschenpost.cc) ist ein chilliges Bistro bei der Schiffsanlegestelle in Maria Wörth. Perfekt, um den Sundowner am Wasser zu genießen.

< links oben / Die Halbinsel Maria Wörth
< links Mitte / Die Kirche von Maria Wörth ist von Weitem schon sichtbar

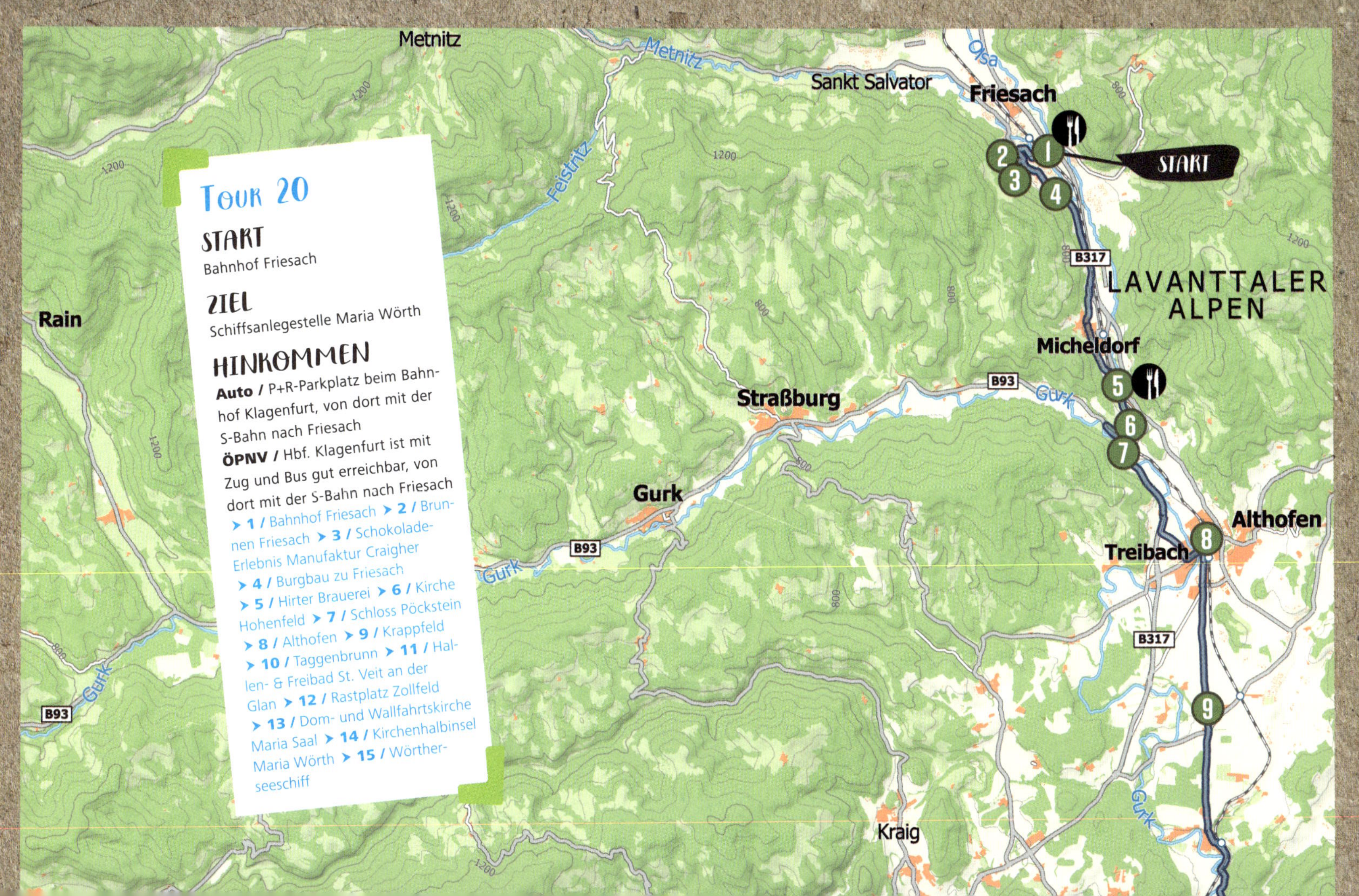

Tour 20

START
Bahnhof Friesach

ZIEL
Schiffsanlegestelle Maria Wörth

HINKOMMEN
Auto / P+R-Parkplatz beim Bahnhof Klagenfurt, von dort mit der S-Bahn nach Friesach
ÖPNV / Hbf. Klagenfurt ist mit Zug und Bus gut erreichbar, von dort mit der S-Bahn nach Friesach

➤ **1** / Bahnhof Friesach ➤ **2** / Brunnen Friesach ➤ **3** / Schokolade-Erlebnis Manufaktur Craigher ➤ **4** / Burgbau zu Friesach ➤ **5** / Hirter Brauerei ➤ **6** / Kirche Hohenfeld ➤ **7** / Schloss Pöckstein ➤ **8** / Althofen ➤ **9** / Krappfeld ➤ **10** / Taggenbrunn ➤ **11** / Hallen- & Freibad St. Veit an der Glan ➤ **12** / Rastplatz Zollfeld ➤ **13** / Dom- und Wallfahrtskirche Maria Saal ➤ **14** / Kirchenhalbinsel Maria Wörth ➤ **15** / Wörtherseeschiff

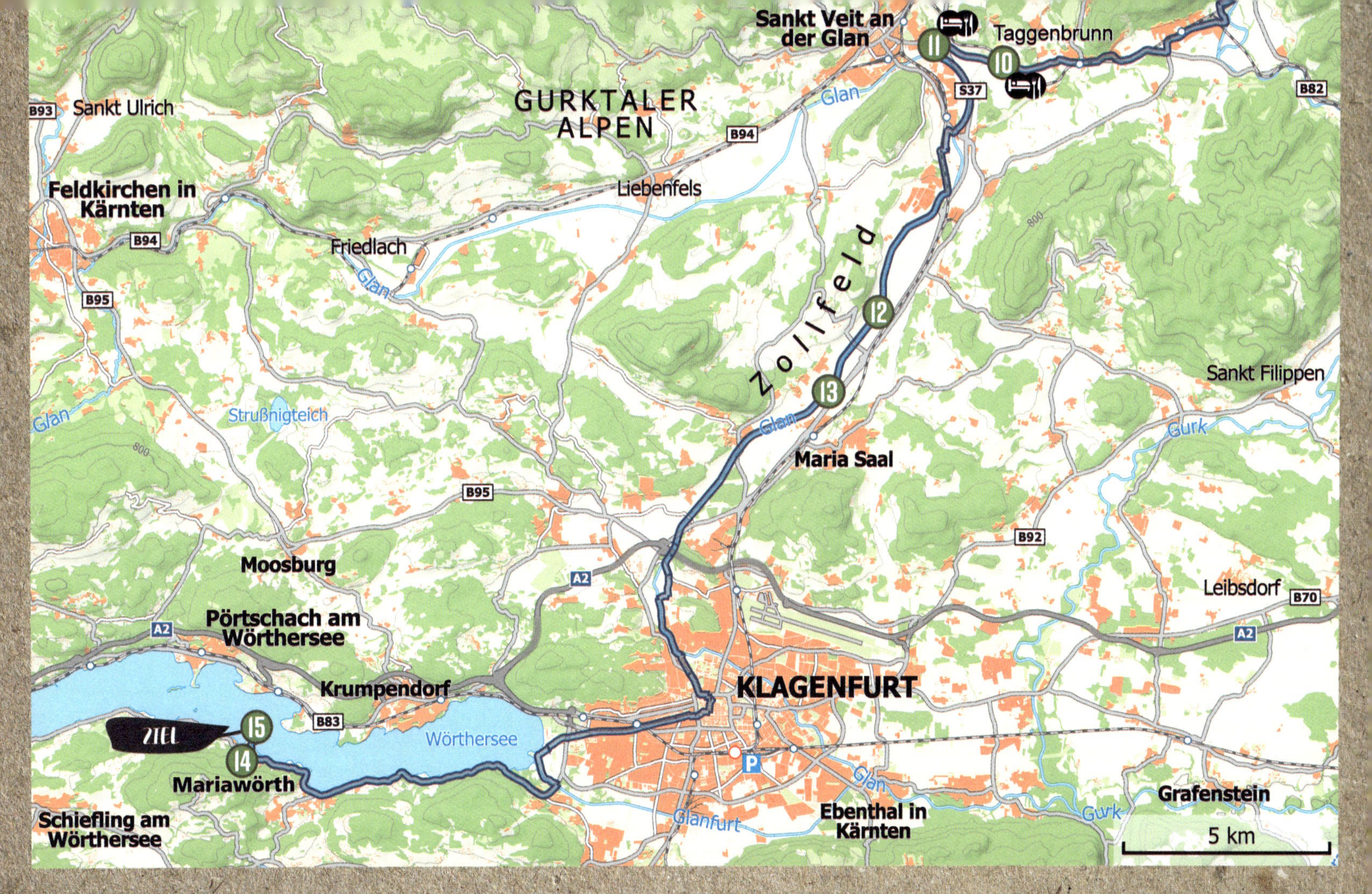
Sankt Veit an der Glan
Taggenbrunn
10
11
12
13
14
15
ZIEL
GURKTALER ALPEN
Sankt Ulrich
Feldkirchen in Kärnten
Liebenfels
Friedlach
Zollfeld
Glan
Strußnigteich
Sankt Filippen
Gurk
Maria Saal
Moosburg
Pörtschach am Wörthersee
Krumpendorf
KLAGENFURT
Wörthersee
Mariawörth
Schiefling am Wörthersee
Glanfurt
Ebenthal in Kärnten
Grafenstein
Leibsdorf
B93
B94
B95
B82
S37
B92
A2
B70
B83
800
5 km

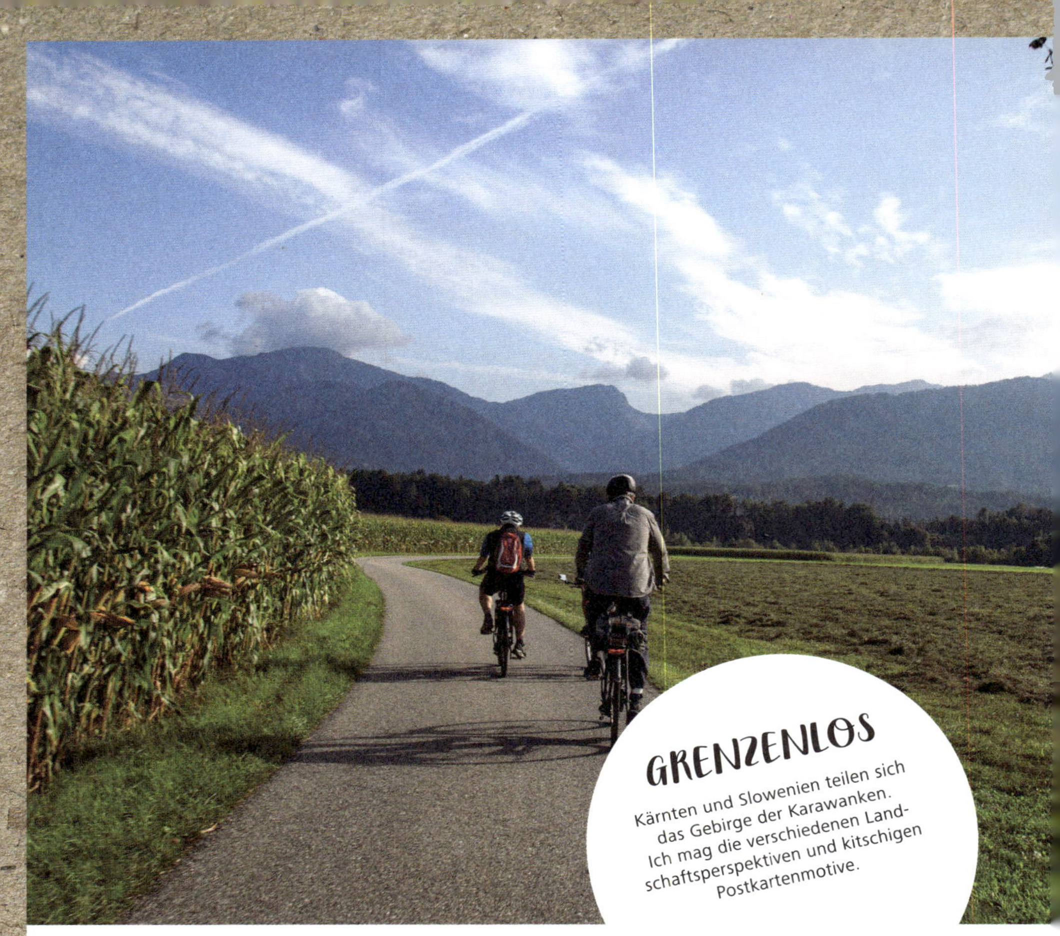

GRENZENLOS

Kärnten und Slowenien teilen sich das Gebirge der Karawanken. Ich mag die verschiedenen Landschaftsperspektiven und kitschigen Postkartenmotive.

- **1 /** Start am Bahnhof Villach, per Zug kehren wir hierher zurück
- **2 /** Ganz schön heiß im Schmiedemuseum in Suetschach
- **3 /** Abtauchen im Badesee St. Johann
- **4 /** Kunst bewundern im Schloss Ebenau
- **5 /** Mitsummen im Carnica Bienenmuseum
- **6 /** Büchsenmachertradition im Schloss Ferlach
- **7 /** Experimente wagen im EXPI
- **8 /** Kraft tanken beim Wildensteiner Wasserfall
- **9 /** Bequem über die Grenze: Taxi- Pass-Transfer in Bad Eisenkappel
- **10 /** Aufatmen und Übernachten im slowenischen Jezersko-Tal
- **11 /** Erholen beim Planšarsko See
- **12 /** Frika essen und Museum besuchen in Tržič
- **13 /** Krainer Würste und Volksmusik in Begunje
- **14 /** Eintauchen in die Industriegeschichte in Stara Sava
- **15 /** Vom Bahnhof Jesenice den Zug zurück nach Villach nehmen

SERVUS DIE WADLN

Einmal rund um die Karawanken

Ein Gebirgszug – immer wieder anders. Durch das Rosental entlang der Karawanken, über den Seebergsattel hinüber ins slowenische Jezersko-Tal und auf der Südseite über Jesenice zurück. Der Grenzgänger-Trip für Bergfexe auf zwei Rädern.

Tag 1 + Tag 2
81 + 67 Kilometer
1160 + 1100 Höhenmeter ▲
940 + 1280 Höhenmeter ▼
7:30 + 7 Stunden
Streckentour

TAG 1

Karawanken-Nordseite

Wir starten am 1 / Bahnhof Villach in unser Wochenende mit den Karawanken und fahren die Bahnhofstraße bis zum Ufer der Drau, wo wir vor der Brücke links auf den Alpe-Adria-Radweg einbiegen. Es geht dem Fluss entlang geradeaus bis zur Ossiacher Zeile. Hier heißt es rechts abbiegen und nach der Brückenüberquerung bei der Heiligenkreuzkirche gleich rechts in die Peraustraße. Auf dem Faakerseeweg R1B fahren wir die Maria-Gailer-Straße entlang stadtauswärts.

CHARAKTER

Sportlich ●●●●●
Abkühlung ●●●○○
Schlemmen ●●●○○
Panorama ●●●●●

TOUR, DIE DU SO NIE GEMACHT HÄTTEST

TOURENINFO / Die Tour verläuft zum großen Teil auf Bundes- und Landesstraßen sowie Radwegen. Asphalt und Schotter wechseln sich ab. Die Strecke erfordert Kraft in den Wadeln. Badesachen einpacken und Reisepass nicht vergessen!

◂ links / Durch das schöne Rosental den Karawanken näherkommen

TOUR, DIE DU SO NIE GEMACHT HÄTTEST

Nach der Brücke über die Gail zweigen wir rechts nach Maria Gail ab und holen uns eine Jause in Melchers Speis direkt bei der kleinen Schaubrauerei Turmbräu mit Wirtshaus, schattigem Gastgarten und Zimmern (Mo+Mi geschlossen, Do–Sa Küche ab 17, So ab 12 Uhr, Anton-Tudor-Straße 2, 9500 Villach). Dann radeln wir wieder zurück auf die Maria-Gailer-Straße und biegen zwischen Pizzeria und Hotel links in Richtung Rosegg in die Kleinsattelstraße ab. Jetzt sind wir auf dem Radweg R1K.

Auf und ab

Nach der Ortschaft Kleinsattel führt der Radweg rechts weg und die Räder rollen hinunter zur Drau. Der Weg bis nach St. Niklas ist ein wenig abenteuerlich und holprig, aber dafür direkt am Wasser. In St. Niklas geht es wieder auf Asphalt weiter und wir biegen beim Kirchenwirt rechts ab und folgen dem Radweg bis zum Kreisverkehr. Hier nimmst du die dritte Ausfahrt und folgst der Landesstraße. Nach einigen Kilometern geradeaus kommt der Anstieg auf den Großsattel. Danach geht es leicht bergab auf der Rosegger Straße bis zum Kraftwerk Rosegg. Hier biegen wir nach der Brücke in den Feldweg ab und fahren dem Fluss entlang. Bei der nächsten Brücke geht der Radweg R1K in den Drauradweg über. Wir folgen diesem bis zur Mühlbacher Straße. Hier zweigen wir nicht links in den Drauradweg ab, sondern fahren auf der Landesstraße weiter zum Rosentalerhof (Do–Sa 17.30–21, So+Fei 11.30–14, 17.30–21 Uhr, Mühlbach 28, 9184 St. Jakob im Rosental). Wenn du hungrig bist, kannst du im hübschen Gastgarten eine Pause einlegen. Außerdem ist es ein Hotel, das sich komplett auf Radler eingestellt hat. Bei St. Peter biegen wir links auf die Rosental-Bundesstraße und folgen ihr durch St. Jakob, wo es im Restaurant Francobollo

SCHMUGGLER!

Die Karawanken sind die natürliche Grenze zwischen Kärnten und Slowenien. Auf den alten Schmugglerwegen wird heute gewandert und geradelt.

➤ rechts oben / Geheimnisvoll ist der Gebirgszug der Karawanken
➤ rechts Mitte / Landpartie mit dem Rad

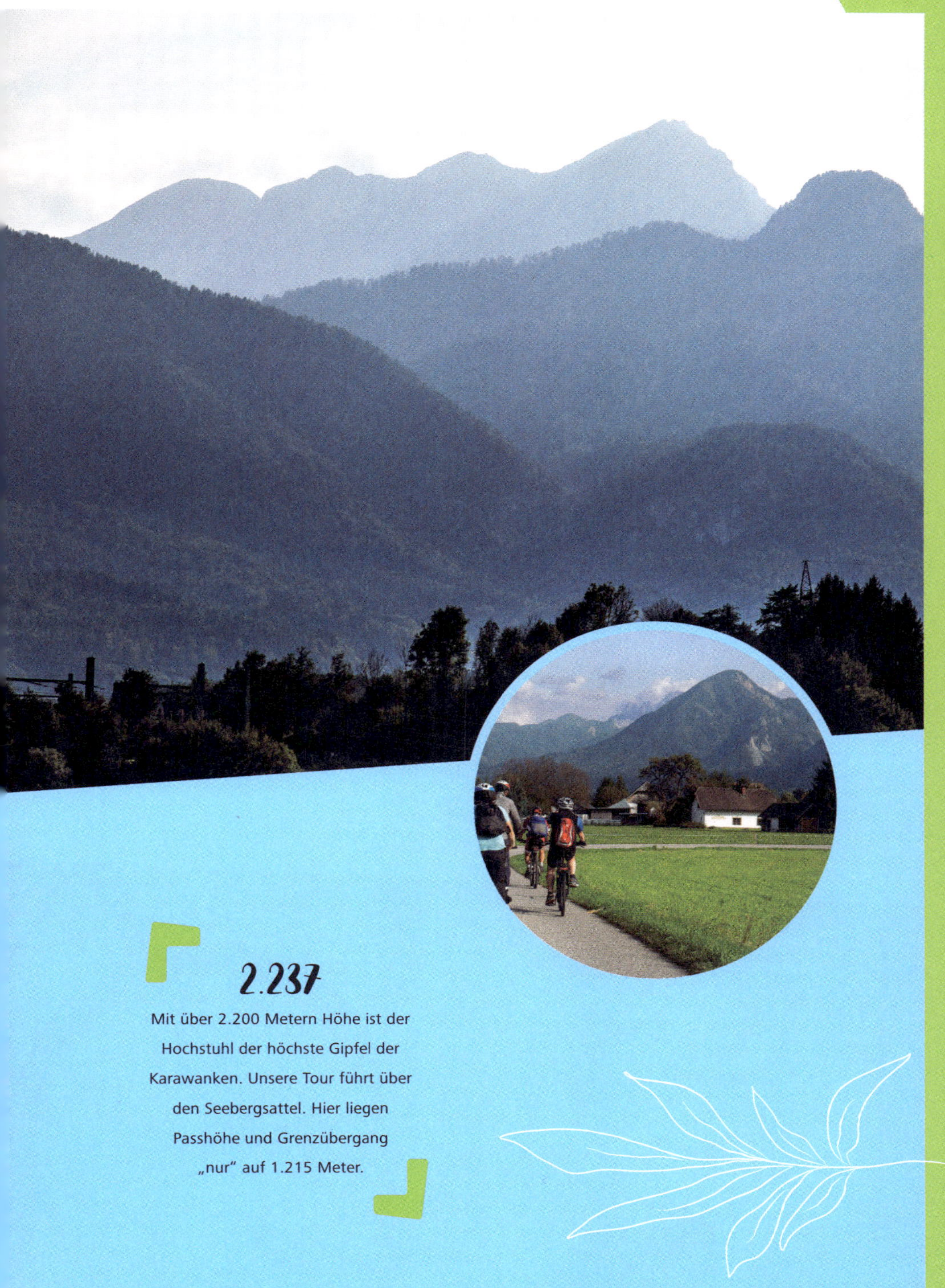

2.237

Mit über 2.200 Metern Höhe ist der Hochstuhl der höchste Gipfel der Karawanken. Unsere Tour führt über den Seebergsattel. Hier liegen Passhöhe und Grenzübergang „nur“ auf 1.215 Meter.

PLATSCHNASS!

Wer bei der Fahrt rund um die Karawanken ins Schwitzen kommt, kann sich im idyllischen **3 / Badesee St. Johann** abkühlen. Ideal für eine Pause am Wasser.

(tgl. 11–22 Uhr, Rosentalstr. 68, 9184 St. Jakob im Rosental) die beste Pizza weit und breit gibt.

TOUR, DIE DU SO NIE GEMACHT HÄTTEST

Die Berge im Blick

Auf der Fahrt nach Maria Elend genießen wir immer wieder fantastische Ausblicke auf die Karawanken. Im kleinen Dörfchen Suetschach kannst du mit Voranmeldung das 2 / Schmiedemuseum (Suetschach 89, 9181 Feistritz im Rosental) besuchen und mehr über die Handwerkstradition im Tal erfahren. Es geht die Straße weiter geradeaus bis nach Feistritz und St. Johann. Wer eine Erfrischung braucht biegt links zum idyllischen 3 / Badesee St. Johann ab oder gönnt sich etwas weiter beim Ferlacher Stausee eine Pause am Wasser. Kunstinteressierte machen in Weizelsdorf einen Abstecher zum 4 / Schloss Ebenau (Sommer Fr–So 11–18 Uhr, Winter gegen Voranmeldung, Weizelsdorf 1, 9162 Feistritz im Rosental).

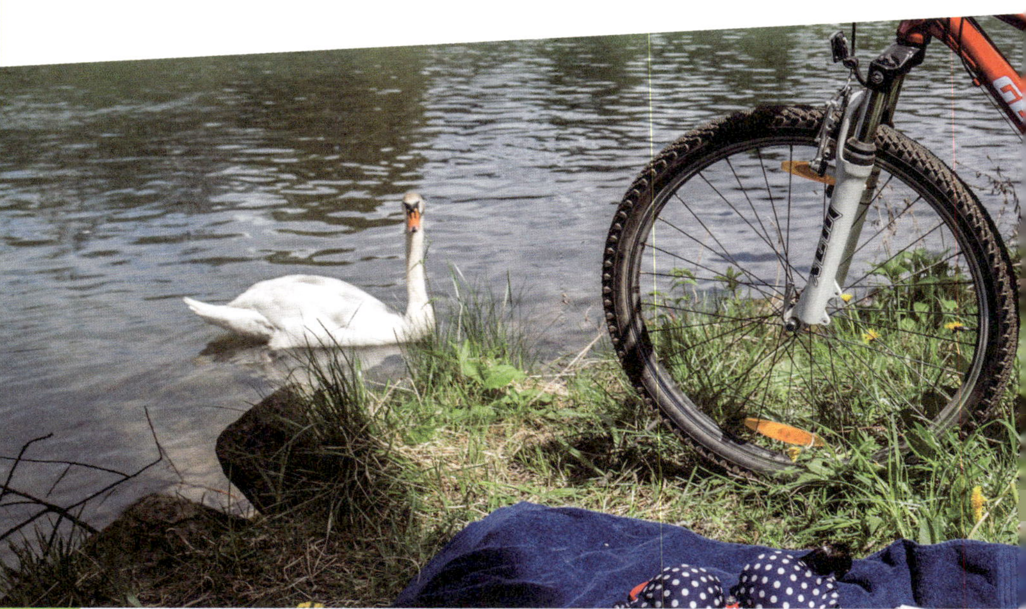

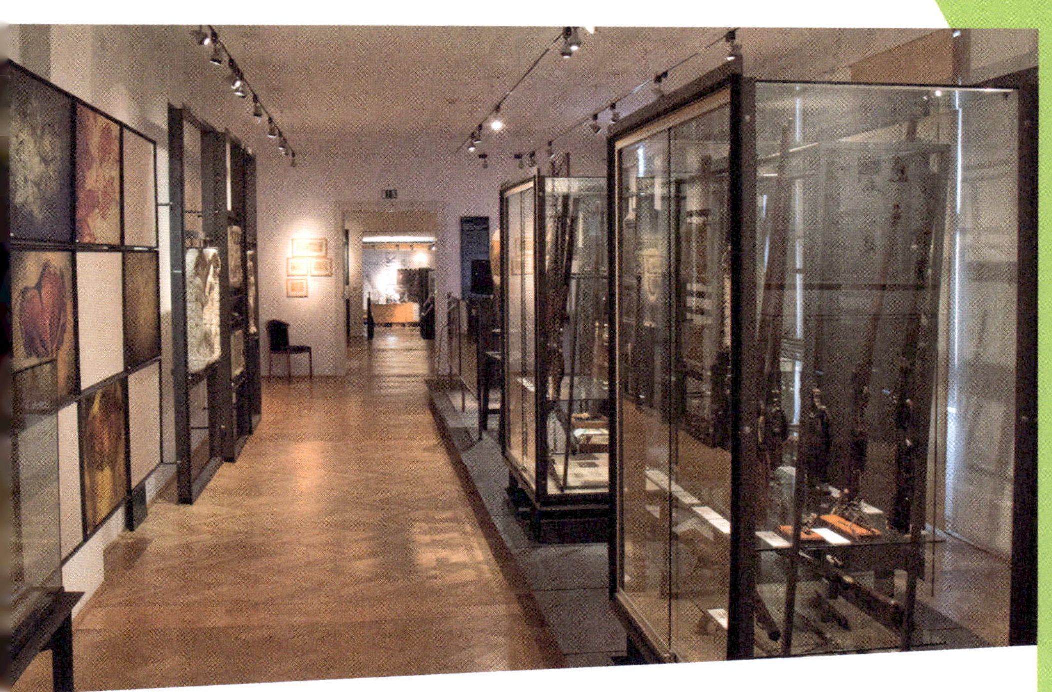

Sowohl im malerischen Garten als auch im Gebäude werden Werke verschiedener Künstler gezeigt, darunter einige renommierte Namen. Und alles umrahmt von der Kulisse der Karawanken. Nach Strau nehmen wir im Kreisverkehr die Ausfahrt nach Kirschentheuer und bremsen uns beim 5 / Carnica Bienenmuseum (Juni, Sept. Sa, So, Fei und Juli, Aug. Di–So 13–18 Uhr, Kirschentheuer 13, 9162 Ferlach) ein.

Sportlich-alpin

Es geht weiter bis zu Klagenfurter Straße, wo wir links nach Ferlach abbiegen. Direkt im Stadtzentrum kommst du bei 6 / Schloss Ferlach (Sponheimerplatz 1, 9170 Ferlach) mit dem Jagd- und Büchsenmachermuseum vorbei und kannst dich in den Geschäften mit Proviant eindecken oder zum Gasthaus Plasch (durchgehend warme Küche bis 20.30 Uhr, Reßnig 17, 9170 Ferlach) zum Essen radeln. Hier kannst du auch dein E-Bike aufladen oder schnell in den nahe gelegenen Badesee hüpfen. Wir bleiben auf der Bundesstraße, fahren durch Unterferlach und kommen in Gotschuchen beim 7 / EXPI (Gotschuchen 34a, 9173 Gotschu-

1620

Im 17. Jahrhundert entstand das erste Handwerkssiegel der Ferlacher Büchsenmacherzunft. Heute ist das Büchsenmacherhandwerk am Fuße der Karawanken als immaterielles Kulturerbe der UNESCO ausgezeichnet. Mehr erfährst du im Museum im 6 / Schloss Ferlach.

< links / Badestopp beim See in St. Johann
^ oben / Das Schloss Ferlach mit dem Jagd- und Büchsenmachermuseum

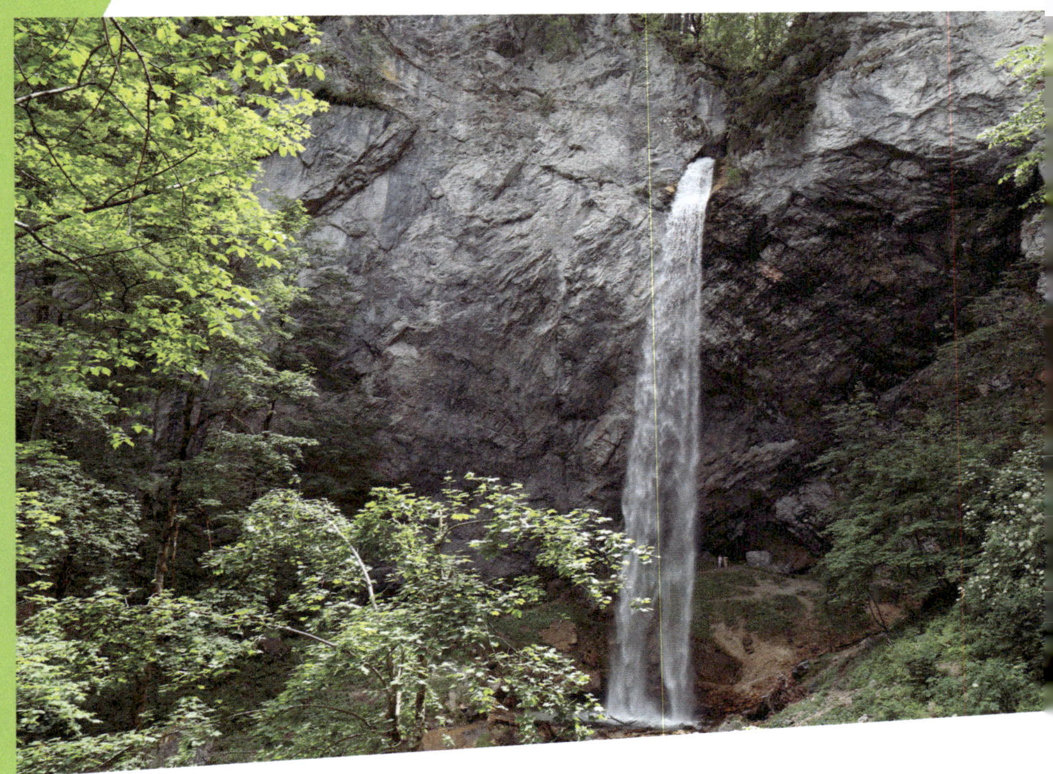

chen), einem interaktiven Science-Center vorbei. Ab hier wird der Straßenverlauf sportlicher, Anstiege wechseln sich mit Kurven ab. Die schweißtreibende Strecke erfordert Kraft und bietet traumhafte Ausblicke. Etwas Kondition solltest du aber mitbringen. Beim 8 / Wildensteiner Wasserfall und dem Gasthaus Zenkl (Mi–So 8–23 Uhr, Wildenstein 49, 9132 Gallizien) bietet sich ein Stopp an. Danach geht's die Bundesstraße weiter bis nach Miklauzhof, wo wir die Bundesstraße links verlassen und rechts in den parallel verlaufenden Radweg R1E nach Bad Eisenkappel einbiegen. Der Seeberg-Radweg ist gut beschildert und verläuft wunderschön auf einer alten Bahntrasse. So geht entspanntes Radeln! In 9 / Bad Eisenkappel angekommen empfehlen wir einen Transfer, um dem steilen Pass zu entkommen, zum Beispiel mit einem regionalen Taxiunternehmen, über den Grenzpass Seebergsattel bis ins slowenische 10 / Jezersko-Tal. Hier kannst du chic im 5-Sterne-Boutiquehotel Vila Planinka übernachten,

BERAUSCHEND HOCH

Der 8 / Wildensteiner Wasserfall gehört mit einer Fallhöhe von 54 Metern zu den höchsten frei fallenden Wasserfällen Europas.

⌃ oben / Der Wildensteiner Wasserfall
› rechts / Radeln durchs Jezersko-Tal

urig im Bauernhof Šenkova Domačija (Zgornje Jezersko 140, 4206 Zgornje Jezersko) speisen oder in rustikalen Holzhütten im Kamp Jezersko einchecken. Mitten in den Bergen verleiht die Abendsonne den Gipfeln rötliches Licht und ist der Sternenhimmel besonders beeindruckend.

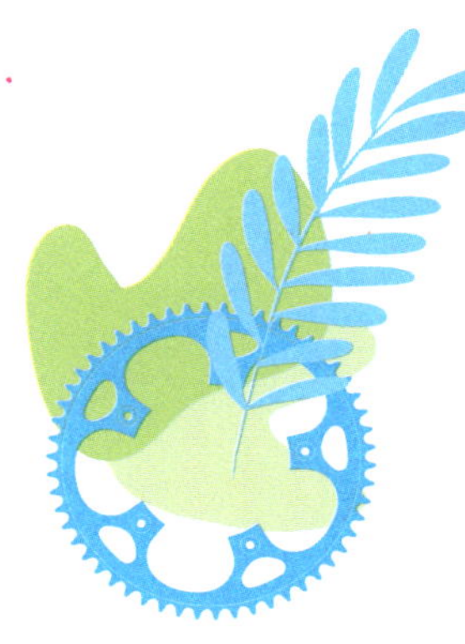

TAG 2

Karawanken-Südseite

Bevor es raus aus dem Jezersko-Tal bergabwärts geht, machen wir noch einen Abstecher zum 11 / Planšarsko See. Hungrige Radler stärken sich mit slowenischer Hausmannskost in der Gaststätte Gostišče ob jezeru (Mai–Sept., tgl. 8–21 Uhr, Zgornje Jezersko 125a, 4206 Zgornje Jezersko) ein paar Meter vom Ufer entfernt. Der See und das Tal ist wildromantisch und naturbelassen. Eigens ausgeschilderte Radwege gibt es allerdings nur wenige. Dafür sind die Straßen wenig befahren. Wir bleiben einige Kilometer auf der Straße und fahren aus dem Tal hinaus. Erst hier biegen wir rechts nach Preddvor ab. Beim Gasthaus Gorski Privez halten wir uns rechts und folgen dem Straßenverlauf bis Mače. Dort geht es links weiter. Der Asphalt endet und geht in einen Feldweg über. Kurz vor Bašelj kommen wir

TOUR, DIE DU SO NIE GEMACHT HÄTTEST

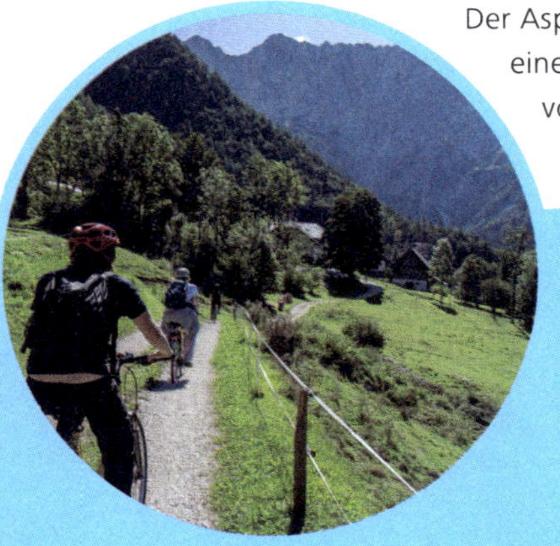

KM 102

Heilsames Klima: Die wohltuende Luft zwischen den Gipfeln der Karawanken und den Steiner Alpen soll positiv auf Atemwege und Augen wirken. Früher gab es im 10 / Jezersko-Tal sogar eine Kuranstalt für Augentuberkulose.

Mineral-wasser to go

Herz-Kreislauf und Verdauung: Das Mineralwasser Jezerska slatina hat eine wohltuende Wirkung. Du kannst es unterwegs in deine Flasche abfüllen.

wieder auf kleinere Nebenstraßen und biegen links nach Trstenik ab. Auch heute ist das Radeln anstrengend – und das Bergpanorama herrlich.

Tour, die du so nie gemacht hättest

Slowenische Landpartie

Von Trstenik biegen wir rechts nach Goriče ab. Bei der Bushaltestelle geht es leicht links weg zur Hauptstraße, dort biegen wir rechts nach Golnik ab und folgen immer dem Straßenverlauf, vorbei an Senično bis nach Križe. Hier macht die Straße Snakovška cesta einen Linksknick und wird zur Kokrškega odreda. Am Ende der Straße biegen wir rechts ab und folgen der Straße bis ins kleine Städtchen 12 / Tržič. Hier schmiegen sich die Häuser eng aneinander. Die Gassen sind eng und verwinkelt. Entsprechend wenig Platz teilen sich Autofahrer, Radler und Fußgänger. Aber gerade das verleiht dem alpinen Städtchen einen besonderen Charme. Sportliche Mountainbike-Fahrer können hier die alte Loiblstraße zurück nach Ferlach in Kärnten nehmen. Wir besuchen lieber das moderne und multimediale Museum

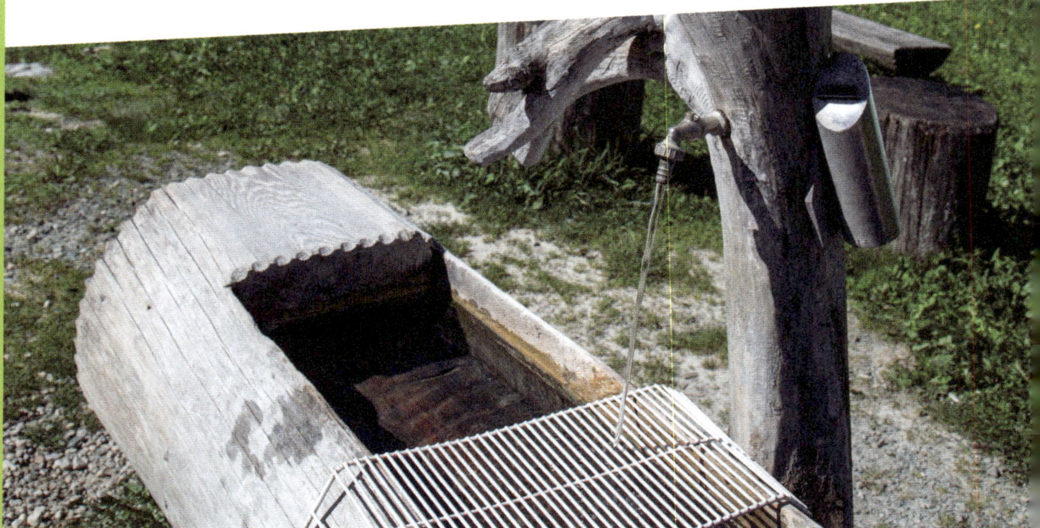

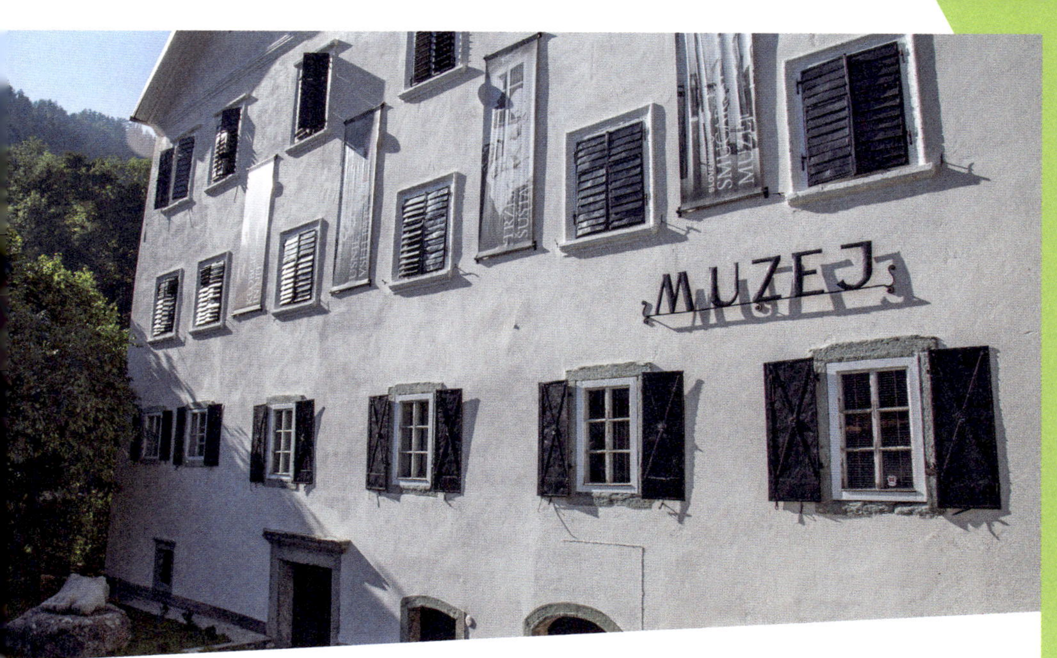

(Di–So 10–18 Uhr, Muzejska ulica 11, 4290 Tržič) und stärken uns mit einer Frika, eine Art Pizza mit Sauerrahm und Grammeln. Danach nehmen wir die Straße zurück nach Bistrica pri Tržiču und biegen rechts nach Cesta Ste Marie aux mines ein. Am Ende der Straße geht es rechts weiter in die Begunsjska cesta. Dieser folgen wir bergauf. Wir sind ganz nahe bei den Karawanken und freuen uns über die schönen Ausblicke. In Brezje pri Tržiču schnaufen wir mal kurz bei der Kirche durch und fahren auf der Straße 638 immer geradeaus nach Hudi Graben, Zadnja vas, Slatna bis nach 13 / Begunje. Hier kannst du in der rustikalen Gostilna Avsenik (Di–Sa 11 bis 21, So 11–17 Uhr, Begunje na Gorenjskem 21, 4275 Begunje na Gorenjskem) Krainer-Würstel essen und bist mittendrin im Geburtsort der bekannten Volksmusiker „Oberkrainer". Die Musik von Slavko Avsenik hat hier Kultstatus und Fans aus ganz Europa pilgern in den beschaulichen Ort zu den Veranstaltungen. Gegenüber vom Gasthaus biegen wir rechts ab, fahren vorbei an den Parkplätzen und folgen weiter der Straße 638 durch kleine Ortschaften bis nach Breznica. Auf diesem Teil der Strecke wird das Tal enger, die Häuser und Berge rücken näher heran. Langsam kommen wir gefühlsmäßig der Zivilisation näher.

HANDGEMACHTE SCHUHE

Die besten Schuster kommen aus 12 / Tržič. 500 besondere Stücke sind im Museum zu sehen – in einer der spannendsten und umfangreichsten Sammlungen über das Schusterhandwerk in Slowenien.

< links / Mineralwasser am Wegesrand zapfen
^ oben / Schuhmacherhandwerk im Museum in Tržič

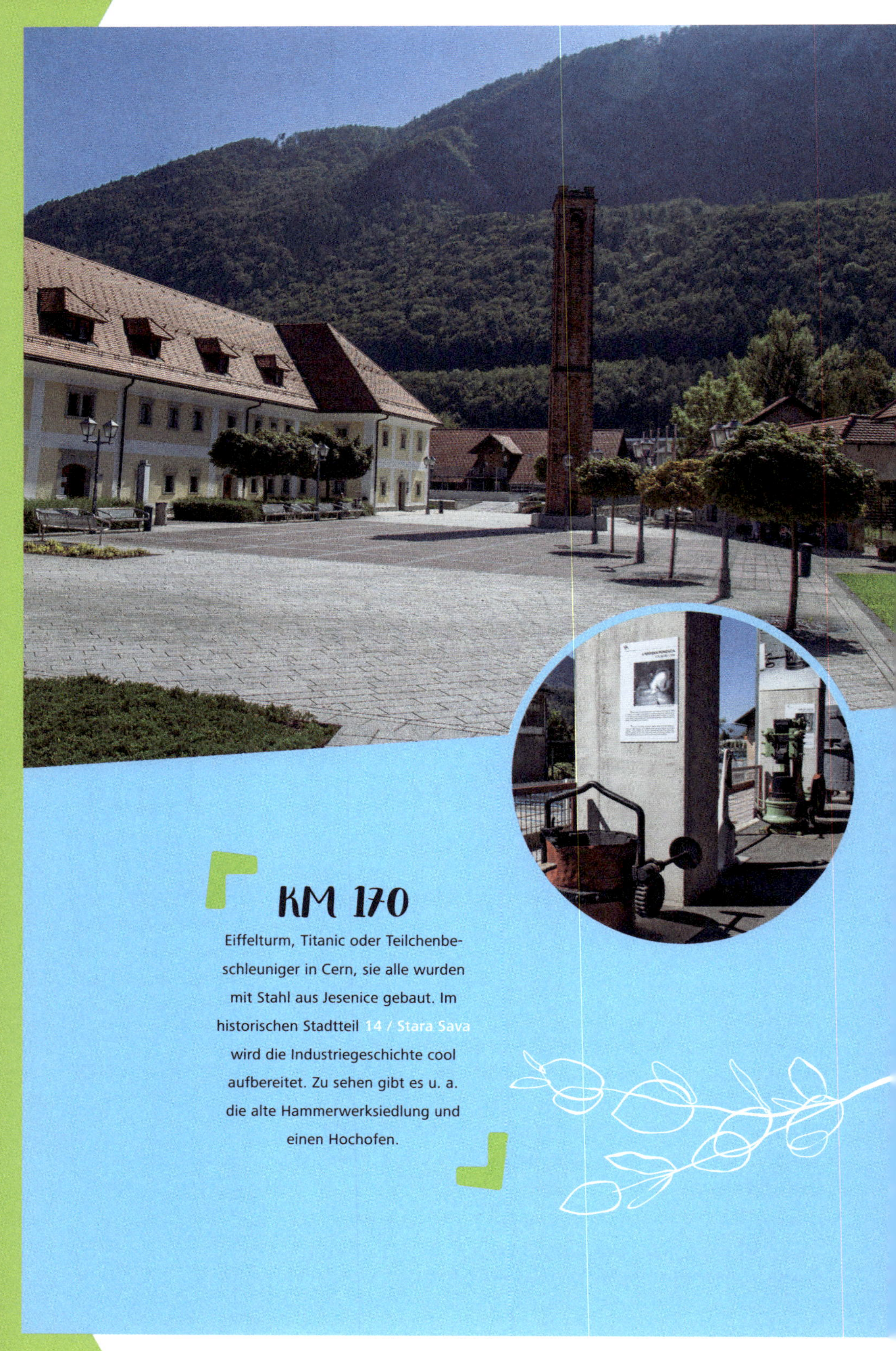

KM 170

Eiffelturm, Titanic oder Teilchenbeschleuniger in Cern, sie alle wurden mit Stahl aus Jesenice gebaut. Im historischen Stadtteil 14 / Stara Sava wird die Industriegeschichte cool aufbereitet. Zu sehen gibt es u. a. die alte Hammerwerksiedlung und einen Hochofen.

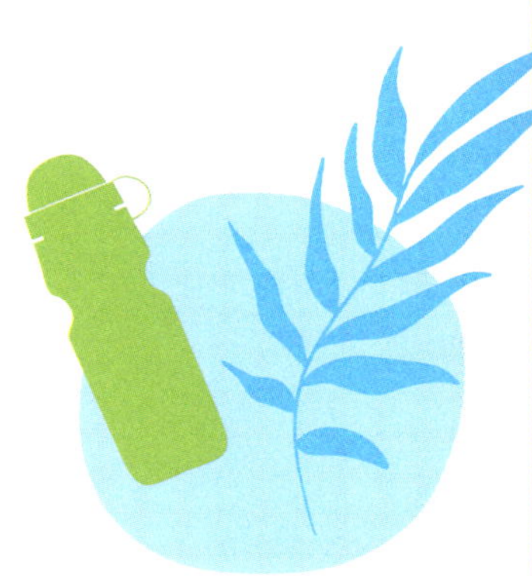

Von der Natur zur Industrie

In Breznica verbindet sich die Straße mit dem Radweg D-2, der uns direkt über Moste bis zum Bahnhof Jesenice bringt. Es geht immer dieselbe Straße geradeaus. In Jesenice angekommen kannst du dich im Restaurant Ejga (tgl. 12–21 Uhr, Cesta maršala Tita 27, 4270 Jesenice) stärken. Die Wirtsleute legen großen Wert auf lokale Gerichte und im Gastgarten ist es im Sommer recht lauschig. Die Räder hast du immer im Blick. Überhaupt findest du in Jesenice einige gute Restaurants und viele Shoppingmöglichkeiten. Zwar sieht der etwas lang gezogene Ort mit Autobahn und Industrie auf den ersten Blick nicht einladend aus, aber etwas versteckt gibt es hübsche Plätze. Also lass dich vom ersten Eindruck nicht abschrecken. Nur ein paar Kilometer bergauf finden Mountainbiker auf den Almen auch lässige Routen durch die Berge. Hinter dem Bahnhof liegt das alte Industrieviertel 14 / Stara Sava, das zu einem Museumsgelände umgebaut wurde. Es gibt sehr viel zu sehen und die Entwicklung des Stahl-Business ist faszinierend. Das musst du unbedingt besuchen, bevor du vom 15 / Bahnhof Jesenice den Zug zurück nach Villach nimmst. Noch heute wird hier Stahl produziert. Allerdings etwas außerhalb des Zentrums in modernen Fabriksanlagen. Wem diese Variante der Karawankentour noch zu wenig war, kann die Runde verlängern und auf dem Radweg weiter nach Kranjska Gora fahren. Von hier geht es ziemlich anspruchsvoll die Serpentinen entlang über den Wurzenpass nach Kärnten oder etwas weniger steil, aber dafür länger über Tarvis und Arnoldstein (siehe auch Tagestour 18) nach Villach. Für welche Variante du dich entscheidest, unbedingt gute Kondition und einen vollen E-Bike-Akku mitbringen. Die Karawanken sind nicht zu unterschätzen.

OPEN-AIR-KUNST

Im alten Holzkohlelager in 14 / Stara Sava gibt es immer wieder Freiluftausstellungen, Märkte und Veranstaltungen.

TOUR, DIE DU SO NIE GEMACHT HÄTTEST

< links oben / Stara Sava in Jesenice
< links Mitte / Ausstellung im alten Holzkohlelager

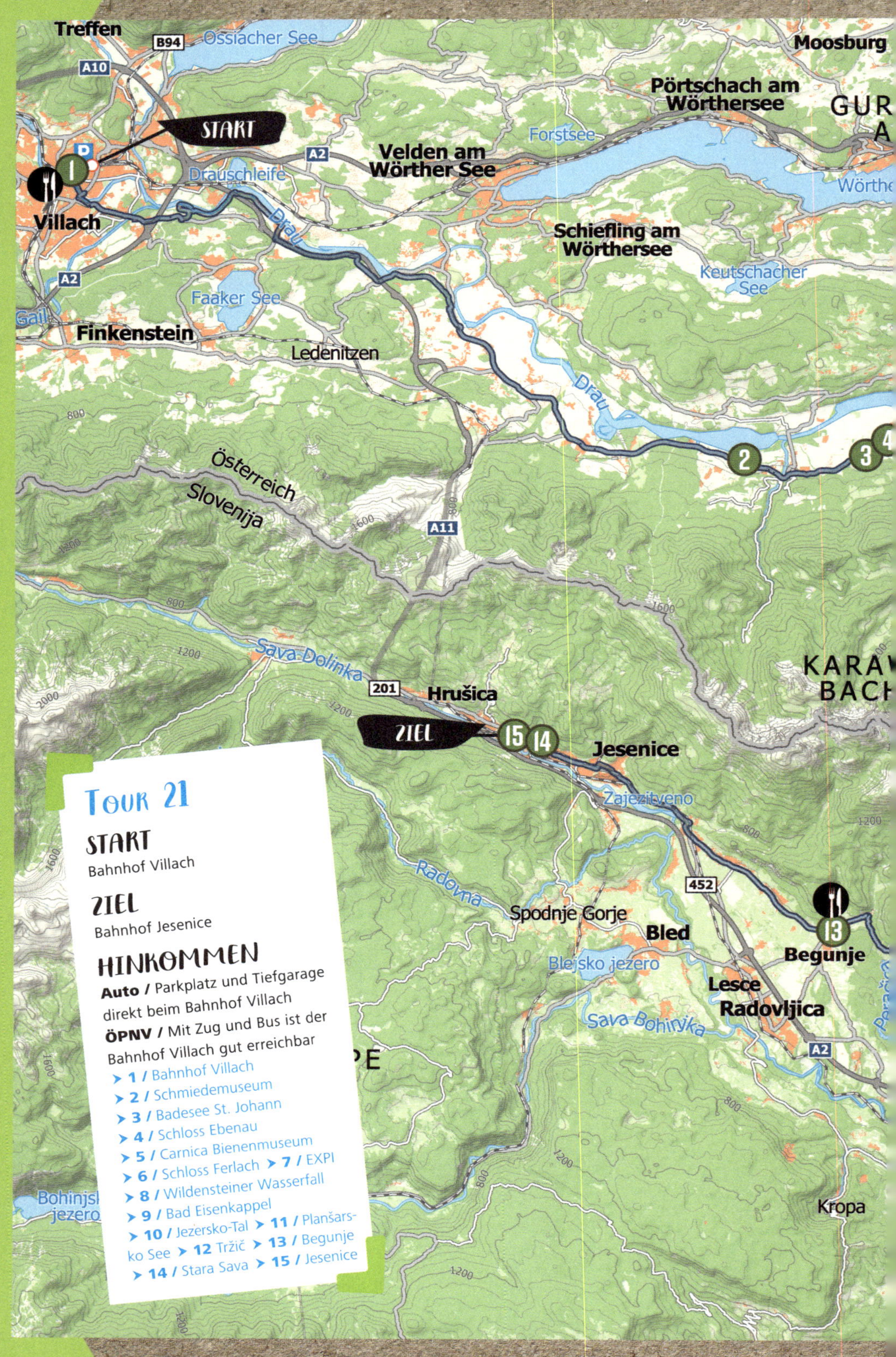
Treffen
B94
Ossiacher See
A10
Moosburg
Pörtschach am Wörthersee
START
Forstsee
A2
Velden am Wörther See
Drauschleife
Villach
Drau
Schiefling am Wörthersee
Keutschacher See
A2
Faaker See
Gail
Finkenstein
Ledenitzen
Drau
800
Österreich
Slovenija
1600
A11
1200
800
1600
Sava Dolinka
1200
201
Hrušica
KARAW
BACH
2000
1200
ZIEL
Jesenice
Zajezitveno
1200
800
Radovna
452
Spodnje Gorje
Bled
Begunje
Blejsko jezero
Lesce
Radovljica
Sava Bohinjka
A2
800
1200
800
Kropa
Bohinjsk jezero
1200
1600
1600
1200
Tour 21
START
Bahnhof Villach
ZIEL
Bahnhof Jesenice
HINKOMMEN
Auto / Parkplatz und Tiefgarage direkt beim Bahnhof Villach
ÖPNV / Mit Zug und Bus ist der Bahnhof Villach gut erreichbar
› 1 / Bahnhof Villach
› 2 / Schmiedemuseum
› 3 / Badesee St. Johann
› 4 / Schloss Ebenau
› 5 / Carnica Bienenmuseum
› 6 / Schloss Ferlach › 7 / EXPI
› 8 / Wildensteiner Wasserfall
› 9 / Bad Eisenkappel
› 10 / Jezersko-Tal › 11 / Planšarsko See › 12 Tržič › 13 / Begunje
› 14 / Stara Sava › 15 / Jesenice

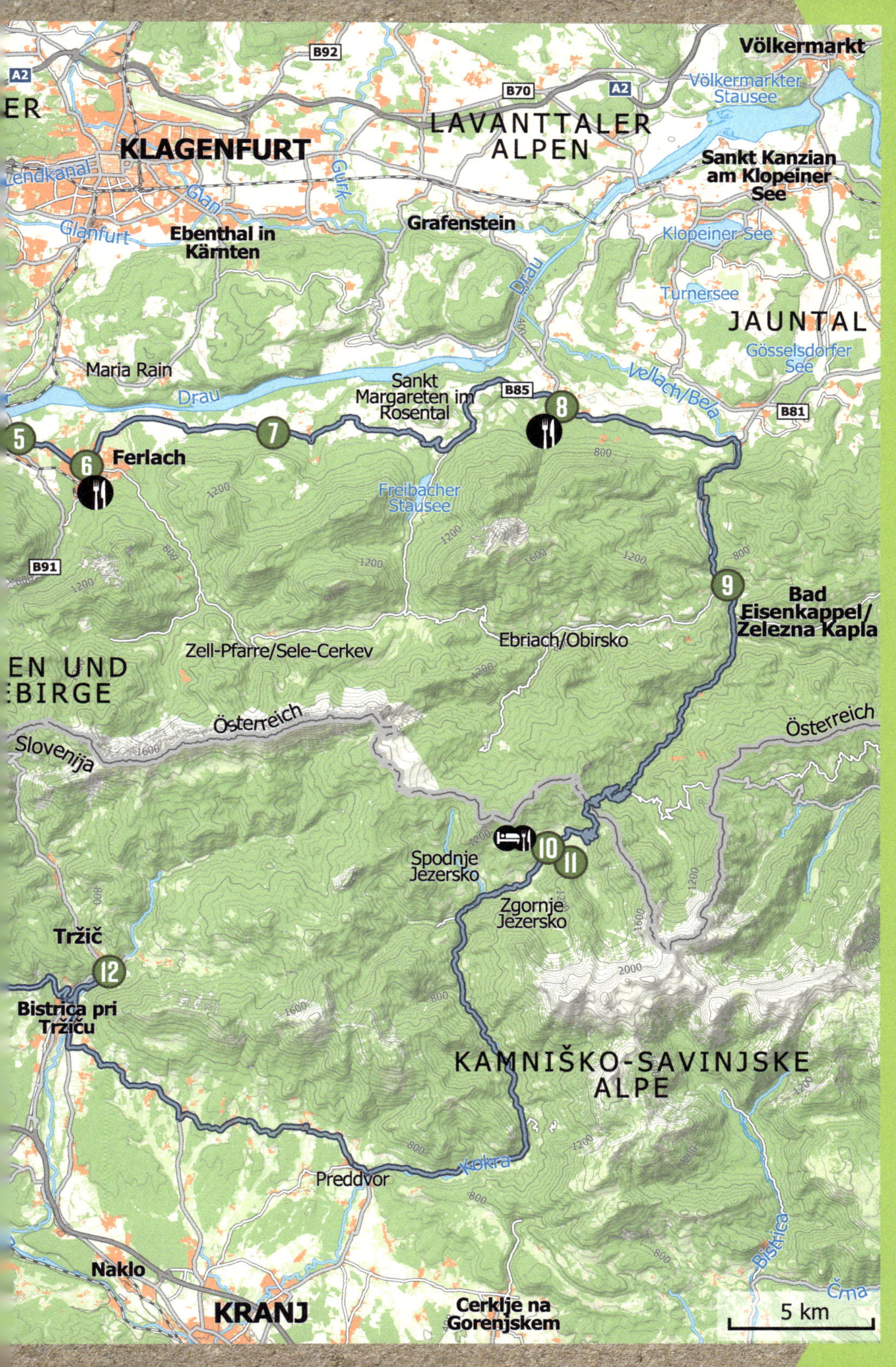

Völkermarkt
Völkermarkter Stausee
KLAGENFURT
LAVANTTALER ALPEN
Sankt Kanzian am Klopeiner See
Grafenstein
Ebenthal in Kärnten
Klopeiner See
Turnersee
JAUNTAL
Gösselsdorfer See
Maria Rain
Drau
Sankt Margareten im Rosental
Ferlach
Freibacher Stausee
Bad Eisenkappel/ Zelezna Kapla
Ebriach/Obirsko
Zell-Pfarre/Sele-Cerkev
Österreich
Slovenija
Spodnje Jezersko
Zgornje Jezersko
Tržič
Bistrica pri Tržiču
KAMNIŠKO-SAVINJSKE ALPE
Preddvor
Kokra
Naklo
KRANJ
Cerklje na Gorenjskem
5 km

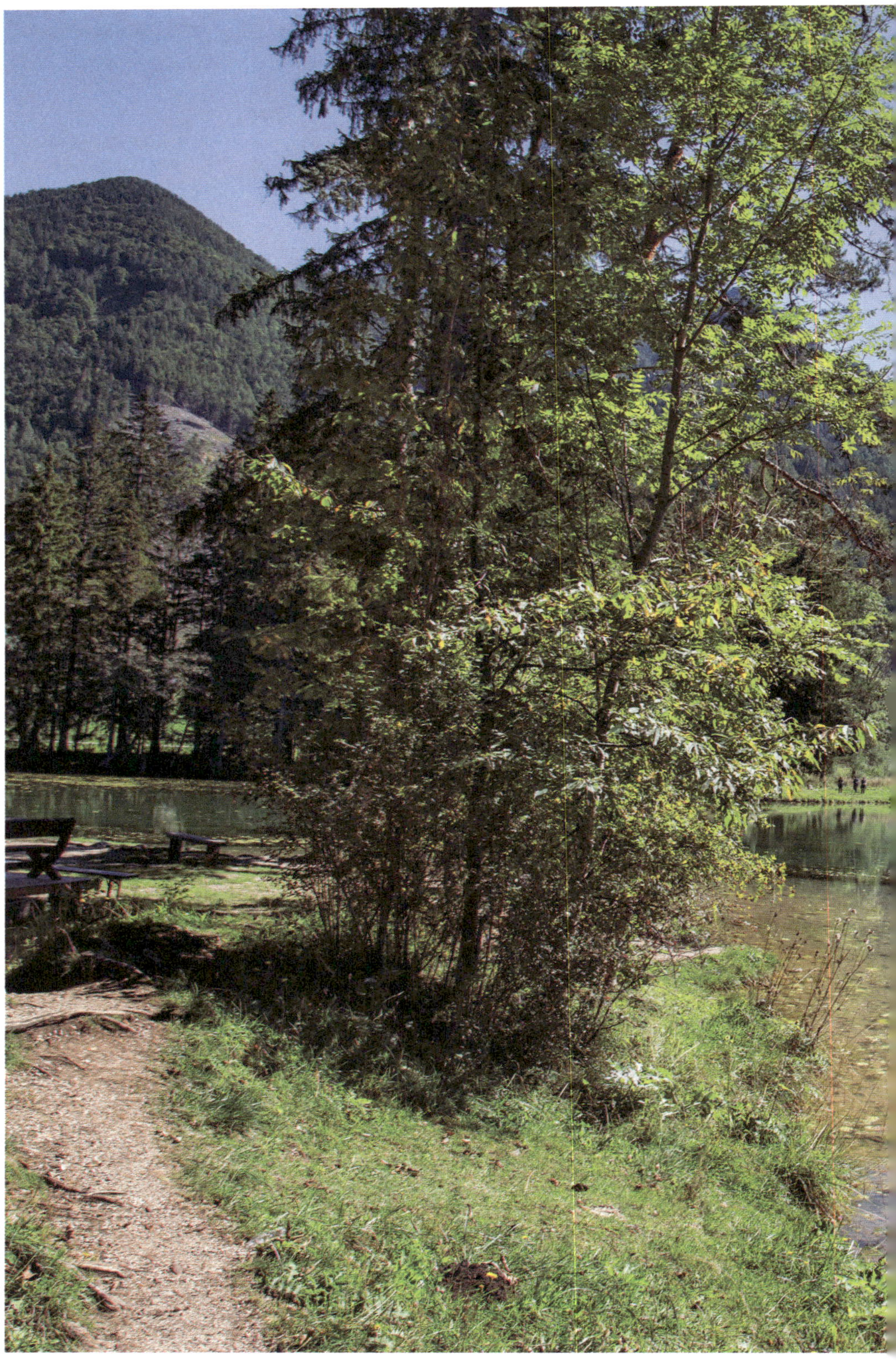

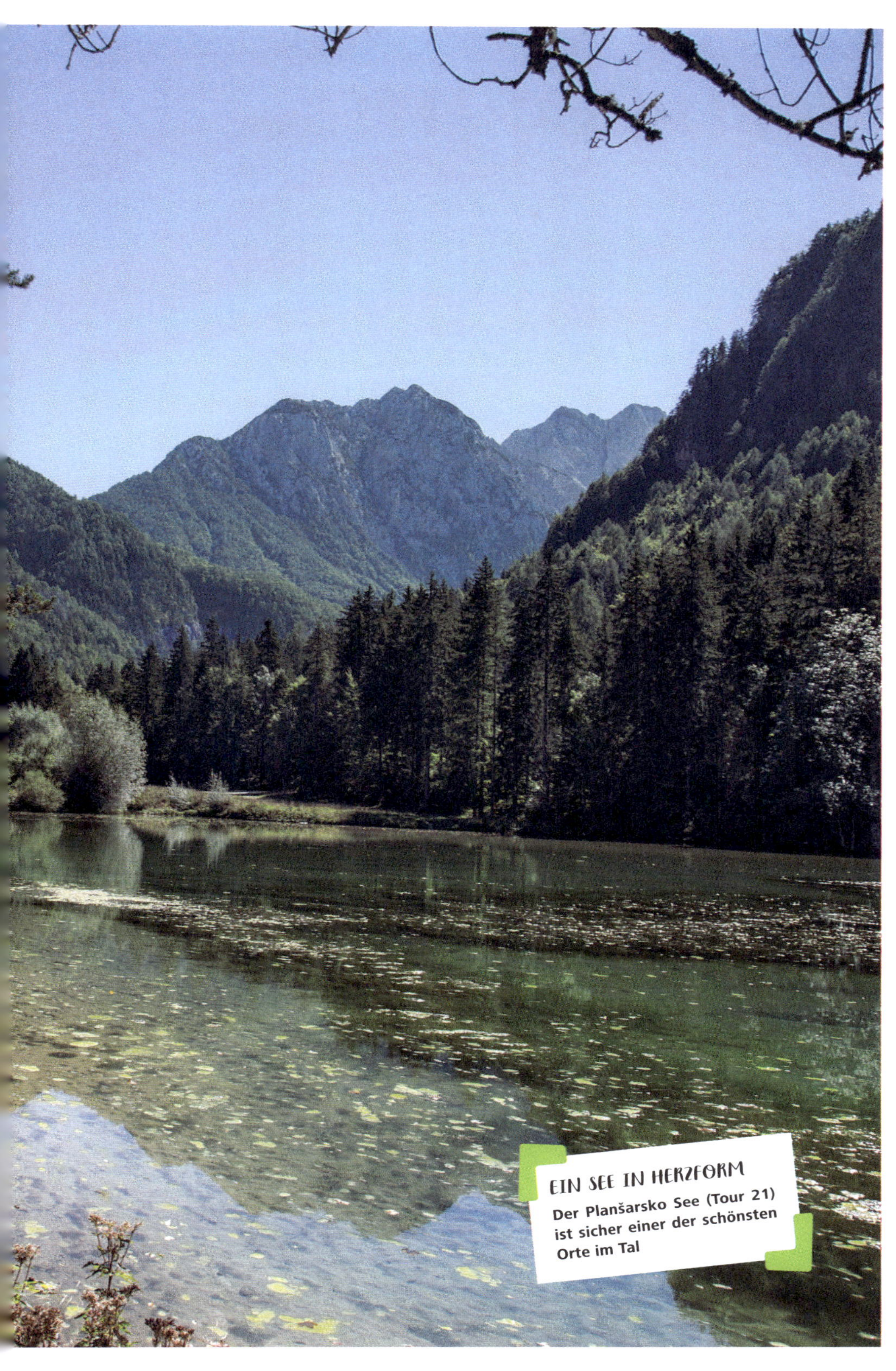

EIN SEE IN HERZFORM

Der Planšarsko See (Tour 21) ist sicher einer der schönsten Orte im Tal

AUFGESATTELT!

KÄRNTEN- UND RADBASICS

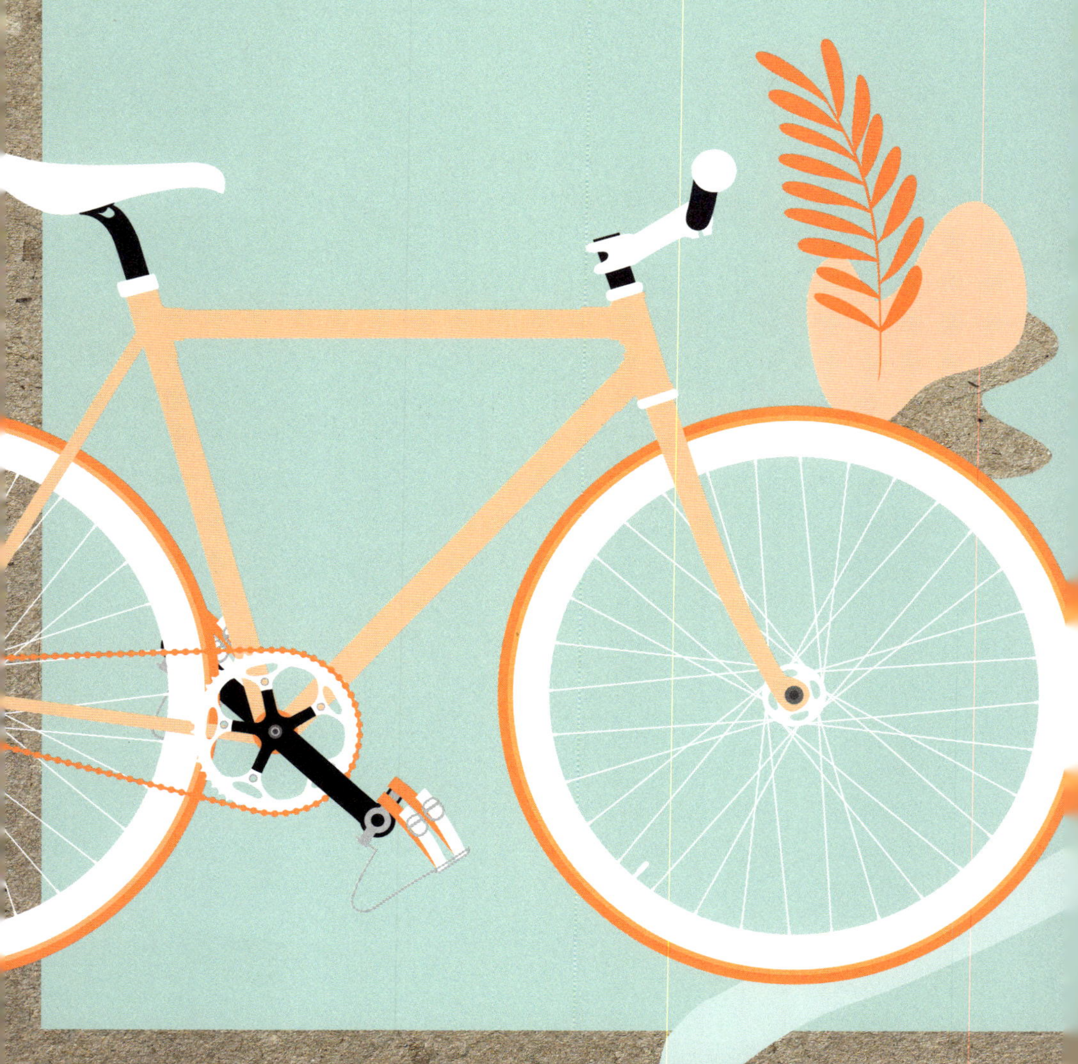

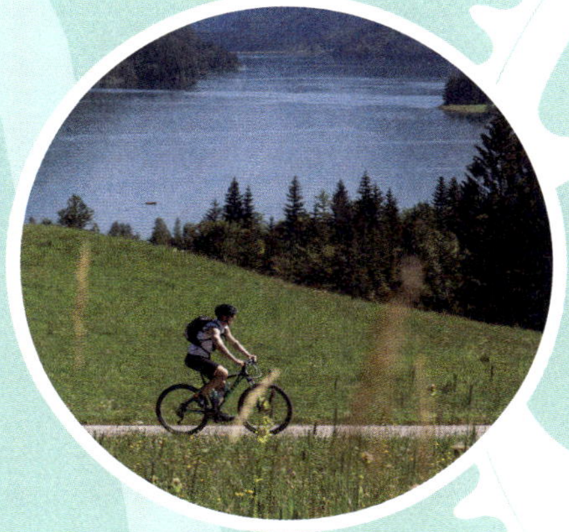

Radvergnügen

in Kärnten

Kärnten ist das Radparadies in Österreich – vereint das südlichste Bundesland doch wie kein anderes Land Berge und Seen in abwechslungsreichen Landschaften. Das Hauptradwegenetz ist gut gepflegt und reicht von den Tälern bis in die höchsten Lagen, begleitet von kulinarischen Verführungen am Wegesrand.

Mediterrane Fahrradkultur

Die Gurktaler Alpen, Hohe Tauern, Karnische Alpen, Karawanken oder Lienzer Dolomiten: Kärntens Landesgrenzen sind nahezu vollständig von Gebirgen umgeben. Berg und Tal mit dem Rad zu spüren, gehört für die Bewohner daher zum täglichen Leben. In der Freizeit, auf dem Arbeitsweg oder in sportlichen Vereinen. Entsprechend gut ist das Radwegenetz ausgebaut. Asphalt ist zwar die erste Wahl, jedoch nicht immer der Untergrund jeder Radstrecke. Befestigten Schotterwegen folgen mitunter Waldpassagen mit stellenweise wurzeligen Bereichen. Auf manchen Dorfplätzen schüttelt Kopfsteinpflaster die Radsättel. Mit eigenen Radspuren erfahren auch die Innenstädte immer mehr an Aufwertung. Dank der südlichen Lage und mediterranen Nähe zu Italien und Slowenien erfreuen sich die Seen und Flüsse einer stetig wachsenden Beliebtheit als Urlaubsdestination. Von vielen wird Kärnten gerne als „Riviera Österreichs" bezeichnet. Familien mit Radanhängern, E-Bikes, Rennräder, Lastenräder gefüllt mit Badesachen, so kann es rund um den Wörthersee vor allem im Sommer schon einmal bunt zugehen. Wer Ruhe und Natur sucht, weicht aufs Frühjahr und auf den Herbst aus. Neben den Hotspots Wörthersee und Drauradweg gibt es viele Routen auf Nebenstraßen, die wenig bis kaum frequentiert sind.

ALLES RUND UMS FAHRRADFAHREN IN KÄRNTEN: WIE DIE FAHRRADKULTUR IST UND WAS DICH ERWARTET

HINAUF, HINUNTER, DEM WASSER ENTLANG

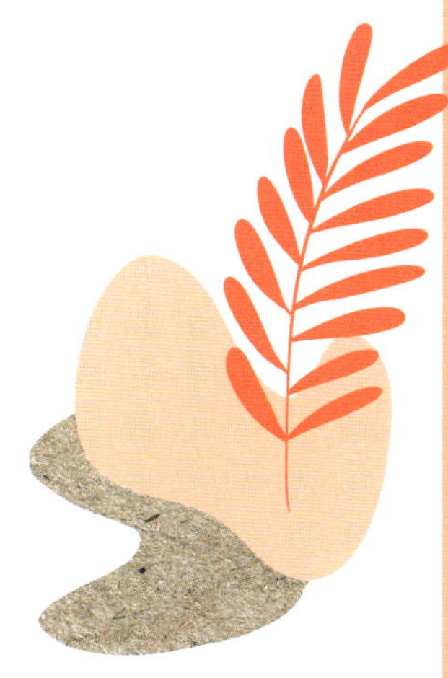

Grün, weiß, blau und entsprechende Piktogramme. Längere Radtouren wie die Kärntner Seen-Schleife sind verständlich beschildert. Auf den insgesamt 340 Kilometern eine willkommene Orientierungshilfe. Größere Wegkreuzungen und Fernwege, allen voran der Drauradweg, der Ciclovia Alpe Adria Radweg und der Schlösserradweg in Velden, sind ebenfalls mit solchen Hinweisen ausgestattet. Bei den kleineren Touren vermisst man hingegen oft eine Beschilderung. Da helfen die regionalen touristischen Karten oder GPX-Daten am Handy. Die Zeitangaben für die Touren in diesem Buch beziehen sich auf die reinen Fahrzeiten ohne Besichtigungs- oder Einkehrstopps bei einer durchschnittlichen Geschwindigkeit von 15 km pro Stunde.

AUSLEIHEN? ABER NATÜRLICH!

Nicht immer besteht die Möglichkeit, das eigene Fahrrad mit in den Urlaub zu nehmen. Kärnten ist bekannt für sein regionsübergreifendes Radverleihsystem. Rund 50 Stationen für sämtliche Radarten stehen zur Verfügung. Praktisch: Die ausgeliehenen Räder können auch an anderer Stelle wieder zurückgegeben werden. Trekkingräder, Mountainbikes, Stadträder, sogar Tandems können unkompliziert ausgeliehen werden. Viele Modelle sind auch als E-Bike erhältlich. Ladevorrichtungen sind bei den Stationen dabei. Die Tagesmiete für ein Citybike beginnt ab 20 Euro. Ein E-Touring schlägt mit ab 40 Euro zu Buche.

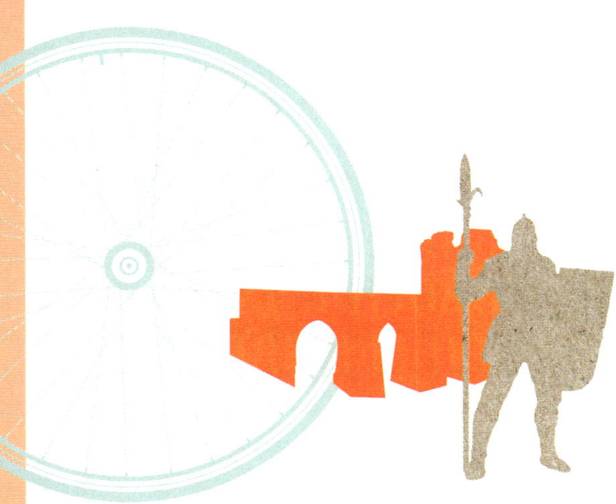

Kinderräder sind ab 12 Euro verfügbar, Helme und sonstige Ausstattung ab einem Euro. Wer einen Hund mit auf Tour nehmen möchte, bekommt auf Anfrage spezielle Anhänger. Übrigens, die Fahrräder können weitgehendst problemlos in den Zügen mitgenommen werden. Die erste Anlaufstelle für den Radverleih ist die Tourismusinfo vor Ort. Online gibt die Seite https://kaernten.papinsport.at eine gute Übersicht zu den Verleihpunkten.

MIT KIND & KEGEL UNTERWEGS

Mit seinen bis zu 28 Grad warmen Badeseen ist Kärnten das Radparadies für Eltern und ihren Nachwuchs. Nahezu alle Talrouten streifen früher oder später eines der Ufer oder haben einen der Seen selbst als Etappenziel. Deshalb lohnt es sich immer Handtuch und Badesachen mitzunehmen. Entlang der großen Radwege gibt es immer wieder Rastplätze mit Spielgeräten, Tierweiden, Wälder oder Einkehrmöglichkeiten. Aber nicht alle Touren sind unbedingt für Fahrradanhänger geeignet. Hier gilt es, nochmals Erkundigungen vor Ort einzuholen. Ebenso für eine etwaige Verkehrsdichte zum Beispiel aufgrund von Events.

LEIDENSCHAFTLICHE GELASSENHEIT

Die mediterrane Stimmung begleitet Radler bei jedem Tritt. „Genussradeln" ist hier Pflicht. Gelassenheit, Entspannung und die Eindrücke der Natur zählen mehr als alles andere. Auch wenn dafür mal der eine oder andere Hügel in Angriff genommen werden muss.

FACTS KÄRNTEN

46° 44' N, 13° 51' O
Arriach, geografische Mitte

1.300 KM
Radwege, u. a. mit den Radfernwegen Ciclovia Alpe Adria, Drauradweg, Via Carinzia, Karawanken Bike Circle und Transromanica

101.756
Menschen leben in Klagenfurt am Wörthersee, der größten Stadt Kärntens

565.000
Einwohner leben in Kärnten
Österreich: 8,98 Millionen Einwohner

9.533 KM²
Landesfläche

150 TONNEN
soll der ursprüngliche Felsblock gewogen haben, aus dem der Lindwurm entstanden ist, das Wahrzeichen der Landeshauptstadt

3.798 M
die höchste Erhebung, der Großglockner zwischen Kärnten und Osttirol, zugleich höchster Berg Österreichs

1.270 SEEN
sind über das Bundesland verteilt. Der Großteil davon hat Trinkwasserqualität. Eine eigene digitale Karten zeigt die freien Seezugänge an Kärntens Seen auf: https://tsp.ktn.gv.at/DE/sitemap/Seenzugang/Seenlandkarte

344
anerkannte Kleinwasserkraftwerke, liefern jährlich ca. 810 Mio. kWh Ökostrom von den Flüssen

RUND 50
Verleihstationen für sämtliche Radarten sind in Kärntens Regionen zu finden. Das Angebot wird stetig erweitert.

221
Burgen, Burgruinen und Wehrbauten gibt es in Kärnten

100 M
hoch ist der aus Holz errichtete Aussichtsturm am Pyramidenkogel – und damit der höchste Holz-Aussichtsturm der Welt

15 KM
lang ist der längste Flow-Trail Europas. Dieser befindet sich in der nock/bike-Region Bad Kleinkirchheim. Aber auch die anderen können sich sehen lassen; der Flow Country Trail auf der Petzen ist 11,5 Kilometer lang

RAUSZEIT-HIGHLIGHTS

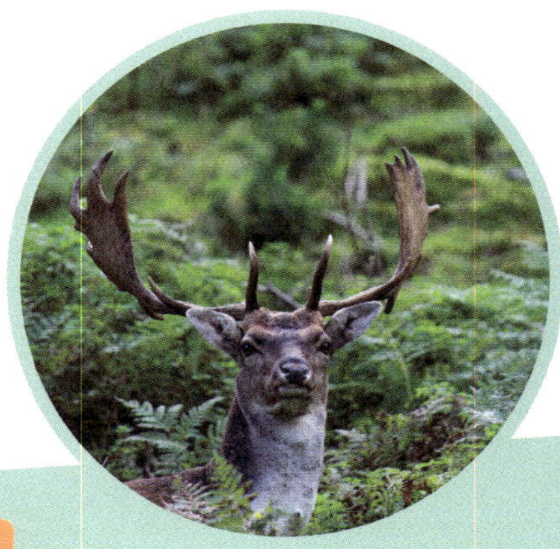

FÜR KINDER

Wildtiere erleben
Dem Steinbock in die Augen schauen im 10 / Tierpark Rosegg (Foto) und gemütlich hoch zur alten Burgruine spazieren.
Tour 14 // Seite 125

Natur verstehen
Im 7 / EXPI im Rosental werden Naturphänomene nicht nur erklärt, sondern man ist mittendrin und kann sogar einen Tornado selber machen.
Tour 21 // Seite 208

Burg erobern
Die 2 / Burg Hochosterwitz mit ihren vielen Toren und Ritterrüstungen fasziniert Groß und Klein. Plus: Der Ausblick von oben!
Tour 6 // Seite 48

Kleine Welt ganz groß
Die kleinen Bauwerke im 1 / Minimundus in Klagenfurt begeistern die Kleinen und gemeinsam läuft die Weltreise in ein paar Stunden ganz entspannt ab.
Tour 16 // Seite 144

FÜR E-BIKER

Nur mit Turbo
Den Seebergsattel bei 9 / Bad Eisenkappel geht es am besten mit Turbo hinauf. Schließlich sind es ordentlich viele Höhenmeter und Serpentinen.
Tour 21 // Seite 208

Wallfahren mit den Waden
Der Abstecher hinauf zur 8 / Trögerner Kirche geht ganz schön in die Wadeln. Wer die elektrische Hilfe zuschaltet, sollte am Schotter aufpassen.
Tour 8 // Seite 64

Körper und Rad aufladen
So macht Einkehren Spaß: Das E-Bike immer im Auge, während der Akku lädt und vor einem eine Brettljause. Der 3 / Buschenschank Egger bei Spittal ist bestens auf die Radfahrer eingestellt.
Tour 19 // Seite 178

Zusatzberg am Weg
Der Abstecher auf den 5 / Danielsberg gehört nicht direkt zur Route, zahlt sich aber aus. Ideal für E-Biker.
Tour 10 // Seite 84

Top für jede Lust und Laune: Kleine und große Abenteuer, die besten Einkehrtipps und entspanntesten Pausenplätze

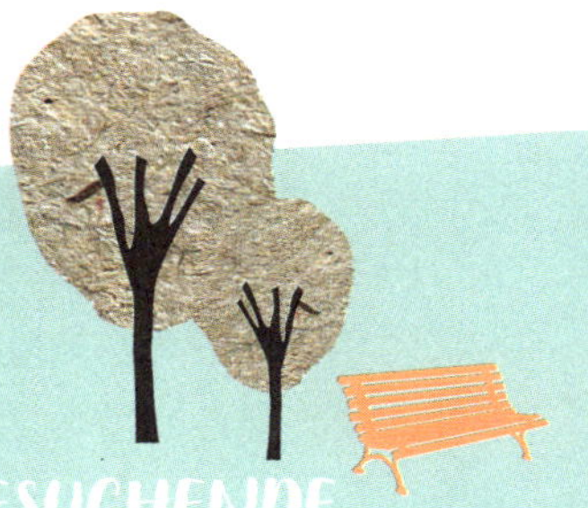

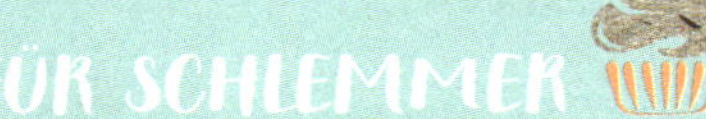

FÜR SCHLEMMER

Eis vom Bauernhof

Viel Auswahl und herrlich cremig – wer Lust auf ein richtig gutes Bauernhofeis hat, sollte in Schiefling am Wörthersee beim 8 / Bauernhofladen Schludermann einkehren.

Tour 9 // Seite 73

Wildfang

Aus dem reinen Wasser des Weißensees fischt Martin Müller herrlichen 6 / Weißenseefisch. Das muss man mal probiert haben!

Tour 1 // Seite 8

Pasta besser wie in Italien

Ein Geheimtipp ist die Nudelfabrik in Finkenstein mit Marktcafé in der Nähe von der 8 / Kirche Finkenstein. Hier werden die besten Nudeln hergestellt.

Tour 13 // Seite 114

Lebkuchen to go

Die Bananentorte ist auch gut, aber die Lebkuchen von der 2 / Konditorei Semmelrock sind einfach legendär – und es gibt sie das ganze Jahr!

Tour 2 // Seite 16

FÜR RUHESUCHENDE

Was zwitschert denn da

Im 7 / Bleistätter Moor am Ossiacher See ist Birdwatching zu jeder Jahreszeit ein Hit. Mit Führung oder auf eigene Faust.

Tour 12 // Seite 104

Auf den See schauen

Einer der schönsten und ruhigsten Aussichtspunkte am Wörthersee befindet sich auf der Pörtschacher Halbinsel beim 9 / Parkhotel Pörtschach.

Tour 15 // Seite 134

Zum Innehalten

Die 14 / Kirchenhalbinsel Maria Wörth mit der Wallfahrtskirche auf dem Felsen ist ein Kraftort am Wörthersee zum Innehalten.

Tour 20 // Seite 194

Mystische Stimmung

Bei den 9 / Moosburger Teichen gibt es eine geheimnisvolle Stimmung. Stundenlang könnte man hier sitzen und dem aufsteigenden Nebel über dem Wasser zu ehen.

Tour 5 // Seite 40

DAS KRIEGST DU NICHT ALLE TAGE

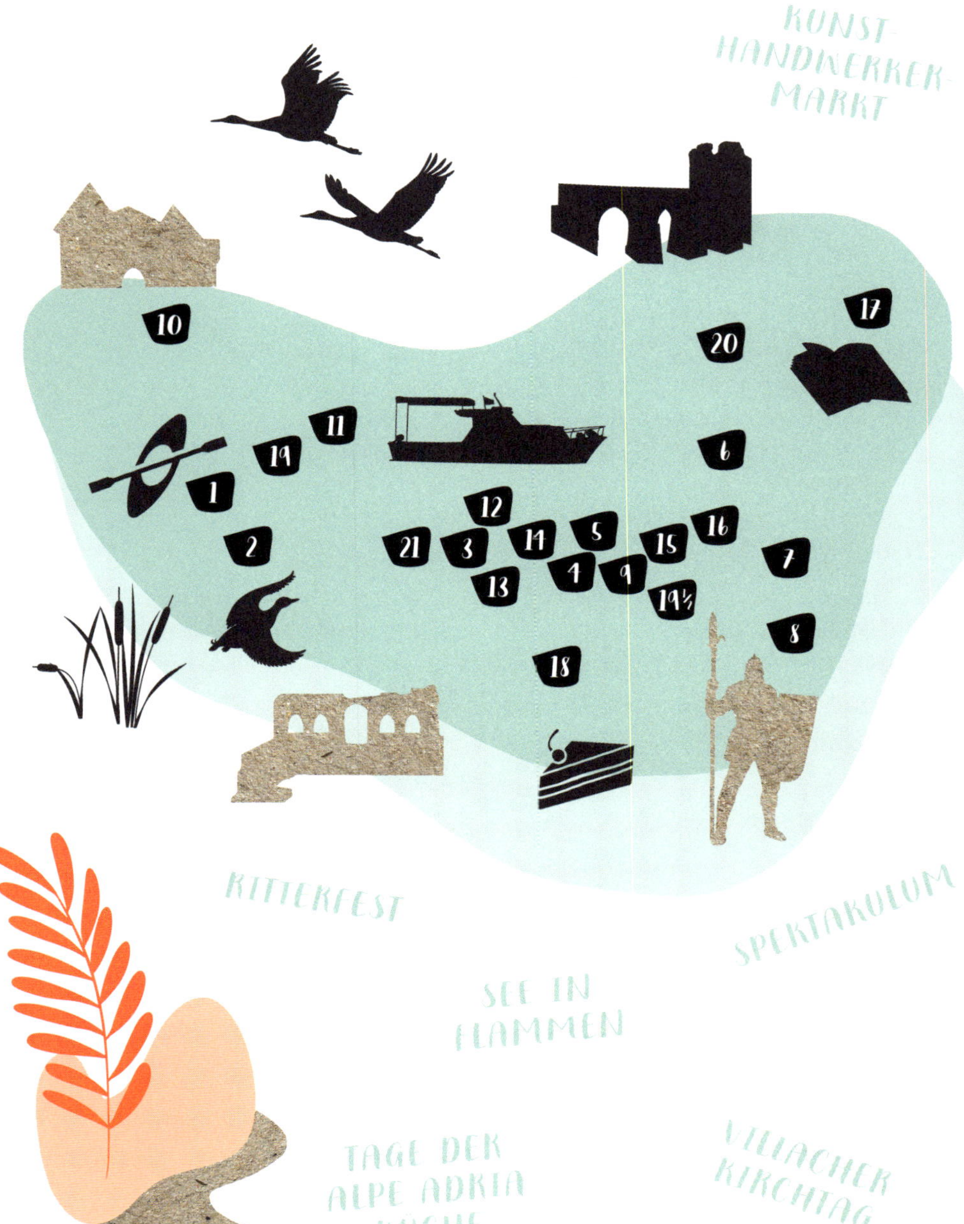

*Wann am besten wohin?
Die Events zu den Touren
im Überblick*

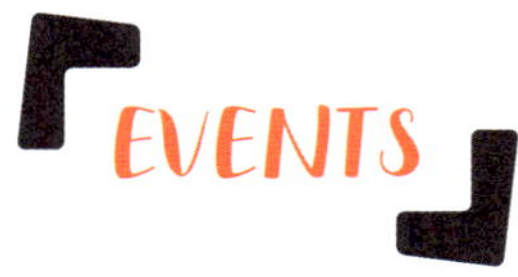

SPECKFEST **Hermagor** Seit über 30 Jahren verwandelt sich die Innenstadt in eine große Flaniermeile mit kulinarischen Ständen und Musik, Anfang Juni

Tour 2

VILLACHER KIRCHTAG Größtes Brauchtumsfest mit bunt geschmückter Innenstadt, eine Woche lang herrscht Ausnahmezustand in der Stadt und es wird gefeiert, Juli

Tour 3

ARNULFSFEST **Moosburg** Vereins- und Volksfest mit Umzug, 2. Wochenende im Juli

Tour 5

RITTERFEST **Burg Hochosterwitz** Mit Turnieren, Marktplatz, Schaukämpfen, Gaukler, Feuershow und Kinderprogramm, Mitte August

Tour 6

SEE IN FLAMMEN **Klopeiner See** Eines der größten Feuerwerke Österreichs findet direkt am See statt, mit Musik und Kulinarik, Anfang Juli

Tour 7

SCHIEFLINGER DORFFEST Mit Brauchtumsgruppen, Musik und Kulinarik von der Schule bis zur Kirche, August

Tour 9

KUNSTHANDWERKSMARKT **Schloss Wernberg** Über 30 Aussteller im Innenhof und drinnen, freier Eintritt, Mitte Juni

Tour 14

MARIENSCHIFFSPROZESSION **Klagenfurt am Wörthersee** Seit 1954 findet abends eine Marienprozession mit dem Schiff statt, meist mit einem Feuerwerk zum Schluss, 15. August

Tour 15

TAGE DER ALPE ADRIA KÜCHE **Klagenfurt** Die ganze Stadt verwandelt sich in ein Foodieparadies, Köche und Produzenten aus Kärnten, Italien und Slowenien kommen zusammen und verwöhnen die Gäste mit ihren Gerichten, September / Alternativ: Altstadtzauber, das größte Stadtfest mit Flohmarkt und vielen Gauklern, August

Tour 16

INTERNATIONALE OBERDRAUTALER FLÖSSERTAGE wo die Holzflöße wie einst zu Wasser gelassen werden, August

Tour 19

SPEKTAKULUM **Friesach** Österreichs größtes Mittelalterfest mit Turnieren, Gauklern, ohne Strom, Zahlungsmittel ist der Friesacher Pfennig, alle zwei Jahre Ende Juli

Tour 20

PACKLISTE

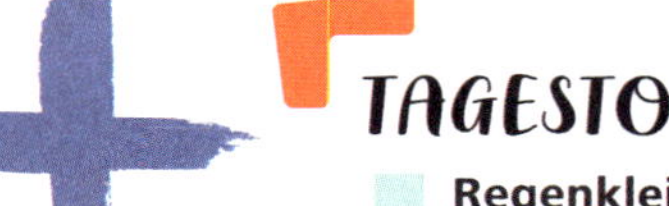

GRUNDAUSSTATTUNG

- Fahrradhelm
- Radkleidung
- Radhandschuhe
- Radbrille
- Trinkflasche
- Fahrradschloss
- Handy
- Karte/Navigationsgerät
- Fahrradlicht, Ersatzakku/-batterie
- Erste-Hilfe-Set

TAGESTOUR

- Regenkleidung
- Wechselkleidung
- Reparaturset: Ersatzschlauch, Werkzeug
- Luftpumpe
- Packtaschen klein
- Verpflegung: Snacks, genügend Wasser
- evtl. wasserdichte Handyhülle

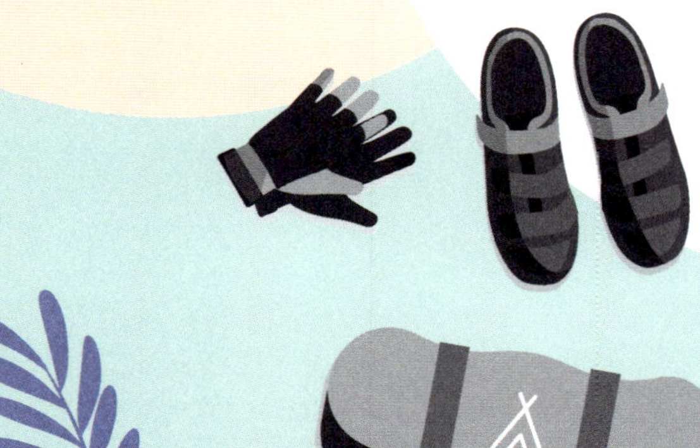

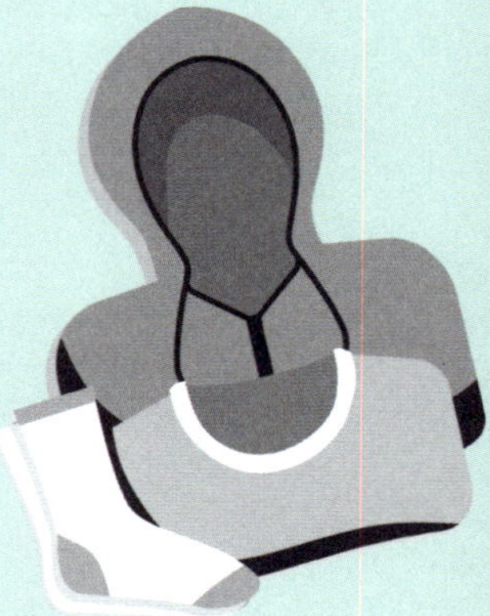

BIKEAWAYTOUR

- Zahnbürste
- Waschbeutel
- Packtaschen groß
- evtl. Zelt
- evtl. Schlafsack
- evtl. Kompass
- Handyladegerät

REISE-APOTHEKE

Pflaster & Blasenpflaster, Mückenschutz, Sonnenschutz, Zeckenkarte

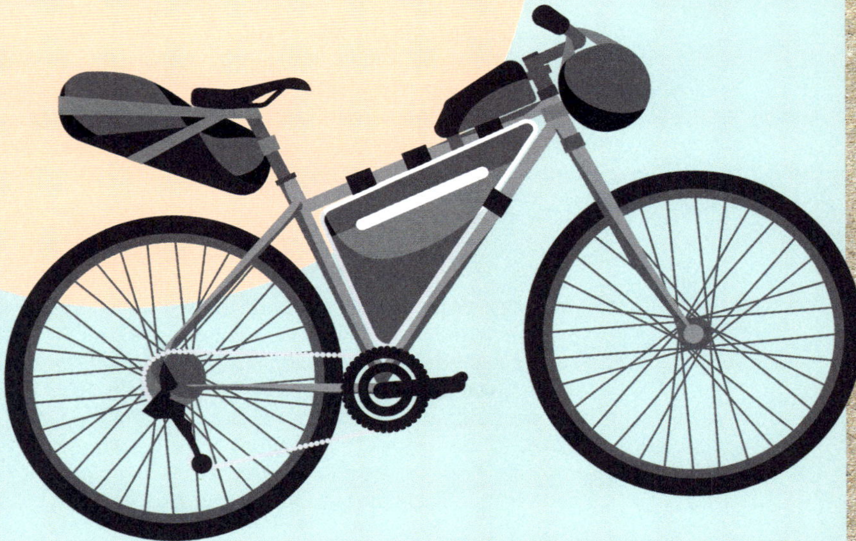

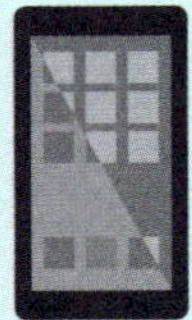

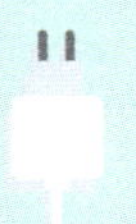

RADCHECK

findest du auf der nächsten Seite

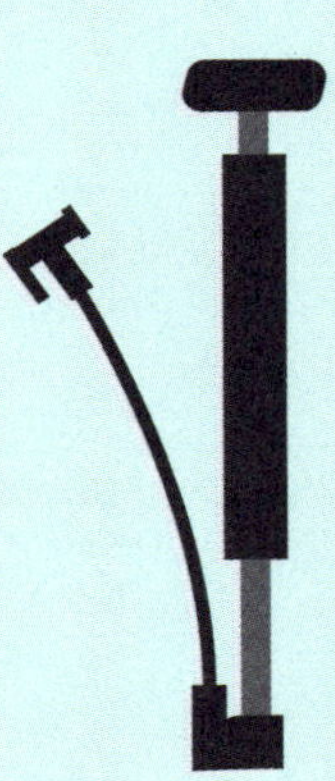

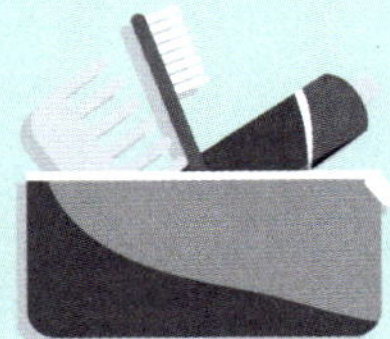

RADCHECK

AM BESTEN

nimmst du dein Fahrrad vor jeder Tour unter die Lupe, zumindest aber beim Frühjahrsputz. Darüber hinaus ist ein regelmäßiger Service bei Profis zu empfehlen.

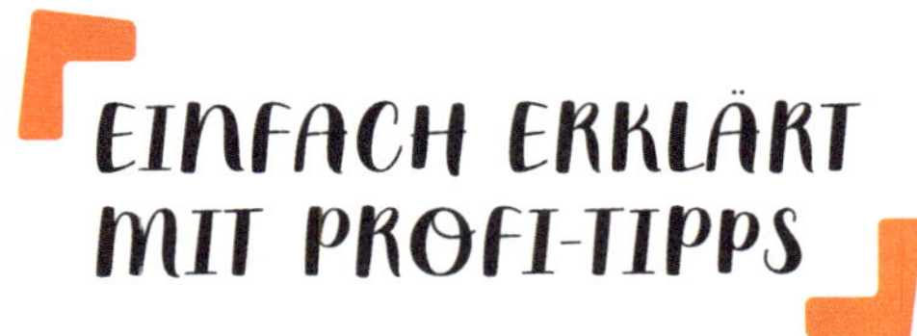

Picobello: Reinigung des Fahrrads

Ein sauberes Fahrrad lebt länger und dir fallen beim Putzen Defekte auf. Daher ran an den Schwamm und die milde Seife oder den Fahrradreiniger und losgelegt! Wenn das Fahrrad getrocknet ist, mit einem sauberen Lappen Wasserränder wegpolieren. Handarbeit ist angesagt – ein Hochdruckreiniger ist tabu, da er auch Fett und Öl entfernt und Wasser in empfindliche Teile eindringen kann.

Tipp: Für verwinkelte Teile ist eine alte Zahnbürste praktisch.

Pralle Geschichte: Die Reifen

Um grob den Reifendruck zu überprüfen, mach die Daumenprobe: Lässt sich der Reifen mehr als 1 cm eindrücken, musst du pumpen. Angaben zu Mindest- und Maximaldruck findest du auf der Reifenflanke. Für wenig Rollwiderstand auf befestigten Straßen orientiere dich an der oberen Grenze, wenn du auf unbefestigen Wegen unterwegs bist, an der unteren. Je schmaler der Reifen und je höher das Gesamtgewicht, desto mehr Luftdruck ist nötig. Am einfachsten lassen sich die Reifen mit einer Standpumpe mit Druckmesser aufpumpen.

Tipp: Fahrradgeschäfte bieten machmal vor Ort gratis Pumpen zum Selbermessen und -aufpumpen an.

Nimm auch das Reifenprofil unter die Lupe: Entferne eventuelle Steinchen oder Scherben und halte nach Rissen oder Schnitten Ausschau. Wenn das Profil zu brüchig oder stark abgefahren ist, brauchst du einen neuen Mantel.

Läuft wie geschmiert: Kette reinigen und ölen

Fürs Reinigen zuerst mit einem trockenen Tuch Kette von altem Fett und Schmutz befreien, indem du am Pedal drehst und so die Kette durch das Tuch ziehst. Den feinen Zwischenräumen kannst du wieder mit der Zahnbürste zu Leibe rücken. Danach Kettenöl, am besten biologisch abbaubares, auftragen, indem du es hinten auf die Kette träufelst, während du sie mit dem Pedal durchdrehst. Kurz einwirken lassen, dann mit einem Lappen das überschüssige Öl von der Kette abziehen.

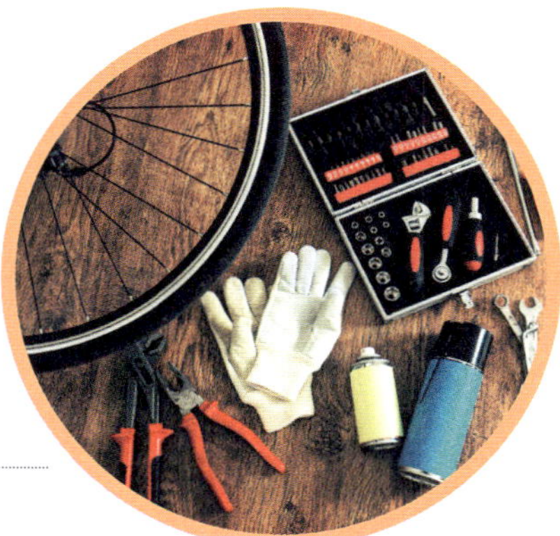

Tipp: Hast du eine Kettenschaltung, schalte einmal alle Gänge durch, damit sich das Öl auf allen Zahnrädern verteilt.

Eine gut geölte Kette und der richtige Reifendruck machen außerdem ein E-Bike leichtgängiger, was die Akku-Reichweite erhöht.

Schraube locker?

Prüfe regelmäßig die Schraubverbindungen der Steuerung (Lenker, Vorbau und Steuersatz), Laufräder, Pedale, Sattelklemmen und Anbauteile wie Schutzbleche und Gepäckträger.

Tipp: Legst du selbst Hand an, ist ein Drehmomentschlüssel am besten, damit du die Schrauben entsprechend den Drehmomentangaben für dein Fahrrad nachziehen kannst.

Nichts kann dich stoppen, außer: die Bremsen

Prüfe, ob vordere und hintere Bremse einen gleichmäßig starken Druckpunkt haben. Öffne und schließe die Bremsen auch im Stand. Wenn bei hydraulischen Bremsen mehrmaliges Pumpen für einen soliden Druckpunkt erforderlich ist oder sich der Hebel bis zum Lenker durchziehen lässt, muss das System entlüftet werden. Wenn bei mechanischen Felgenbremsen die Bremsarme nicht gleichmäßig arbeiten, einstellen (lassen). Sind die Verschleißindikatoren auf den Bremsbelägen, kleine Rillen im Gummi, verschwunden, müssen die Beläge getauscht werden. Den Verschleiß von Scheibenbremsen kannst du bei relativ neuen Belägen mit einer Taschenlampe von oben durch den Schlitz im Sattel prüfen. Bei älteren und dünneren Belägen müssen die Räder zur Sichtprüfung ausgebaut werden.

Tipp: Gegen Verschmutzung und Korrosion der Bremszüge bei mechanischen Bremsen hilft ein Spritzer Teflonspray in die Enden der Außenhüllen. So gleiten die Kabel besser in ihrer Hülle.

Damit dir ein Licht aufgeht: die Beleuchtung

Weil's am Abend auch schon mal später werden kann und du auch am Rückweg sichtbar sein möchtest: Sind Lichter und Reflektoren vorhanden und funktionieren sie?

Für alle mit extra Antriebskraft: Akku & Motor

Bei längerer Nichtnutzung, zum Beispiel in der Winterpause, achte darauf, dass sich der Akku nie tiefenentlädt. Korrosionsspuren bei den Steckverbindungen mit einem speziellen Kontaktspray entfernen. Fallen dir Schäden am Motorgehäuse auf, am besten schnell in eine Fachwerkstatt.

Los geht's!

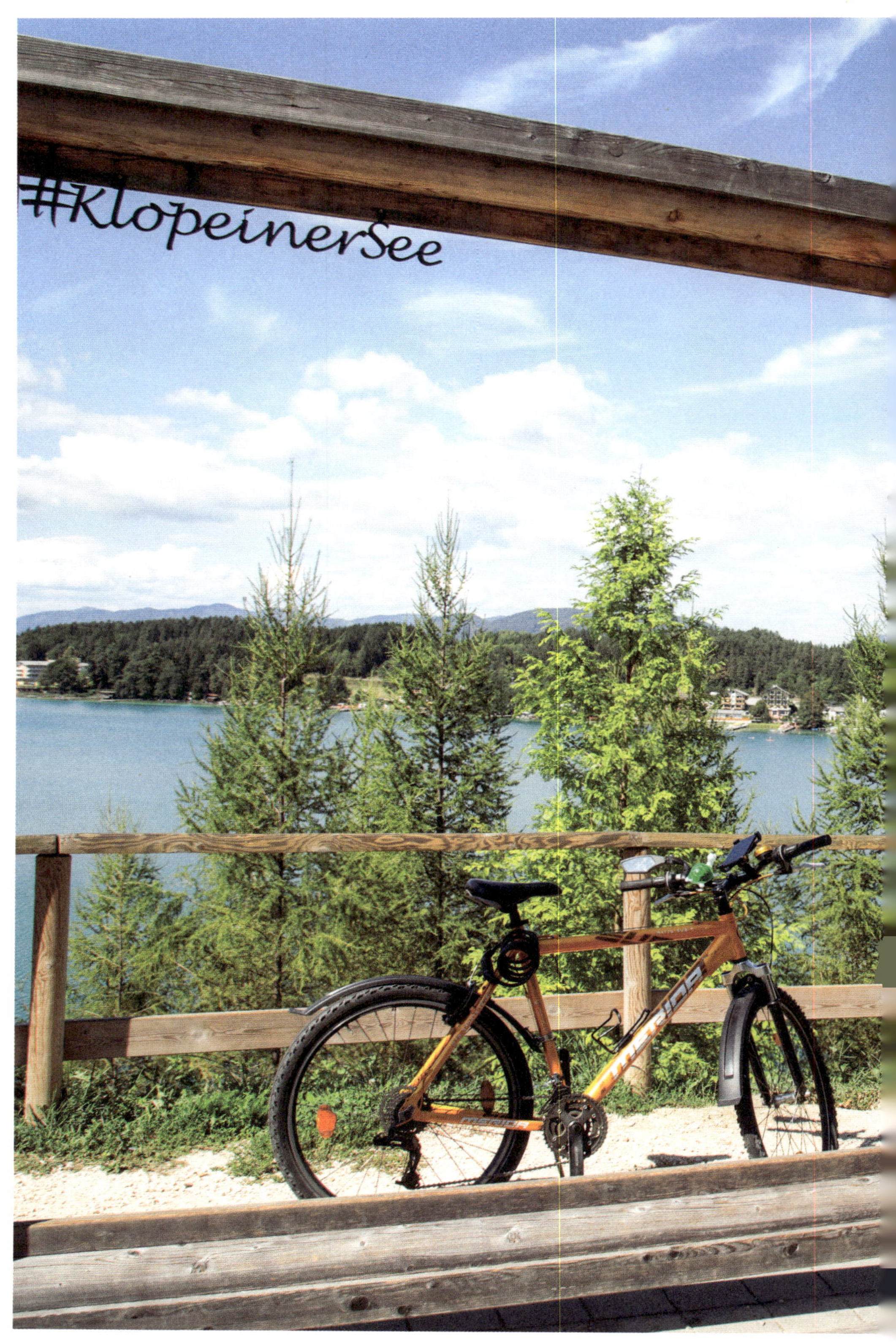
#KlopeinerSee

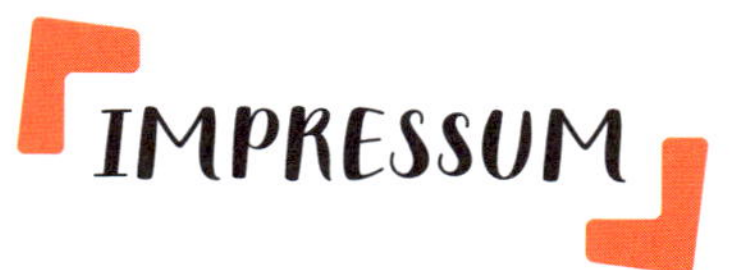

© KOMPASS-Karten GmbH
Karl-Kapferer-Straße 5
A-6020 Innsbruck
www.kompass.de

1. Auflage 2023 (23.01)
Verlagsnummer 3815
ISBN 978-3-99121-909-5

Text und Fotos (soweit nicht anders angegeben): Anita Arneitz

Titelbild: Wörthersee in Kärnten mit der Halbinsel Maria Wörth (Foto: © Andy Ilmberger – stock.adobe.com), (Illustrationen: © Agenten und Freunde Martina Dobrindt München; © svetazi – stock.adobe.com)

Fotos:
Matthias Eichinger: S. 2, 129, 154, 157, 158, 230
Carmen Delsnig: S. 56, 59, 60, 61, 87, 88, 90, 91, 147, 150, 174, 181
AdobeStock: S. 99: © Comofoto – stock.adobe.com; S. 237: © Monika Wisniewska – stock.adobe.com, div. Seiten/Graspapier-Hintergrund: © jessicahyde – stock.adobe.com

Gestaltung / Illustration – Composing / Agenten und Freunde / Iris Streck München

Illustrationen: AdobeStock: © Azar – stock.adobe.com, © askaja – stock.adobe.com, © mtmmarek – stock.adobe.com, © val_iva – stock.adobe.com, © svetazi – stock.adobe.com, © www – stock.adobe.com; creativmarket: © amber&ink, © NassyArt
Illustrierte Karten und zugehörige Miniaturen, wenn nicht anders angegeben / Agenten und Freunde München
Miniaturen auf Karten: AdobeStock: © Ints – stock.adobe.com, © Alexander Potapov – stock.adobe.com, © LiaRey – stock.adobe.com, © the8monkey – stock.adobe.com, © jan stopka – stock.adobe.com, © Viktoria – stock.adobe.com, © val_iva – stock.adobe.com; Shutterstock: © popcic – shutterstock.com
Grafische Herstellung: KOMPASS-Karten
Karten: © KOMPASS-Karten GmbH unter Verwendung OpenStreetMap Contributors (www.openstreetmap.org)

Erzähl uns von deinen Abenteuern auf Instagram und Facebook mit: #folgedeinemKOMPASS

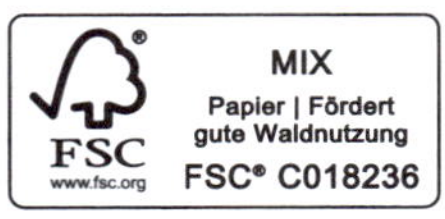

BIKE-BUCKETLIST KÄRNTEN

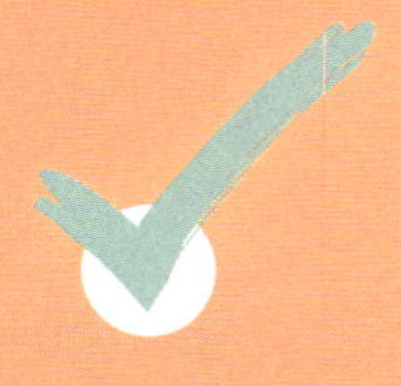

INS LAND SCHAUEN VOM PYRAMIDENKOGEL

Vom höchsten Holzaussichtsturm der Welt über die Kärntner Seen blicken. Im Kärntenurlaub ist ein Besuch des 5 / Pyramidenkogels ein absolutes Muss!

Tour 9 // Seite 74

DOLCE VITA IM DREILÄNDERECK

Eine Cremeschnitte in 5 / Kranjska Gora essen und danach einen Kaffee in 8 / Tarvis trinken. Die grenzüberschreitende Tour durch die drei Länder ist einzigartig.

Tour 18 // Seiten 168, 170

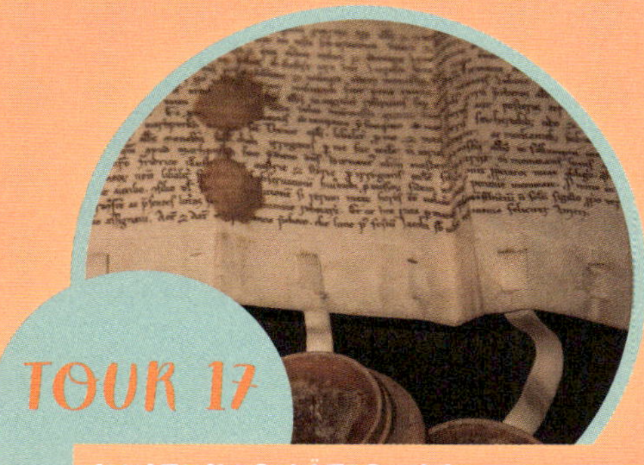

TOUR 17

KULTURSCHÄTZE IM STIFT ST. PAUL

Die ältesten Bücher Österreichs und den barocken Garten im Benediktinerkloster 9 / Stift St. Paul besichtigen ist ein Highlight für alle Leseratten und Kunstliebhaber.

Tour 17 // Seite 160

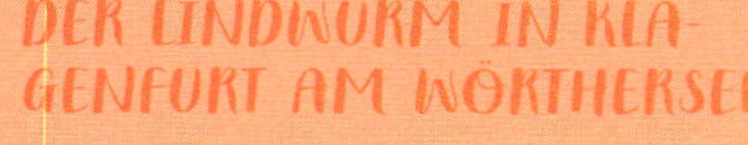

WILLKOMMEN IM MITTELALTER!

Die 4 / Burgenstadt Friesach ist Österreichs bedeutendste Mittelalterstadt. Nicht nur weil hier gerade eine Burg nach alten mittelalterlichen Methoden gebaut wird.

Tour 20 // Seiten 196, 197

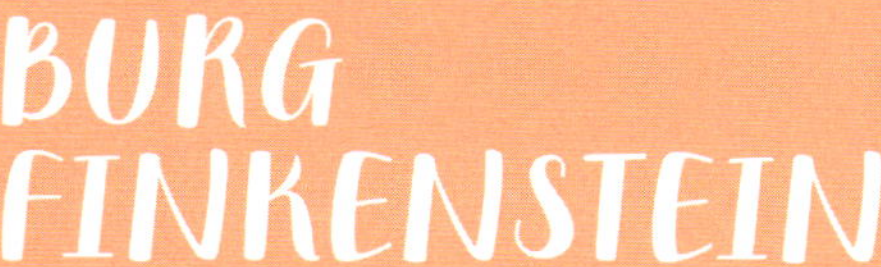

BURG FINKENSTEIN

Am türkisfarbenen Faaker See vorbei hinauf zur 6 / Burgruine Finkenstein und dabei eine der schönsten Aussichten bei Sonnenuntergang genießen!

Tour 13 // Seite 118

DER LINDWURM IN KLAGENFURT AM WÖRTHERSEE

Dem berühmtesten Wahrzeichen Klagenfurts gehört ein Besuch abgestattet: Direkt beim 5 / Lindwurm das Rad stehen lassen und mit Blick auf Brunnen und Rathaus einen Kaffee in der Sonne trinken.

Tour 16 // Seite 148